Erich Hackl / Till Mairhofer (Hg.) · Das Y im Namen dieser Stadt

Erich Hackl / Till Mairhofer (Hg.)

Das Y im Namen dieser Stadt

Ein *Steyr* Lesebuch

ENNSTHALER VERLAG STEYR

Die bibliographischen Angaben und Rechtsnachweise für die einzelnen Texte finden sich am Schluß des Buches. Trotz umfangreicher Recherchen ist es uns nicht in allen Fällen gelungen, die Rechteinhaber ausfindig zu machen. Berechtigte Ansprüche bitten wir dem Verlag mitzuteilen.

Die Entscheidung der Autoren für alte bzw. neue Rechtschreibung und persönliche Schreibweisen wurde respektiert.

Mit Unterstützung der Kunstsektion des Bundeskanzleramtes, des Landes Oberösterreich und der Stadt Steyr.

www.ennsthaler.at

ISBN 3-85068-646-9

Hackl/Mairhofer (Hg.) · Das Y im Namen dieser Stadt
Alle Rechte vorbehalten
Copyright dieser Ausgabe © 2005 by Ennsthaler Verlag, Steyr
Ennsthaler Gesellschaft m.b.H. & Co KG, 4400 Steyr, Österreich
Satz: Die Besorger – Mediendesign & -technik, Steyr

Inhalt

Vorwort 7

Hunger und Industrie

Elisabeth Vera Rathenböck · Das Nichts zwischen den Tagen 27
Stefan Großmann · Strafanstalt Garsten – nicht ohne Folterkammer 38
Max Winter · Vom Mannlichergewehr zum Waffenauto 45
Bertolt Brecht · Singende Steyrwägen 52
Otto Leichter · Amerika in Steyr 54
Hans Winterl · Alte Stadt im Mittag 61
Ernst Fischer · So stirbt eine Stadt! 62
Fritz Brainin · Der Arbeitslose von Steyr 70
Max Winter · Das Hohelied von Steyr 71

Nachprüfen einer Erinnerung

Anna Seghers · Kaputtgegangen 79
Erich Hackl · Kleine Stadt der Arbeitslosen 89
Franz Kain · Asyl im Haus des Zimmermannes 99
Fritz Habeck · Schönes Leben, wenig Dienst 111
Franz Kain · Zwei aus Steyr 113
Erich Hackl · Geschichte, die immer erst anfängt 117
Georg und Waltraud Neuhauser · So wenig hat genügt 125
Karl Ramsmaier · Hannas Familie 136
Eva Lubinger · Der Krieg 145
Theodor Kramer · Eiserne Vögel 153
Wladimir Maximowitsch Berimez · Brief aus Talalajvka 154

Verzeihen ist Lüge

Evelyn Grill · Kindheitshimmel 161
Josef Preyer · Quis ut deus 169
Hilde Schmölzer · Spurensuche 171
Petra Magdalena Kammerer · Steyr 181
Brita Steinwendtner · Stelzhamerstraßenland 188
Hermann Hakel · Was Marlen Haushofer erzählt 207
Walter Wippersberg · Einige Orte und einige Menschen
meiner Kindheit und Jugend 211

Off limits

Ditha Brickwell · Im Augenblick die Aufgabe	231
Tonja Grüner · Losenstein – Steyr – retour	248
Bert Ehgartner · Morgen gehts ins Gußwerk	252
Klaus Hirtner · Paradiesisch	253
Harald Gsaller · Kanzlei Priester	260
Barbara Kampas · Das Arbeitswelt-Programm	268
Beatrix M. Kramlovsky · Vertraute Himmel	277

Die schweren Flügel des Gemüths

Oscar Holub · ssriien	293
Josef Mostbauer · Zwischen Brücken	296
Walter Famler · Doktor Y	308
Fritz Grohs · in meine heimat tädtchen	312
Manfred Maurer · Steyr, Mischgehirn	315
Harald Friedl · Eiszeit	323
Gunther Alois Grasböck · Nicht höher als Vierundfünfzig	333
Till Mairhofer · ramingsteg	340
Klemens Renoldner · Professor Miezekatze	341
Bertl Mütter · Schubert und das Mütterweckerl	348

Fröhlich, glatt und freundlich

Herbert Pauli · Von drüben die Bauern	361
Peter Landerl · Heimkommen	366
Karin Fleischanderl · Meine Steyrer Verwandten	373
Till Mairhofer · Brustschwimmen	380
Andreas Renoldner · dambergrunde	390
Katharina Marie Bergmayr · Im Wohnzimmer bunte Fische	396
Antonia Rahofer · Das Y im Namen dieser Stadt	402
Erwin Einzinger · Steyr und retour	404
Lebensdaten und Quellenverzeichnis	411

Vorwort

Eine kleine Stadt, alt und grün, mit Industrie, einem Werk, das unentwegt rüstet, im Zehnjahresschnitt auch Bürgermeister fertigt, mit konsumverlorenen Bewohnern, Giebeldächern, Schornsteinen, Kirchturmspitzen, zwei Flüssen, die in regelmäßigen Abständen über ihre Ufer treten. Ausgefranst von Äckern, Supermärkten, Eigenheimen, versorgt mit Friedhöfen, Freudenhäusern, Tankstellen, Parkuhren, Ruhetagen, einem Zuchthaus im Nachbarort. Eine Stadt mitten in Österreich, weder Ost noch West, abseits der großen Frachtlinien, trotzdem hart an der Grenze, mit einer rebellischen Geschichte, aufständischen Bürgern und Bauern, Waldensern, die außerhalb der Stadtmauern verbrannt, Wiedertäufern, die enthauptet oder ertränkt, Protestanten, die vertrieben werden, sozialdemokratischen, gar kommunistischen Agitatoren, denen es nicht besser ergeht, einem Patron schließlich, viel gelobt und in Bronze gegossen und aufgerichtet am Rande einer Gartenanlage, *Arbeit ehrt*. Diese Stadt wollte ich mir schon vor langem beschreiben, nicht erklären lassen: von Besuchern, Zugezogenen, Eingeborenen.

Das Projekt liegt also Jahre zurück, ich erzählte oft und gern von diesem Vorhaben, hatte auch manches gesammelt, anderes nur im Kopf, im vergangenen Jahr sprang mir Till Mairhofer bei, nun war ich in der Pflicht, schrieb mein Konzept und bot es dem Verleger Gottfried Ennsthaler an. Der war nicht unwillig, dafür sei er bedankt. Unser Dank gilt auch den zahlreichen Autoren, Autorinnen, die der Einladung zur Mitarbeit gefolgt sind, ohne ihre Beiträge wäre diese Anthologie buchstäblich nur eine halbe Sache geworden: Die Hälfte der Texte entstand auf unsere Veranlassung hin, der andere Teil verdankt sich Entdeckerfreude, beharrlicher Suche, Hinweisen, Zufälligkeiten.

Die Absicht war klar: Wir wollten die Stadt, in der wir aufgewachsen sind, Till weiterhin lebt, mittels Erzählungen, Berichten und Gedichten erkunden, durchqueren, umrunden, vermessen, wobei uns mehr die Peripherie anzog als das sogenannte Zentrum, auch die Wege hierher und zurück, aber letztlich ist Steyr als Ganzes und samt seinem Umfeld ein Ort am Rand, darüber kann auch die amtliche Mitteilung nicht hinwegtäuschen, daß es das höchste Median-Einkommen Österreichs aufweist. Mit dem Stolz auf das aufgeblühte Wirtschaftsleben, die industrielle und technologische Hochleistung geht die Angst vor dem Niedergang einher. Elend und Arbeitslosigkeit und Abhängigkeit von jeglicher Konjunktur. Das Wissen darum ist in Steyr nicht verlorengegangen, nur äußert es sich verhohlen. Wir versuchten der Erinnerung nachzuhelfen, indem wir eine Zeitspanne von rund hundert Jahren gewählt haben. Werndls Waffenfabrik, Steyr-Werke, Krise, Klassenkampf, Naziterror, Frieden und Restauration. Dies alles gehört zur Gegenwart, auch wenn manches vor unserer Lebenszeit liegt.

Die Reihung der Texte erfolgte chronologisch, wann immer das möglich war, allerdings haben wir uns auch bemüht, sie miteinander zu verzahnen, dergestalt, daß sich manchmal, lesend, eine Annäherung aus unterschiedlichen Perspektiven ergibt. Uns lag nichts an Beschwichtigung und Verklärung, wir wollten auch keine Bestandsaufnahme lokaler Literaten liefern (das hätte für die ersten fünfzig Jahre des 20. Jahrhunderts ein wahrhaft erbärmliches Ergebnis gebracht, mit dem geballten Mittelmaß der Reimschmiede Blümelhuber, Goldbacher, Stöger, dazu die frömmelnde Frau von Handel-Mazzetti), sondern Steyrer Verhältnisse zur Darstellung bringen, in ihren Widersprüchen, in den Handlungen, Reden und Versäumnissen von Menschen, und was daraus für andere Menschen erfolgt. Das Besondere eben, in dem das Allgemeine aufgehoben ist.

Der erste Abschnitt, »Hunger und Industrie«, versammelt Prosa und Lyrik von Autoren, die sich der Stadt von außen genähert haben, getrieben vom Interesse an der Fabrikarbeit und von der Sorge um die Arbeiter und ihre Familien. Den Anfang aber macht Elisabeth Vera Rathenböck, eine heutige Schriftstellerin, mit einer historischen Erzählung über ein Mädchen aus einfachen Verhältnissen, erste Liebe, zartes Glück, rohe Gewalt – eine Geschichte, die im Oktober 1887 einsetzt und vier Generationen später in der Gegenwart der Niederschrift endet. Ganz nebenbei erinnert Rathenböck an den Freiheitswillen zugezogener, in diesem Fall tschechischer Arbeiter, der in Steyr seit der Gegenreformation erlahmt war.

Weder Dünkel noch Einfalt trüben den Blick von Stefan Großmann und Max Winter, zwei herausragenden Vertretern der Sozialreportage, einer journalistischen Kunstform, die heute zur schnittigen Kolportage herabgesunken ist; Großmann schildert die elenden Zustände in der Strafanstalt Garsten zu Beginn des 20. Jahrhunderts (dreißig Jahre zuvor war der sozialdemokratische Politiker Andreas Scheu dort eingesessen und seinen Erinnerungen nach gut behandelt worden), während Winter und nach ihm Otto Leichter, auch er ein bedeutender sozialistischer Publizist, präzise und anschaulich die Autoproduktion in den Steyr-Werken, im »österreichischen Detroit«, beschreiben. Ihre Betriebsreportagen markieren Anfang und Ende wirtschaftlichen Aufschwungs, zwischen sie schiebt sich Bertolt Brechts kluges, den Zusammenhang von Erzabbau, Waffenproduktion und Automobilherstellung reflektierendes Werbegedicht »Singende Steyr-Wägen« aus dem Jahr 1928. Ein Jahr später kam Brecht in der Zeitschrift »Uhu«, in einem Bericht über einen fingierten Unfall, erneut auf die Qualitäten der Autos aus Steyr zu sprechen. Ob er tatsächlich, wie behauptet, für das Gedicht – und auch für den Unfallbericht – mit einem Steyr XII honoriert wurde, konnte von uns nicht verifiziert werden. Erwiesen ist jedenfalls, daß Brecht bis zu seiner Flucht aus Deutschland, 1933, stolzer Besitzer eines Steyr war. Nach seiner Rückkehr aus dem Exil soll er in Berlin ein altes, schrottreifes Modell dieser Marke gefahren haben, bis ihm die Volkspolizei dringend nahelegte, auf einen anderen Wagen umzusteigen.

Das Gedicht »Alte Stadt im Mittag« ist mit seiner Stimmungsmalerei ein Gegenstück zu Brechts spannungsreichen Versen. Sein Verfasser, der Wiener Arbeiterdichter Hans Winterl, hat es am 20. Oktober 1932 in der Schwechater Bierhalle vorgelesen. Vor und nach ihm haben sich auch Ernst Fischer, Fritz Brainin und wieder Max Winter der Stadt zugewandt; in der Beschreibung der herrschenden Not – Steyr war in den dreißiger Jahren eine der ärmsten Kommunen Europas – wollen Fischer und Brainin die Menschen draußen aufrütteln, während Winter, elf Monate später, bereits von der Solidarität derer berichten kann, die auch nicht gerade im Wohlstand leben: Arbeiterfamilien in Arbon und St. Gallen haben Steyrer Kinder ein paar Wochen oder Monate lang bei sich aufgenommen und ernährt. Dankbarkeit und Vorbildwirkung halten keine siebzig Jahre. So erkläre ich mir die rüden Proteste vom Vorjahr, mit denen die Unterbringung von Asylwerbern in der Steyrer Kaserne verhindert wurde, auch die Zusammenrottung aufgebrachter Bürger vor einem leerstehenden Hotel im Stadtteil Münichholz, wo nun Platz für Asylanten geschaffen werden soll.

Aber der Zusammenhalt zwischen den Menschen war schon damals am Zerbrechen. Das zeigt Anna Seghers im ersten Kapitel ihres Romans »Der Weg durch den Februar«, der den Abschnitt »Nachprüfen einer Erinnerung« eröffnet. Mutlos und wortkarg sind die Männer, die an einem Wintertag des Jahres 1933 gemeinsam und doch getrennt von der Stadt zur Ennsleite hochsteigen, der arbeitslose Tischlergehilfe Bastian Nuß, der zum eigenen Fortkommen jede Chance nützen will, der Schutzbündler Hannes Johst, der die Niederlage voraussahnt, aber weiß, daß es kein Zurück gibt, kein Abtauchen, Ausweichen, Stillhalten.

Wo Seghers aufhört, setzt die »Kleine Stadt der Arbeitslosen« fort: in der unheroischen, aber nicht unparteiischen Chronik der Februarkämpfe 1934, nach deren Ende letztlich auch die Sieger als Besiegte dastanden, denn mit der Demütigung der Aufständischen hat der Austrofaschismus den Menschen in dieser Stadt das Rückgrat gebrochen, das sie zum Widerstand gegen das Naziregime benötigt hätten. Nur in Franz Kains Erzählung vom »Asyl im Haus des Zimmermannes«, der die Fluchtgeschichte von August Moser, dem Betriebsratsobmann der Steyr-Werke, zugrundeliegt, blitzt Hoffnung auf, auch wenn der namenlose Flüchtling ahnt, »daß seine Sache nun verschüttet war für viele Jahre«.

Als Unteroffizier der Deutschen Wehrmacht war Fritz Habeck 1940/41 nach Steyr abkommandiert. Seine teils bizarren, teils quälend erotischen Erlebnisse aus dieser Zeit hat er in bislang unveröffentlichten Tagebuchaufzeichnungen festgehalten. Schonungslos aufrichtig sich selbst gegenüber, zeigt er den Lebenshunger und die Vergnügungssucht in einem haltlos gewordenen Milieu. Die ausgewählte Passage würde gut zu Habecks Eintrag vom 13. November 1941 passen, der einige Wahrheit über den Tag hinaus beansprucht. Hier beschreibt er seine Zimmerwirtin als einen »Typus, wie ihn Steyr hervorbringt: bigott, aber geldgierig, moralisch, aber gegen Bezahlung blind«. Eines ganz anderen Menschenschlags erinnert sich Franz Kain in einer literarischen Reminiszenz an die Zeit, die er, ebenfalls 1941, im Linzer Polizeigefängnis verbracht hatte: der beiden Spanienkämpfer Peter und Franz Brandstätter. Er verfaßte seinen Text in einem US-amerikanischen Kriegsgefangenenlager, voll Freude über die Nachricht, daß die »Zwei aus Steyr« das KZ Dachau überlebt hatten. Als sein Beitrag, anonym, in der in New York erscheinenden Exilzeitung Austro American Tribune abgedruckt wurde, war Franz Brandstätter möglicherweise schon tot: Er starb wenige Monate nach der Befreiung bei einem Verkehrsunfall, sein Namensvetter Anfang 1987 in Steyr.

Gewissenhaften Landsleuten sind auch zwei Texte verpflichtet, die zeitlich vor Habeck einsetzen und ihre Helden über die Naziära hinaus begleiten: das Porträt des Arbeiters Max Petek, von Georg und Waltraud Neuhauser, und die von mir aufgeschriebenen Lebensgeschichten seiner Gefährten Franz Draber und Sepp Bloderer. Alle drei waren in den Steyr-Werken beschäftigt und immun gegen die Verführungen des Regimes. Obwohl sie keinen offenen Widerstand geleistet hatten, wurden sie verhaftet und in einem Volksgerichtsprozeß verurteilt – Draber und Bloderer zum Tod durch das Schafott, Petek zu fünf Jahren Zuchthaus. Sie haben überlebt, Draber und Bloderer nach einer spektakulären Flucht aus der Todeszelle, und nach Kriegsende ganz unterschiedliche Karrieren gestartet.

In der Schilderung von Peteks späterer Laufbahn findet auch der zum Kommunistenputsch umgedeutete Oktoberstreik 1950 Erwähnung, die letzte große politische Protestbewegung in Steyr, die gewaltsam niedergeschlagen wurde. Von da an herrschte in der immer noch als rote Hochburg bekannten Stadt sozialer Friede – die Arbeiter delegierten fortan ihre Wünsche und Bedürfnisse an sozialdemokratische Funktionäre, die gleichzeitig das Deutungsmonopol über die jüngste Geschichte übernahmen: Da ihr Widerstand gegenüber dem NS-Regime in Steyr ausgeblieben war, verschwiegen sie den kommunistischen. Wie nachhaltig beides – die politische Repression nach dem Oktoberstreik und das Schweigen um die Nazifizierung Steyrs – gewirkt hat, erweist sich an den autobiographischen Prosastücken in diesem Band: Keiner von den Autoren, die das Jahr 1950 in Steyr erlebt haben, erwähnt den Streik, obwohl er das öffentliche Leben ein paar Tage lang lahmgelegt hat. Und obwohl die KPÖ, die nach Kriegsende in Steyr-Ost (also am rechten Ennsufer) die Stadtverwaltung gestellt hat, die Straßen in Münichholz nach Widerstandskämpfern benannte, wollte lange niemand was von den Leuten wissen, deren Namen auf den Straßenschildern stehen: Karl Punzer, Herta Schweiger, Otto Pensl, Hans Wagner, Bertl Konrad...

Getilgt war über Jahrzehnte auch die Erinnerung an das jüdische Steyr. Karl Ramsmaier, der es gemeinsam mit Waltraud Neuhauser Anfang der neunziger Jahre rekonstruiert hat, folgt anhand einer Bildbeschreibung in »Hannas Familie« den Biographien des Steyrer Rabbiners Heinrich Schön, seiner Frau und seiner acht Kinder. Im Netz aus Verfolgung, Vertreibung und Deportation verfängt sich dabei auch der eine oder andere Mörder aus Steyr.

Eva Lubinger war in der Nazizeit ein junges Mädchen. In ihren liebevollen, aber unsentimentalen Erinnerungen spricht sie von den Schrecken des Krieges, die Theodor Kramer, den großen sozialen Dichter Österreichs, schier verzweifeln lassen. Kramer, der als Jude und Sozialist verjagt worden war, empfindet keine Genugtuung über die alliierten Luftangriffe auf Steyr und andere österreichische Städte, sondern beklagt in seinem Gedicht »Eiserne Vögel« die unschuldigen Opfer, die Kinder und ihre Mütter – und weiß zugleich, daß der Gewalt nur mit Gewalt beizukommen ist. Davon war auch Wladimir Maximowitsch Beremez überzeugt, der in seinem »Brief aus Talalajwka« vom KZ Steyr-Münichholz berichtet, der letzten

Etappe seines Leidensweges durch mehrere deutsche Konzentrationslager, der mit der Befreiung am 5. Mai 1945 geendet hat. Die Überreste des Lagers Münichholz wurden 1993 in einer Nacht- und-Nebel-Aktion abgerissen, die Proteste dagegen mit antisemitischen Äußerungen eines Rechtsanwalts quittiert, mit dem ich als Jugendlicher Fußball gespielt hatte.

Von den Kriegsfolgen und den Auswirkungen der Naziherrschaft handelt der dritte Abschnitt, »Verzeihen ist Lüge«. Evelyn Grill beachtet in ihrer spröden, zugleich ungemein farbigen Erzählung »Kindheitshimmel« immer auch die Distanz zwischen dem Kind, das sie einst war, und der Frau, die sich jetzt an dieses Kind mit seinen weit geöffneten Augen erinnert, an das zerstörte Steyr, das heilgebliebene Garsten, die Angehörigen und Nachbarn, die Besatzungssoldaten, den Pfarrgarten und das Gefangenenhaus. Vor allem ist ihr Text aber eine große Huldigung an ihren Vater, den Lokomotivführer. Über einen anderen Mann, den im Krieg gefallenen Onkel, denkt in der Kirche von St. Michael – in Josef Preyers geballtem Prosastück »Quis ut deus« – ein Jüngerer nach. Der Mann ist einst zur SS gegangen, seine Mutter will eine Messe für ihn lesen lassen, sie hofft, daß ihm im Jenseits vergeben wird. Aber: »Die Männer rettet keiner.«

Dieser Satz könnte auch über Hilde Schmölzers »Spurensuche« stehen, die notgedrungen bittere Bilanz einer Frau, die als Halbwüchsige vom eigenen Vater mißbraucht wurde und niemanden fand, der ihr beigestanden wäre oder auch nur geglaubt hätte. Die bürgerliche, in Steyr wohl angesehene Verwandtschaft dieser Frau war nazistisch verseucht, und von dieser Art Seuche weiß auch Petra Magdalena Kammerer zu erzählen, wechselt dabei allerdings von kindlicher Unmittelbarkeit zu ironischer Distanz; immerhin gibt es bei ihr kein Leid zu vermelden, das ein Leben lang anhält.

Ganz anders im Ton, nämlich wehmutsvoll und zärtlich, nähert sich Brita Steinwendtner der Straße ihrer Kindheit. Im »Stelzhamerstraßenland« hat vieles Platz, nicht nur, was sie seinerzeit gesehen und erfahren hat – Steinwendtner setzt auch den Menschen ein kleines Denkmal, die sie als Kind nicht gekannt oder in ihrer Bedeutung nicht wahrgenommen hat. Der Schriftstellerin Marlen

Haushofer zum Beispiel, die Hermann Hakel von den eigentümlichen Sitten ihres Steyrer Bekanntenkreises berichtet hat. Hakel hat diese Mischung aus Brutalität, Niedertracht und sexueller Besessenheit in seinen Tagebuchnotizen aus dem Jahr 1953 festgehalten: »Was Marlen Haushofer erzählt«.

Was die Stelzhamerstraße für Brita Steinwendtner, ist die Schlüsselhofgasse für Walter Wippersberg: der Ort, an dem die Welt sich zum ersten Mal entdeckt. Wippersberg schreibt lakonisch, weniger emphatisch als seine Kollegin, aber seine Erinnerungen stehen der ihren an Schärfe nicht nach. »Einige Orte und einige Menschen meiner Kindheit und Jugend« wecken in ihm keine nostalgischen Gefühle, dazu kennt er die Stadt und ihre Bewohner zu gut, und deshalb hat er sie – wie Schmölzer und Grill – »nicht ungern« verlassen.

Auch Ditha Brickwells Erzählung, die das Kapitel »Off limits« eröffnet, spielt in der Schlüsselhofgasse, man könnte meinen, daß ihre Heldin und der zukünftige Autor einander über den Weg gelaufen sind. »Im Augenblick die Aufgabe« verblüfft allein schon ihrer Struktur wegen: Die Erzählerin macht sich die Beobachtungsgabe eines halbwüchsigen Mädchens zu eigen, das sich in zwei absolut unterschiedlichen Welten bewegt. Grob proletarisches und dünkelhaft bourgeoises Milieu, jedes in all seinen Lebensäußerungen minutiös registriert.

Brickwells Geschichte, die auf eine Entscheidung zugunsten der Armen zuläuft, beginnt mit der Ankunft auf dem Steyrer Bahnhof. Auch Tonja Grüner nimmt die Stadt, aus der Gegenrichtung kommend, als Auswärtige wahr. Sie versucht, die Ursache für den Stolz zu ergründen, der in ihrer Kindheit die Steyrer Arbeiter ausgezeichnet hat. Die Antwort, die sie findet, führt uns zurück zu Neuhausers Text über Max Petek, dem Arbeit über alles ging und der als Häftling in einem deutschen Lager plötzlich sein Tempo drosseln sollte: »Aber Petek schaffte das nicht, lieber machte er alles dreimal, er montierte die Flugzeugklappen, zerlegte und montierte sie aufs Neue.« Vielleicht hat Grüner recht, ist diese Stadt von Eisen und Arbeit so hart und stolz geworden, wurde die Arbeit in der »Bude« in unzählige Vorgänge aufgespalten, bis jedem einzelnen der Sinn seiner Tätigkeit verlorenging, so daß er nur noch aus dem Endprodukt seine Identität beziehen konnte: Waffen und Autos, Waffen wie Autos. Dann läge im Stolz nicht nur die Angst begraben, wie eingangs behauptet, sondern auch die Entfremdung, die hündische Ergebenheit, andere für sich denken zu lassen, worauf Bert Ehgartner in seinem Rollengedicht hinweist: »Morgen gehts ins Gußwerk/ und ich gehe gerne hin (...) Ab morgen habe ich wieder Zeit/mich vor dem normalen Leben fürchten zu lernen«.

Dem Protagonisten in Klaus Hirtners Erzählung »Paradiesisch« ist diese Zeit genommen – die Steyr-Werke haben ihm gekündigt, er wurde »freigesetzt«, nun weiß er mit seinem Leben nichts mehr anzufangen. Wie eine zynische Replik darauf wirkt der erste Satz aus der mit vielen kleinen Widerhaken versehenen Textcollage, die Harald Gsaller vor sechs Jahren zur Einstandsfeier eines Steyr Steuerberaters geschrieben hat: »Der Mensch zählt.« Und mit dem Schlußsatz: »Österreich: nicht ganz acht Millionen Unternehmer«, sind wir in der Gegenwart angelangt, bei den Ein-Mann/Eine-Frau-Betrieben und den »Neuen Angestellten«, deren Bewußtsein von der Ideologie der Herausforderung zerfressen ist. Diese Entwicklung beschreibt Barbara Kampas in intimer Kenntnis betrieblicher Abläufe. Es lohnt sich, ihr »Arbeitswelt-Programm« mit den frühen Reportagen von Winter und Leichter zu vergleichen, auch mit Großmanns Bericht über die Verhältnisse im Zuchthaus Garsten, und zwar nicht nur wegen der seither erfolgten Veränderungen in geschlossenen Anstalten: Der Überblick, den diese als Außenstehende binnen kurzem über die Produktionsabläufe und sozialen Strukturen gewinnen konnten, ist inzwischen selbst den Beschäftigten verlorengegangen. »Off limits«, so hat uns Grüner verraten, war einst an die Fassade eines Steyrer Bordells gepinselt; heute steht diese Aufschrift – unsichtbar, trotzdem deutlich zu sehen – über allen Einfahrten zur schönen neuen Unternehmenswelt.

Von ihr ist bei Beatrix M. Kramlovsky nur mittelbar die Rede. Aber die innere Plausibilität der Person, die Kramlovsky in ihrer Erzählung entwickelt, ist ohne diese Welt nicht denkbar. »Seine Arbeit war ein Überspringen, Hineinstopfen, immer auf Haupt- und Nebengleisen unterwegs, ein Abschwenken, Querfeldein-Laufen,

Abschneiden.«Jetzt fliegt dieser namenlose Manager eines namenlosen Konzerns über den Atlantik und verteidigt gegenüber seiner Frau den Entschluß, nicht wieder nach Steyr zurückzukehren, in die Stadt seiner Kindheit. Vor zwanzig oder mehr Jahren hätte die Autorin statt eines Erfolgsgläubigen vielleicht eine kritische, unangepaßte Lehrerin über die Frage diskutieren lassen, ob Steyr »ein Ort wie viele andere auch« sei oder ein ganz besonderer, und wäre vermutlich zu einem positiven Ergebnis gekommen. Nun ist die Stadt, unter »Vertrauten Himmeln«, bedeutungslos geworden.

Gegen die »schweren Flügel des Gemüths« wird im fünften Abschnitt angekämpft. Die Texte von Oscar Holub, Josef Mostbauer, Fritz Grohs und Manfred Maurer sind bewußt subjektiv geschrieben, aus der Sicht ihrer jugendlichen oder Jugend als Lebenshaltung propagierenden Helden, die deutlich selbstbiographische Züge tragen. Steyr ist für sie die Folie, von der man sich lösen will oder längst gelöst hat, verachtete Provinz, erdrückende Familie, autoritäres Paukertum. Allerdings erschöpfen sich weder Holub noch Mostbauer in der Negation des Vorgefundenen; während er sein Leben wie aus Splittern zusammenfügt, setzt Holub den Vorgaben der konventionellen Geschichtsbetrachtung Bilder von der Gleichzeitigkeit des Ungleichzeitigen entgegen. Irgendwie wird es einem ungemütlich, in Gesellschaft von Mama Eigruber, der Mutter des Gauleiters von Oberdonau, und Großvater Holub, »der ein wenig antisemitisch war und gekränkt, daß, als DER ahrer gehängt wurde, nicht er beigezogen wurde, sondern nur ›die vertretung‹«. Auch in den ganz gewöhnlichen, mit psychedelischer Musik, romantischen Gedichten und Träumen von Erotik, Ruhm und Freiheit angereicherten Schultag in Mostbauers Erzählung dringen immer wieder Bilder aus dem Krieg, Fotos ohne Kampfhandlungen, russische Landschaften, manchmal ein paar Soldaten, unter ihnen, vielleicht, der Vater. Der Sohn, Johnny Winter, verharrt »Zwischen Brücken«, die beiderseits im Nirgends enden.

Vom Westen her, wo Mostbauers jugendlicher Held zu Hause ist, nähert sich Walter Famler der Stadt und einer ihrer pädagogischen Zuchtanstalten. Möglich, daß seine »Notizen zu Feindschaft und Klassenhaß« peinlich wirken – auf all jene nämlich, die Versöhnen mit Vergessen verwechseln, erlittene oder beobachtete Demütigung zum Vorwand nehmen, um weiterzubuckeln, selber zu treten, und gern von Rachsucht reden, wenn jemand wie die Mutter des Ich-Erzählers darangeht, offene Rechnungen zu begleichen.

Fritz Grohs und Manfred Maurer, gleichaltrig, zeitlebens gefährdet und früh verstorben, stammten aus sozialen Schichten, die einander oft nur in der Literatur begegnen – Grohs kam aus gutbürgerlichen, Maurer aus subproletarischen Verhältnissen. Der eine sublimierte seine Verstörung in formale Verfremdungen (das hier abgedruckte Fragment, Fragment eines Fragments eigentlich, schildert einen Aufenthalt in Steyr, der an sich nicht mitteilenswert ist, aber entschlüsselt werden will), der andere schrie seine Verzweiflung offen heraus: »Steyr, Mischgehirn« ist der berührende wie abstoßende Monolog eines Drogensüchtigen, »Gewidmet Steyrs Rauschgifttoten«, die es ja auch gibt, nur kommen sie selten zu literarischen Ehren.

Eine Randfigur ist auch die ältere Frau in Harald Friedls »Eiszeit«, der die Gegenwart entschwindet, während sie mit der Vergangenheit beschäftigt ist. Aber immerhin findet ihre Geschichte, vorläufig, ein versöhnliches Ende, so wie die raffiniert miteinander verschachtelten Episoden bei Gunther Alois Grasböck, die Friedls Wassermotiv – in einer Stadt mit zwei Flüssen und etlichen Gerinnen – aufnehmen. Die Hochwasserkatastrophe vom August 2002 vergleicht der Ich-Erzähler »mit in giftigen Gedanken ertränkter Freude«. Aber sie hat ihn zum Handeln gebracht, und »da waren auch die Nachbarn«, die den Helfern geholfen haben.

Mit dem Hochwasser, nach dessen Rückgang (Till Mairhofer zufolge) wieder »alles im alten schwappt«, setzt die geheimnisvolle Geschichte um einen kauzigen Steyrer Gelehrten ein, der sich der Erforschung und Heilung menschlicher Stimmen widmet und dessen Genialität – Klemens Renoldner hat es nachgewiesen – an Unverständnis und Kleingeist seiner Umgebung zerbricht. Robuster ist da der Posaunist und Komponist Bertl Mütter; im Zuge seiner Beschäftigung mit Schuberts »Winterreise« hat er die Spuren seines Kollegen in Steyr gesichtet und die eigene musikalische Sozialisation rekonstruiert, wobei ihm jede Abschweifung in Kleinstadtmythen willkommen war.

»Fröhlich, glatt und freundlich« bieten sich für den Besucher Erwin Einzinger die Stadt und ihre Bewohner (in diesem Fall sogar die Ordnungshüter) dar. Aber er traut dem Frieden nicht, und das ist gut so. Ehe er – im letzten Beitrag – die Stadt hinter sich läßt, wird sie erst einmal von Niederösterreich her angesteuert. »Von drüben die Bauern« nennt Herbert Pauli seine Annäherung, in der er – weiter noch als Rathenböck – in die Geschichte zurückgeht und den Bauernaufstand Ende des 16. Jahrhunderts gegen die Steyrer Obrigkeit mit der persönlichen Befindlichkeit heute verbindet: »Hilft es mir zu wissen, dass eine Spur von damals ins Heute führt?« Es ist eine unbequeme Frage, die er am liebsten von sich weisen möchte. Aber sie quält ihn, mehr als Peter Landerl, der seine Kindheitserinnerungen im kalten Sommer 2004 an Ort und Stelle überprüft.

Es lohnt sich, »Heimkommen« mit den im Ton und in der sachlichen Distanz verwandten Erinnerungen Walter Wippersbergs zu vergleichen. Beiden war, von ihrer Herkunft her, der Weg in die Literatur nicht vorgezeichnet, beiden ist, in Landerls Worten, »ein Haus ohne Papier, ein Leben ohne Schrift« vertraut. Ihre erzählten Zeiten liegen dreißig Jahre auseinander, aber ein kulturelles Wachstum ist kaum zu erkennen. Gab es in Steyr jemals den lesenden Arbeiter, hat auch Hans Winterl, damals im Schwechater, schon vor leeren Stuhlreihen vorgetragen, während sich das bildungshungrige Stadtvolk im Paddeln und Bergsteigen vergnügte? Und warum setzen heutige Kulturveranstaltungen – der klägliche Musiksommer, das alkoholselige Stadtfest – mit öffentlicher Förderung und unter regem Zuspruch von Politikern auf Zerstreuung statt auf Sammlung?

»Meine Steyrer Verwandten«, denen Karin Fleischanderl fintenreich zusetzt, bleiben von solchen Fragen wohl unberührt. Fleischanderl ist in einer Stadtrandsiedlung aufgewachsen und kennt deshalb die Unwirtlichkeit Steyrer Kleinzellen aus leidvoller Erfahrung. Acht Stunden lang das eigene Fell auf dem flexiblen Arbeitsmarkt erlegt, einkaufen gefahren, dann zurück ins Schneckenhaus gekrochen. Oder ins Stadtbad – immerhin eine Stätte gemeinschaftlichen Treibens, theoretisch zumindest –, wo Till Mairhofer die Lokalgeschichte der letzten hundert Jahre noch einmal vorüberziehen läßt.

Im Bewußtseinsstrom seines Schwimmers vermischen sich Erinnerungen an die Kindheit, Mitgeteiltes, durch Lektüre Erfahrenes. Das Stadtbad, bei seiner Eröffnung im Juni 1959 Symbol des Neuen Steyr, erscheint hier als Ort, an dem die Abwicklung der lästigen Vergangenheit – ins kalte Wasser springen, strampeln, durchtauchen – kläglich scheitert: »Arbeit macht frei« lautet der böse letzte Satz.

Bei ihren Bemühungen, wenigstens einen der Steyrer Verwandten zu stellen, hätte Fleischanderl sich an Andreas Renoldner halten sollen, der auf seiner »dambergrunde« so ein selbstversponnenes Exemplar vorführt: »einfach nur treten. schon ist wieder etwas getan worden. zeit vergangen. leben geschehen.«

Zeit vergeht, Leben geschieht auch in den Prosastücken der jüngsten Autorinnen dieses Buches, bei Katharina Marie Bergmayr und Antonia Rahofer. Bergmayr berührt durch die unangestrengte Offenheit, mit der sie Erfahrungen zur Sprache bringt, die – der herrschenden Konvention zufolge – doch peinlich sein sollten. Bemerkenswert sind auch die historischen Koordinaten: Nicht die Arbeitslosigkeit der dreißiger Jahre, sondern die Jagd auf den »Hammermörder« Engleder (für Steinwendtner ein prägendes Ereignis ihrer Jugend) bildet die graue Grenze mündlicher Überlieferung, die Einschüsse an Hausfassaden rühren nicht von den Februarkämpfen, sondern von einem gescheiterten Banküberfall her, und der strenge kleinstädtische Sittenkodex ist einem trivialen Universalhedonismus gewichen. Die Apothekerin von nebenan wird allerdings immer noch standesgemäß angesprochen: »Grüß Gott, Frau Magister«, und durch die Steyr-Auen irren nach wie vor Exhibitionisten und aus Garsten entwichene Sträflinge.

In ihrer poetischen Skizze, deren Titel für das ganze Buch steht, läßt Rahofer Steyrer Verhältnisse gar nicht erst wirksam werden. Hier sitzt oder steht eine junge Frau an ihrem Lieblingsort am Zusammenfluß von Steyr und Enns, unbekümmert um das geschäftige Treiben oder lauernde Abwarten hinter oder neben ihr, keine Verpflichtung, kein Nachrennen, das Wasser droht nicht, es ist einfach nur da, und wenn man jung und offen ist, kann einem nichts und niemand was anhaben.

Eine Sammlung dieser Art ist mehr als die Summe ihrer Texte. Nicht alle gehobenen Schätze lassen sich vorzeigen. So hatten wir im Zuge unserer Arbeit den Ehrgeiz entwickelt, den ursprünglich festgelegten Zeitraum auszudehnen, auch Reiseberichte, Briefe, Berichte aus früheren Jahrhunderten zu berücksichtigen, deren Beobachtungen uns aktuell und mitteilenswert erschienen sind: einen Auszug aus der »Vaterländischen Reise von Grätz über Eisenerz nach Steyer« (1798) zum Beispiel, auf der Kajetan Franz Ritter von Leitner nebst etlichen Artigkeiten anmerkt, daß in Steyr die »Einfachheit der Sitten von einer gleichen Schwerfälligkeit des Geistes begleitet und daß der innere Mensch nicht viel mehr geputzt ist als der äußere«. Leitner bedauert auch, daß »die Gelegenheiten zu gesellschaftlichen Zusammenkünften hier nicht so vorhanden sind wie in anderen Städten; man hat keine allgemein besuchten Promenaden und wenig öffentliche Unterhaltungsorte, in welchen man sich versammelt«. Ferner mißfällt ihm die hiesige »singende, flache österreichische Mundart, die mit einer Menge widriger Provinzial-Wörter angefüllt ist«, ein Übel, das seiner Meinung nach die unter Joseph II. eingerichtete Normalschule (also Hauptschule) bekämpfen müßte.

Erster Direktor dieser Normalschule war der aus Grein stammende Aufklärer Amand Berghofer. Seine beiden Briefe aus Steyr (vom 1. Jänner 1776 und 30. März 1777) ziehen eine einigermaßen bittere Bilanz über seine pädagogische Tätigkeit »in einem dem Geiste unfruchtbaren Landesstrich«: »Gleich bei der Ankunft des Schulpersonals stieg ein Mönch auf die Kanzel und suchte das Volk aufzuhetzen. Er fing seine Predigt damit an: Es werden falsche Propheten kommen; und setzte weislich hinzu: Sie sind schon da. Hm! dacht' ich, der Mann hat so unrecht nicht. – Die Einwohner, vom Geiste der Jesuiten, die wir verdrängt haben, und vom Hasse gegen alle Neuerung besessen, locken ihre Hunde von uns; strafen ihre Kinder, die uns freundlich tun, wenn wir vorübergehen; und der Pöbel wirft Steine nach uns.«

Zwei Reiseberichte aus der zweiten Hälfte des 19. Jahrhunderts streifen die Stadt gerade nur; der erste stammt vom Arzt, Maler und Naturphilosophen Carl Gustav Carus, der andere vom Priester und

Sozialreformer Adolf Kolping, der im wesentlichen bloß die Stadtpfarrkirche würdigt, mit der sich auch Adalbert Stifter eingehend beschäftigt hat. Aber wir wollten ja keinen historischen Kunstführer herausgeben, und der penible Bericht Stifters über seine Inspektion Steyrer Schulen, vom 9. bis 21. Dezember 1856, wäre bestenfalls im Kontrast zu Berghofers kritischen Anmerkungen erträglich gewesen: »Anständig« ist das häufigste Wort, »der gekreuzigte Heiland« das meistgebrauchte Bild im Protokoll des Herrn k.k. Schulrates zu Linz.

Ich habe weiter oben die Solidaritätsbewegung der frühen dreißiger Jahre für Steyrs hungernde Kinder erwähnt. Wie Max Winter in seinem »Hohelied von Steyr« ausführt, kam es bereits im Spätherbst 1925, nach einer Aussperrung von Arbeitern der Waffenfabrik, zu einer großen Hilfsaktion für die Kinder der Entlassenen, die von Eisenbahnerfamilien in Linz, St. Pölten, Bruck/Mur, Leoben, Knittelfeld und anderen Ortschaften »in Obhut und Pflege« genommen wurden. Im Jungbrunnen-Verlag erschien im Jahr darauf eine Dokumentation dieser Aktion, »Sechzig Briefe der Solidarität«, von Steyrer Kindern an ihre Eltern zu Hause. Eine kleine Auswahl dieser Briefe hätten wir gern abgedruckt, aber das hätte eines Kommentars bedurft, mit dem wir den Textteil grundsätzlich nicht beschweren wollten.

Schweren Herzens mußten wir auch auf Robert Musil verzichten, der zwischen 1882 und 1891 in Steyr gelebt hat, kurioserweise in unmittelbarer Nähe der heutigen Handel-Mazzetti-Promenade. »Aber man erzählte uns nichts über ihn in der Schule«, schreibt Brita Steinwendtner, »nichts über den ›Törleß‹ oder den ›Mann ohne Eigenschaften‹, man erzählte uns auch nichts über ›Die Wand‹ von Marlen Haushofer, man blieb bei Goethe und Schiller und schloß mit Gerhart Hauptmann.« Wir hingegen hätten Musil gern selbst erzählen lassen, er hat sich ja gelegentlich auf seine Steyrer Kindheit bezogen, pointiert und treffend, aber leider nur in allzu knappen Anekdoten (die Steyrer »Kosakenfurcht«; die »gutgläubig bürgerliche Empörung in Steyr« während eines Streiks in den 1880er Jahren; der Fronleichnamsumzug, vom Fenster aus verfolgt; ein Zwischenfall auf dem Pfarrberg, wo ein Pferd »mit der Schnauze nach meiner Brust gefaßt oder gedroht hat«).

Musil betrachtete »die zweitwenigkleinste Stadt Oberösterreichs« nüchtern, er erkannte wie Leitner in ihrer Mundart »das gröbste Oberösterreichisch, das man sich nur wünschen mag«, und charakterisierte sie in Notizen zu einem autobiographischen Roman: »Geboren in Steyr. Eigentlich nicht ganz. Aber im Zeitalter der Versetzungen, Geschäftsaufenthalte u. dgl. werden viele anderswo geboren, als sie auf die Welt kommen. Sein Vater zb. in Temesvar. Steyr ein sehr umsichtig gewählter Ort. Waffenfabrik – soziale Frage u. Wettrüsten.« – »Steyr, die Stadt des Alters, mit der Waffenfabrik. Hier ist er geboren. Werndl hat ein Denkmal.« – »Die Angst des Kindes vor den Russen u. vor den Arbeitern ist ohne Einfluß geblieben. Erwägenswert aber, wie gute Leute, wie meine Eltern, die streikenden und unruhigen Arbeiter zum voraus als bös empfanden. Welche Freude, als Militär nach Steyr dirigiert wurde.« Und noch ein Zitat, das sich wie ein messerscharfer Kommentar zu Ramsmaiers Bericht über das Schicksal der Rabbinerfamilie Schön liest: »Die Stadt ohne Juden. (Steyr)«.

Auf Peter Schnur, Mitglied des kurzlebigen Bundes Proletarisch-Revolutionärer Schriftsteller Österreichs, haben uns Herbert Exenberger und Otto Treml hingewiesen. Schnur war unter dem Namen Josef Kolaric seit den Wahlen vom April 1931 als Vertreter der KPÖ Mitglied des Steyrer Gemeinderats, ehe er kurz vor Weihnachten desselben Jahres als angeblicher Spion und sowjetischer Staatsbürger (»und Jude«, wie die christlich-soziale »Linzer Tagespost« betonte) enttarnt wurde. Er geriet später, im Moskauer Exil, in die stalinistische Verbrechensmaschinerie, überlebte jedoch Haft und Folter und kehrte nach Kriegsende nach Österreich zurück. Wir sind in der »Roten Fahne« und anderen kommunistischen Blättern auf etliche seiner Erzählungen gestoßen, aber er hat ihren literarischen Gehalt der agitatorischen Wirkungsabsicht untergeordnet, auch ist keine von ihnen erkennbar in Steyr angesiedelt.

Geschmerzt hat uns der Verzicht auf Dora Dunkl. Wie Aloys Blumauer, wie Marlen Haushofer war sie mit dieser Stadt verbunden und hat diese literarisch eindeutig doch nie dargestellt. Mostbirnbäume wachsen auch anderswo, stille Wasser fließen nicht nur durch den Wehrgraben. Ihr einziger Text zu Steyr, 1972 in der Zeitschrift »Merian«, ist informativ, auch schwärmerisch, aber ersichtlich an die redaktionellen Vorgaben gebunden. Für Hinweise und Unterstützung danken Till Mairhofer und ich Herbert Exenberger, Walter Fanta, Gerhard Klausberger, Emmerich Kolovic, Fritz Ortner, Evelyne Polt-Heinzl, Eva Schobel, Andreas Weber und Martin Wedl sehr herzlich. Die Arbeit hat uns viel abverlangt, auch weil wir es als Verpflichtung angesehen haben, die Beiträge eingehend zu lektorieren. Jetzt frage ich mich, welchen Eindruck die Leser aufgrund der Lektüre wohl gewinnen werden. Gewinnen sie überhaupt etwas für ihr Leben in oder außerhalb dieser Stadt. Werden sie sich bestätigt oder ertappt sehen. Werden sie aufgefordert, die Augen zu öffnen, oder blind durchmarschieren. Helfen ihnen die Geschichten und Gedichte, hierzubleiben, herzukommen oder wegzugehen, so wie ich weggehe, wie die meisten Autorinnen, Autoren dieses Lesebuchs weggegangen sind, ohne Bedauern, aber mit der leisen Sehnsucht nach einem Ruck, der durch die Menschen geht, nach einer wirklichen Verständigung, zu der es hier nie kommen wird, und so begleite ich Erwin Einzinger, der auch nicht das Gefühl hat, ohne Steyr irgend etwas zu versäumen, und das Letzte, das ich mit seinen Augen sehe, ist eine leere Krabbencocktaildose auf einem Fenstersims und dann, an einer Ampel, »ein paar Schulkinder, die offensichtlich dabei waren, ihre schockfarbenen Winzigtelefone miteinander zu vergleichen«.

Später, in einiger Entfernung, der letzte Blick zurück, auf eine Stadt, alt und grün, mit Giebeldächern, Schornsteinen, Kirchturmspitzen, zwei Flüssen, die in regelmäßigen Abständen über ihre Ufer treten.

Erich Hackl

Hunger und Industrie

Elisabeth Vera Rathenböck

Das Nichts zwischen den Tagen

Sie träumte von Jáchym. In ihrem Traum verbat sie sich alles, was sie von ihm träumen wollte. Als er sich im Traum bückte, um ihr den Hut zu holen, den ihr der Wind vom Kopf entwendet hatte wie ein eiliger Dieb, sah sie ihn noch mit großen Augen an. Als er ihr den Hut auf den Kopf setzte und ihr dabei sein Geruch nach verbranntem Metall und Schweiß unter die Nasenflügel flog wie ein galoppierendes Heupferdchen, schloss sie die Augen und drehte sich. Von ihm weg. Als er sein Gesicht dem ihren näher bringen wollte, bückte sie sich. Zu Boden. Als er ihr einen Arm um die Hüfte legen wollte, um sie über den schmalen Steg zurückzuführen, erstarrte sie und verschloss ihre Ohren. Ja, das konnte sie wie keine andere. Sie presste Luft, die in ihrem Mund stehen geblieben war, gegen die Innenseite ihrer Ohren. Wenn man noch dazu die Augen schloss, war man verborgen in einer Höhle von der Größe einer ganzen Welt. Und darin stellte sie sich die Begegnung mit Jáchym vor.

Als sie träumte, dass Jáchym nackt vor ihr stehe, kam Johann herein. »Der Winter wird uns nicht umbringen«, sagte er und zog einen Sack voll Buchenscheiter durch die Holztüre der Baracke.

»Was sind wir dem Humer schuldig?«, fragte sie.

»Ich bring' ihm was aus der Fabrik«, antwortete Johann und ließ seine Hand rasch in einer Bewegung kreisen, von der man weiß, dass sie ein unsichtbares Verbrechen andeutet. Ein winzig kleines nur. Johann antwortete: »Der Werndl, der halt' das schon aus. Bei der Auftragslage kommt es auf ein, zwei Vorderlader auch nicht an.«

Als das Kind, das in einer grob gezimmerten Holzkiste lag,

erwachte und nach Milch verlangte, sagte Johann: »Ich werd' erst spät kommen.« Und er schloss die Tür aus dünnem Holz, durch die der Wind ein paar Schneeflocken hereintrug. Man schrieb den 16. Oktober 1887. Es war der erste Schneesturm, dem in den folgenden sechs Monaten noch viele folgen sollten.

Damals schloss sie die Augen und sah die Mädeln im Gasthaus »Zum grünen Baum«, die mit beiden Händen Krüge, aus denen das Bier schäumte, auf die Tischplatten knallten. Sah Männer, die mit ihren derben Händen nach den Krügen griffen und sie an die Münder führten, die von Schnauzbärten versteckt wurden. Sie sah ihre lachenden Gesichter und hörte ihr Singen, das zu einem Marschrhythmus verschmelzen sollte, sobald der Kaiser befand, dass seinen Völkern die Ehre und Würde abgerungen werden würde, wie er so oft in den bürgerlichen Gazetten schreiben ließ. Solange die Ehre und Würde dem Reich gewahrt bleibt, so lange sollte es Frieden geben. Dass die Kriegsminister aller europäischen Länder große Summen für die Rüstung der Heere ausgaben, davon wusste sie nichts. Sie sah die Mädeln im »Grünen Baum«, die die leeren Krüge auf einem riesigen Tablett einsammelten. Oft waren es bis zu zehn, die sie – noch immer lachend – hinter die Schank zurücktrugen. Mitten unter den Mädeln und Krügen saß Johann und zog erhaben an seiner Pfeife, als müsste er mit dem Kaiser persönlich um die Ehre schmauchen.

Sie gab dem Kind die Brust und dachte an Jáchym, neben dem sie schon in der Volksschule gesessen war. Er konnte damals noch kein Deutsch. Irgendwann, ein paar Jahre später, hatten sie sich zufällig wieder getroffen. Am Stadtplatz vor dem Eingang zum Ersten Mode-Salón der Fanny Kaserer, der auf Nummer 19 im zweiten Stock untergebracht war. Jáchym sagte: »Bist du nicht Antonia?« Und sie sagte: »Ja.« Was hätte sie sonst sagen sollen? Und dann ging sie in das Haus, weil sie sich um eine Stellung bei Frau Kaserer bewerben wollte. Nicht als Modistin, nein, als Botin wäre sie geeignet, das sagte ihr Frau Kaserer auf den Kopf zu. Und als sie wieder auf den Stadtplatz trat, hatte Jáchym auf sie gewartet, und er lud sie ein, mit ihm hinauf in die Sierningerstraße zu gehen. Dort würden sie ein bisschen Auslagen schauen und irgendwo ein Bier trinken. Leise schob er seine Hand in die ihre, und noch leiser ließ sie es zu.

Jáchym war zwei Jahre älter. Sie war jung, erst sechzehn, zu jung, um mit einem Kind in einer der Baracken der Steyrer Werke zu hausen, die im Winter kaum warm zu kriegen waren. Damals, als sie Botin bei Frau Kaserer wurde, war sie noch jünger gewesen. Nach der Sperrstunde durfte sie Hüte probieren, die aus Filz mit den Straußenfedern und die aus dunkelrotem Samt, die ihr Gesicht älter machten. Jáchym hatte sie nie mit einem dieser Hüte gesehen, denn bevor sie den Salón verließ, nur um am nächsten Morgen wiederzukommen, legte sie die kostbaren Stücke wieder ab und zog sie beschämt den kahlen Köpfen der Schaupuppen über, als wäre sie denen etwas schuldig. Dann setzte sie ihren eigenen Hut auf, der gerade gut genug für den Wind war.

An jenem Abend, ab dem ihre Träume zu einem Problem werden sollten, holte sie Jáchym von der Modistin ab. Er hakte sich bei ihr unter und fragte sie, ob sie ihn nicht ihrer Mutter vorstellen wolle. Sie dachte an die Zweizimmerwohnung auf der Ennsleite und lehnte ab. »Du willst mich nicht vorstellen, weil ich aus Brno komme«, sagte er.

»Nein, so ist das nicht«, widersprach sie ihm. Sie ließ ein paar Gulden in ihrer Rocktasche klimpern, als wolle sie ihn hinter sich herlocken. Mit einem lächerlichen Reichtum, der ihr selbst suspekt vorkam. »Ich bin noch zu jung für so was!«, fuhr sie fort.

»Was, so was?«, fragte Jáchym zurück.

»Nichts«, entgegnete sie ihm und wurde rot.

Sie schlüpften durch eine der vielen Stiegen in die Höhe, traten in die Berggasse ein. In dieser Gasse lebte die Vergangenheit intensiver als zwischen den mittelalterlichen Häusern unten am Stadtplatz, das wusste sie schon lange. Sie schlenderten Richtung Stadtpfarrkirche. »Sag᾽ doch, dass ich bin dreckiger Tscheche!«, begann er noch einmal, dieses Mal viel heftiger, und ließ ihre Hand; die in der seinen lag, fallen. »Sag᾽ es. Du bist damit nicht die Einzige.«

»Nein«, entgegnete sie und spürte eine Sperre im Hals, als hätte sie ihre Stimme verschluckt.

»Was willst du dann? Von mir?«, fuhr er sie nun an. Längst waren sie stehen geblieben. Und dann erinnerte sie sich an den Ausflug auf den Damberg, den sie im vorigen Jahr mit ihrer Schwester unternommen hatte. Sie waren zur Kapelle hinaufgegangen und dann noch weiter durch den Wald, bis sie auf eine Wiese gekommen waren, von der man in ein anderes Tal sehen konnte. Und auf dieser Wiese stand hohes Gras, Insekten umschwirrten die vielen Blumen, die sich zwischen den Gräsern behaupten konnten. Sie hatte sich einen Weg durch dieses Gras gebahnt, immer in der Erwartung, nach ein paar Schritten unterzugehen, als ginge sie in einen See. Doch sie war nicht untergegangen, hatte keine Untiefen bemerkt, sondern war auf das Tal zugestapft, das ihr vorkam, als wäre es eine Lücke in der Landschaft. Ein Nichts. In dem aber wollte sie ertrinken. Und nun, mit Jáchym, hatte sie es wieder vor Augen und sogar ausgesprochen. Dieses Nichts, das doch so viel meinte.

Dann sagte sie ruhig: »Küss' mich!«

Der Rauch aus dem Holzkohlenfeuer, mit dem das Eisen zum Glühen gebracht wurde, bis es sich gießen ließ, hatte sich nicht nur in seinen Haaren verfangen, sondern klebte an seiner Haut wie feiner Staub. Sie leckte daran, zurückhaltend wie an einem Fenster voll Eisblumen.

»Milenka! Was du machst mit mir«, flüsterte er noch, bevor er nichts mehr sagte.

Nachdem er sie geküsst hatte, begannen ihre Gefühle zu schwirren wie die Insekten auf der Wiese, und sie ließ sich widerstandslos in die Stadtpfarrkirche am Ende der Berggasse ziehen. Ohne Jáchym wäre sie nie in diese Kirche gegangen, hätte nie eine Vorstellung zu diesem Wort entwickelt, das Jáchym zu einer »Kirsche« machte. Seine Zunge aus Brünn wollte sich mit dem »ch« allein nicht begnügen. Und als sie in den hinteren Bankreihen im Dunkel hockten und sich verschämt mit den Händen berührten, auf den Schultern, der Brust, an den Beinen, begann einer auf der Empore die Orgel zu spielen. Und er hörte lange nicht damit auf.

An jenem Abend, der sie zur Frau werden ließ, traf sie zuerst einen alten Mann, der ihr aus dem Stadtpfarrhof entgegenkam. Wieder hatten sie sich in der »Kirsche« verabredet. Der Alte hatte kaum Haare und sah etwas verbittert aus.

»Was machen Sie nur während meiner Proben an der Orgel?«, fuhr er sie an.

»Nichts«, sagte sie keck und lachte noch dabei. Da war es schon wieder. Dieses Nichts.

Der Alte stapfte in die Kirche und erklomm die Empore. Sobald er an der Orgel saß, würde er ohnehin alles um sich herum vergessen. Und als Jáchym kurz darauf ankam, drückte sie sich gleich an ihn. Doch dieses Mal hörten sie ein bisschen der Orgel zu, ohne zu wissen, dass es Anton Bruckner war, der ihr Stelldichein mit einem heiligen Zelt aus Musik überspannte.

Als sie aus der Kirche traten, fühlte sie sich angewärmt und hungrig. Sie schlenderten die Promenade entlang, dann rannten sie Hand in Hand vor einem Fiaker her, der mit bunten Bändern und Blumen geschmückt war. Eine Kutsche fuhr hinterher, und die hatte Musikanten mit Ziehharmonika und Geigen geladen. Die Musikanten spielten wilde Tänze, doch das Brautpaar saß regungslos in der Kutsche, die von ein paar Laternen beleuchtet war. Es war längst dunkel geworden. Der Hochzeitszug hielt, und einer der Musikanten warf eine Handvoll Bonbons in die Luft. Jáchym griff eines aus der Finsternis und schob es ihr in den lachenden Mund. Dann wendeten sie sich ab und liefen durchs feuchte Gras im Schlosspark. Unter einer Buche legten sie sich nieder. Nun begann, was beginnen sollte. Sie war noch nie zuvor so berührt worden. Bis in ihr Innerstes.

Sie waren beide satt geworden und lagen ruhig nebeneinander. Als sie ihn fragte, was er sich am liebsten wünsche, antwortete er: »Ein Weltwunder!«

Doch sie wusste nicht, was er meinte: »Was sollte das sein, ein Weltwunder?« Und er antwortete, er habe gelesen, dass die Franzosen in Amerika eine riesige Statue aufgestellt hätten, die der Freiheit gewidmet sei.

»Aber was hat das mit uns zu tun?«, hakte sie nach. Sie wollte sich nicht mit einer Statue zufrieden geben, wenn sie doch gerade neben dem Mann lag, der ihrem Leben eine Wendung gegeben hatte. Eine Drehung, von der sie nicht gewusst hatte, dass es sie so gab, und die ihr später immer unheimlicher werden sollte.

»Amerika, ja in Amerika, da gibt es Anarchie«, begann er zu schwärmen. »Da kämpft man für Freiheit.«

»Aber wir sind doch auch frei«, entgegnete sie ihm.

»Holka!«, gab er zurück. »Wir Arbeiter sind Sklaven. Und wenn du Tscheche bist, bist du noch weniger. Darum werde ich nach Amerika gehen!« Sie hielt den Atem an. »Ja, ins Land der weiten Felder und großen Freiheiten«, setzte er noch nach.

»Wann?«

»Bald«, antwortete er und hielt ihr seine Hand hin, damit sie aufstehen konnte. Doch sie reagierte nicht.

In dem Augenblick verschloss sie zum ersten Mal ihre Ohren von innen. Sie hielt die Luft an, ballte sie in der Mundhöhle zusammen und drückte sie in die Seiten der Wangen, wo sie den Gehörgang vermutete. Mit einer Stimme, die sie nicht hören wollte, begann sie zu fragen: »Warum?«

»Warum nicht?«

»Wegen.«

»Nein, das.«

»Aber.«

»Du musst.«

»Ich.«

»Was?«

»Nichts.«

Irgendwann stand sie auf. Er ging, und sie begann zu gehen, zunächst ein paar Schritte hinter, dann neben ihm. Er brachte sie nach Hause. Sie sprachen kaum etwas miteinander. In den nächsten Tagen blieb sie daheim, ging nicht zur Modistin, die einmal nach ihr fragen ließ. Kein zweites Mal. Nur einmal.

Durch die Fenster der Zweizimmerwohnung blies der Wind. Ihre Mutter ließ einen Pfuscher kommen. Sie beobachtete den jungen Mann, der die Holzrahmen auskittete in einer Langsamkeit, die sie bald zu hassen, dann wieder zu bewundern begann. Der Mann, der sich mit den Worten: »Kannst mich Johann nennen«, bei ihr vorgestellt hatte, war eigentlich Feilhauer und arbeitete, wie Jáchym, in den Steyrer Werken. Als Zubrot übernahm er Reparaturen aller Art. Sein Gesicht war von dichten Koteletten gerahmt, und in der Mitte saß ein üppiger Schnauzbart, der dem Kaiser zur Ehre gereicht hätte. Wenn der noch jünger gewesen wäre.

Einmal fragte sie, ob er einen Jáchym kenne. Er ließ ihn sich ausführlich von ihr beschreiben. Dann verneinte er und lachte.

»Warum lachst du?«, fragte sie ihn matt.

»Nur so«, antwortete er. »Und du? Was machst du so den ganzen Tag?«

»Modistin«, antwortete sie. »Ich arbeite bei der Fanny Kaserer am Stadtplatz.«

»Das ist was Schönes«, sagte Johann mit ehrlicher Bewunderung, und das Leben kehrte zu ihr zurück.

Am nächsten Tag ging sie wieder ins Geschäft. Augenzwinkernd fragte die Kaserer: »Na, wieder gesund?« Doch ohne eine Antwort abzuwarten, drückte sie ihr gleich zwei Hutschachteln in die Hand, die sie nach Unterhimmel bringen sollte.

Irgendwann in diesen Tagen stand nicht Jáchym, sondern Johann unten am Stadtplatz. Er hatte zwei Stunden gewartet, um sie abzuholen. Sie schlenderten umher, geschickt konnte sie dabei die Berggasse vermeiden. Die Stadtpfarrkirche würdigte sie nicht mit einem einzigen Blick. Lieber lockte sie ihn zur Enns hinunter, und dort sahen sie den Flößern zu. Irgendwann lieh sich Johann einen Einspänner, den er nach Sierning hinüber traben ließ, wo sie seine Tante besuchten, die als Magd auf einem Bauernhof arbeitete. Und irgendwann legten sie sich ins Stroh.

An dem Tag, an dem sie es nicht mehr ahnte, sondern bereits genau wusste, schwanger zu sein, wurde sie Augenzeugin einer Schlägerei. Sie war in die Schwimmschule gekommen, hatte die badenden Kinder mit gemischten Gefühlen beobachtet und ließ sich die Sonne auf den schwangeren Bauch scheinen, der natürlich von Badebekleidung bestens verdeckt war.

Eine Gruppe strammer Jünglinge machte plötzlich durch Beschimpfungen auf sich aufmerksam. Es musste sich um Deutschnationale handeln, die nur in die Schwimmschule gekommen waren, um die Fremdarbeiter einmal ordentlich aufzumischen, was ihnen rasch gelang. Einige vom Arbeiterbildungsverein versuchten anfänglich noch, die Scharmützel abzuschwächen. Doch so richtig wollten sie sich nicht zwischen die Fronten stellen, wo es bald zu roher Gewalt kommen musste. Sie warteten lieber ab, sahen zu, wie die Deutschnationalen die »Saubehm« in die Mangel nahmen. Und das mitten im Sommer. Die Mütter riefen die Kinder rasch zu sich, rafften Badezeug zusammen und drängten hinaus. Nur sie, das Mädchen, blieb und drückte sich wie ein wundes Reh in eine Ecke und sah zu, sah, dass auch Jáchym unter den »Saubehm« war, ihr Jáchym, den sie schon so lange vermisste. Dann ging alles sehr schnell: Ein Hüne von einem Deutschnationalen fiel über Jáchym her, der sich anfänglich noch gut zur Wehr setzen konnte. Sie boxten, bis der Hüne Jáchym niederschlug und seinen Körper mit Fußtritten weitertrieb, sodass er über den Schwimmbeckenrand kippte. Jetzt haben wir uns wieder verloren, dachte sie und rührte sich noch immer keinen Millimeter. Nein, sie hielt sich die Ohren zu und presste die Augenlider zusammen.

Die Rauferei war zu Ende, als die »Saubehm« vor den Deutschnationalen nach draußen flüchteten. Doch die Verfolger ließen ihre Opfer nicht aus, sie kamen hinter ihnen her, machten sie eben auf der Gasse fertig. Mit einer Gewalt, als wäre es ihr Tag, dem kein anderer mehr folgen sollte.

»Der Tscheche ist tot«, sagte Johann und fuhr ihr unbeholfen über die Wange. Er wollte sie aufwecken, doch sie hatte nicht geschlafen. Sie hatte gewartet wie eine, die man an eine Mauer kettet, weil sie den Tod gesehen hat. Und er hatte sie gesucht, zuerst in der Sierningerstraße, dann in der Schwimmschule. Johann hatte »so ein Gefühl gehabt, dass sie seine Hilfe brauchen würde«. Dieses Gefühl hatte er später übrigens nicht mehr oft. Jáchym war ertrunken. Sein Körper lag auf der Wiese, und sein Gesicht erweckte nicht den Eindruck, als würde er schlafen, sondern als wäre er soeben in Amerika gelandet. Zumindest sie las es aus diesen unheimlich ruhigen Gesichtszügen.

Zwei Tage redeten die Leute über die Slawen, als wären sie die Täter gewesen.

Die Söhne der Monarchie waren sich nicht nur in die Quere gekommen, sondern hatten den Brudermord doppelt ausgeführt. Einmal durch Tötung und einmal durch Verleugnung.

Ein paar Wochen später wurde die Schließung der Oberrealschule bekannt gegeben, die von vielen tschechischen und anderen slawischen Jugendlichen besucht worden war. »Wegen schlechter Schülerzahlen«, sagten die Leute. »Die haben Angst vor einem Gelehrtenproletariat«, sagte Johann. Er sollte übrigens an der Gründung des sozialdemokratischen Arbeiterbildungsvereins beteiligt sein, die noch in diesem Jahr erfolgte.

Das Kind – es war ein Junge – sah an einem Tag Jáchym ähnlich, am nächsten Johann. Wie sollte eine junge Frau, die ihre Monatsblutung wegen schlechter Ernährung höchst selten bekam, schon wissen, wann sie ihre fruchtbaren Tage hatte – geschweige denn, wann sie befruchtet worden war?

Sie träumte. Von Amerika, das ihr bunt und unschuldig wie ein Stück Wald im Frühling vorkam. Voll Drängen und Wachsen und voll Gesang. Das war ihr Amerika, und es saß im Kopf und dort blieb es, auch wenn sie schon längst Johann geheiratet hatte und ein nächstes Kind am Ende des 19. Jahrhunderts in die Welt setzte. Es war wieder ein Junge, und er half ihrem Traum von Amerika nicht.

Erst als sie ein Mädchen bekam, das sie auf ihren Namen, nämlich Antonia, taufte, begann sie, sich wieder mit der Welt vor ihrer löchrigen Haustür der Barackenwohnung im Steyrer Wehrgraben abzufinden. Und endlich begann sie, die Stimme von Jáchym zu vergessen. Diese Stimme, die ihr »Kirsche« statt »Kirche« ins Ohr geflüstert hatte, Frühsommer und salziges Gras anstatt der eisigen Haut katholischer Engel. Diese Stimme, mit der sie in das größte Geheimnis der Welt – in die Liebe – eingetreten war.

Ab diesem Zeitpunkt sollte Antonia, die Mutter von Johann, dem Erstgeborenen, Karl, dem Zweitgeborenen, und Antonia, der Drittgeborenen, noch weitere dreizehn Kinder zur Welt bringen. Zwischen Franz, dem Jüngsten, und Johann, dem Ältesten, lag schon die Distanz einer ganzen Generation. Acht der sechzehn Kinder starben an Blattern, Cholera oder Lungenentzündung, Krankheiten, die in der Barackensiedlung grassierten. Johann sollte zwei Mal einen Bandwurm bekommen, jeden der beiden zog ihm Dr. Ignaz Zach, emeritierter k.u.k. Militärarzt in Zwischenbrücken, heraus. Antonia sollte ein einziges Mal in ihrem Leben mit dem Fiaker fahren, beim Friseur Saumwald in der Kirchengasse war sie Zeit ihres Lebens nie. Dafür schenkte ihr Johann zum 40. Geburtstag ein paar Gichtwärmer von der Luise Messner, die ein Stickwarengeschäft in der Sierningerstraße führte. Den Lebensmitteleinkauf besorgte Karl. Der sang gern und zog immer fröhlich gestimmt mit dem Leiterwagen aus, aber der war selten voll zu kriegen.

Antonia, die die ganze Zuwendung der Mutter erhielt, sollte auch deren Träume übernehmen. Schon im Alter von sieben Jahren träumte sie von einer Flucht nach Amerika, als junges Mädchen sollte sie aber nur bis Wien kommen. Sie heiratete Sebastian Martón, einen in allen Milieus beliebten Hausarzt. Die Ärmsten im Wien der zwanziger und dreißiger Jahre behandelte er umsonst. Antonia holte auch ihre jüngere Schwester Julia nach Wien, die ihr den Haushalt führte. Nach Martóns Tod wurde eine Stiege in Sievering nach ihm benannt, Julia vererbte er dort einen Weinberg. Weil er ein hellsichtiger Mann ungarischer Abstammung gewesen war, kaufte er noch zu Lebzeiten für sich und seine Familie ein Grab am Wiener Zentralfriedhof. Es existiert heute noch, obwohl die Friedhofsverwaltung bereits mehrmals versucht hat, die Ruhestätte »wegen Verwahrlosung« – ein nach familiärem Lokalaugenschein völlig unhaltbarer Vorwurf – wieder in den Besitz der Allgemeinheit zu bringen, um die wertvollen Quadratmeter teuer zu verkaufen. Staatliche Grundstücksspekulation am Beginn des 21. Jahrhunderts kennt keine Pietät.

Johann, der Älteste, bekam zwei Söhne, den einen taufte er Hans, den anderen Walter. Auch Franz, der Jüngste, bekam einen Sohn, den er ebenfalls auf den Namen Walter taufte.

Johann hatte eine Haslacherin geheiratet und zog mit seiner Familie nach Ebelsberg. Er arbeitete in der Linzer Schiffswerft. Als der gesamte Betriebsrat gekündigt wurde, darunter auch Johann, blieb er einige Jahre arbeitslos. Am Ende des Ersten Weltkriegs fuhr er von Galizien, wohin man ihn an die Front geschickt hatte, mit einem Fahrrad nach Hause. Er schlief meist im Freien und band sich das Rad mit einem Seil ans Bein, um bei einem eventuellen Diebstahl sofort aufzuwachen. Zu Hause begann er – wie in seiner Jugend – wieder in den Steyrer Werken zu arbeiten und pendelte in vierzehntägigem Rhythmus zwischen Ebelsberg und Steyr.

Sein Sohn Walter, ein Eisenbahner, heiratete Maria, eine Friseurin, und sie bekamen einen Sohn, den sie wiederum Walter tauften. Walter heiratete Irmhild, die aus Böhmen stammt, und sie schenkten zwei Töchtern das Leben. Die jüngere heißt Dagmar, die ältere Elisabeth. Das bin ich. Und ich habe das Nichts zwischen den Tagen meiner Ururgroßmutter aufgeschrieben.

Stefan Großmann

Strafanstalt Garsten – nicht ohne Folterkammer

Von Steyr aus führt eine freundliche Kastanienallee hinüber nach Garsten. Die große Strafanstalt beherrscht hier den kleinen Ort. Ein paar schlecht gepflasterte Gassen mit niedrigen Häuschen, kaum ein größerer Kaufmannsladen im ganzen Dorf ... Am Ende des Ortes liegt vierschrötig und mehrstöckig das große Gebäude der Strafanstalt, wohlvergittert jedes Fenster, von Militärposten bewacht jeder Eingang.

Ich klopfe an ein schweres, breites Tor, höre aber erst nur ein Rasseln mit einem Bund, an dem hundert Schlüssel zu hängen scheinen. Erst nach mehrfachen Antworten öffnet sich eine kleine Tür in der großen Pforte, ich steige eine breite Aufgangsstiege empor. Der Herr Direktor liest das Erlaubnisschreiben vom Justizministerium, läutet, läßt den Verwalter rufen, liest vorsichtsweise das Schreiben noch einmal und weist schließlich in kurzem militärischen Tone den Verwalter an, mir die Anstalt zu zeigen. Der Verwalter selbst, ein schlanker, beweglicher Herr, dem man sofort den schneidigen Offizier a. D. ansieht, führt mich.

Wir schreiten über den Korridor, an dem die Büros liegen, jeden Augenblick stehen wir vor einem die Stiege ausfüllenden Holzgitter, das jeweilig ein Aufseher erst aufsperrt. Überhaupt dieses ewige Schlüsselgerassel! Es klingt mir im Ohr, sobald ich an Strafanstalten denke.

Endlich sind wir auf den Korridoren der eigentlichen Strafanstalt. Ein Aufseher sperrt eine dicke hölzerne Zellentür auf. Da liegt ein kleiner, leerer Schlafsaal. Die Sträflinge sind im Arbeitssaal.

Achtzehn Betten zähle ich in der Schnelligkeit. Jedes Bett hat einen grauen, groben Strohsack. Dünne Decken liegen übereinander geschichtet in einer Ecke. Sonst sind im ganzen Saale nichts wie Holzgestelle, über jedem Bett eines. Dort ist der Napf für die Morgensuppe untergebracht, einige Sträflinge haben hier auch Bücher aus der Gefängnisbibliothek liegen.

Im nächsten Schlafsaal sind zwanzig Liegestätten, im nächstnächsten sechsunddreißig.

Von den Schlafsälen geht's hinüber zu den Arbeitssälen. »Wir haben hier in Garsten, wie Sie sehen, durchweg nur Gemeinschaftshaft«, sagt mir der Verwalter halb seufzend; »was der Seelsorger oder der Lehrer oder das eigene Nachdenken Segensreiches bewirken könnten, das verliert sich bald unter dem Fluche des Beisammenseins mit anderen Verbrechern.«

Wir treten in einen Arbeitssaal. Sofort springen alle Sträflinge von den Sitzen, um stramm militärisch zu salutieren. »Setzen! Weiterarbeiten!« kommandiert der Verwalter. Es ist ein Arbeitssaal, in dem für einen Unternehmer – Firma Drechsler – Posamenteriewaren erzeugt werden, hauptsächlich Gurte und Coupédecken. Die Sträflinge sitzen geflissentlich in die Arbeit vertieft da, und wenn man über den Saal blickt, sieht man fast nur eine Menge gebeugter Rücken, die Köpfe in die Arbeit versteckt.

Alle Sträflinge tragen die graue Tracht. Nur die Halstücher sind verschieden. Der Verwalter belehrt mich, daß auch die Nuance im Anzug ihre Bedeutung hat. Die Sträflinge »der ersten Klasse« – die im ersten Drittel ihrer Strafe sind – tragen (sozusagen) weiße Halstücher, die Sträflinge »zweiter Klasse« – sie verbringen eben das zweite Drittel – tragen gelbe, die Sträflinge »dritter Klasse« – sie machen das Schlußkapitel ihrer Haft durch – tragen schwarze Halstücher. Die »Klassenunterschiede« machen sich nicht nur äußerlich geltend. Der Sträfling erster Klasse erhält nur 1, 2, höchstens 3 Kreuzer Taglohn, der Sträfling zweiter Klasse doch schon 2, 3 und 4 Kreuzer und der Sträfling dritter Klasse 3, 5 und 6 Kreuzer Lohn. Von diesem Lohn darf der Sträfling die Hälfte für »Nebengenüsse« verwenden, als da sind: eine Mandel- oder Kräuterseife, 2 Stück Quargel, 50 Gramm Butter oder Speck, 100 Gramm Käse,

70 Dekagramm Erdäpfel, 0,7 Liter Milch, 0,35 Liter Kaffee oder Suppe, 0,35 Liter Wein oder 0,7 Liter Bier oder Most. Oft freilich, das läßt sich bei 2 oder 5 Kreuzer Taglohn, die überdies nur zur Hälfte »genossen« werden dürfen – die andere Hälfte wird dem Sträfling fruchtbringend angelegt –, ausrechnen, kann sich der einzelne Sträfling diesen Luxus nicht leisten. Ein anderer »Klassenvorteil« ist das Briefschreiben und -empfangen. Der Sträfling der ersten Klasse darf nur alle zwei Monate, der zweiter Klasse alle sechs Wochen und der dritter Klasse alle vier Wochen einen Brief empfangen und schreiben.

Die Garstener Anstalt hat folgende Arbeitsbetriebe: Posamenterie und Holzschnitzereien, Papiersäckeerzeugung, Buchbinderei, Schneiderei, Weberei, Tischlerei, Spenglerei, Strohhülsenerzeugung, Bäckerei, Wäscherei und Schusterei. Der Verwalter hat dafür zu sorgen, daß immer Arbeit für alle Betriebe da ist. Er muß ein Geschäftstalent sein, wenn keine Stockung eintreten soll. Nebstbei muß er ein ordentlicher Wirtschafter und, wenn er sein Amt ordentlich führen will, ein scharfäugiger Beobachter der Sträflinge sein.

»Und überhaupt, fast 800 Sträflinge haben wir hier«, sagt mir im Vertrauen ein Aufseher, »das ist ja viel zu viel. Da kann weder der Direktor, noch der Verwalter, noch der Seelsorger, noch der Arzt den einzelnen halbwegs kennenlernen. Und was kann herauskommen, wenn der Sträfling nicht richtig erkannt und nicht richtig behandelt werden kann?! Jede Anstalt, wo mehr als 300 Sträflinge sind, taugt nicht viel!«

Die Arbeitssäle sind licht und reinlich. Von Zeit zu Zeit spricht der Verwalter einen an, fragt ihn kurz: »Wie geht's?« – »Das Husten!« ist die ständige Klage der meisten Befragten. »Alle reden schon darüber«, fügt ein Sträfling hinzu. Ist das eine Beschwerde oder eine einfache Konstatierung? Fürchten die »Kollegen« die Nachbarschaft des gefährlichen Husters, oder bedauern sie ihn? Wüten sie wegen der sicheren Ansteckung, oder ist es ihnen ganz Wurst?

Der Verwalter sagt: »Na, es wird schon besser werden«, und wir gehen weiter. Aus den meisten Arbeitsbetrieben sind die privaten Unternehmer vertrieben. Es wird in eigener Regie gearbeitet, und zwar, wie man mir besorgt wiederholt, nur für ärarische Zwecke.

In der Buchbinderei wird mir versichert, die ganze Arbeit, Notizbücher und Faszikel (Aktenhüllen), ist nur für das Ärar. In der Schneiderei wird mir eingebleut, alle Monturen, die hier angefertigt werden, sind nur für Feldwebel, Kadetten oder Staatsbahndirektionen. Diese emsig bei der Nähmaschine sitzenden, am Zuschneidetisch stehenden, das Bügeleisen führenden Sträflinge arbeiten – bewahre – nichts, das nicht ärarisch wäre.»Die Gewerbetreibenden brauchen nicht zu jammern.« Bei manchem Schneider sitzt ein »Lehrling«. Das sind natürlich auch erwachsene Leute, die aber erst in der Anstalt die Schneiderei erlernen... Früher, wenn ich nicht irre, auch heute noch in einigen Anstalten, arbeiteten die Schneider für Militärbekleidungsanstalten. Das war vom Staate allerdings gut arrangiert. Er gab die Arbeit einem Unternehmer, und der Unternehmer kaufte sich bei ihm in der Strafanstalt wieder die billigen Arbeiter. Im Arbeitssaal der Weber sitzen die Sträflinge an großen Handwebestühlen. Zwilch- und ungebleichte Futterleinwand wird hier erzeugt. »Nur für ärarische Zwecke!« wird mir eindringlich bemerkt.

In der Bäckerei koste ich das von Sträflingen erzeugte Hausbrot. Es ist ein festes Roggenbrot mit einem leichten säuerlichen Beigeschmack. Eigentlich muß ich mich, nachdem ich das Brot gekostet habe, wundern, wie gut, wie wenig übelriechend die Luft in den Sälen ist.

Daneben ist die Wäscherei. Gleichfalls nur von Sträflingen betrieben. Die Gefangenen wechseln allwöchentlich einmal die Leibwäsche. Einmal im Monat wird die Bettwäsche gewechselt. An die Wäscherei schließt sich das Badhaus. Dieses Badhaus ist ein rechter Skandal. Zehn Wannen, noch dazu alte, niedrige Holzwannen sind da alles in allem für 800 Sträflinge aufgestellt! Eine einzige, sehr primitive Brause! Jeder Sträfling – so wird mir auf Befragen geantwortet – nimmt abwechselnd, einmal im Monat, ein Fußbad, im nächsten Monat ein Vollbad. Das heißt: jeder Sträfling badet einmal in zwei Monaten...

Wie wir in die Küche treten, ist auf einem Tisch bereits sauber serviert: Lebersuppe mit Reis und Brei, gekochte Fisolen oder uneingebrannte, geschmalzene Erbsen sind das heutige Mittagessen. Für Kranke 70 Gramm Rindfleisch. Ich koste die Lebersuppe.

Einen Löffel. Ist das Suppe? denke ich, niemals habe ich etwas so Farbloses, Geschmackloses auf dem Gaumen gespürt. Heißes, etwas gefettetes Wasser. Die Fisolenbohnen sind in Essig. In Gottes Namen, die gehen an...

Wir sind wieder im Büro des Herrn Verwalters, einem kleinen Saale von peinlichster Gewichstheit.

»Ja, nun haben wir so ziemlich alles gesehen, den ersten und zweiten Stock, die Parterreräume, die Ökonomie.« Nun frage ich offen: »Korrektionszellen haben wir eigentlich noch keine besichtigt?«

»Korrektionszellen? Ja, richtig. Na, es ist nicht viel dran. Dann und wann ist es ja nötig zu strafen. Sie können sich denken, daß man gegenüber dieser Masse, die wir hier in Garsten haben, strenge Zucht üben muß. Einmal habe ich einen neunzig Stunden in der Korrektion lassen müssen, ehe er mürbe wurde. Aber im großen und ganzen folgen die Leute. Manchmal, wenn so ein Sträfling eingeliefert wird und man liest die Anklageschrift, denkt man, das muß ja einer sein, schwarz vor Niedrigkeit und Roheit, und hier ist er dann ein braver, williger, ruhiger Mensch.«

»Sind die Korrektionszellen im Keller?«

»Ja, im Keller und im dritten Stock. Es ist nichts Besonderes dort zu sehen. Wenn Sie durchaus wollen, zeige ich s' Ihnen natürlich gern. Aber ich glaube, es ist nicht sehr interessant.«

»Dürft' ich dennoch darum bitten?«

Also stehen wir ein zweites Mal auf und steigen, wieder vom Schlüsselgerassel begleitet, die Stiege hinunter. Über lange Korridore, durch versperrbare Holzgitter. Mit einem Male stehen wir vor einer Kellertür. Ein Aufseher kommt mit einer Laterne, denn es ist hier stockfinster. Eine ganz schmale, gewundene, ganz unbeleuchtete Wendeltreppe führt in den Keller. Mit einem merkwürdigen Lächeln sagt der Aufseher:

»Der Transport hier hinunter ist nicht immer sehr leicht.«

Ein fataler saurer Kellergeruch steigt einem hier in die Nase. Endlich sind wir die Stiege drunten.

»So«, sagt der Aufseher, »da ist die Korrektion.«

Da? Ich sehe nichts, es ist ja stockfinster. Der Aufseher leuchtet jetzt mit der Laterne herum. Aber das ist ja fürchterlich, denke ich.

Das Wasser trieft ja hier von der Wand! Der ganze Boden ist feucht und kalt! Das ist ja gar kein gemauerter Raum, das ist eine unregelmäßig ausgehauene fensterlose Höhle!

»Das ist hier der Leibring. An den werden sie gefesselt wie die wilden Tiere«, erklärt der Herr Verwalter. Der Verwalter leuchtet mit der Laterne hin. Richtig, in der Höhe der Bauchgegend ist hier ein etwa handbreiter Ring an einer Kette angebracht. Daneben ein gleicher Ring! Leibringe in der Runde! »Dieser Ring wird dem renitenten Sträfling um den Leib geschnallt, am Ring sind Handfesseln angebracht, da werden die Hände an dem Ring befestigt.« Der Verbrecher hat das Gesicht der nassen, triefenden Wand zugekehrt und kann sich, da die Kette eng geschlossen ist, nicht zwanzig Zentimeter von der Wand entfernen. Die Hände, wie gesagt, sind in Handschellen am Ring gefesselt.

»Wie lange kann diese Strafe dauern?« frage ich.

»Bis zu acht Tagen.«

»Tag und Nacht?«

»Tag und Nacht ununterbrochen. Gewöhnlich genügt natürlich eine viel kürzere Frist, bis einer mürbe wird. Übrigens muß man bei Verhängung dieser Strafe vorsichtig sein, weil schwächere Naturen dafür nicht geeignet sind. Wir schauen deshalb bei dieser Strafe immer alle halbe Stund' oder alle Stund' nach, wie's mit dem Manne steht.« Ich erinnere mich daran, daß mir oben gesagt wurde, daß ein Sträfling 90 Stunden – wie ich jetzt weiß, ununterbrochen, Tag und Nacht – hierher gebracht wurde!

Wir stolpern über die Kellerstiege hinauf, ich erbitte mir noch eine Hausordnung, hauptsächlich wegen des »Nichts Besonderen«, das ich da im Keller gesehen. Ich lese den § 41 der Hausordnung, der von den »Strafen« handelt, und finde da folgende Aufzählung:

1. Ein Verweis unter vier Augen oder vor anderen Sträflingen.
2. Zuweisung einer unliebsameren, schweren Arbeit.
3. Zeitweise Entziehung der Nebengenüsse und sonstiger Begünstigungen.
4. Entziehung der Morgensuppe.
5. Fasten bei Wasser und Brot.
6. Die Fesselung.

7. Hartes Lager.
8. Einzelhaft in der Korrektionszelle.
9. Dunkelhaft.
10. Versetzung in eine mindere Sträflingsklasse.

Die »Fesselung« ist der sechste Punkt, die Dunkelhaft der neunte. Eine Kombination von Fesselung und Dunkelhaft ist nirgends in der Hausordnung enthalten. Vom Leibring, einer Garstener Spezialität, ist in der ganzen Hausordnung nicht mit einem Wort die Rede! Übrigens ist der Leibring viel ärger als eine gewöhnliche Fesselung, weil der Sträfling seine Stellung während der ganzen Zeit fast gar nicht verändern kann... Daß die Sträflinge hier bald »mürbe« werden, ist den Beamten wohl zu glauben.

Max Winter

Vom Mannlichergewehr zum Waffenauto

Ein Rundgang durch die Steyrer Fabrik

Dort, wo bis zum 30. Oktober 1918 in fieberhafter Hast fünfzehntausend Arbeiter daran waren, Mordwaffen und Geschosse zu erzeugen, die Präzisionswaffen für den Menschenmord, in den weitläufigen Anlagen der Steyrer Waffenfabriksgesellschaft, dort sind heute etwa halb so viel Arbeiter tätig, um Kraftwagen zu erzeugen. Bis zum 30. Oktober 1918 sendete Steyr nur Geschosse, menschentötende Geschosse, über die Grenzen, heute hilft sie die künstlich aufgerichteten Grenzen niederzureißen, indem sie in den Wettbewerb eingetreten ist, die besten und schnellsten Straßenfahrzeuge herzustellen. Früher verwundende Geschosse, nun versöhnende Überwinder der trennenden Entfernung, früher diese Arbeiterschar, dienend der Menschenfeindschaft, nun der Freundschaft. Welch ein Wandel! Er wurde schon während des Krieges vorbereitet. Schon damals wurde sich die Betriebsleitung von Steyr dessen bewußt, daß sich nach dem Zusammenbruch des Krieges ein solches Riesenunternehmen nur werde behaupten können, wenn es nicht mehr dem Kriege, wenn es dem Frieden diene oder wenigstens zum größten Teil. So bereitete man schon inmitten der Kriegsarbeit die Friedensarbeit vor, und dennoch war, wie uns der führende Ingenieur auf seinem Rundgang sagte, am Tage nach dem Zusammenbruch der Riesenbetrieb so, als hätte in ihm der Tod Einzug gehalten. Eine tote Stadt. Man kann es sich denken. Heute noch fieberhafte Hast, Tag und Nacht, ohne Unterlaß fortgehend, Mordwerkzeuge zu schaffen, und kaum dringt auch in diese Riesenhallen der erlösende Ruf, daß es Frieden werden soll, daß die Soldaten selbst die Waffen hingeworfen haben, versurren die Räder, und der vielhundertstimmige Chor des lebendigen Arbeitsgetriebes verstummt. In hellen Scharen aber drängen die Sklaven zu den Toren. Nur hinaus! Nur hinaus! Die Soldaten an der Front haben auch den bösen Bann gebrochen, der über den Soldaten an der inneren Front lag. Frei sind sie, die Sklaven! Frei! Alle streben sie der Heimat zu. In Wochen sind zwölftausend abgewandert; vier Fünftel aller. Nur dreitausend bleiben, die Ortsansässigen, der Steyrer Kern. Sie aber setzen nun alle Kraft daran, die Waffenfabrik so rasch wie möglich und so gut wie möglich in die Fahrrad- und Automobilfabrik zu verwandeln, die sie heute ist. Auf der Ennsleiten ist der neue Betrieb während des Krieges entstanden, dort auch, etwas erhöht, das neue Wohnviertel mit seiner Marx-, Viktor Adler- und Schuhmeierstraße – diese Gassennamen natürlich erst seit der Eroberung der Gemeinde Steyr durch die Sozialdemokraten –, dort auch das Elendsviertel von Steyr, die Barackenstadt mit ihrem Kindertausend, das das Singen und Frohsein erst gelernt hat, seit die Kinderfreunde auch hier der Jugend dienen. Ein Rundgang durch diese Riesenanlage ist eine ermüdende Sache. Es geht reichlich ein Arbeitstag auf, da muß man sich aber eilen, um überall hinzukommen und überall nur das Wichtigste zu sehen.

Die Organisation des Betriebes. Das Bemerkenswerteste daran ist die Organisation des Betriebes, der ganz auf Serienerzeugung gestellt ist. Ein sechssitziges Personenauto besteht aus 8.000 Teilen, von denen 2.000 voneinander verschieden sind. Und alle diese Teile müssen so sein, daß sie jederzeit nachgeliefert werden können und dann auch in das Gefüge passen. Es darf also nur Präzisionsarbeit geliefert werden. Um dies zu erzielen, ist auch eine sachliche Überprüfung der Arbeit nötig, der jeder einzelne Bestandteil mit Hilfe eigener Werkzeuge, der verschiedenen Leeren und anderer, unterzogen wird. Die Organisation umfaßt aber auch die Prüfung, ob das Material sachgemäß und wirtschaftlich verwendet wurde und ob zu seiner Verarbeitung nicht zu viel Zeit aufgewendet wurde. Es begleitet jeden der zweitausend verschiedenen Bestandteile eine Laufkarte, die erst mit dem fertigen Stück oder der fertigen Stückreihe, die auf einer Laufkarte verzeichnet ist, abgeliefert wird. Eine Laufkartenevidenz gibt jederzeit Aufschluß darüber, wie groß der Vorrat an den einzelnen Stücken ist. Danach kann dann die Arbeit aufgeteilt, das nötige Rohmaterial beschafft werden. Noch eines zeichnet die Organisation des Betriebes aus, das Sparen mit Arbeit und Zeit durch das richtige Zueinanderarbeiten. Von links kommen zum Beispiel die Karosserien in einen Arbeitssaal, von rechts die Notsitze, die dort anzubringen sind; dann geht die so unvollständige Karosserie weiter, wieder schiebt sie sich links vor, und von rechts kommen die Kotflügel, die nun anzumachen sind. So geht es fort bis zur Fertigmontage, in die von der Fahrabteilung alles kommt, was an dem Automobil beweglich ist, und das alles bereits erprobt, von der anderen Seite aber die funkelnagelneue Karosserie, die nun mit dem Chassis zu einem Ganzen gefügt und in der Probefahrt geprüft wird. Erst dann ist das Automobil reif zur Abgabe an die Besteller.

Das Automobil in der Kiste. Unser Rundgang muß aus Zeitersparnis beim letzten Teilbetrieb, bei der Expedition, beginnen, die in der Nähe der Direktion, in einer mächtigen Halle untergebracht ist. Sie hat Ausfallstore gegen eine Verladerampe, unter der, einen Meter tiefer, die Geleise liegen. Da stoßen wir schon auf die erste Merkwürdigkeit: auf das Automobil in der Kiste. Früher einmal wurden die ins Ausland zu sendenden Automobile, nur mit Plachen gegen Wetterunbilden geschützt, auf offenen Eisenbahnwagen verladen. Heute, bei der europäischen Rohstoffnot, reicht dieser Schutz nicht aus. Heute wird das ganze Automobil, wie es ist, nur mit abgenommenen Rädern, in einer großen, mächtig verspannten Kiste verpackt, und die Räder werden an die Wand gehängt. Nur so kann man sicher sein, daß während des oft recht langen Eisenbahntransportes einzelne Bestandteile um ihres Rohstoffwertes willen nicht »verlorengehen«. Es sind wahre Mammutkisten, und sie muten einen recht seltsam an. Innen sind die Kisten mit Ölpapier ausgeschlagen, außen mit Dachpappe gedeckt. So kommen sie bis an den Bestimmungsort. Die österreichische Zollbeschau wird schon in Steyr vorgenommen, die fremdländische in der Regel am Bestimmungsort.

Die Karosserie führt uns in das System der Serienerzeugung ein. Diese »Tischlerei« ist einer der größten, wenn nicht der größte Holzbearbeitungsbetrieb in Österreich. Er ist auf Vermeidung jeder Handarbeit eingerichtet. Auch die Holzteile müssen ja so sein, daß jeder Teil nachgeliefert werden kann und dann auch passen muß, und es sind bei der Zusammenfügung der Karosserie allein 41 Einzeloperationen nötig. Alles geht nach genauen Zeichnungen, jeder Nagel, jede Schraube, jede Niete sitzt bei jedem der etwa fünfzehnhundert Automobile, die heute in einem Jahre Steyr verlassen – täglich fünf –, auf demselben Fleck. Bruchteile von Millimetern würden eine Rolle spielen. Manchmal scheint es, als wären die Maschinen mit Vernunft begabt. Was diese Sägen, Hobelmaschinen, Bohrer, Nietenbohrer und Fräser leisten, ist bewundernswert. Da gibt es einen Fräser, der »die Leulo« heißt, der sich mit seinen holzfressenden Zähnen nicht nur hin und her, sondern auch auf und ab bewegt, so daß man fast jede beliebige Wunde ins Holz bohren oder schneiden kann. Nach den Tropenländern werden keine Holzkarosserien, nur solche aus Blech geliefert, so etwa wie die Photographenkameras für die Tropen, die nur aus Metall oder aber aus amerikanischen Hölzern erzeugt werden. Jedes Holz »arbeitet«, nur einige amerikanische Holzarten halten die Regenzeit und die dann folgende Hitze aus, ohne zu »arbeiten«. Sie bleiben unverändert. Hunderte Hände sind es, durch die alle diese Stücke gehen, bis das Holzgestell der Karosserie, schon als solches erkennbar, fertig ist. Nun braucht sie noch die Blechverkleidung, und diese führt uns in den Metallbetrieb. Auch hier wieder, zunächst wie im Holzsaal, eine verwirrende Fülle von Einzelheiten. Tausend Räder surren, tausend Riemen an ihnen gleiten nieder und sind mit den Antriebswellen der vielen Hilfsmaschinen unten verbunden. Kaum vermag sich das Auge in dem Gewirre zurechtzufinden, das eines neuen Menzel bedürfte, sollte es künstlerisch als Bild festgehalten werden. Hier war einmal die Lauferzeugung. Gewehrlauf um Gewehrlauf wurde hier so gebohrt, daß der Kern des Stahlstabs eigentlich herausgeschnitten wurde, und jetzt bohren dieselben Maschinen die Differentialwellen wieder so, daß kein Stahl verlorengeht. Die größten Wunder freilich enthält der Automatensaal. Hier wird den einzelnen Maschinen nur das Material zugeschoben, und diese müssen nun von selbst weiterarbeiten. Da läuft zum Beispiel eine sechskantige Stahlstange von Mittelfingerstärke in die Maschine, und vier Minuten später verläßt eine Schraube mit sechskantigem Kopf die Maschine. Alles, was dazwischen lag, das Abdrehen des oberen Schraubenstücks zum runden Zylinder, das Gewindeschneiden, das Abschneiden des Stückes von der Sechskantstange, hat die Maschine besorgt. Eine andere solche Maschine macht Schraubenmuttern mit rundem Ansatzstück, eine dritte Lagerringe für Fahrräder. Wenn man so einem Maschinenwunder zusieht, glaubt man wirklich, daß dieser eiserne Arbeiter mit Gehirn beseelt ist.

Das Chassis. Das Bewegliche am Auto – Motor und Radgestell und was damit zusammenhängt – ist im Chassisbetrieb vereinigt. Auch hier wieder – ja, hier noch viel mehr Arbeitsteilung, die wie in der Karosserie jede der drei Typen betrifft, die hier erzeugt werden. Offene Sechssitzer, offene Viersitzer und 2½ Tonnen-Lastwagen. Aus der Lackiererei kommen die Karosserien, aus dem Fahrbetrieb die Chassis! Manche Wagen kommen zur Fertigmontage in die beiden Wiener Betriebe der Steyrer Waffenfabrik. Sie müssen gleich ihre Probefahrt nach Wien machen – mit rot gestrichenen Rädern, das Zeichen für die Behörden, daß es sich bei diesen um noch nicht fertige Wagen handelt. Die Autohalle, wo sich der Chassisbau im wesentlichen vollzieht, ist von gewaltigen Maßen. 66.000 Quadratmeter ist sie groß, drei Viertelkilometer ist sie lang. Einmal hin und zurück bedeutet einen Marsch von anderthalb Kilometer. Da heißt es schon eine Organisation haben, wenn man sich in dem Gewirre zurechtfinden will. Und über dem Ganzen waltet ordnender Geist. Immer wieder arbeitet eine Abteilung der anderen in die Hand, bis das Chassis zur Fertigmontage reif ist. Dennoch, wie klein kommt man sich vor auch in dieser Riesenhalle, wenn einem der führende Direktor dabei erzählt, daß die größte amerikanische Kraftwagenfabrik Ford täglich 3.800 Wagen fertigbringt, während Steyr glücklich sein wird, wenn es gelingt, die Erzeugung auf zehn Wagen täglich zu steigern. Der Unterschied ist so groß, daß man ihn kaum fassen kann, und nur kopfschüttelnd nimmt man die Mitteilung des kundigen Führers auf. Natürlich auch hier alle erdenklichen arbeitssparenden Arbeitsweisen. Lackiert wird zum Beispiel mit der »Pistole«, das heißt, es wird feinst verstaubter Lack auf die zu lackierende Fläche gespritzt. Das ist rascher geschehen, als man schauen kann. Nur ein Fünfzehntel der Arbeitszeit des alten Streichens ist für das Lackieren mit der Pistole erforderlich. Jeder Motor kommt zuerst auf den Prüfstand, wo er ununterbrochen vierundzwanzig Stunden ohne Benzin laufen muß, elektrisch angetrieben. Dann wird er wieder zerlegt und neuerdings zusammengefügt. Nun erst wird er zur Probefahrt eingebaut. Die wichtigsten Bestandteile der Chassis werden gegossen. Dazu dient die Gießerei, die gewaltig dimensioniert ist. Eine Riesenhalle mit drei Schiffen, deren eines den Aluminiumguß, deren zweites den Guß für Maschinen und deren drittes den Guß für Zylinder birgt. Gerade ist Aufguß. Glühend rot fließt die Eisenmasse aus dem Ofen über die Rinne zu dem Kübel, der dann die Masse an die kleineren Kübel abgibt, aus denen die Gußgruben gespeist werden. Ein Schlackenjunge hält mit seinem Schlackenlöffel an langer Stange die Schlacke fern. An dem Gestänge in der Nähe der Kuppelöfen hängen weiße Fäden wie Spinngewebe bald, bald wie Wolle. So heißen sie auch diese Produkte, die die Natur hervorbringt: Schlackenwolle. Sie fühlt sich an wie Glaswolle, brüchig, fein, knisternd. Als Isolierstoff ist sie sehr geschätzt. Damit ist der Rundgang noch lange nicht zu Ende. Noch geht es im Flug durch die Modelltischlerei, wo eine große Schar tüchtigster Handwerker an der Arbeit ist, dann in die Maschinenhalle, in der die großen Pressen tätig sind, die unter einem Druck von 600 Tonnenmetern zum Beispiel die Seitenteile der Automobile pressen. Die Schmiede, die Hauptwerkstätte, die Holzsäge, die Kraftzentrale, die mit ihren beiden Hilfswerken 6.000 Pferdekräfte sammelt, das Kesselhaus wieder Riesenmaße und modernste Einrichtungen, und man hat einen Begriff davon, wie gewaltig das Leben unter dem 75 Meter hohen Schornstein aus weißen Betonziegeln ist, der als Wahrzeichen über alle die vielen roten Ziegeldächer hinausragt.

Die Reindlausschlecker. Wie mittags, wird es auch jetzt wieder Arbeitsschluß, ehe wir noch herum sind. Die Wohlfahrtseinrichtungen des Werks sollen den Abschluß bilden. Der Umkleideraum, die Duschräume, die wegen des Mangels an warmem Wasser nur samstags benützt werden können, das schöne große Schwimmbad und schließlich die mächtige Kantine, die eine Kost auf zweierlei Art verabreicht, in Blechschalen bei Selbstbedienung im Parterre und in Porzellanschalen unter Zutragung der Speisen im ersten Stock. Es ist eine Gemeinschaftsküchenkost wie überall, nicht besser, nicht schlechter. Der Unterschied in der Art der Darreichung kostet 10 Kronen wöchentlich. Das kann man schon für das bißchen mehr Eßkultur in Kauf nehmen, das einem im ersten Stockwerk geboten wird. Es gibt auch hier noch manche Unkultur zu sehen. Zwischen den langen Tischreihen, an denen die Arbeiter sitzen, treiben sich einige Kinder umher, die meisten mit kleinen Milchkannen. Sie sammeln die Speisereste zum menschlichen Genuß. Manchmal schlecken sie gleich beim Tisch ein Reindl aus. Darum heißen sie auch die »Reindlausschlecker«. Es wäre in manchen Fällen nicht nötig, daß die armen Kinder von ihren Eltern zu solcher Lebensunterhaltsbeschaffung angehalten würden, manchmal wirken kapitalistische Ausbeutung und der Leichtsinn proletarischer Unbildung zusammen, wie zum Beispiel bei einem Kind, dessen Familiengeschichte ein Arbeiter erzählt. Der Vater verdient nicht viel. Das ist richtig. 1.600 bis 1.800 Kronen, und es sind fünf Kinder da.»Aber würde der Vater«, sagt sein Arbeitskamerad,»weniger saufen, dann müßten die Kinder nicht hierher gehen und sich ihr Essen verdienen.« Und ein anderer fügt hinzu:»Da sollte sich wirklich das Jugendamt annehmen. Ein Kind dieser Familie hat Beinfraß. Das ist ja schließlich auch für andere eine Gefahr.« Dieser versteckte Ruf nach Polizei veranlaßt einen Dritten zu sagen:»Verboten ist es. Aber was es nützt, das sieht man hier. Da muß man helfen, nicht verbieten!« Das aber gerade ist das Schwere, in Steyr und anderswo.

Bertolt Brecht

Singende Steyrwägen

Wir stammen
Aus einer Waffenfabrik
Unser kleiner Bruder ist
Der Mannlicherstutzen.
Unsere Mutter aber
Eine steirische Erzgrube.

Wir haben:
Sechs Zylinder und dreißig Pferdekräfte.
Wir wiegen:
Zweiundzwanzig Zentner.
Unser Radstand beträgt:
Drei Meter.
Jedes Hinterrad schwingt geteilt für sich: wir haben
Eine Schwenkachse.
Wir liegen in der Kurve wie Klebestreifen.
Unser Motor ist:
Ein denkendes Erz.

Mensch, fahre uns!!

Wir fahren dich so ohne Erschütterung
Daß du glaubst, du liegst
In einem Wasser.
Wir fahren dich so leicht hin
Daß du glaubst, du mußt uns
Mit deinem Daumen auf den Boden drücken und
So lautlos fahren wir dich
Daß du glaubst, du fährst
Deines Wagens Schatten.

Otto Leichter

Amerika in Steyr

»Zusammenrücken« in der Automobilfabrik

Steyr – das ist schon bisher die Beziehung des Österreichers zu Amerika gewesen; die alte, wunderschöne Stadt in Oberösterreich, das ist im allgemeinen Bewußtsein das deutschösterreichische Detroit und die Automobilfabrik, die ins österreichische Maß übersetzte Ford-Fabrik, wobei man nicht nur merkt, wieviel kleiner dieses Österreich ist, sondern wieviel solider und geschmackvoller die österreichischen Arbeiter und Angestellten arbeiten. Schon bisher war die Steyrer Automobilfabrik gewissermaßen der industrielle Stolz Österreichs; auch wir haben das laufende Band, auch bei uns bringt man es zustande, mit dem industriellen Fortschritt in der großen Welt zu gehen! Nun soll Steyr noch amerikanischer als bisher werden.

Die österreichische Tragik
Mit dem Ende des Krieges sind für die Steyrer Werke die schwersten Probleme entstanden, Steyr war eine der berühmtesten Waffenfabriken Europas. Nach dem Kriege war das in jahrzehntelanger Arbeit entstandene Produktionsprogramm mit einem Schlage zerstört; die Waffenfabrikation war nun unmöglich. Umstellen – und noch dazu umstellen in einer Zeit, da sich um das neue kleine Wirtschaftsgebiet von Tag zu Tag höhere Zollmauern zu türmen begannen! Die Suche nach einem neuen Produktionsprogramm begann. Schon vor dem Kriege hatte man geplant, in Steyr auch zur Automobilerzeugung überzugehen, und hatte zu diesem Zweck schon 1912 mit dem Bau einer riesenhaften Halle – der Stephansplatz fände in ihr ungefähr viermal Platz – begonnen. Die Halle hat schon immer den Namen Autobau geführt.

Nach dem Kriege begann nun wirklich die Automobilerzeugung. In zähem Ringen mit den wirtschaftlichen Schwierigkeiten gelang es in Steyr, Automobile herzustellen, die sich mit den großen Weltmarken messen können. Was die Steyrer Arbeiter in dieser Zeit, da sie von Monat zu Monat von neuen Krisen bedroht waren, an geistiger Beweglichkeit, an produktionstechnischer Geschicklichkeit geleistet haben, das gehört in das goldene Blatt der österreichischen Wirtschaftsgeschichte. Und dieser ganze, höchste Kraftanspannung erfordernde Prozeß fällt in eine Zeit, da immer neue Arbeitslosigkeit die Reihen der Steyrer Arbeiter ununterbrochen lichtete. Je gründlicher es gelang, zu neuen Produktionsmethoden fortzuschreiten, je mehr sich alle, die um den Bestand der großen Produktionsstätte in Steyr rangen, bemühten, den Fortschritt zu beschleunigen – desto geringer wurde die Zahl der Arbeiter, die der modernisierte Produktionsprozeß erforderte! Steyr ist eine Stadt mit schwerer Massenarbeitslosigkeit geworden. Das Gespenst der Arbeitslosigkeit will von dieser schönen Stadt nimmer weichen.

Fließarbeit

Steyr ist als einer der ersten, vielleicht als der erste österreichische Großbetrieb dazu übergegangen, die Erfahrungen der stürmischen Rationalisierungswelle, die Amerika seit zehn, Europa seit etwa fünf bis sieben Jahren durchmacht, zu verwerten. Sparen – das ist der erste und letzte Grundsatz der Rationalisierer, *Sparen an der Arbeitskraft*, indem man alle Handarbeit nach Möglichkeit auszuschalten, die qualifizierte Arbeit durch angelernte und leicht anlernbare Arbeit zu ersetzen versucht. *Sparen aber auch am Material.* Sparen vor allem, indem man die ganze Vorratswirtschaft der Fabrik radikal umstellt. Hier liegen viel wirksamere Möglichkeiten zu sparen als beim Abbau von Arbeitskräften; denn was die moderne Fabrik – besonders in Österreich, mit seinem noch immer abnorm und ungesund hohen Zinsfuß – unerträglich schwer belastet, das sind die Zinsen für das Produktionskapital. War früher ein gut und reich sortiertes Materiallager der Stolz der Betriebsleute, so ist es jetzt das Zeichen eines geschickten und umsichtigen Betriebsführers geworden, daß er das Material, das in die Fabrik kommt, auch nicht einen Augenblick lang ungenützt liegen läßt; von der Eisenbahn sofort in die Fabrik und nun von Maschine zu Maschine – keinen Augenblick Ruhe; keine Ruhepausen in Zwischenlagern mit mühsamen und kostspieligen Transporten, sondern von Arbeitsplatz zu Arbeitsplatz – ein Rhythmus in der ganzen Fabrik – die Fabrikation in ununterbrochenem Fluß; das ist der Sinn der modernen Fließarbeit. Sie ist nicht immer die Fabrikation am laufenden Band, das das Werkstück von Arbeiter zu Arbeiter trägt, aber die Fließarbeit bedeutet einen ununterbrochenen Lauf der Erzeugung; keine Ruhe dem Material.

Diese neue Methode hat vor allem den Sinn, Kapital zu ersparen; das Geld steckt nun nicht mehr so lange wie früher in der Erzeugung!

Arbeit am Embryo
Wir sehen in Steyr in der Fahrrad- und in der Kugellagererzeugung die Fließarbeit bereits zur Gänze durchgeführt. Das Material kommt auf der einen Seite der Fabrik herein und »fließt«, bearbeitet und zu Fahrrädern geworden, auf der anderen Seite der Fabrik hinaus. Alle dreiviertel Minuten verläßt ein fertiges Fahrrad den Betrieb. Zuerst die Bearbeitung des Materials und die Erzeugung der einzelnen Teile: von hier führt bereits das Transportband in die nächste Abteilung, an einer Kette, die sich langsam fortbewegt, wandert das Material in die Montageabteilungen; wenn man das selbständig durch die langen Fabrikräume wandernde Material baumeln sieht, hat man geradezu den Eindruck, daß in unserer Zeit, wo freie Selbstbestimmung eine der bedeutungsvollsten Zeichen der Zeit ist, auch die einzelnen Werkstücke in der Fabrik selbständig und in freiwilliger Disziplin den Weg zu ihrer Weiterverarbeitung finden... In der Detailmontage werden die einzelnen Teile des Rades zusammengestellt und nun an ein Transportband wieder auf eine Kette gehängt, die zur Fertigmontage führt. In bunter Reihe hängen die einzelnen Fahrradbestandteile an der Kette: anscheinend ohne jede Ordnung und System. Wir werden aber bald darüber belehrt, daß sie in ihrer Reihenfolge so angeordnet sind, daß sie so zur Fertig-

montage kommen, wie sie für die einzelnen Arbeitsoperationen benötigt werden.

In der Fertigmontage steht in einem Kreis eine Reihe von Werktischen: an jedem ein Embryo eines Fahrrades: bei jedem Embryo ist ein Arbeiter beschäftigt, der von dem Transportband an der Decke die herunterhängenden Fahrradteile, die er gerade zu montieren hat, herunterholt. Und die Tische selbst, in langsamer Bewegung: erst wenn man näher zusieht, erkennt man, daß hier eine Art Ringelspiel im Gange ist; der Arbeiter macht seine Arbeitsoperationen, und wenn das Stück inzwischen langsam weitergewandert ist, geht er ein oder zwei Schritte mit. Der Fahrradembryo ist inzwischen beim nächsten Arbeiter angelangt, der ihn noch fahrradähnlicher gestaltet, bis beim letzten Arbeiter ein fertiges Rad dasteht. Alle dreiviertel Minuten ist ein Fahrrad fertig. Etwa fünfzigtausend Fahrräder verlassen im Jahr die Steyrer Werke.

Geburt in der Automobilfabrik
Nach diesem Anschauungsunterricht, der uns die Zweckmäßigkeit der Fließarbeit und die Ersparnisse der Transporte auf dem laufenden Band zeigen sollte, werden wir in die Automobilfabrikation geführt. Auch hier wird schon nach den Grundsätzen der Fließarbeit erzeugt, auch hier durchlaufen schon Transportbänder die Fabrik. Wir sehen zunächst das Ende der Fabrikation: jenen Punkt, auf dem die fertigen Autos vom Transportband gehoben werden, um als fertige, fahrbereite Autos – zuletzt werden sie noch auf dem Bande mit Benzin versorgt – die riesenhafte Halle zu verlassen, um gleich auf die Einfahrbahn gebracht zu werden. Ein merkwürdiger Eindruck: hier noch ein scheinbar hilfloser Koloß auf Stelzen – so sehen die Autos auf dem etwa einen Meter über dem Boden befindlichen breiten Transportband aus, nur fortzubewegen durch eine Bewegung des Bandes selbst, hier noch ein totes Werkstück, an dem eifrig gearbeitet wird – und zehn Meter weiter schon ein davoneilendes lebendes Wesen: das *Mysterium der Geburt in der Fabrikshalle*. Je weiter wir an dem breiten Transportband entlang zurückgehen, desto tiefer können wir ins Innere des Autos sehen. An jedem Werkplatz wird eine andere Arbeitsoperation gemacht.

Umstellung
Aber hier lichtet sich in einzelnen Teilen bereits die Dichtigkeit der Arbeit, und zwischen den Arbeitsplätzen werden neue Transmissionen eingezogen: das typische Bild der Übersiedlung. Die ganze Arbeitsanordnung in der Automobilerzeugung soll noch weiter ausgestaltet, amerikanisiert werden.

Soweit die Erzeugung noch nicht vollständig in dieser großen Halle konzentriert ist, soll sie nun restlos nach dem Prinzip der Fließarbeit umorganisiert und jeder Zentimeter überflüssigen Transports vermieden werden. Die ganze Halle entlang soll nun das Haupttransportband gehen, wo alle Teile auf den Wagen eingebaut werden sollen. Und senkrecht zu dieser Hauptverkehrsader, auf der das Auto von Schritt zu Schritt seiner Vollendung weiter entgegengeführt werden soll, sollen die Neben- oder besser die Zufahrtslinien gehen. In den einzelnen Abteilungen wird die maschinelle Verarbeitung vorgenommen, und die zu bearbeitenden Teile auf Nebenbändern zum Hauptband gebracht werden. Sofern sie bisher noch in Werkstätten erfolgt, die außerhalb des Autobaues liegen, sollen die Maschinen hier aufgestellt werden; bei den Maschinen, die bereits in dieser Halle stehen, soll ihre Aufstellung und Anordnung im allgemeinen um 90 Grad verschoben werden. Die Automobilfabrik übersiedelt: sie »rückt zusammen« – nicht nur, was den Raum betrifft, sondern vor allem auch, was die Fertigungszeit betrifft. Sechs Wochen wird künftig die Erzeugung von dem Augenblick, wo das Material die Fabrik betritt, bis zu dem Zeitpunkt dauern, wo das fertige Auto den Sprung vom Transportband auf die Einfahrbahn macht. Die Steyrer Werke hoffen, durch diese Verkürzung der Produktionsprozesse ziemlich viel Betriebskapital ersparen und damit das Werk von einem Teil seiner großen Zinslast befreien zu können.

Aber freilich, das »Zusammenrücken« wird nicht nur Ersparnis an Betriebskapital, sondern auch Ersparnisse an Arbeitskräften zur Folge haben. Bisher waren in der Automobilfabrikation allein etwa dreitausend Arbeiter beschäftigt; nach der Umstellung werden um einige hundert weniger in der Automobilfabrik Beschäftigung finden. Auch die Angestellten werden selbstverständlich von der

Betriebskonzentration betroffen: *die Leidtragenden sind immer die Arbeiter und Angestellten,* die aus dem immer zweckmäßiger organisierten, immer stärker amerikanisierten Produktionsprozeß ausgeschaltet werden. Die Rationalisierung, zu der die internationale Konkurrenz die Steyrer Automobilfabrik zwingt, vollzieht sich auf dem Rücken der Arbeiter und Angestellten. Es ist geradezu ein ausgearbeiteter und sorgsam ausgeklügelter Feldzugsplan, der da zur Umstellung der Fabrik entworfen werden mußte. Die jetzige Serie läßt man jetzt auslaufen, inzwischen werden die Vorbereitungen für die neue Fabrikation, vor allem für die Übersiedlung, getroffen. Bis ins kleinste Detail muß der Produktionsplan vorbereitet werden: jedes Schräubchen muß auf seinem Platz sein, muß vor allem rechtzeitig – aber nicht zu früh, wenn das Prinzip der Fließarbeit Sinn haben soll – vorbereitet sein, denn wenn einmal das Band läuft und die Produktion fließt, darf es keine Unterbrechung geben. Der Umstellungsprozeß soll zwei Monate dauern; dann wird eine Probeserie von hundert Wagen nach dem neuen System laufen, und dann soll die Massenfabrikation – etwa sechstausend Wagen im Jahr – einsetzen.

Ein neues Auto
Es ist eine große Umstellungsarbeit, die da vollzogen wird. Sie ist freilich nicht das einzige Neue, was in Steyr in Durchführung begriffen ist. Direktor Porsche, einer der bedeutendsten österreichischen Motorenkonstrukteure, dessen Name weit über Österreich hinaus wohlbekannt ist, hat einen neuen großen, achtzylindrigen Wagen mit hundert Pferdekräften – zwanzig Steuerpferde – konstruiert, der vor allem für den Export bestimmt ist und mit den großen Luxusautomobilen, auch der Amerikaner, Schritt halten soll. Direktor Porsche hat mit seinen Konstrukteuren und der Fabrik das Kunststück zustande gebracht, in acht Monaten den neuen, gelungenen Wagen vom ersten Strich der Zeichnung bis zur Fertigstellung zu vollenden. Gerade in dieser Woche sind die ersten Ausstellungswagen nach London und Paris gegangen.

Steyr ist in voller Bewegung. Das sieht man in den Werkstätten, in denen die frischen Gesichter junger Arbeiter und Arbeiterinnen

– sehr viele Frauen sieht man hier, auch bei Arbeiten, wo man Frauen nicht vermutet – auffallen. Bewegung – das ist das Lebenselement der großen Automobilfabrik; Bewegung freilich nicht nur in der Fabrik, sondern leider auch Bewegung – das ist der Fluch der Rationalisierung – von der Fabrik weg; die Arbeiter und Angestellten, die das rasche Tempo der Erzeugung, die Amerikanisierung, in Steyr überflüssig gemacht hat; sie sind die Märtyrer, die als Opfer in den großen Prozeß des »Zusammenrückens«, um des technischen Fortschritts und des wirtschaftlichen Bestandes des Werkes willen, gebracht werden.

Hans Winterl

Alte Stadt im Mittag
(Steyr in Oberösterreich)

Die Luft schwingt lau und düftesatt,
in ihr verborgen ruht die Stadt.

Nur tausendjähriger Giebel Chor
ragt aus dem Flimmermeer empor

und Türme baden, schlank und licht,
im Sonnengold ihr Angesicht.

Am Horizont türmt sich ins Blau
der Berge grüner Wunderbau.

Von seinen Pfeilern wölbt sich weit
hellstrahlende Unendlichkeit.

Mit Orgelklängen braust der Strom
durch diesen weihestillen Dom.

Auf seinem Rücken, träg und breit,
schwimmt durch das Tal die Mittagzeit.

Die Luft schwingt lau und düftesatt,
in ihr verborgen ruht die Stadt.

Ernst Fischer

So stirbt eine Stadt!

Wie die Menschen in Steyr zugrundegehen
Eine Stadt wird ermordet. Immer tiefer krallt sich die Krise in die Häuser und Herzen. Sie kratzt den Mörtel von den Wänden, kratzt Risse in die Mauern, öffnet den Ratten Spalten und Löcher. Sie wetzt an den Kleidern der Menschen, zernagt den Stoff und das Leder, zerbeißt das Schuhwerk. Sie saugt den Kindern das Blut aus den Adern, wischt das Leben aus den Gesichtern, schabt das Fleisch von den Knochen und füllt die hohlen Wangen mit Schatten des Todes. Sie bläst die großen Feuer in den Fabriken und die kleinen Feuer in den Öfen der Wohnungen aus, schlägt den Männern und Frauen das Arbeitsgerät aus frierenden Händen, deckt sie mit Not und Verzweiflung zu. Diese Stadt, die da ermordet wird, war einst eine Arbeiterstadt; nun ist sie nur eine Stadt der Arbeitslosigkeit. Und der Staat, der für nichtswürdige Spekulanten und verbrecherische Bankiers Geld hat – für die Stadt der Arbeitslosen hat er kein Geld. Sollen sie auswandern! Sollen sie zugrunde gehen! Sollen sie von der Krise ermordet werden! Für Arbeiter gibt's kein Notopfer in der kapitalistischen Welt.

Die sterbende Stadt ist Steyr. Jahrelang hat sie tapfer mit dem Tode gerungen. Jahrelang hat sie SOS-Rufe gesendet, immer wieder, immer eindringlicher – aber wenn irgendwo fern im Eismeer eine Expedition um Hilfe ruft, hört es ganz Europa, nimmt ganz Europa Anteil, wenn einige Eisenbahnstunden nah Tausende um Hilfe rufen, hört man es nicht. Nun liegt Steyr in Agonie.

42 Groschen täglich!

In dem alten gotischen Rathaus. Kulisse des Mittelalters, Tragödie der Gegenwart. In den alten Gängen, auf den alten Treppen warten halbverhungerte Menschen, stumm, geduldig, in ihr Schicksal ergeben, stehen, wie in der Kriegszeit die Menschen vor Lebensmittelgeschäften standen, bis sie drankommen, bis die Gemeinde ihnen die karge Unterstützung ausbezahlt.

Diese Unterstützung beträgt maximal 42 Groschen täglich, armselige zweiundvierzig Groschen – und das übersteigt bei weitem die Leistungsfähigkeit der Stadt. Und darauf warten die Menschen, stumm, geduldig, in ihr Schicksal ergeben. Was soll geschehen? Sie wissen es nicht. Was soll geschehen? In den Büros zergrübeln sich die Funktionäre den Kopf, möchten am liebsten ihre Ämter zurücklegen, tun es nicht aus Verantwortungsgefühl. Vielleicht gibt es doch eine Rettung – wenigstens darf man die Hoffnung, diese oft genarrte, diese zusammengeschrumpfte Hoffnung nicht aufgeben. Und es tauchen Projekte auf, verzweifelte, notgeborne Projekte, von denen man offiziell lieber nicht spricht, die aber mancher wenigstens für eine Verzögerung des Unterganges hält: das Projekt etwa, letzte Besitzungen der Gemeinde als Lotteriegewinn einzusetzen...

Arbeit ins Negative

Der Bürgermeister Sichlrader, der Vizebürgermeister Azwanger, der Magistratsdirektor, prächtige Menschen, aufrechte Charaktere, erzählen. Sie schildern die Gemeinderatssitzung, in der der Konkurs beschlossen wurde. Offen und rückhaltlos hat der Bürgermeister die Situation dargestellt – und seine Worte haben auch die politischen Gegner gepackt. Vierunddreißig Deputationen hat die Stadt Steyr in den letzten fünf Jahren zu den bürgerlichen Regierungen entsandt, immer dringlicher hat sie um Hilfe gebeten, immer deutlicher die kommende Katastrophe vorausgesagt – die Regierungen haben mit achselzuckender Höflichkeit nichts getan. Alle Finanzberichte der letzten Jahre, alle Beschlüsse haben die einmütige Zustimmung des Gemeinderates gefunden – die bürgerliche Regierung blieb taub, wichtiger als die christlichen Arbeiter waren ihr die jüdischen Bankdirektoren. So kam es zu dem Konkurs; ja, das Wort Konkurs, sagte mit bitterer Ironie der Bürgermeister, wäre ein zu schwaches Wort, eine Verschleierung der Wahrheit; bei Konkursen gibt es doch eine Konkursmasse, die Stadt Steyr aber verfügt über nichts dergleichen. Das Gesamterfordernis des Gemeindehaushaltes beträgt 2.444.400 Schilling, das ist um dreißig Prozent weniger als im Jahre 1925, in dem noch nicht so viele Arbeitslose und Hoffnungslose zu versorgen waren; diesem Erfordernis steht eine Bedeckung von 1.486.500 Schilling gegenüber.

Es fehlen also 957.900 Schilling. Dabei aber wurde in diesem Budget kein Groschen für Straßen, Wohnungen, Bäder, öffentliche Anlagen, Ausgestaltung der Schulen eingesetzt; die primitivsten Kulturansprüche wurden nicht berücksichtigt. Trotzdem fehlen 957.900 Schilling. Und wenn man hört, daß die Lohnabgabe allein um 500.000 Schilling, daß die anderen Abgaben um 300.000 Schilling zurückgegangen sind, begreift man das, ohne lange rechnen zu müssen.»Wir sind unter den Nullpunkt hinabgesunken. Wir werden also künftig ins Negative arbeiten müssen!« Erschütternde Worte des ersten Funktionärs einer untergehenden Stadt. Und der christlichsoziale Vizebürgermeister Marktschläger fügt hinzu:»Mit den Steyrwerken lebt oder stirbt die Stadt. Wenn wir einmal die Hoffnung begraben müssen, daß da oben in den Werken jemals wieder die vielen tausend schaffenden Hände tätig sein werden, dann würde sich wohl die Erkenntnis aufdrängen, daß die Bevölkerung von Steyr für die vorhandenen Existenzmöglichkeiten um 6.000 oder 8.000 Menschen zu groß ist. Und diese bedauernswerten Mitbürger hätten dann wohl kein stärkeres Interesse, als diese Stadt der Armut zu verlassen.« Und die Steyrwerke bauen in dieser Woche wieder siebzig Arbeiter ab. Wohin sollen sie gehen, Herr Vizebürgermeister? In den Tod…?

Fürsorgeinflation, nicht wahr?
Und dann berichtete Vizebürgermeister Azwanger, dem die Fürsorge anvertraut ist:»…Die Stadt hat 22.000 Einwohner. 11.750 sind gezwungen, die öffentliche Hilfe in Anspruch zu nehmen, um nicht buchstäblich Hungers zu sterben. Mehr als die Hälfte der

Einwohner sind ausgeschaltet aus Arbeit und Verdienst – und die andern gehen mit ihnen zugrunde. 1.100 Menschen sind ohne jedes Einkommen, ohne irgendeine Rente, irgendeine Unterstützung; 400 dieser Menschen sind Familienerhalter. Sie leben nur von der Gemeindeunterstützung; sie beträgt drei Schilling in der Woche. – Fürsorgeinflation, nicht wahr? Neunzig Prozent aller Kinder in Steyr sind furchtbar unterernährt, die Tuberkulose wütet unter ihnen, zerfrißt ihre Lungen, ihre Knochen, ihre Kehlköpfe. Trotzdem kann die Gemeinde für Gesundheitswesen nur 11.000 Schilling ausgeben, die Hälfte davon für die Tuberkulosenfürsorge. Und keinen Groschen für Bäder, Krankenhäuser, körperliche Ertüchtigung – Fürsorgeinflation, nicht wahr?«

Hunderte Kinder leben in Steyr, die als Nahrung einmal am Tag eine Schale Tee bekommen, sonst nichts, hunderte Kinder, die keine eigene Schlafstelle haben, viele, die nicht die Schule besuchen können, weil sie keine Kleider haben. Es gibt Menschen, die tagelang im Bette liegen, weil sie weder Holz noch Kohle noch Kleider noch Schuhe haben. Es gibt Familien, deren einzige Kost seit Monaten Wassersuppen sind, weil sie nicht einmal Kartoffeln kaufen können.

900 Ausgesteuerte (106 sind Familienerhalter), 2.028 Notstandsunterstützungsbezieher (855 sind Familienerhalter) müssen immer wieder unterstützt werden – mit Beträgen von 40 Groschen. Fürsorgeinflation, nicht wahr? Und selbst diesen Bettel kann die Stadt kaum noch leisten.

Der Hunger wartet an der Tür...
Das ist die Bilanz des Grauens. Aber die Ziffern haben Fleisch und Blut, freilich nur wenig Fleisch mehr und wenig Blut, die Ziffern stehen in den Gängen, auf den Treppen, bis auf die Straße hinaus. Gespenster des Hungers, Kolonnen des Unterganges. Zwei Beamte und der Vizebürgermeister Azwanger haben von halb acht Uhr früh bis zwei Uhr nachmittags nichts andres zu tun, als Unterstützungen auszubezahlen, Tag für Tag, in gräßlicher Monotonie. Und Tag für Tag fühlen sie ihre Ohnmacht, müssen sie sich mit scheinbarer Härte wappnen, müssen sie Männer und Frauen, denen der Tod

aus den Augen schaut, abweisen, weil sie bereits um dreißig, vierzig Groschen zuviel bekommen haben. In großen Gefäßen liegt Hartgeld, sechshundert Schilling waren es um halb acht Uhr früh, und jetzt, um elf Uhr, sind noch zwanzig Schilling da – und noch hundert Menschen, die stundenlang gewartet haben. Ein junger Proletarier: er hat Frau und Kind und siebzehn Schilling Notstandsunterstützung monatlich. Von diesen siebzehn Schilling muß er sechs Schilling Zins und zehn Schilling Alimente zahlen; bleibt – ein Schilling zum Leben. Eine Proletarierin: der Mann hat sie im Stich und ihr vier Kinder auf dem Halse gelassen. Die Gemeinde gibt ihr monatlich vierzig Schilling; wenn die Mutter von der Luft lebt, sind das für jedes Kind dreiunddreißig Groschen täglich. Eine andere Frau: drei Kinder, zehn Schilling Erziehungsbeitrag im Monat, drei Schilling Unterstützung wöchentlich. Ein Arbeitsloser: er hat eine Frau und zehn Kinder zu erhalten, bekommt im Monat von der Gemeinde fünfzig Schilling Bargeld und Lebensmittelanweisungen für dreißig Schilling. Zwölf Menschen leben davon. Und so geht das weiter, immer weiter, und viele haben umsonst gewartet, weil die Gemeinde nicht mehr geben kann, als sie hat; und das Erschütternde: diese armen Menschen begreifen das, schreien nicht, toben nicht, schleichen still, mit hochgezogenen Schultern davon, mit Augen, in denen das Nichts sich spiegelt.

Zwölf Menschen in vier Betten
Ein altes Gebäude, kalte, feuchte Mauern, ein Labyrinth von Treppen und Gängen, Modergeruch der Vergangenheit: das Gemeindelazarett. In diesem Gemeindelazarett sind 38 Erwachsene und 30 Kinder untergebracht. Die Gemeinde möchte ihnen hellere, gesündere Wohnungen zuweisen, aber sie kann es nicht; und besser in einer Steingruft zu schlafen als unter freiem Himmel. Wir treten in ein großes Zimmer; vier elende Betten, an den Wänden Heiligenbilder, ein Vogelkäfig und Feuchtigkeit, ein winziger Herd, auf dem etwas Undefinierbares gekocht wird. In diesen vier Betten schlafen zwölf Menschen, ein Mann, eine Frau, zehn Kinder. Das älteste Kind, ein Mädel, geht in die vierte Volksschulklasse; es hilft der Mutter im Haushalt, wäscht und reibt, kocht und hütet die

Kinder. Das dünne, bleiche Ding sieht aus, als ob es sieben Jahre alt wäre; nur das graue Gesichtchen ist das einer Frau, auf deren Seele große Verantwortung lastet. Neunzig Prozent der Kinder sind unterernährt, berichtete der Vizebürgermeister; was das heißt, sieht man nun leibhaftig vor sich.

Handgelenke wie aus Wachs, blutlos, zerbrechlich, winzige Körper, aus einer durchsichtigen, unwirklichen Materie geformt, fahle Haut, über spitze Knochen gespannt, Gesichter, die nicht jung sind, nicht alt, sondern zeitlos wie der Tod. So wachsen diese Kinder auf, schlafen zu dritt in einem Bett und betrügen ihre Spinnwebkörper mit Tee und schwarzem Kaffee, mit etwas Gemüse und etwas Brot.

Ein nächstes Zimmer: eine alte Frau, der Körper ein einziger Schmerz, der Atem ein asthmatisches Röcheln, an der Nähmaschine sitzt sie und näht. Sie hat das Zimmer gratis und bekommt 7,50 Schilling im Monat.»Und davon kann man leben?« Ja, sie verdient halt auch mit dem Nähen. Wieviel in der Woche? Halt wenig. Drei Schilling? Zwei Schilling? Sie schlägt die Hände zusammen; so viel? Oh, da wäre ich froh! Die meisten können ja überhaupt nichts zahlen, sechzig Groschen in der Woche ist ein guter Verdienst. Dafür helfen die andern ein wenig aus, denn sie kann ja das Zimmer nie verlassen, hat ihren Körper in bitterer Arbeit zugrunde gerichtet. Einer hilft halt dem andern, und alle haben nichts.

Das Obdachlosenheim

Ein altes feuchtes Gebäude wie das Gemeindelazarett ist das Bruderhaus, in dem die Gemeinde zwanzig Menschen untergebracht hat. Jeder hat ein Zimmer für sich – wenn man das Zimmer nennen darf, diese Zellen, in denen man sich kaum bewegen kann, in denen man sich an die Dimensionen des Sarges gewöhnt, in dem man einst liegen wird. Jeder dieser Menschen hat einen Herd, kleiner als der Puppenherd eines Bürgermädels; von ungefähr fünfzig Schilling im Monat leben sie, kochen sich täglich eine Kleinigkeit und dämmern leise dahin. In diesem Bruderhaus befindet sich auch das Obdachlosenheim der Stadt; zwei winzige Zimmer, je zwei Betten, das eine Zimmer für Männer, das andre für Frauen. Mehr Raum hat die Gemeinde nicht zur Verfügung; ein obdachloser Mann, eine obdachlose Frau wohnen seit Monaten darin. Wir sprechen mit einer alten Frau; sie ist Zeitungskolporteurin, läuft bei jedem Wetter durch alle Straßen und verdient im Monat zwei Schilling. Dazu eine Unterstützung von fünf Schilling – das ist alles. Und da gibt es noch ein altes Gewölbe, in dem schlafen zwei Menschen auf schmutzigen Lagerstätten, in einer bestialischen Atmosphäre. Der Fürsorgeverwalter Doppler, der mich begleitete, ein ganzer Mann, mit einem warmen Herzen und einer ruhigen Sicherheit, erzählt mir, daß er ein paarmal Bettwäsche und Leibwäsche für die beiden beschafft hat. Sie haben das schleunigst verkauft – wer wollte ihnen daraus einen Vorwurf machen? Der Fürsorgeverwalter tut es nicht – aber er muß sie eben in Schmutz und Gestank schlafen lassen. Was bleibt ihm übrig?

In den Baracken
Wie aber wohnen die Menschen, die nicht in Gemeindegebäuden untergebracht sind? Wir gehen auf den Annaberg; dort ist ein großes Barackenlager. Durch die rissigen Wände bläst der Wind, aus dem Boden kriechen die Ratten und Mäuse, fressen, was sie finden, trockenes Brot und altes Leder, und in elenden Kammern hausen die Menschen. Acht Menschen in einem engen, zugigen Raum; ein Mann, eine Frau, sechs Kinder. Das älteste Kind ist neun Jahre, das jüngste sechs Monate alt. Zwei Betten stehen in dem Raum, ein Kinderbett und ein Kinderwagen; in jedem Bett schlafen drei Menschen. Der Mann ist seit vier Jahren arbeitslos; von 60 Schilling im Monat lebt die ganze Familie. Mißtrauen schlägt uns entgegen, das tiefe, berechtigte Mißtrauen der Hoffnungslosen. Aber beklemmender noch ist das andre: daß aus dieser Hoffnungslosigkeit schüchterne Hoffnung aufsteigt – ein fremder Mensch kommt zu ihnen. Will er ihnen vielleicht eine Wohnung verschaffen? Endlich eine Wohnung, nach zehn Jahren Barackenelend, Kälte, Ratten und Mäusen? Nein, das kann er nicht, er kann nur schreiben; ach, was nützt das, meinen die Menschen, uns lassen sie doch krepieren, die hohen Herren in Wien. In einem Raum eine alte Frau; sie hat noch Arbeit, schwere, aufreibende Arbeit. Seit zweiundzwanzig

Jahren schuftet sie in einer Schweißerei, packt mit den Fäusten eines Mannes zu, verdient in der Woche ungefähr 25 Schilling. Und die Jungen sind arbeitslos. Im nächsten Raum: eine Witwe mit sechs Kindern, arbeitslos sie, arbeitslos die älteste Tochter, die andern haben keine Hoffnung, je Arbeit zu finden. Von 65 Schilling im Monat, kombiniert aus Arbeitslosenunterstützung und Gemeindeunterstützung, leben die sieben Menschen. Wenn es kalt wird, legen sich die Barackenbewohner ins Bett, decken sich zu, so gut es geht – und warten auf ein Wunder, an das sie nicht glauben.

So leben, so schlafen Menschen ins neue Jahr hinüber.

Fritz Brainin

Der Arbeitslose von Steyr

Ausgesteuert war er schon seit vielen Wochen.
Über Land stieg auf das Werk: längst stillgelegt und kalt.
In der Siedlung gab es Hundefleisch zu kochen.
Übermächtig war der Hunger eingebrochen,
Machte wie ein Nebel Männer, Fraun und Kinder alt.

Einmal lag er fieberwach bei Nacht und lauschte, –
Und ein Sturm trug ihn empor... Und über Land zum Werk!
Fenster glühten weiß, – das Fest der Nachtschicht rauschte!
Hallen brausten, daß im Zug sein Zwilch sich bauschte, –
Die Turbinenriesen rasten voll verhalt'ner Stärk'!

Wieder stumm im Lärm bewegten sich Genossen, –
Doch es schien ihm, als beherrschte sie ein neuer Sinn:
Für sie alle wurde Stahl in Form gegossen, –
Kam er unter Walzen rot hervorgeschossen, –
Glitt am Fließband ratternd der Traktoren Zug dahin!

Und ein Sturm trug ihn empor... Er schrie im Fallen! – –
Im Barackendämmer sahn sie leuchten sein Gesicht,
Drängten um sein Lager. Und er sprach zu allen
Noch von Kampf... Und schwieg. Sie mußten Fäuste ballen:
Tot. – Die Tür flog auf im Sturm. Fern stieß das Werk ins Licht.

Max Winter

Das Hohelied von Steyr

Freitag und Samstag waren Festtage für Steyr. Hundertzwanzig Kinder kamen aus der Ostschweiz zurück, wo sie zehn Wochen bei Proletariern in Pflege waren und wo sie so aufgefuttert wurden, daß sie insgesamt siebenhundertzwanzig Kilogramm zugenommen haben: sechs Kilogramm im Durchschnitt. Ein Vorschuß für den Winter des Hungers, der vor ihnen steht, wie vor dieser ganzen sterbenden Stadt. Wie grausam ist eine »Ordnung«, die die Kinder, die schon halb verhungert waren, auf zehn Wochen auffuttert und sie dann wieder dem Hunger ausliefert. Nur zwanzig nach der Schweiz eingeladen gewesene Kinder entgingen diesem Schicksal. Sie wurden von ihren Pflegeeltern bis auf weiteres eingeladen, gehen in der Schweiz in die Schule und bekommen so tieferen Einblick, Recht auf Nahrung dem Kinde! So einfache Gesetze vermag der Kapitalismus nicht zu erfüllen!

Aber die Stadt Steyr erkennt ihre Lage richtig. So bestand denn auch der Dank an die Schweizer Abordnung, die unter Führung der beiden sozialdemokratischen Redakteure Kunz (Arbon) und Schmidt (St. Gallen) stand, darin, daß den Gästen voller, ungeschminkter Einblick in die Lage der Stadt, der sozialdemokratischen Organisation und der Organisation, die diese Hilfshandlung leitete, der Schul- und Kinderfreunde, gegeben wurde, und es war erhebend, wie die hilfreichen Schweizer Genossen darauf antworteten. Sie schöpften daraus neue Kraft, trotz Not im eigenen Lande, doch auch über die Grenze hinüber weiterzuhelfen.

Vorläufig hat die Ostschweiz hundertzwanzig Kinder auf zehn

Wochen, zwanzig Kinder in Dauerpflege übernommen, und Zürich hat eine Sammlung zugunsten der Steyrer Kinder veranstaltet, weil es ihm nicht auch möglich war, Kinder zu nehmen, die bisher neunzehn Kisten Wäsche und Kleider ergeben hat. Schon konnten damit noch vor dem einbrechenden Winter fünfhundert Familien im Steyrer Gebiet beteilt werden.

Steyrs heldenmütiger Kampf
Einige Zahlen voran: 22.000 Einwohner, zwei Drittel sozialdemokratische Wähler, 5.000 Parteimitglieder, 8.000 Wähler. 1925 in der Automobilfabrik Steyrwerke noch 8.000 Arbeiter. Nach der Hochkonjunktur die Krise. 6.000 Arbeiter. 4.000 Arbeiter. 2.000, heute nur noch 1.000, und diese arbeiten so, daß sie jeweils in Gruppen auf vierzehn Tage aussetzen müssen und drei Wochen kurz arbeiten. Während des Aussetzens erhalten sie die Arbeitslosenunterstützung von acht bis vierzehn Schilling. Augenblicklich arbeiten also nur 500 Arbeiter.

Die Kinderfreunde: 1917 gegründet, 1921 Kreisorganisation. Große Pionierarbeit. 23 Ortsgruppen, 3.800 Mitglieder. Steyrtal, Ennstal, bis über die Donau hinüber ins Mühlviertel geht das Wirkungsgebiet. Die Arbeiter zahlen einen Viertelkindergroschen, das macht 1924, in der Zeit der höchsten Konjunktur, 30.000 Schilling. Damit wird die sozialistische Erziehung der Kinder bestritten. Es ist der am besten fundierte und wirkende Kreis. 12 Horte, 1 Kinderheim, 1 Kindergarten, 1 Haushaltungsschule, viele Spielplätze, Ferienkolonien, Erholungsstätten, Wanderungen, Reisen werden den Kindern geboten. Und eine erlesene Bücherei. Das Beste vom Besten wandert in Austauschkisten in die dreiundzwanzig Gruppen. Steyr ist dank dem Kindergroschen ein Zentrum der Bildung, Aufklärung, Erziehung.

Da kam der Herbst 1925. Die Magazine der Steyrwerke waren gefüllt, der Absatz stockte; das Unternehmen suchte Konflikt mit der Arbeiterschaft. Scharfmacherei. Neunundzwanzig Vertrauensmänner werden Knall und Fall entlassen. Die Arbeiterschaft tritt ohne Besinnung sofort in einen Proteststreik, das Unternehmen antwortet mit Besinnung sofort mit der Aussperrung, das so prompt, daß die Arbeiter bald fühlten, in eine Falle gegangen zu sein. 8.000 Arbeiter ausgesperrt, 3.800 Kinder hungern. Neben der großzügigen gewerkschaftlichen Hilfe setzen die Kinderfreunde ein. Eine Sammlung überzeichnet weit die Summe, die nötig ist, alle 3.800 Kinder zu bewirten. Kein Kind hungert, dank der Solidarität der Arbeiterklasse. An Freitagen und Samstagen standen die Vertrauensmänner bei den Kinderfreunden Schlange, um die gesammelten Gelder abzuliefern. Ein Kind verzichtet auf sein Weihnachtsbuch zugunsten der Steyrer Kinder und gibt seine Büchersparkarte, mit Marken im Werte von fünf Schilling beklebt, dem Obmann. 800 Eisenbahnerfrauen in Linz, St. Pölten, Bruck an der Mur, Leoben, Knittelfeld und Judenburg kommen und holen Kinder Ausgesperrter, sechs Rote Falken in Wels sammeln bei den Kleingärtnern 200 kg Kartoffeln und sechs Säcke Frischgemüse, überbringen alles der Steyrer Kinderküche, und während so die Kinderfreunde wahre Jubeltage der Arbeitersolidarität erleben, brauen Österreichs Bischöfe an dem Hirtenbrief, der am Tage nach dem erhabensten Weihnachtsfest der Kinderfreunde, eben dem in Steyr, wo die 800 Kinder reich beschenkt von den Eisenbahnerfrauen ihren Müttern wiedergegeben wurden, von allen Kanzeln verlesen wird:

»Die sozialistischen Kinderfreunde sind so das Unheil der Kinder, wie die sozialistischen Gewerkschafter das Verderben der Erwachsenen.« Und in Ansehung der Kinderfreunde mutete dieser Brief der Katholischen Hirten Christus zu, daß er wieder das Wort spräche:»Wenn einer eines dieser Kleinen um seinen Glauben bringt« (eigentlich heißt es: »ärgert«, nach der Auslegung des Theologen Allioli), »dem wäre es besser, man hänge ihm einen Mühlstein um den Hals und ertränke ihn an der tiefsten Stelle des Meeres.«

Daraus wurde die »Mühlsteinsammlung«. 50 Schilling sind ein Mühlstein, und zwei Mühlsteine geben eine Kinderbücherei. Der Verein Freie Schule – Kinderfreunde konnte bisher schon mehr als 400 Büchereien abgeben, und der Fortgang der Sammlung ist gesichert.

Hunger, Hunger, Hunger

Nach dieser großen Aussperrung kam bald die Krise. Heute gibt es in Steyr 7.000 Opfer der Kreditanstalt, der Rothschild-Bank. Viele sind ausgesteuert, sie bekommen nichts – nur die Gemeinde gibt ihnen 40 Groschen täglich. Ein kleiner Laib Brot kostet 70 Groschen. Die anderen bekommen 8 bis 14 Schilling in der Woche Arbeitslosenunterstützung. Die Frauen gehen um das Mittagessen in Bedienungen, oder sie sticken von früh bis abends, auch die Männer und Kinder helfen mit: Gesamtlohn 1,50 bis 1,70 Schilling im Tag. Miete ist vierzehn bis zwanzig im Monat. Die Wohnung erhalten, das Obdach über den Winter, das ist die größte Sorge. Und der Rest ist Hunger, Hunger, Hunger!

Die 28. Novelle des Arbeitslosenversicherungsgesetzes bedroht Steyr ganz hart. Vom 30. Oktober bis zum 30. April sollen dreitausend Arbeitslose, die heute noch die Arbeitslosenunterstützung beziehen, ausgesteuert werden. Im Winter ohne jede Unterstützung. Die Stadt hat überall vorgesprochen. Nirgends Hilfe. Der Sozialminister sagte: Man könne für Steyr keine Ausnahme machen. Das Elend macht aber eine Ausnahme. Es ist nirgends so schlimm wie in Steyr. Von den jetzt 2.600 Kreismitgliedern der Kinderfreunde sind zum Beispiel 65 Prozent arbeitslos. Die Kinderfreunde haben Gruppen und Sektionen, in denen alle Ausschußmitglieder arbeitslos sind. Dennoch halten sie den Mitgliederstand seit drei Jahren und haben überdies große Arbeit geleistet.

1931 kamen 400 Kinder nach Wien, 1932 300 nach Wien, 140 in die Schweiz, eine Pfingstaktion der Wiener brachte Wäsche, Kleider, Schuhe. Jetzt kommen die Züricher – von überall Hilfe –, aber die eigene Kraftquelle ist versiegt; *es gibt in Steyr keinen Kindergroschen mehr!*

Wohl haben dieselben Bischöfe, die den Kinderfreunden Mühlsteine um den Hals hängen wollten, die Kinderfreundeidee vom Kindergroschen zu der ihrigen gemacht und den Katholischen Kindergroschen geschaffen, der wohl auch mithilft, jetzt in dieser Arbeiterstadt fünf katholische Schulen zu unterhalten.

Die Stadtschulen aber sind in Bedrängnis. Die Kinder müssen schon in den Klassen zusammengepfercht werden, und da die Stadt

kein Geld hat, um Kohle zu kaufen, wird es im heurigen Winter Kälteferien geben. In kalten Schulräumen kann man nicht lernen. Die katholischen Schulen werden nicht sperren! Die Heimwehr hat provozierende Aufmärsche hinter sich, und die edlen Hakenkreuzler versuchen die jungen Arbeiter, indem sie ihnen einen Mittagsfreitisch bieten. Um ein Linsengericht sollen sie ihre Gesinnung verkaufen. *Das ist Steyr!*
Not, dennoch steht es aufrecht!

Der rote Oktober
In der Gemeinde sitzen 28 Sozialdemokraten, 2 Kommunisten und 11 Bürgerliche. Die Sozialdemokraten stellen den Bürgermeister in dem roten Stadtrat. Das gilt es zu behaupten, darum Arbeit für die große Sache, wo man kann. Kein Kindergroschen mehr, aber freigewordene Arbeitskraft. 1931 wurden drei Kinderheime in Steyr, Gleink und Garsten gebaut und kein Heller Lohn dafür gegeben. Robott für das Kind! In Steyr allein 10.000 freiwillige Arbeitsstunden. Morgen wird wieder ein Spielplatz kommissioniert, und zwei Tage später werden sie mit Krampen und Schaufeln da sein, um ihn zu planieren. Nicht verzagen – weiterarbeiten! Das ist Steyrs Losung.

Und mitten in dieser grausamen Not, mitten in dieser rauhen Gewalt und schmählichen Verlockung, knapp vor dem Winter mit vermehrter Not, der rote Oktober, eine Werbeaktion für den Sozialismus. 33 Versammlungen, 250 Jugendbeitritte, 600 bis 800 Neubeitritte zur politischen Organisation – das ist in Zahlen das Hohelied von Steyr, das Hohelied von der sozialistischen Treue dieser Arbeiterstadt Steyr.

Als die Schweizer Gäste dieses Hohelied vernahmen, da gelobten sie, weiterzuhelfen!

Nachprüfen einer Erinnerung

Anna Seghers

Kaputtgegangen

Ende neunzehnhundertdreiunddreißig, in einer schweren und aussichtslosen Zeit, als im ganzen Lande Geschäfte und Hoffnungen aller Art zerschlagen waren, bekam ein Mann namens Aloys Fischer, Besitzer einer stillstehenden Kunsttischlerei in der kleinen oberösterreichischen Stadt Steyr, unvermutet einen Auftrag. Der Auftraggeber war das Stift Hohenbuch, das sich zu seinem Jubiläum in allen Teilen renovieren wollte. Obwohl der Kunsttischler Aloys Fischer über zwei erwachsene Söhne verfügte, von denen der jüngere, Kasper, das Handwerk ausgelernt hatte, der ältere, Joseph, eigentlich Monteur, seit seiner Entlassung aus den Steyrwerken daheim herumbastelte, beschloß er doch sofort, für wenigstens einen Tag eine Hilfskraft einzustellen. Er hoffte mit Recht, wenn er diese Bestellung, Ersatzteile für ein Chorgestühl, pünktlich ablieferte, auch einen Teil der übrigen Aufträge zu bekommen, die das Stift an katholische, gut beleumundete Handwerker der Umgebung auszuschreiben hatte. Er schickte deshalb seinen Jüngsten, dem er noch etwas mehr als dem Ältesten vertraute, in die Stadt, um die geeignete Person mitzubringen. Kasper Fischer kehrte nach angemessener Zeit mit einem ortsansässigen Mann namens Bastian Nuß zurück. Beide Männer hatten vor Kälte blaue Lippen. Nuß bebte; er hatte nur einen leinenen Kittel über den Kopf gezogen, die Jahreszeit vergessend, überwältigt von dem Ereignis des Arbeitsangebots. Aus demselben Grund struppte sich auch sein in der Hast falsch zugeknöpfter Kittel über der linken Schulter. Nuß hatte vor und kurz nach dem Krieg in der inzwischen zugrunde gegangenen Schreinerei Perz gearbeitet. Er war von dem kleinen, knorpeligen und zähen Schlag, den man im Hochgebirge antrifft. Er hatte einen kurzen, schwarzen Schnurrbart und genau gescheiteltes Haar. Genau war auch der Blick, mit dem er dem Aloys Fischer ins Gesicht sah, mehr genau als offen. Der alte Fischer zögerte ein wenig, diesen Mann wirklich einzustellen. Er dachte vielleicht zu seinem Zögern auch den Grund zu erhalten, als er fragte, was sein Sohn bereits gefragt hatte: ob sich Nuß gut verstände auf die flinke Anfertigung von gerillten Knäufen und die Übertragung schwieriger Pflanzen- und Tierornamente. Nuß erwiderte, was er bereits dem Sohn erwidert hatte, er verstände sich sehr wohl darauf.

Zuerst waren alle damit beschäftigt, Leisten auszusägen. Die drei Fischers bestätigten einander durch Blicke, daß der neue Mann genau und flink war. Er sah kein einziges Mal auf. Nach einer Stunde aber, als es an die Übertragung der Muster ging, stellte es sich heraus, daß Nuß entgegen seiner zweimaligen Versicherung überhaupt nicht Bescheid wußte. Er zog die Schultern ein und blickte seinem Brotherrn von unten ins Gesicht, zugleich genau und kläglich. Jetzt hätte Aloys Fischer den Mann auf der Stelle wegschicken können. Doch fiel ihm seine eigene Hoffnung auf Bestellungen ein, seine große Angst vor Hunger, sein Gram über die Entlassung seines Sohnes sowie seines Schwiegersohnes, der gleichfalls Monteur war, ein ruhiger, schuldloser Mensch; er erinnerte sich vielleicht auch der geistlichen Natur seines Auftraggebers, die er sich auf seine Art auslegte; er fragte daher zum Erstaunen seiner Söhne: »Habens Kinder?« Der Mann erwiderte kläglich, ohne den Blick von seinem Gesicht abzuziehen: »Vier Stück.«

Nachdem man dem Nuß alles erklärt hatte, wurde die Nachsicht auch gerechtfertigt; denn er konnte plötzlich die aufgetragene Arbeit so gut ausführen, als hätte er nur aus Bescheidenheit seine Kenntnisse zurückgehalten. Vor dem Mittagessen gab es seinetwegen innerhalb der Familie einen Wortwechsel. Frau Fischer wollte ihm das Essen in die Werkstatt tragen. Vater und Söhne, sonst in vielem uneins, verlangten, wenn auch aus drei verschiedenen Gründen, daß der Mann als Christ, Arbeiter und Volksgenosse jedenfalls an den gemeinsamen Tisch gehöre.

Frau Fischer hatte in guter Laune reichlich Gemüse und Rindfleisch gekocht. Sie selbst schrieb den Auftrag, der ihr Haushalt und Werkstatt belebte, ihrer geistlichen Verwandtschaft zu. Die Küche war überheizt. Der Kanarienvogel trällerte in seinem nach Fleischbrühe duftenden Hochsommer. An der weißen Wand blinkten die Pfannen und das Kruzifix, der Zeuge irdischer Beköstigung. Bei diesem Mittagessen, am ersten richtigen Arbeitstag nach Monaten, setzte der alte Fischer oft zu Späßen an. Jedesmal blickte ihm Bastian Nuß ins Gesicht, zog die Schultern hoch und lachte. Dann blickte er wieder genau unter sich in den Teller. Vielleicht hätte er viel lieber mit seiner Portion in einem Winkel der Werkstatt gesessen. Er paßte sich den übrigen an; hatte er aber den Happen auf der Gabel, dann bückte er sich und biß flink, als könnte er noch vor dem Mund wegspringen. Dem Aloys Fischer mißfiel das, er dachte aber an seine eigene Angst vor dem Hunger. Er bezwang sich und fragte Nuß nach seinen Verhältnissen, nach Weib und Kindern. Nuß blickte ihm sofort ins Gesicht, es stellte sich jetzt heraus, daß Nuß vor kurzem bei der Heimwehr eingetreten war. Fischer war es im Grund seines Herzens fremd, wenn Männer außer ihrer Familie und ihrem Handwerk von etwas heftig angezogen wurden. Er war zum Beispiel ein guter Katholik, hätte es aber ungern gesehen, wenn einer seiner Söhne den geistlichen Beruf ergriffen hätte. Die dürre Erklärung des Nuß, sein alter Handwerkerverein sei auf Beschluß des Vorstandes der Vaterländischen Front beigetreten, war dem Aloys Fischer viel verständlicher als etwa eine besondere Leidenschaft seines Arbeiters für Gottes- und Staatsdinge.

Sie waren alle gerade mit dem Essen fertig, als Fischers Tochter zu Besuch kam, ihr Kind auf dem Arm, eine junge, blasse Frau mit guten, braunen Augen. Sie hielt das Kind an, jedem im Zimmer, auch dem Bastian Nuß, die Hand zu geben. Alle spielten mit dem Kind, besonders die Söhne, bis es der alte Fischer auf sein Knie nahm. Die junge Frau warf einen flüchtigen Blick in den leeren Suppentopf. Sie merkte, daß ihr Vater diesen Blick gewahrte, und errötete. Der Aloys Fischer dachte plötzlich, daß sein Auftrag nur halb sicher sei, keine endgültige Wendung. Tochter und Enkel waren heute noch warm gekleidet, aber die kleine Mitgift war sicher in drei arbeitslosen Jahren aufgegessen. Er fragte seine Frau: »Gibt's noch Mehlspeise?« Die Frau sagte gekränkt: »Ich koch Kaffee. Es gibt noch von gestern Kuchen.« Aloys Fischer merkte, daß Nuß die Arme aufgestützt hatte und seine Tochter aufmerksam betrachtete. Zum erstenmal herrschte er den Mann an: »Fangens an, Nuß.« Aber dann tat er ihm leid, und er forderte ihn auf, sich etwas Kuchen für die Kinder einzustecken. Die zweite Hälfte des Tages verlief ruhig. Die Fischers waren ja alle gute Handwerker, besonders der Vater und der jüngere, aber Bastian Nuß war ein rechter Arbeitsfresser. Aloys Fischer war wieder voll guter Aussichten. Als Feierabend war, rief er den Nuß, um ihm den Lohn auszuzahlen. Nuß sagte, der Herr Fischer brauche es nicht einzurechnen, aber er wolle noch ein angefangenes Stück fertigmachen. Der alte Fischer währenddessen überschlug, daß es von Vorteil sei, den Mann einen zweiten Tag zu behalten. Er fragte Nuß, ob es ihm lieber sei, sein Geld trotzdem heute zu bekommen. Nuß dachte kurz nach, dann erwiderte er bestimmt: »Alles auf einmal.«

Es war gegen sieben Uhr abends. Es war etwas wärmer geworden, der starre Wintertag löste sich in Schnee; der fiel gleich brockenweis. Nuß sehnte sich nach seinem Soldatenrock. Gleichwohl war er guter Dinge. Er hatte immer seiner Frau gesagt, man solle ihm nur einmal wieder einen Finger reichen, er wolle schon die ganze Hand dazu packen. Er beeilte sich. Er brauchte nicht durch die Stadt zu gehen, nur über die untere Brücke. Aus der Kirchentür fiel ein dünner Lichtstreif über die hohe, verschneite Treppe. Er zog seine Beine aus dem hellen Streifen, er lief über die Holzbrücke, er sah nicht nach rechts und links, einerlei war ihm der zweigeteilte, kräftige, nur im Uferwinkel eingefrorene Fluß. Er sah sich nicht um nach der weiß verkrusteten Stadt über dem Ufer, deren Zinnen von Schnee ausgefüllt waren. Es fiel ihm sofort auf, daß das Auto an der Tankstelle bei dem erleuchteten Wirtshaus Köstler die Wiener Nummer hatte. Er reckte sich, um etwas von den Gästen zu erblicken, aber die Wirtsstube hatte farbige Butzenscheiben.

Er stieg höher, gegen die Ennsleiten. Der Weg war verglitscht, Glatteis unter dem frischgefallenen Schnee. Schon hätte er die

Kirchtürme und Schornsteine der Stadt hinter sich liegen sehen können, in einer durchsichtigen Wolke von Schnee. Aber warum sollte er sich umdrehen? Bevor ihn noch eine Gruppe gleichzeitig gegen die Ennsleiten ansteigender Männer einholte, erkannte er schon einen an der Stimme. »So einer muß erst geboren werden«, sagte Joseph Mandl, im Hinblick auf eine Sache, die Nuß nun entgangen war.

Es war dunkel hier oben, es hatte sich eingeschneit. Nuß ging neben den Leuten her, die sich aber von ihm ab- und unter sich zusammenzogen. Das war schon lange so, Nuß grämte das wenig, er konnte sie allesamt nicht leiden; aber heute war er vergnügt, deshalb glaubte er, die Beziehungen aller Menschen zu ihm müßten sich gleichfalls verändert haben. »Aus dem Betrieb kriegen mich keine zwölf Gäule raus«, fuhr Mandl fort. »Drin bleiben. Jetzt im Augenblick im Betrieb drin bleiben.«

Nuß nickte zustimmend. Ihn wunderte bloß, daß jetzt eine zweite Stimme, die er doch, wenn nicht alles trog, vor kurzem ganz anders hatte aufmucken hören, ebenfalls zustimmte: »Mußt dir lieber was gefallen lassen, jetzt gibt's für dich nur ein Gebot: im Betrieb bleiben.« Nuß warf einen Blick auf das Gesicht der Stimme. Ja, das war ein Mann namens Hannes Johst, er erkannte ihn trotz der Dunkelheit, trotz des Schnees, der seine Züge verwischte. Johst merkte erst jetzt, das Nuß neben ihm herging, er wechselte sofort um: »Ich war seit heut nacht nicht oben. Die Martha sagt, das Kind macht ihr Herzbeklemmung.« Nuß sagte: »Schlechte Zeit fürs Kinderkriegen.«

Johst sah ihn kurz an und schwieg. Auch die anderen schwiegen. Johst kannte den Nuß nicht, aber Nuß kannte seit langem den Johst. Es waren vielleicht schon etliche Monate her, da hatte er diesen selben Johst, ja, auf der Pfingstkirmes erblickt, ein Mädchen am Arm. Johst hatte nicht nur den Arm dieses auffällig mageren und hellhaarigen Mädchens in seinem eigenen gehabt, er hatte auch noch die Finger um das Handgelenk des Mädchens geschlungen – erinnerte sich Nuß, als hinge viel von seinem genauen Gedächtnis ab. Wahrscheinlich war Johst mit diesem Mädchen die Ehe eingegangen. Sie war es, der das erwartete Kind Herzbeklemmung verursachte. So erfuhren also die beiden nicht bloß auf einseitige Art, was es hieß, im Ehestand leben. Er hatte übrigens alle beide schon vor der besagten Kirmes irgendwo getrennt gesehen, wo und wie, das mochte ihm schon einfallen, wenn er jetzt leider abbiegen und ein Stück Weg allein gehen mußte, weil er selbst nicht ganz oben auf der Ennsleiten wohnte.

Als Nuß gegangen war, fuhr Johst da fort, wo er vorhin abgebrochen hatte: »Ein verrücktes Jahr überhaupt auf dem Buckel. Soviel Unruh und soviel Streiks und so ein Wirbel.«

Mandl sagte: »Und eine Frau hast auch noch schnell nehmen müssen und ihr ein Kind machen.«

Johst sagte in einem anderen Tonfall: »Das Kind ist eben sofort gekommen. Und wir haben geheiratet, und ich war da doch noch im Werk.« Er wechselte die Stimme, als hätte er zwei Stimmen, eine für Betriebs- und eine für eigene Angelegenheiten.

»Hätten die nur im großen so die Zähne gezeigt, wie wir hier im Werk für die kleinen Abzüge, die man uns abzwacken wollt, dann wär soviel nicht kaputtgegangen.«

Einer sagte: »In Deutschland ist dieses Jahr noch viel mehr kaputtgegangen.«

Einer, der zuletzt nachkam und etwas schnaufte, sagte in den Rücken der andern: »Das kann ich immer noch nicht verstehen mit Deutschland, einfach so – – «

Sie erstiegen den letzten Treppenabsatz. Ein Band heller Fenster erglänzte schwach auf der äußeren Häuserfläche über dem Höhenkamm. Die wenigen breiten Gassen waren leer und finster. Gewöhnlich war es hier oben windig. Heute abend fiel der Schnee geruhsam und beschwichtigend. Obwohl er jetzt als dichte Wolke über dem Tal lag, blieben die Männer doch stehen und blickten wie jeden Abend noch einmal auf die Stadt hinunter.

Johsts Küchentür ging unmittelbar ins Treppenhaus. Er sah auf den ersten Blick, daß die Frau, die vor dem Herd kniete, nicht mit dem Feuer zurechtkam. »Es ist kein Zug drin«, sagte sie, »der Schnee steht auf dem Schornstein.« Johst runzelte die Stirn, die Frau war nicht allzu geschickt. Mandl, sein Freund, hatte ihm zugetragen, die Genossen sagten von ihm, sein einziger Fehler sei, daß er zuviel Wesens um die Frau mache. Sie war halb so alt wie er, kaum zwanzig. Ihr schmales Gesicht glänzte bleich vor Anstrengung, unmerklich stieg die Stirn in das ebenso helle Haar. Kein ordentliches Feuer, kein warmes Essen. Er legte seine Hand auf ihren Kopf, er sagte barsch: »Nichtsnutz.« Er liebte die Frau mehr als recht war, Mandl hätte ihm nichts zu sagen brauchen. Er schob von selbst die Frau etwas von sich ab, er ging sogar mehr aus dem Haus weg, als nötig war.

Er brachte den Herd in Ordnung. Die Frau erzählte: »Ruppl aus Linz war da, er hat dich auf dem Sekretariat gesucht, und dann ist er hier raufgekommen. Er ist dann zum Strobl gegangen, er war ganz ungeduldig, weil er dich nirgends hat finden können.«

»Ich wird schnell zum Strobl gehen.«

»Laß doch, er kommt ja wieder. Iß doch mit mir zu zweit.«

Johst sah von der Frau weg, er zog die Hand von ihrem Kopf, er sagte: »Nein.«

Martha aber horchte nach der Gasse und sagte froh: »Da sind sie ja schon.« Ihr Gesicht wurde etwas frischer. Eilig schlüpfte sie in die gute, buntgesprenkelte Strickjacke. Ihre Schultern, ihr Hals, ihre Arme sahen noch magerer aus im engen Wollzeug über dem hochgebauschten Rock. Während er seine Genossen begrüßte, warf Johst einen Blick auf die Frau, die ihre Jacke über der Brust zuknöpfte. Das aber war das letztemal, daß Johst seine Frau mit einem solchen Blick ansah. Nicht vor einem halben Jahr auf der Pfingstkirmes, kurz nachdem sie Nuß aus dem Auge verloren hatte, heute erst sollte ihre Brautzeit zu Ende sein. Der kleine, dicke, kerngesunde Betriebsrat Strobl legte den Arm um Johst und sagte lachend zu dem Linzer: »Ein schönes Mädel hat der Johst«, und er sagte leise zu Johst: »Schick die Frau schlafen.«

Johst sagte kurz: »Mußt uns allein lassen, Martha.« Sein Blick folgte der Frau durch die Tür, ihrer Hand, die den eingeklemmten Rock zurechtzerrte. Strobl fing sofort an: »Daß man den Bachmann so bald nicht enthaften wird, das steht schon fest, wenn man auch überhaupt nichts bei ihm gefunden hat. Aber sie wissen, daß er was weiß. Nun muß der ganze Bachmann sozusagen auf zwei verteilt

werden, weil wie er ein zweiter nicht aufzutreiben ist. Der halbe Bachmann muß ich sein, zu allem, was mir doch schon obliegt, es geht nicht anders. Der andere halbe Bachmann aber mußt du sein, Hannes. Und der hier ist der Linzer Verbindungsmann, du kennst ihn ja, Martin Ruppl.«
»Habt ihr denn wirklich keinen Besseren als mich, Strobl?«
»Wenn wir einen Besseren als dich hätten, nimm mir's nicht übel, Hannes, dann wären wir jetzt nicht bei dir, sondern bei dem Besseren. Also – «
»Wenn du meinst – «
»Nicht: Wenn du meinst. Ja oder nein.«
»Ja.«
»Also. – Was du zuerst mußt: die Listen wieder zusammenbringen, die der Bachmann rechtzeitig in den Abort gestopft hat. Dann müßt ihr beide, Ruppl und du, euch zusammensetzen.« Er fuhr fort, Johst hörte mit gerunzelter Stirn zu, ohne Zwischenfrage, ohne aufzusehen. Als er fertig war, sprang Johst hoch, ging zweimal durch die Küche, hob den Schürhaken vor dem Herd hoch, stocherte kurz und warf ihn wieder weg. Er blieb vor Ruppl stehen. Er kannte Ruppl, der ebenso alt war wie er selbst, flüchtig aus dem Krieg, er hatte ihn bei Parteiversammlungen, Treffen und Festlichkeiten wiedergesehen. Jetzt sah er ihn zum erstenmal genau an. Ruppl erwiderte ruhig seinen Blick, sie gefielen einander.

Die drei Männer setzten sich zusammen an den Tisch. Hinter der Tür klang die schwache, nur durch das augenblickliche Schweigen wahrnehmbare Stimme der Frau, die beim Auskleiden sang. Johst horchte, aber er dachte dabei nur mit großer Verwunderung, wie wenig Zeit verflossen sei.

Er sagte: »Bin ich denn von oben bestätigt? Ist denn über mich abgestimmt worden?« Strobl lachte. Johst überflog in Gedanken die Genossen, die eigentlich übersprungen waren. Aber er mußte jetzt selbst Strobl recht geben. Es langte bei ihm gewiß, um den Beauftragten des Parteivertreters beim Schutzbund abzugeben.

Er war dazu geeignet in seiner doppelten Eigenschaft als alter Parteimann und als alter Soldat. Krieg, Volkswehr, Schutzbund, eigentlich war er seit 1914 Soldat, an die zwanzig Jahre.

Ruppl sagte: »Wenn man jetzt über die Funktionärernennungen abstimmen täte, dann möchte ich unsere Abstimmung vergleichen mit der in Wien und die Abstimmungen im Land untereinander. Daraus möchte ich schon wissen, an welcher Stelle der Strick halten könnte und an welcher er reißen möchte.« Strobl sagte: »Seit März vorigen Jahres ist jeder Tag Boden unter den Füßen weggetragen. Als das Parlament zum Teufel ging, da haben alle gewartet, daß etwas passiert, ein Ruck war durch alle gegangen – dann sind sie abends wieder heimgeschickt worden. Der richtige Ruck war damals durch alle gegangen, ein Ruck ist aber ein Ruck, nichts zum Aufbewahren.«

Ruppl sagte: »Damals, am fünfzehnten März, war ich drüben in Wels bei meinen Schwiegereltern. Da war ich mit zwei Genossen zusammen, auf die ich viel hielt. – Mit denen habe ich selbst richtig Gewehr bei Fuß gewartet am fünfzehnten März; wir haben uns richtig das Herz aus dem Leib gewartet. Ich sag euch, das waren Genossen, die wirklich aus einem Guß waren und der ganze Guß für uns. Ich bin dann das Jahr über nicht mehr hingekommen. Vorige Woche mußt ich rauf, ich wollt mit diesen beiden etwas ausmachen in unseren Angelegenheiten – da war der eine zu den Kommunisten und der andere zu den Nazis gegangen.«

Solange Johst nur Anweisungen empfangen hatte, da hatte er oft geschimpft gegen diese Anweisungen aus Wien, die alle Handlungen vermanschten und die endgültige Entscheidung hinausschleppten. Im Grunde seines Herzens aber waren ihm selbst diese Handlungen unklar und die Entscheidung noch weitab gewesen. Plötzlich erschien ihm alles möglich und alles greifbar, in seine Hand gegeben.

Strobl sagte: »Wir wollten was tun, wie man uns den Bachmann verhaftet hat. Da hieß es von oben: Nicht provozieren lassen. Meine Meinung war: Aber grad provozieren lassen.«

Ruppl erwiderte: »Wut ist schon genug in jedem drin. Die will aber raus, die verpufft sonst. Der Mensch ist doch keine Flasche, in der man die Wut einkorken kann.«

Später ging Johst hinein, um seiner Frau zu sagen, daß er den Linzer an die Bahn brächte. Ruppl fragte währenddessen den Strobl:

»Ist der Mann auch fest genug?« Strobl sagte: »Doch, doch. Den kenn ich.« Johsts Frau war schon eingeschlafen, beruhigt, weil er überhaupt daheim war. Sie schlief auch, als er eine gute Stunde später zurückkehrte.

Frühmorgens, während des Aufwachens, kam es ihm vor, als hätte sich etwas für ihn vollkommen verändert, der anbrechende Tag sei mit dem vergangenen in nichts zu vergleichen. Er stellte die Füße auf den Boden. Der gestrige Abend fiel ihm ein. Aber wie er sich wusch und ankleidete, konnte er bereits nicht mehr völlig begreifen, warum durch diesen Abend viel verändert war. Martha erzählte beim Kaffee: »Manchmal kommen doch noch Leute unter. Zum Beispiel drunten in der Tischlerei bei St. Valentin, da ist einer, der Nuß heißt, eingestellt worden, seine Frau sagt's.«

Johst erwiderte zerstreut: »Vielleicht für'n Tag Aushilfe.« Er dachte kurz, ob das wirklich erst gestern abend war. Martha fuhr fort: »Die Frau hat gesagt, nicht zur Aushilfe, zur Probe, und was man ihm mal erklärt, kann er. Da ist sie guten Muts, das wird schon für ganz werden.«

Johst sah die Frau kalt an. Sie schwieg sofort und senkte den Kopf. Sie sah ihn manchmal an, als könnte sie die Ursache seines Schweigens von seinem Gesicht erkennen. Johst spürte ihren lästig gewordenen Blick und runzelte die Stirn. Schließlich traf sein Blick doch den ihren: er erschrak. All die Zeit, da er die Augen nicht von der Frau abgelassen hatte, war ihm das Wichtigste entgangen: kleine scharfe Punkte gab es auf dem Grund ihrer Augen, als sei auch ihr Inneres glashell. Er nahm ihre Hand und begann vorsichtig: »Jetzt werd ich noch mehr nicht daheim sein. Ich muß halt.«

Die Frau sagte nur: »Wenn du mußt – «

Erich Hackl

Kleine Stadt der Arbeitslosen

1. Ein möglicher Anfang
wäre, befänden wir uns noch in den dreißiger Jahren, und in Hollywood, die romantische Version vom Ende des Werksdirektors Herbst: Eine schwarze Limousine, ein Steyr 30 (6 Zylinder, 40 PS), fährt vom Direktionsgebäude auf das Werkstor zu; wir sehen sie durch das Fenster der Portierloge näher kommen, ein verschneites Wiesenstück im Hintergrund, unter den Rädern bricht das Eis gefrorener Pfützen. Vor den geschlossenen Schranken stoppt das Fahrzeug, der Lenker wirft einen prüfenden Blick herein, da erst sehen wir auf dem Boden den Pförtner liegen, vielleicht ein grauhaariger hagerer Mann mit scharfer Nase. Er zappelt, ist an Händen und Füßen gefesselt, um den Mund hat man ihm einen schmutzigen Lappen gebunden. Jetzt wird der Fahrer mißtrauisch, aber da tauchen sieben maskierte Gestalten neben dem Pförtnerhäuschen auf, zwei von ihnen springen blitzschnell hinter die Limousine, schießen mit Karabinern durch die Heckscheibe, die Projektile zerfetzen die ledergepolsterten Sitze, töten den großen, schweren, bleichen Mann.

Oder aber die Wirklichkeit war nüchterner, logischer als der Bericht der *Steyrer Zeitung*, das Ergebnis freilich dasselbe: Als Direktor Herbst wie jeden Morgen kurz nach acht im Werk eintrifft, haben in Linz »die Vertragsverhandlungen begonnen« (Waffensuche der Polizei, Widerstand des Republikanischen Schutzbundes). Arbeiter aus St. Valentin oder Herzograd, die täglich herüberfahren, im Sommer mit dem Fahrrad, jetzt, im Winter, mit der Bahn, könnten die Nachricht als erste mitgebracht haben: Drüben wird geschossen. Dann, um halb acht, der Anruf, der das Gerücht zur Gewißheit werden läßt: die vereinbarte Parole und, als bräuchte es die Bestätigung, Schüsse im Hintergrund. Der Obmann, August Moser, am vorigen Tag noch bei Bernaschek, ruft die Betriebsräte zusammen; der Streik wird beschlossen. Die Arbeiter verlassen das Werk. Direktor Herbst hat sich seit seinem Eintreffen nicht mehr blicken lassen, versucht aber zu telefonieren. Das Mädchen in der Vermittlung ist nervös: Der Direktor ruft mich an! Na und, könnte der Schutzbündler sagen, der das Gebäude besetzt hält: Jetzt wird nicht mehr geredet.

Gegen Mittag verläßt Herbst ungehindert das Büro. Er steigt in sein Auto, um nach Hause zu fahren. Die Porsche-Villa, die er seit seiner Übersiedlung aus Wiener Neustadt bewohnt, liegt einen Kilometer oberhalb des Werksgeländes. Würde Herbst die kürzeste, und übliche, Route wählen, geriete er nicht in das Schußfeld. Aber er fährt, als wolle er die Arbeiter noch einmal demütigen, durch das Haupttor direkt in die Gefahrenzone. Vor der Werkseinfahrt wird er erschossen. Im Leergang läuft der Motor weiter, bis der Treibstoff verbraucht ist: einen Tag und eine Nacht.

So beginnt der 12. Februar 1934.

2. Marktpreise

Direktor Herbst war nicht beliebt. Als man ihn auf die Not der Arbeiter ansprach, soll er geantwortet haben: Solange bei denen da oben noch Blumen vor den Häusern wachsen statt Kartoffeln, geht es ihnen nicht schlecht.

Von denen da oben kamen die Schüsse: von der Ennsleite, einer im Norden und Nordwesten steil abfallenden Terrasse am rechten Ufer der Enns, durch den Fluß von der Altstadt getrennt. Die Ennsleite ist ein Arbeiterviertel, ihre Sozialbauten, hart an den Rand der Rampe gebaut und weithin sichtbar, waren der Stolz der Sozialdemokraten. Hinter ihnen standen die Baracken; Vizebürgermeister Azwanger, Fürsorgereferent der Stadt, hatte dem jungen, zum Pathos neigenden Journalisten Ernst Fischer erzählt, wie sich da leben ließ: »In zwei Betten schlafen sieben Menschen; diese Betten bestehen aus aufeinandergetürmten Kisten. Durch eine Wand sickert ununterbrochen Flüssigkeit; um die nassen Flecken nicht länger sehen zu müssen, verhüllte die Frau sie mit einer Wanddecke. Auf diese Decke hatte sie einen Spruch gestickt: ›Hilf dir selbst, so hilft dir Gott.‹ Am 7. Februar veröffentlichte das *Steyrer Tagblatt* die neueste Statistik beschäftigungsloser Unterstützungsempfänger. Demnach erhielten im Jänner 1934 1.271 Personen Arbeitslosengeld, 4.969 Personen Notstandshilfe. In den Steyr-Werken, die noch 1929 sechstausend Beschäftigte aufwiesen, arbeiteten Anfang 1934 tausend Personen. Steyr hatte 22.000 Einwohner, von denen in einem Jahr, 1932, 17.770 öffentliche Hilfe in Anspruch nehmen mußten. 1934 veranschlagte die Gemeinde die Hälfte aller Einnahmen für Fürsorgezwecke. Hatte ein Arbeitsloser das zusätzliche Unglück, ein arbeitsloses Kind in der Familie erhalten zu müssen, so bekam er dafür einen Zuschuß von 20 Groschen. Das reichte, halten wir uns an die Steyrer Marktpreise vom 8. Februar, für ein halbes Kilo Kohl oder zwei bis drei Äpfel.

Zweimal die Woche kamen die Bauern in die Stadt. Den Arbeitslosen lief das Wasser im Mund zusammen, wenn sie die vollen Butterstriezel sahen, die saftigen Birnen, die abgebalgten Hasen. Vollbeladen, wie sie gekommen waren, fuhren die Karren wieder aufs Land.

Man sei hinaus fechten, das heißt, betteln, gegangen, sei froh gewesen, wenn man gegen Kost arbeiten durfte, ältere, unversorgte Frauen hätten sich bei Bauern als Schneiderinnen durchgebracht, andere, Schlosser, Werkzeugmacher, Tischler, seien als Pfuscher willkommen gewesen, die kleinen Bauern hätten sich ja auch nichts mehr leisten können, nur zum Essen sei immer was auf dem Tisch gestanden. Wenn in der Stadt einmal Fleisch gekocht wurde, habe man Türen und Fenster geschlossen, um die Nachbarn nicht mit dem Geruch zu peinigen. Und jene, die damals noch Arbeit hatten, schauten sich erst einmal um, bevor sie im Wirtshaus eine Halbe Most bestellten, die Blicke von Arbeitslosen, die sich in der Gaststube bloß aufwärmten, seien unangenehm gewesen, da ist man lieber wieder gegangen. Um wenigstens Ordnung in die Not zu bringen, habe man dann einen Betteltag einführen müssen, das sei der Freitag gewesen.

Ganz schlimm wurde es im Winter, als die Saisonarbeit ein Ende hatte, da zogen die Leute mit Leiterwagen fünfzehn, zwanzig Kilometer weit vor die Stadt, um Brennholz zu sammeln. Am Vorwärts-Platz, wo zum Eislaufen aufgespritzt wurde, standen die Arbeitslosen Schlange; nur die ersten durften mit Eisentrümmern die Wellen, die der Wind ins Eis blies, begradigen. In den Schulen gab es oft nichts mehr zu heizen, glücklich, wer das Kind eines Arztes oder eines höheren Beamten zum Mitschüler hatte, dessen Vater spendete vielleicht Kohlen. In der Apotheke beim Bahnhof bettelten die Kinder von der Ennsleite um Medikamente für ihre kranken Eltern.

Für arbeitslose Burschen richtete die Stadt einen freiwilligen Arbeitsdienst ein. Essen und Trinken und die Pritsche seien gratis gewesen, außerdem habe man in der Woche 25 Groschen bekommen. Das Lager sei neben der Kaserne gelegen, so habe einer der Jungen, arbeitslos seit dem Tag des Lehrabschlusses, von der anderen Seite der Planken die Befehle gehört.

Am 12. Februar gegen Mittag.

Erste Kompanie rauf auf die Ennsleite. Zweite Kompanie Stadtplatz sichern. Dritte Kompanie Schloß Vogelsang besetzen.

3. Rot und Schwarz

Die erste Kompanie lag bald im Straßengraben. Als die Soldaten gegen 13 Uhr unter dem Viadukt der Damberggasse auftauchten, über die man auf die Ennsleite zu gelangen hoffte, gab Hauptmann Fasching, ein stadtbekannter Haudegen, den Befehl zum Sturmangriff. Bevor die Truppe seiner Anordnung nachkommen konnte, hatte das Bundesheer sechs Verletzte. Faschings Hand, eben noch kühn zum Signal in die Höhe gestreckt, war durchschossen. Der Sturmangriff wurde verschoben.

Die zweite Kompanie konnte den Stadtplatz ohne Gegenwehr besetzen. Unangenehm war der Marsch durch die enge, abschüssige Gleinker Gasse, die von der Kaserne in die Altstadt führte. Einer, der mit Sturmgewehr, Stahlhelm und Tornister dabei war, wurde mit Abfällen, Steinen, altem Geschirr beworfen. Auch heißes Wasser hat man aus den Fenstern geschüttet. Das ist natürlich zu weit gegangen. Da hat man hinaufgeschossen. Als Soldat habe man in Steyr früher genug mitgemacht. Wenn man bei Zusammenrottungen gegen die Demonstranten mit aufgepflanztem Bajonett vorging, vorgehen mußte, sei man bespuckt worden, von oben bis unten bespuckt! Beinahe jedes freie Wochenende sei mit Waffensuchen draufgegangen, am schlimmsten habe man den Einsatz im Volkskino empfunden, wo jedes Jahr im Herbst die Kohlen umgeschaufelt wurden. Nichts habe man gefunden, rußgeschwärzt sei man unter dem Gelächter der Passanten wieder abmarschiert, zurück in die Kaserne. In Uniform sei man ungern ausgegangen, viele Gasthäuser habe man laut Dienstanweisung meiden müssen. Aber man sei, ein paar starke Burschen, doch hineingegangen, sei angestänkert worden und habe zurückgestänkert. Natürlich sei man politisch rechts gestanden, sonst wäre man gar nicht genommen worden; der Feind, so wurde einem gelehrt, steht links. Aber man habe nicht gezielt auf Menschen geschossen, auch wenn es später hieß, ihr seids Arbeitermörder, man habe große Angst ausgestanden, ehe, in der Nacht, ein Zug der Feldhaubitzenbatterie aus Enns und, am nächsten Vormittag, das motorisierte Feldjägerbataillon zu Rad aus Stockerau eintrafen. Ein paar, Alte, die schon bei der Volkswehr dabei waren, hätten sich geweigert, auf Arbeiter zu schießen.

Der Aufstand sei zu spät erfolgt, er, der ausgelernte, arbeitslose Werkzeugmacher, habe von seinem Bruder, der beim Bundesheer war, schon viel früher zu hören bekommen: Von uns könnt ihr nichts erwarten. Schon 1933 wäre es zu spät gewesen. Und die Jungen hätten wieder und wieder gesagt, wann machts denn endlich was. Immer mehr Waffen seien weggekommen und immer mehr Rechte seien ihnen genommen worden, und nichts sei geschehen. Im Oktober 1933 habe Otto Bauer die Steyrer Vertrauensmänner beruhigen wollen: Wenn Dollfuß unsere Partei auflöst, dann schlagen wir los. Worauf einer aus Unterhimmel hinausschrie (so steht's im Flugblatt der Nazis), dann seid ihr aber sicher nicht mehr in Wien! Die Erhebung sei auch nur spontan erfolgt, die Bahn habe nicht gestreikt, es sei ein taktischer Fehler gewesen, daß immer mehr Schutzbündler aus anderen Stadtteilen und aus der Umgebung auf der Ennsleite eintrafen, so daß man hier oben wie in einer Mausefalle saß.

4. Helden und Tode

Als Mausefalle empfindet sie auch ein arbeitsloser Verkäufer, der jeden Montag bei einer Eisenbahnerfamilie zum Essen eingeladen ist. Auch am 12. Februar steigt er am späten Vormittag zur Ennsleite hinauf, um rechtzeitig zu Mittag dazusein. Ich hab mich noch gewundert, daß die Arbeiter so früh aus dem Werk kommen, Schichtwechsel war ja erst um zwölf. Kaum sitzt er bei Tisch, da geht draußen die Schießerei los. Ein Drunter und Drüber, Männer laufen mit Gewehren vorüber, Leitern und Munitionskisten werden getragen, sogar den Bürgermeister Sichlrader sieht er mit Plänen herumgehen.

Nach dem Essen lassen ihn die Schutzbündler nicht mehr in die Stadt hinunter. Mit seinem Hut wird er noch dazu für einen Hahnenschwänzler gehalten. Ich war ja nie nirgends dabei. Wenigstens diesen Verdacht können seine Gastgeber zerstreuen. Die Schießerei, das Knattern der Maschinengewehre hört erst gegen Abend auf. Strenge Verdunkelung. Auch von der Stadt herauf kein Licht. Im Kinderheim soll ein Wachmann mit einem Lungendurchschuß liegen. Tote in den Straßen.

In der Dunkelheit probiert er noch einmal, von der Ennsleite wegzukommen. Die Posten vorn an der Stiege lachen ihn aus. Weit wirst nicht kommen. Unten blitzt es auf, eine Kugel pfeift vorbei, da bleibt er lieber, wo er ist. Gegen drei Uhr früh hebt es ihn, in der Wohnung seiner Gastgeber, präzis einen halben Meter hoch von der Couch: die Ennser Artillerie beginnt sich einzuschießen.

Während des Tages konnte die Steyrer Garnison auf dem Tabor, einer der Ennsleite gegenüberliegenden, die Altstadt gleichfalls überragenden Plattform, wenig ausrichten. Die Zufahrten hatten die Arbeiter mit umgeschnittenen Bäumen verlegt, ein Angriff über den vereisten Steilhang (am Nachmittag begann es zu regnen, um Mitternacht zog es an) wäre aussichtslos gewesen. Gefährlich aber war die Maschinengewehrstellung der Polizei auf dem Turm von Schloß Lamberg.

Neben einem arbeitslosen Jungordner erwischt es den Nachbarn aus demselben Haus in der Victor-Adler-Straße: Durchschuß mit Rückenmarksverletzung. Als der Bursch zwischendurch nach Hause geht, essen müsse man ja schließlich auch einmal, schaut er in die Nachbarwohnung. Der Verwundete klagt, unter zwei, drei Tuchenten, über so große Kälte. Wegen dem hohen Blutverlust habe der so gefroren. Ein paar Monate später sei er an den Folgen der Verletzung gestorben.

Andere sterben sofort, bei Volltreffern der Feldhaubitzen, obwohl den Geschossen, wie die Exekutive betont, die Zünder entfernt wurden. Einer wird erschossen, als er sich, nach dem Ende der Kampfhandlungen, bei offenem Fenster rasiert. Ein Heimwehrmann tötet den Gehörlosen, weil er dem Befehl, alle Fenster zu schließen, nicht nachkommt.

Am Faschingsdienstag, zehn Uhr vormittags, wird den Aufständischen ein Ultimatum gestellt: entweder ergeben sie sich, oder die Ennsleite wird dem Erdboden gleichgemacht.

Wir ergeben uns nicht.

5. Angst?
Da sei nur Verzweiflung gewesen und Wut.

Er habe nur einen Gedanken gehabt: Wir müssen siegen, und wir werden siegen.

Natürlich. Um den Vater. Nur um ihn. Daß die Arbeiterklasse siegt, habe man ihr ja immer gesagt.

Es war keine Zeit, an so was zu denken.

Ganz ehrlich: Nein, keinen Augenblick lang.

Da ist nur gezittert worden.

Am Anfang nicht. Aber wie dann das Radio immer nur so dumm geredet hat und Militär gekommen ist...

6. Einbruch der Ordnung
Zu Mittag wird auf der Ennsleite die Munition knapp. Aus manchen Fenstern hängen schon weiße Fahnen. Um drei teilt Betriebsratsobmann Moser mit, daß die Verteidigung aufgegeben werden muß. Die Männer sollen ihre Waffen gebrauchsunfähig machen,

dann wegwerfen. Die der Exekutive bekannt sind oder leitende Funktionen innehaben, mögen sich verstecken oder fliehen, in die Raming hinein oder auf den Damberg. Die anderen sollen alles abstreiten, die Geflüchteten belasten und die Gefallenen. Denen würde es nicht mehr weh tun.

Erst nach dem Bundesheer seien die Heimwehren gekommen, die, traut man einem Flugblatt,»so selbstlos sind und treu, / die bei den Sturmangriffen hint' sind / und beim Plündern vorn dabei«. Vorn dabei ist auch Bundesführer Fürst Starhemberg. 1929 ließ er, bei einer Heimwehrfeier in Weyer,»den roten Führern gesagt sein, daß wir nicht zum letzten Mal in Steyr waren, wir werden wieder kommen«. In seinen Memoiren erinnert er sich freilich nur mehr an »zumeist sympathische jüngere Leute, die alle etwas blaß und übernächtig aussahen«. Er habe sich sogar veranlaßt gesehen, einem seiner Leute, der einen Schutzbündler mit dem Gewehrkolben schlägt, eine gar nicht fürstliche, weil knallende Ohrfeige zu geben.

800 Gefangene werden mangels anderer Unterkünfte in die Stallungen von Schloß Lamberg getrieben, später auf zu Gefängnissen umfunktionierte Schulen, Kantinen und Fabrikshallen aufgeteilt. Vereinzelt hört man auch in den nächsten Tagen noch schießen. Aber es herrscht Ordnung.

7. Die Henkersmahlzeit

bestand aus einem Schweinsschnitzel und zwei Flaschen Bier. Der Delinquent, welcher h.a. als äußerst radikaler Schutzbündler bekannt ist, verzehrte es mit allem Appetit und rauchte bis zum Ablauf der dreistündigen Frist. Geistlichen Beistand lehnte er ab, obwohl ihm der Gefangenenhausseelsorger in gütigen Worten zusprach. Um 23 Uhr 28 Minuten wurde die Exekution von einem Landwirt, der sich freiwillig als Scharfrichter gemeldet hatte, vollzogen. Es läutete die Armensünderglocke. Im Hof des Kreisgerichtes hatte eine kleine Abteilung Militär Aufstellung genommen. Ohne jedes Zeichen von Erregung trat der Delinquent unter den Galgen. Der Gerichtsarzt stellte um 23 Uhr 45 Minuten den Eintritt des Todes fest.

Das war am 17. Februar.

Ewig schade sei es um den Buben. Er, der arbeitslose Maurer aus dem nahen Sierning (immer ein schwarzes Nest gewesen), war dabei. Die Wärter hätten sie gezwungen, sich während der Hinrichtung auf den Boden zu legen. Vor seinem Tod habe Ahrer noch die Arbeiterklasse hochleben lassen.

Josef Ahrer, am 30. 8. 1908 geboren, ledig, Bauschlosser in Steyr, arbeitslos, ist schuldig, am 12. Februar 1934 in Steyr gegen Johann Zehetner und Josefine Nagelseder, in der Absicht sie zu töten, durch Abgabe von Pistolenschüssen auf eine solche Art gehandelt zu haben, daß daraus der Tod des Johann Zehetner und der Josefine Nagelseder erfolgte; er hat hierdurch das Verbrechen des Mordes begangen und wird zur Strafe des Todes durch den Strang und zum Ersatze der Kosten des Strafverfahrens verurteilt.

Bis heute halten sich Gerüchte, daß Ahrer unschuldig gehängt wurde. Angeblich war er zum Zeitpunkt des Vorfalls, in einer Baracke der Ennsleite, mit einem Gewehr bewaffnet, der Heimwehrmann Zehetner und dessen Freundin starben aber an Pistolenschüssen; in einem anonymen Schreiben an den »werten Herrn Polizeirat« von Steyr wurde behauptet, daß Ahrer für einen Familienvater mit fünf Kindern die Tat auf sich genommen hat. Viele weisen darauf hin, daß einer gehenkt werden mußte. Zur Abschreckung. Da habe es eben in Ermangelung anderer Ahrer getroffen.

Die Urnen der toten Schutzbündler (Mitglieder des Bestattungsvereins »Die Flamme«) durften nicht öffentlich verabschiedet werden. Die Leichen seien vor ihrer Einäscherung in einem Schuppen gelegen. Die Särge seien offen gestanden. Man habe die Pumphosen der Toten heraushängen sehen. Das sei kein schöner Anblick gewesen.

8. Sightseeing
Viele Besucher in Steyr. Der gestrige Sonntag wurde vor allem von der Bewohnerschaft der Umgebung Steyrs zu einem Besuch benützt, wo man in erster Linie den Kampfplatz, die Ennsleite, besichtigte. Auf der Ennsleite war manchmal alles schwarz von Menschen; auch die Steyrer selbst begaben sich, soweit sie dazu noch nicht in die Lage gekommen waren, auf die Ennsleite, um die Schäden zu

besichtigen. Sehr angenehm wurde empfunden, daß die Verfügung des Standrechtes über die Sperre der Gasthäuser ab Sonntag bereits gelockert und *bis 10 Uhr erstreckt* wurde. Die Gasthäuser waren von Auswärtigen und Einheimischen sehr gut besucht.

9. Postskriptum: Anschluß an den Zeitgeist

Nach den Februartagen hätten sich die bewußten Arbeiter den Kommunisten, viel mehr aber den Nazis zugewendet. Manchen wäre es nachher wie eine große Erleichterung gewesen. Altbürgermeister Sichlrader, der den Aufstand nicht gebilligt hatte, aber während der Kampfhandlungen treu zu den Seinen stand, verhaftet und seiner Ämter enthoben wurde, habe über Ahrers Grab hinweg den Nazis die Hand gereicht. Die ganze Stadt sei im März 1938 auf den Beinen gewesen. Sie sei stolz gewesen, weil sie den Führer, der freilich in der Steyrer Realschule das Klassenziel nicht erreicht hatte, ein Jahr lang in ihren Mauern beherbergt habe.

Franz Kain

Asyl im Haus des Zimmermannes

1

»Du kannst mitgehen, aber es ist Standrecht, und wenn sie mich stellen, hängen sie mich.«

Diese Worte sagte er zu einem jungen Burschen, der ihn bat, daß er ihn mitnehmen möge, weil er nicht wisse, wohin er nach alldem gehen solle. Das war am Nachmittag des 13. Februar 1934, nachdem sie in der Stadt den Kampf hatten aufgeben müssen und sich auf der Flucht ins hüglige Land hinaus befanden.

Nun war es schon Abend, und sie gingen zögernd auf ein kleines Haus zu, wie man es im Alpenvorland zwischen den großen Bauerngehöften manchmal findet; ein Haus, das sich vor den breit ausladenden und auf Anhöhen thronenden Vierkantern der Großbauern duckt. Es stand am Weg, im morsch werdenden Schnee, ein Arme-Leute-Haus mit kleinen Fenstern, hinter denen ein trübes Licht brannte.

»Sollten wir nicht doch zu einem größeren Bauern gehen?« fragte der Begleiter. »Dort wär mehr Platz und mehr Wärme im Stroh, und die sind es auch gewohnt, daß jemand nach einem Quartier fragt, und zu essen haben sie auch.«

»Nein«, beharrte der Flüchtige, »dort ist es heute nicht warm, hier werden wir anklopfen.«

Sie traten zögernd an das Tor heran und pochten. Es dauerte eine Weile, bis sie ein Schlurfen von Schritten im Vorhaus vernahmen. Langsam wurde ein Riegel zurückgeschoben, und eine hohe Gestalt, von dem ungewissen Licht des Hausflurs umflossen, stand in der Tür.

»Wir sind schon den ganzen Tag unterwegs und müde«, sagte der Begleiter, die Sätze wie einen Spruch abhaspelnd, »hättet Ihr nicht ein Glas Most?«

Was redet er schon wieder daher, dachte der Flüchtige erschrocken, während der Mann in der Tür sie mißtrauisch musterte. Das ist ja grad das, was wir am allerwenigsten brauchen, ein Glas Most mitten im Winter und auf offener Straße am Abend. Wir müssen unter ein Dach.

»Frau, bring ein Glas Most«, rief indessen der Bauer ins Zwielicht hinein.

»Wir sind schon den ganzen Tag unterwegs und vom Weg abgekommen. Wir sind vom Schneewaten ganz naß. Könnten wir uns ein wenig aufwärmen?« fragte der Ältere, den anderen zurückdrängend.

Der Mann in der Tür stand abwartend. Dann gab er den Eingang frei und machte eine zögernd einladende Handbewegung, mit kaum verhohlenem Mißmut, weil er dem Appell zur Güte nachgegeben hatte.

In der niederen Stube saß die Familie um einen großen Tisch, eine Frau in den Vierzigern und drei Kinder, das älteste etwa zwölf Jahre alt. Auf dem Herd stand ein großer Topf mit Erdäpfeln, und der Geruch von Schweinefutter stieg vom Ofen auf.

»Es sind unruhige Zeiten«, entschuldigte der Hausherr seine Zurückhaltung, »und grad vor euch sind die Starhemberg-Jäger dagewesen, ein ganzer Trupp, und haben nachgeschaut. Drüben in der Stadt wird geschossen, und die Burschen – die Nachbarssöhne sind auch dabei – haben Angst und suchen die ganze Gegend nach Versprengten und Bewaffneten ab. Da haben wir den Riegel vorgeschoben.«

Der Flüchtige seufzte erleichtert. Er begann vorsichtig von der Not in der Stadt zu reden, um das Gesicht des anderen besser zu sehen. Die Arbeitslosigkeit werde immer bitterer, Familienväter, die als Facharbeiter viel leisten könnten, müßten sich auf Flickerpfusch stürzen, und viele würden sogar betteln gehen in ihren besten Jahren. »Aber es gibt auch solche, die nichts von der Not spüren«, fügte er hinzu.

»Ich weiß, wie es ist«, antwortete der Hausherr, »ich bin ein

Zimmermann und hab auch nur selten Arbeit in den letzten Jahren. Jetzt binden wir grad einen Dachstuhl ab bei einer Brandstatt, aber was nachher sein wird, das wissen wir nicht. Davon, daß zufällig einmal ein Haus abbrennt, kann ein Zimmermann nicht leben.« Er schaute die beiden Fremden, die unruhig am Tisch saßen, abschätzend an. Das Gespräch stockte bald, und der Zimmermann schickte die Kinder ins Bett. Ein schweres Schweigen war in der Stube, und die Kühle der Nacht breitete sich aus. Da stand der Flüchtige auf und legte dem Zimmermann die Hand auf die Schulter. Die Frau rückte bei dieser feierlichen Gebärde ängstlich in die Ecke.

»Wir sind keine Handwerksburschen. Wir kommen aus der Stadt drüben. Ich bin Waffenschmied und der Betriebsratsobmann des großen Werkes und habe den Kampf geleitet. Wenn sie mich fangen, hängen sie mich, es ist Standrecht. Sie können jetzt zur Gendarmerie gehen und mich melden. Wenn Sie es nicht tun, dann bitte ich euch, uns einige Tage zu behalten.«

Die Frau, die unter dem Herrgottswinkel saß, war bei diesen Worten bleich geworden und zeigte weit aufgerissene Augen. Der Mann senkte den Kopf und die Schultern wie unter einer großen Last.

»Ich verrate niemand«, sagte er leise. »Wer ihr seid, das sieht man ja sofort an euren Lederröcken. Frau, bring ihnen Brot und ein Stück Fleisch.«

»Ich geh morgen zurück«, sagte der junge Bursche, »mich hat niemand gesehen.«

Von dem Tag an war der Waffenschmied allein.

2

Zwischen dem Abbruch der Kämpfe und dem Unterschlupf im kleinen Haus des Zimmermannes lag ein abenteuerlicher Weg. Niedergedrückt vom Ausgang des Aufstandes, erbittert über die Bedingungen, unter denen sie gekämpft hatten – Munitionsmangel von Anfang an, keine Verbindung mit den anderen Städten, ohne Weisung und Rat von oben –, hatte er die Stadt mit der großen Fabrik hinter sich gelassen. Er sah, wie Genossen in etwa hundert Meter Entfernung vor dem Erreichen des Waldes von Soldaten abgefangen wurden, und wußte: dort durfte er nicht hin. Er mußte zunächst ein anderes Bundesland erreichen. Da war man weniger bekannt, war schon ein wenig in der Fremde.

Auf einem Pfad durch den Fichtenwald begegnete er einem Trupp der Jäger des Fürsten Starhemberg, des üblen Nachfahren des Verteidigers von Wien in der Türkennot, der jetzt die Stadt besetzt hielt. Die Burschen waren schwer bewaffnet, und es gab kein Entrinnen. Zögernd ging er den Heimwehrleuten, die nun Polizeigewalt hatten, entgegen, Unbekümmertheit etwas mühselig zur Schau stellend. Er wurde sofort von den Bewaffneten umringt.

»Wohin willst du?« fragte der Anführer.

»Mehl holen bei den Mühlen im Wald, dort ist es billiger, und in den teuren Zeiten kommt's auf jeden Groschen an«, antwortete der Waffenschmied.

»Nichts da«, sagte der Anführer, »heute kann man da nicht durch, es wird geschossen! Hände hoch!«

Er wurde peinlich genau abgetastet. Er hatte seine Pistole kaum zehn Minuten vorher, nachdem er den Verschluß entfernt hatte, hinter ein Gebüsch geworfen. Ungern, denn ohne Waffe ist der Flüchtling, auf den der Tod lauert, wehrlos. Jetzt wär ich mit der Waffe ein Verlorener und Wehrloser, schoß es ihm durch den Kopf.

»Waffen hat er keine«, sagte der Anführer, unschlüssig zu seinen Leuten gewendet.

Ein ganz Junger mit flaumigem Bart und sanft geröteten Wangen forderte: »Nehmen wir ihn mit, auf alle Fälle, wer weiß?«

Der Flüchtling warf sich verzweifelt in die Brust: »Dann bringt mich sofort zur Bezirkshauptmannschaft, dort bin ich bekannt, und ihr werdet euren Übergriff bereuen!«

Was würde das für ein Zusammentreffen sein! Der Bezirkshauptmann kannte ihn aus den Wahlkommissionen als den, der er wirklich war. Sein Blick würde nicht ölig-korrekt sein, wie bei der letzten Wahl.

Nicht wahr, die Wahl war in Ordnung, meine Herren Beisitzer, und Reklamationen wird es keine geben, hatte er damals gesagt. Bei der Wahl geht es so gesittet zu wie im Beichtstuhl, und das Alkoholverbot glättet die überflüssige Aufregung. Das beruhigt uns, nicht wahr? Schließlich sind wir Kulturmenschen in einem Kulturstaat. Oder nicht? Also, versiegeln wir halt den heiligen Wählerwillen. Und sein Auge hatte mild geglänzt vor amtlich herablassender Treuherzigkeit.

Der Junge aber ließ nicht locker. »Nehmen wir ihn mit!« wiederholte er, »am 13. Februar läßt man keinen Verdächtigen laufen, das könnten wir einmal bereuen!« Es klang wie eine Belehrung.

»Ja, nehmt mich nur mit«, rief der Flüchtling, »aber ich werd mich über euch beschweren, das sag ich schon jetzt. Anständige, friedliche Leut wollt ihr verhaften, bei hellichtem Tag, Väter, die um Mehl für die Kinder unterwegs sind zu den Mühlen. Bringt mich zum Bezirkshauptmann! Sind wir Kulturmenschen oder nicht?«

Da drehte sich der Anführer ärgerlich dem Flaumbart zu und entschied: »Passiert!« Man merkte, daß er keinen Widerspruch mehr dulden würde.

In der Aufregung hatten die Jäger des Fürsten nicht einmal nach seinem Ausweis gefragt, und der Lederrock, das inoffizielle Uniformstück der Schutzbundführer, hatte sie auch nicht stutzig gemacht. Sie waren offenbar erst nach den Kämpfen in verstreuten Dörfern gesammelt und zum Einsatz kommandiert worden.

Der Flüchtige verließ nach diesem Abenteuer schnell die Straße und keuchte bergan. Die Wiesen waren von kleinen Gräben durchfurcht, leise glucksenden Rinnsalen, gesäumt von Erlenbüschen und Winterahornen. Da hatte er den jungen Burschen getroffen.

Oft sanken sie im mürben Schnee bis zu den Knien ein und mußten rasten. Sie überquerten Hangwege, und immer wieder wollte der Begleiter ins Tal oder zu größeren Bauernanwesen. »Was sollen wir da, wo die Häuser immer kleiner und seltener werden und die Leut immer ärmer?« jammerte er. »Ich geh in diesen Tagen zu keinem größeren Bauern«, sagte der Waffenschmied und ließ nicht mit sich handeln. Er wußte außerdem: ein Versprengter muß aufwärts gehen, damit er von oben die Gegend überschauen kann. Sie hörten im harschigen Schnee manchmal Schritte von Patrouillen knirschen, legten sich in den Gräben auf die Steine, und das Wasser durchnäßte sie. Erst in der Dunkelheit erreichten sie keuchend die Kuppe des Hügels und sahen in der Ferne die verschwommenen

Lichter des Bahnknotenpunktes. Da wußten sie, daß sie schon in einem anderen Bundesland und noch dazu an seiner abgelegenen, ein wenig vergessenen Seite angelangt waren.

Sie gingen in der Dunkelheit zwischen den großen Bauerngehöften ins Hügelland hinaus, begleitet von dem Gebell anschlagender Hunde, bis sie vor das kleine Haus des Zimmermannes kamen, das arm und niedrig an einen Wegrand gedrängt stand.

3

Er war im Heustock untergebracht, über dem Stall des eingeschossigen Hauses. Die Bäuerin gab ihm dicke Socken ihres Mannes. Sie kratzten, so hart war die selbstgesponnene graue Wolle, aber bald leiteten sie einen Strom kribbelnder Wärme in die Haut. Die Frau hatte überdies einige Ziegel gewärmt, damit er sich nicht erkälte im Februarwind, der durch den Dachstuhl pfiff.

Als sie ihm zu Mittag wieder ein Stück Schweinefleisch brachte, wollte er abwehren. Er habe ja auch zu Hause nicht jeden Tag Fleisch gegessen. Aber sie schnitt ihm das Wort ab: »In der Stadt seid Ihr was Besseres gewohnt. Fleisch haben wir schon, und wenigstens hungern sollen Sie bei uns nicht.«

Nach dem Abklingen der Anspannung war eine unendliche Müdigkeit über ihn gekommen. Das Heu verbreitete einen starken Duft, es roch nach Almhütte und ferner Jugendzeit. Er schaute auf seine Hände, die in wollenen, viel zu kleinen Fäustlingen steckten. Am 12. Februar, während einer Kampfpause, war er noch einmal zu Hause gewesen. Er hatte schnell etwas gegessen, und seine Frau hatte ihre Aufregung vor der elfjährigen Tochter zu verbergen gesucht. Aber das Kind mußte die Gefahr gespürt haben. Es gab ihm seine roten Fäustlinge. »Damit du nicht frierst, Papa.« Und jetzt grub er sich mit den Händen, die in den kleinen Fäustlingen steckten, tiefer in den Heustock ein.

Am Abend kam der Zimmermann und brachte Tee. Die Tagdämmerung des Heustockes wich der schwarzen Nacht, er lag, und sein Herz pochte laut. Am frühen Morgen – der Zimmermann mußte schon bald nach fünf aufstehen – kam dieser behutsam die Leiter herauf. Er trug eine Kanne mit dampfendem Tee und ein

Stück Brot in der Hand, und einen warmen Ziegel hatte er unter den Arm geklemmt. Vorsichtig stellte er alles nieder. »Ich sollte es Ihnen vielleicht nicht sagen«, begann er stockend, »was ich drüben erfahren hab. Um fünf Uhr nachmittags wird im Schloßhof ein Kamerad von Ihnen gehenkt.« Dann stieg er, den Kopf gesenkt, leise die Sprossen der Leiter hinunter.

Das Heu, eben noch anschmiegsam wie ein Nest, in dem der Körper ruhen konnte, war plötzlich wie Brennesseln mit scharfen Dornen, und das Gebälk aus freundlichem Holz, das mit seinem matten Braun heimelig den Dachboden erwärmt hatte, drohte niederzubrechen auf ihn. Das ganze Haus schien zu ächzen und zu stöhnen. Er hörte, wie die Kinder beim Heuschneiden eifrig schnatterten, und verstand doch kein Wort.

Der Genosse, der gehenkt werden sollte, hatte nur eine mittlere Rolle gespielt. Er sah, wie der Galgen aufgerichtet wurde, und wenn er auch dem Gedanken zunächst keinen Raum geben wollte, er konnte ihn nicht verdrängen: Der andere wird statt deiner gehenkt, und du kannst ihm nicht helfen. Selbst wenn er jetzt hingehen und sich stellen würde: Ich bin es gewesen, ich hab die Hauptverantwortung zu tragen für alles! Wen das Standgericht hatte, den gab es nicht mehr her, und wem half es, wenn statt einem zwei gehenkt wurden? Aber würde es nicht heißen: ihn haben sie gehenkt, und der andere hat sich versteckt und verkrochen im Heu? Der Gedanke drückte ihn nieder, tief in den Heustock hinein. Und wenn sie die ganze Leitung des Aufstandes hätten, würden alle gehenkt. Aber war dies nicht eine Ausrede für einen, der mit erhobener Hand gestimmt hatte für den verzweifelten Aufstand in letzter – schon zu später – Minute?

Noch am Sonntag, am 11. Februar, war er in der Landeshauptstadt gewesen. Bei der entscheidenden Sitzung hatte der Kommandant des »Republikanischen Schutzbundes«, jener Arbeiterwehr, die bald nach dem Krieg gegen die Umtriebe der »Frontkämpfer-Verbände« gegründet worden war, erklärt, daß nun die Stunde des Handelns gekommen sei. Sollte noch einmal Polizei und Gendarmerie in einem Arbeiterheim eine Waffensuche durchführen, dann müsse losgeschlagen werden. Sonst gehe die Republik und die Freiheit und alles zugrunde.

»Und wenn der Parteivorstand wieder nein sagt?« hatte er, der Betriebsratsobmann, gefragt.

»Auch in diesem Falle schlagen wir los«, hatte der Kommandant erwidert und bitter hinzugefügt: »Und wenn sie uns im Stich lassen sollten, Schmach und Schande über sie.« Dann hatten sie alle mit erhobener Hand für die Erhebung gestimmt. Am 12. Februar, am frühen Morgen, als die Polizei ins Parteiquartier eindringen wollte, waren in der Landeshauptstadt die ersten Schüsse gefallen, und die Kämpfe hatten sich ausgebreitet.

Aber schon am 12. Februar wurde das Fehlen eines einheitlichen Planes deutlich: Einige Waffenlager konnten nicht geöffnet werden, weil die Verantwortlichen plötzlich unauffindbar waren. Die Verbindung zu anderen Kampfplätzen war abgerissen, und die alte Stadt schien plötzlich allein auf der Welt zu sein. Sie hatten zwar die großen Betriebe und Teile der Stadt besetzt, aber als die Artillerie des Bundesheeres begann, sich auf die Arbeiterhäuser einzuschießen, da hatte er erkannt, daß in großen Teilen des Landes beängstigende Ruhe sein mußte, weil sich das Heer sonst nicht auf die kleine Stadt hätte konzentrieren können. Sie leisteten den Soldaten verzweifelten Widerstand, aber am 13. Februar, als schon viel Blut geflossen war, wußten sie, daß sie auf verlorenem Posten standen.

Er dachte jetzt in seinem Versteck an die Gefallenen der Kämpfe und beneidete sie um ihren Tod. Als der Zeiger der Uhr auf die Fünf zukroch, legte er den Kopf in das stachelige Heu, und er glaubte einen ungeheuren Schrei zu hören. Die Stunde stand still wie eine eisige Säule, und die Säule stand auf seinem Genick.

Er hörte, wie der Zimmermann heimkehrte, und wartete auf die entsetzliche Botschaft. Sein Quartiergeber kam, noch den Mantelüberwurf um, schnell über die Leiter herauf. Nur mit der Brust über das Heuloch heraufragend, sagte er: »Nein, es war kein Todesurteil, es heißt, er kommt in den Kerker nach Garsten.« Er hatte es so eilig gehabt, die Nachricht zu überbringen, daß er schnaufte wie nach einer schweren Arbeit. Dann stieg er ganz über die Leiter herauf und lächelte ein wenig unter dem Schatten seines zerbeulten Hutes.

»Heute haben sie einen gesucht, beim Wald, gleich hinter der

Brandstatt, wo ich arbeite. In Schwarmlinie sind sie vorgegangen, und Hunde haben sie mitgebracht, ein ganzes Rudel. Und wir haben gefragt, wen sie denn eigentlich suchen im Schnee. Und sie haben gesagt, den Betriebsratsobmann suchen wir, den Hund haben wir noch immer nicht entdeckt, damit wir ihn liefern, den Banditen, wohin er gehört, an den Galgen.« –

Er machte eine Pause und zog sich wieder zum Heuloch zurück. »Gleich werd ich heißen Tee bringen«, sagte er mit behutsamer Stimme, »heut war ein sehr kalter Tag für uns alle.«

4

Nach einigen Tagen weihte die Frau des Zimmermannes die älteren Kinder in das gefährliche Geheimnis des Hauses ein. Zuerst das Mädchen und dann den Sohn. Dann sprach sie mit beiden zusammen und merkte, daß sie das Geheimnis voreinander bewahrt hatten, und sagte ihnen noch einmal, was sie, jedes für sich allein, schon wußten.

Die Kinder wollten den Mann sehen, der nach dem Willen der großen Herren gehenkt werden sollte und bei ihnen im Heu verborgen war. Sie suchten ihn auf in seiner Einsamkeit, und er war ihren Fragen ausgeliefert wie einer unbarmherzigen Gewissenserforschung. Das Mädchen fragte ihn nach seiner Tochter, und er spürte, wie wenig er eigentlich von ihr wußte. Am besten kannte er sich noch mit den Schulzeugnissen aus, denn die hatte er unterschreiben müssen.

Der Knabe war auf andere Dinge neugierig. Er wollte von den Kämpfen hören, von Gewehren, Pistolen und Kanonen.

»Bei euch gibt es die schönen Büchsen, die so genau sind, daß man auf hundert Meter noch eine Maus treffen kann, ja?« fragte er.

»Die gibt es auch«, antwortete der Waffenschmied, »aber auch Karabiner und Maschinengewehre.«

»Dürft ihr damit schießen?«

»Wir müssen die Waffen einschießen, bevor sie ausgeliefert werden.«

»Trefft ihr gut?«

»Nach drei Schüssen ins Schwarze.«

»Habt ihr genug Waffen gehabt und solche, die genau geschossen haben?«

»Zuwenig.«

»Aber wenn ihr sie selbst gebaut und eingeschossen habt?«

»Die Waffen gehören nicht denen, die sie bauen und einschießen, sondern denen, die damit auf uns schießen.«

Da war der Knabe ratlos, weil er diese Logik nicht verstehen konnte.

Aber wie hätte der Waffenschmied dem Knaben auch erklären können, daß nach dem Krieg genug Gewehre in den richtigen Händen waren, daß die meisten aber dann freiwillig abgeliefert wurden.

Der Knabe wollte Einzelheiten von den Kämpfen wissen, aber der Schutzbündler konnte nicht davon reden, nicht zu dem Knaben und nicht, weil ihn alles noch zu sehr bedrückte. Und er flüchtete in die alte Ausrede der Erwachsenen: »Später einmal wirst du alles verstehen!«

Dabei wußte er genau, wie abgestanden das klang und daß der Knabe damit nichts anzufangen wußte.

»Erzähl mir, wie man ein Gewehr macht!«

Das Kind hing an seinen Lippen, als er die Arbeitsgänge schilderte, von der Behandlung des Rohlings bis zum Anpassen des glatten Schaftes aus Nußbaumholz.

»Machst du mir später so ein Gewehr?«

»Ich mach dir eins«, antwortete der Waffenschmied und lächelte, »wenn du groß bist, wirst du mich daran erinnern.«

Es kam der Tag, da ihm die Geschwister berichteten, daß sie schulfrei hätten, daß im ganzen Land Dankgottesdienste abgehalten und alle Glocken geläutet würden. Da wußte er, daß das Standrecht aufgehoben war, aber auch, daß seine Sache nun verschüttet war für viele Jahre.

5

Die Frau des Zimmermannes war in die Stadt gegangen, mit Eiern und Äpfeln von Haus zu Haus, und sie hatte seiner Familie die erste

Nachricht von ihm überbracht: daß er bei guten Leuten untergebracht und gesund sei.

Die Verbindung wurde enger, und er teilte seiner Familie mit, daß er sich nach der Hauptstadt durchschlagen wolle, um dort vorerst unterzutauchen.

An einem Sonntagnachmittag, er war schon fast zwei Wochen beim Zimmermann im Heu, versammelte sich dessen ganze Familie bei ihm. Der Zimmermann sagte: »Sie sollen morgen um sieben Uhr früh auf der Straße nach S. sein. Bei der Kurve, wo die großen Mostbirnbäume stehen, wird ein kleiner Tatra warten. Er wird die Kühlerhaube offen haben, wie bei einer Reparatur, und wird dreimal hupen. Dieser Wagen wird Sie in Sicherheit bringen.«

Der Zimmermann hob zwei Ziegel des Daches an, damit der Waffenschmied den Weg überschauen könne. Weit hinten sah man die Krümmung der Straße. Im Schnee waren schon große schwarze Flecken, es lag ein wenig Frühling in der Luft. Da meldete sich der Bub zu Wort und sagte: »Vater, darf ich ihn hinbringen?« Der Vater strich ihm über das Haar und nickte.

Am frühen Morgen aß der Flüchtige zum erstenmal in der Stube unten, als sei er ein Mitglied der Familie. Verlegen fragte er, was er nun schuldig sei, wenigstens für Quartier und Essen, denn das andere könne ohnehin nie bezahlt werden. Da sagte der Zimmermann: »Wenn Sie wieder zurückkommen aus der Fremde, dann helfen Sie meinen Kindern, wie ich Ihnen jetzt geholfen habe.«

Der Flüchtling blickte die Frau fragend an und wollte ihr danken. Sie wandte sich ab, drückte ihm ein kleines, in ein blaugewürfeltes Tuch gebundenes Paket mit Eßwaren in die Hand, wie man es Menschen zur Wegzehrung reicht, die weit fortgehen müssen. Als er unsicher in die Tür trat, besprengte sie ihn mit Weihwasser, und er sah, wie ihre Hände dabei zitterten.

Der Sohn führte ihn in der Morgendämmerung auf Abkürzungspfaden der Straße zu. Er lief vor ihm her, schnell wie ein Wiesel, daß der Waffenschmied, noch steif vom langen Liegen im Heu, Mühe hatte, ihm zu folgen. Der Bub war verlegen. Er wollte nicht zeigen, wie schwer ihm dieser Abschied fiel, denn wer hatte schon einen Waffenschmied, den er täglich ausfragen durfte?

Als sie sich auf Wegen, über die durchsichtige Haselbüsche niederhingen, dem Ziel näherten, zeigte der Knabe auf die Krümmung der Straße hinunter. »Dort vorne ist es«, sagte er, »gleich dort bei den alten Birnbäumen, es ist gar nicht weit.«

Als der Waffenschmied schon auf der Straße stand, blickte er sich noch einmal um und sah, daß der Sohn des Zimmermannes stehengeblieben war und ihm nachschaute.

Fritz Habeck

Schönes Leben, wenig Dienst

Etappe Steyr 1940

In Steyr bilde ich mit Lt. Schneider den Fernsprechzug aus. Einmal bin ich in Linz im Rosenstüberl bei Friedl, der Frau von Silvester. Sie kriegt ein Kind. – Wegen des Hungers in Jüterbog beschließe ich, in Steyr eine Kellnerin zu ergattern. Das gelingt auch im Café Bahnhof, wo einige besoffene Weiber mit ein paar Männern zusammensitzen. Die Weiber setzen sich zu mir, lassen die Männer hocken, was beinahe zu einer Schlägerei führt. Ich bringe die eine, Mitzi, Kellnerin im Steyrerhof, nach Hause und mache ein Rendezvous aus. Eine Woche rolle ich so mit ihr herum, dann verliere ich die Lust.

Übrigens sind viele Leute meiner sechsten Batterie hier: Löding, Krause, Zeilinger, Bruckner, Spindler, Burgstaller, Matthes, Freund, Schubert etc. etc. Mit Krause komme ich öfter zusammen. Er hat eine Stimmbandlähmung, die von Lues kommen soll. Nun hockt er untätig hier, niemand kümmert sich um ihn. Er ist nahe am Niederknallen. Ich erreiche, daß er ins Lazarett nach Neulengbach kommt. – Ich habe ein schönes Leben, wenig Dienst, trainiere auf einem Offizierspferd für ein Tournier. Dabei überschlage ich mich wieder einmal (25. 5.) und entgehe mit knapper Not einem Rippenbruch. Beim Tournier (2. 6.), dessen Geländeritt ich auf ›Quadrille‹ gewinne, sehe ich ein ungemein rassiges Mädchen, das mit zwei Unteroffizieren quatscht. Ich stelle mich dazu und erreiche binnen kurzem ein Rendezvous am nächsten Abend. Sie war zwei Jahre in London und heißt Maria. – Als ich am nächsten Abend mit ihr auf einer Bank an der Enns sitze, bin ich erstaunt über ihr Temperament.

So etwas habe ich noch nicht mitgemacht. Wir gehen nachts nach Garsten, wo sie wohnt, und wälzen uns hinter Sträuchern. Dabei reißt etwas. – Ich treffe Maria in dieser Woche vier Mal. Einmal schleppt sie nachmittags schon eine Decke in den Wald, einmal liegen wir im Schwimmanzug an der Enns, einmal bin ich im Zipferbräu und im Kino mit ihr. Nach dem Kino quälen wir uns auf einer Bank und ich pfeife auf alle Vorsicht. Schließlich hätte ja schon was passieren müssen, seit Montag. Am Sonntag (9.6.) fahren wir zum Schießen nach Döllersheim. Ich schmeiße sämtliches Schießen, die Offiziere können nichts, der Major ist ein Wunder der Unwissenheit – wir prunken mit unseren Jüterboger Kenntnissen, was uns sehr unbeliebt macht. Auf der Rückfahrt steigen wir zu dritt, Robel, Böshönig und ich, in St. Pölten aus und gehen spazieren. Auf dem Rückweg fährt bereits der Zug, als wir noch zweihundert Meter vom Bahnhof entfernt sind. Böshönig erstößt sich beinahe mit den Nagelstiefeln auf dem Pflaster. Die beiden springen auf. Ich gehe zum Entsetzen aller bloß neben dem fahrenden Zug her, laufe und gehe endlich als alter Viehwagenfahrer außerhalb des Bahnhofs mit Hechtsprung in den letzten Pferdewagen. Sonntag 16.6. morgens um zwei sind wir wieder in Steyr. Ein Buch ist bereits negativ vom Verlag zurück, mein Reservistengehalt, fast dreihundert Mark, ist eingetroffen. Als ich abends mit Robel, Böshönig und Putschi, einem akademischen Maler (wir soffen einmal zwei Flaschen Sekt im Kasino) nach Hause komme, spüre ich verdächtige Anzeichen. Ich besuche Maria, die wegen einer Magensenkung im Spital liegt. Sie ist anscheinend sehr verliebt. Ich kaufe mir einen Säbel, gebe meine Uhren zur Reparatur. Mittwoch 19.6. gehe ich zum Arzt, es stellt sich nun doch heraus, daß ich von Maria was erwischt habe. Als ich es Böshönig lachend erzähle, glaubt er mir nicht, er denkt, ich müßte gebrochen sein. – Scheiße? Als ich mich bei Hauptmann Hochhauser abmelde, lacht auch der: »Wie ich so alt war wie Sie, habe ich ihn auch gehabt! – Ja, dieses Steyr!« Noch am selben Abend haue ich ab nach Neulengbach auf die »Ritterburg«, in meinen Geburtsort, den ich seit siebzehn Jahren nicht mehr gesehen habe. Wirklich die würdigste Gelegenheit des Wiedereinzugs!

Franz Kain

Zwei aus Steyr

Es war eine einfache Zeitungsnachricht. Österreichische Spanienkämpfer aus deutschen Konzentrationslagern befreit, war sie überschrieben. Wie ich die Namen, einen nach dem anderen, durchging, stockte ich. Franz Brandstätter, Peter Brandstätter, las ich. Und diese beiden Namen ließen in mir wieder Tage erstehen, die ich mein Leben lang nicht vergessen werde.

Es war eine eigenartige Zusammensetzung, diese Belegschaft der Zelle im Polizeigefängnis Linz, in das ich eingeliefert wurde. Ich war nach Läusen untersucht worden, und mit dem Hemd in der Hand trat ich ein. Vier Mann standen der Tür gegenüber, stramm, es sah so aus, als ob sie mir die Ehre erwiesen hätten. Sie mußten den Eindruck auf mich erahnt haben, denn der älteste von ihnen sagte: »Das ist hier so üblich. Wenn der Leutnant kommt, und wir stehen nicht stramm, dann wandern wir in den Bunker.«

Dann stellte er mir mit einer eigenartig feierlichen Stimme die anderen vor. Dazu machte er großartige Handbewegungen, und die anderen schmunzelten. »Das ist der Bauer, der 1936 aus Rußland zurückgekehrt ist.« Auf den Nächsten zeigend: »Das ist der Revoluzzer aus Steyr, er kommt aus dem Lande des Cervantes und hat unterwegs in Frankreich Zwischenstation gemacht.« Eine Handbewegung in die Richtung des Nächsten: »Ein kleiner Beamter aus Schlesien, man versucht, ihm Beziehungen zu den Polen nachzuweisen.«

Dann sah er mich forschend an, durch funkelnde Brillengläser. »Nun, was hältst du von mir?«

Ich machte ein ziemlich verwirrtes Gesicht und der ›Revoluzzer‹ half:»Mach' dir keine Mühe, das ist ein Pfarrer, er hat sich hieher gemeldet, um die Seelsorge zu übernehmen in dieser Zelle.«
Nun lächelte der Pfarrer.»Ja, ja«, meinte er, scheinheilig seufzend,»die Behörden achten das Briefgeheimnis nicht mehr, in einem meiner Briefe hatte ich von einer deutschen Edelsau gesprochen, die zu schlachten wäre...«
Dann erzählte ich, weshalb ich hier war. Der ›Revoluzzer‹ pfiff durch die Zähne.»Da sind doch schon Komplizen hier«, und er nannte einige Namen. Ich kannte sie nicht, aber deshalb konnten sie doch in meinen Fall verwickelt sein. Es stellte sich heraus, daß er im ganzen Stockwerk Bescheid wußte.

Dann kam die schicksalsschwere Frage:»Hast du etwas zu rauchen?« – »Weggenommen.« – »O diese Verbrecher!« fluchte er. Doch als er meine Rocktasche befühlte, blickten seine Augen wieder etwas freundlicher.»Da ist ja noch Tabak in Massen«, sagte er und drehte das Futter um. Und als dann gar der Tabak niederrieselte auf das Blatt, das er darunterhielt, da lachte er. Dann riß er ein Stück Zeitung ab und drehte mit geschickten Fingern eine ›Tüte‹. Nachdem er einige Züge gemacht hatte, setzte er sich nieder und gab die Zigarette weiter.

Nun konnte ich ihn erst genauer betrachten. Er war von mittelgroßer Gestalt und stark abgemagert. Er trug einen Straßenanzug aus seiner Jugend, der ihm sichtlich zu eng war. Das Auffallendste an ihm war der Haarschopf, der wippte bei jeder Kopfbewegung und war immer zerzaust. Seine Augen flackerten unruhig, als ob er immer etwas suchte. Seine Stimme war scharf und schneidend, und wenn der Pfarrer von ›Revoluzzer‹ gesprochen hatte, so traf er damit den Nagel auf den Kopf, was die äußere Erscheinung anbelangte.

Das war Peter Brandstätter.

Gegen Abend klirrte der Schlüssel, und wir sprangen auf. Der Eintretende hielt seine Habseligkeiten im Arm.»Ich komme von gegenüber«, sagte er.»Da muß ja wieder was los sein. Aus dem Salzkammergut sind viele Neue angekommen. Man hat mich aus meiner Einzelzelle herausgeschmissen.«

Peter Brandstätter sprach ihn beim Vornamen an und erzählte, daß auch ich einer von denen aus dem Salzkammergut sei. Und ich mußte berichten.

So war meine Bekanntschaft mit Franz Brandstätter gekommen. Er hatte pechschwarzes Haar, und das machte sein Gesicht besonders bleich. Im Gegensatz zu Peter war er die Ruhe selbst.

Die beiden erzählten, wie sie 1935 aus Österreich geflüchtet waren, weil sie in einen Hochverratsprozeß verwickelt werden sollten. Lange Zeit waren sie getrennt. Als in Spanien der Bürgerkrieg ausbrach, trafen sie sich in Paris. So waren sie zusammen nach dem Land gekommen, wo der Faschismus sein Haupt erhoben hatte. Sie waren Veteranen der schwersten Kämpfe und machten nicht viel Aufhebens von ihren Taten. Der Rücken von Franz war von Narben bedeckt. Granatensplitter.

Beide waren in Spanien bis zum bitteren Ende. Ihre Stimmen klangen müde, wenn sie von den letzten Wochen des Ringens erzählten. Auch sie hatten viele Enttäuschungen erlebt, und so manchem Kameraden aus unserer Heimat hatten sie die Augen zugedrückt. Die Erbitterung lebte in ihnen wieder auf, wenn sie von den französischen Konzentrationslagern erzählten, wo noch viele umgekommen waren.

Immer aber suchten sie mich aufzumuntern, wenn ich zerschlagen von den Gestapoverhören in die Zelle zurückkam. Da zeigte es sich, daß sie keine Landsknechte geworden waren. Sie besaßen ein Feingefühl, das man nach ihrer harten Vergangenheit nicht in ihnen gesucht hätte. Wenn sie von privaten Abenteuern erzählten, vermieden sie alles, was den Geistlichen irgendwie in Verlegenheit hätte bringen können. Welch ein gewaltiger Unterschied zwischen diesen Kämpfern und denen, die zur gleichen Zeit im Lande herumtobten und vom sittlichen Wert der nationalen Idee redeten.

Später wurde ich dem Gericht überstellt. Der Abschied von den beiden ist mir schwer gefallen.

Das war 1941, im Frühling.

Nun lese ich, daß die beiden Brandstätter aus dem KZ befreit wurden. Ich bin schon lange von der Heimat fort und sah schon manche Gegend durch Gitter und Stacheldraht. Heimweh war mir lange Zeit fremd, oder ich bildete mir das wenigstens ein. Doch als ich las, daß die beiden noch leben, da zerrte es in mir. Das Gefühl, zuhause notwendig gebraucht zu werden, zusammenzuarbeiten am Wiederaufbau unseres Landes, während man hier festsitzt, ist oft unerträglich.

Die Erkenntnis, daß viele unserer Besten den Tag nicht mehr erlebten, ist bitter. Aber anspornend ist die Gewißheit, daß es unser Geist ist, der der Hölle entronnen ist mit den Überlebenden. Solange es in unserer Heimat noch Männer gibt wie die beiden Brandstätter, braucht uns um die Zukunft nicht bange zu sein. Sie haben sich niemals umgestellt und sie wissen um ihren Weg.

Erich Hackl

Geschichte, die immer erst anfängt

Ein zweites Mal im Friedhof am Perlacher Forst. Nachprüfen einer verwehten Erinnerung, an eine Geschichte der Heimat. Die Öffnungszeiten sind gleichgeblieben: Oktober bis Februar 8–17 Uhr, März und September 8–18 Uhr, April bis August 8–19 Uhr. Das Mitnehmen von Hunden und das Radfahren sind untersagt. Neu ist der Grablichterautomat gleich neben dem Eingang. In einem Schaukasten wird das »Münchner Totenadreßbuch« angezeigt, es ist im Buchhandel oder direkt beim Verlag um 35 DM erhältlich. Ferner ergeht die Bitte an alle Friedhofsbesucher, bei der Ermittlung von Blumen-, Blumenschalen- und Vasendieben zu helfen. »Für Hinweise, die der Überführung eines Täters dienen, wird eine *Belohnung bis 2.000 DM* ausgesetzt.«

Angrenzend an den Friedhof, die Justizvollzugsanstalt Stadelheim. Stahlbeton, Panzerglas, drei Wachtürme. Aber die Eingangstür zum Beispiel, der gelb schimmernde Türgriff und die getönten Fensterscheiben, hinter denen Beamte in Zivil vor Monitoren sitzen, würde einer Bankfiliale gut anstehen. Vor dem Eingang die Haltestelle der Autobuslinie 39, Radweg, Papierkorb, Zeitungsständer. *Bild*: »Schulstreik gegen einen achtjährigen Tyrannen«. *Abendzeitung*: »Münchner TV-Skandal: Warum der ORF über Antenne kaum mehr zu empfangen ist«. *tz*: »Die Royals: Das neue Skandal-Buch im Vorabdruck.«

Tief im Heute. Aber wer den Kopf in den Nacken legt, kann hinter dem Verwaltungstrakt den Giebel der alten Zuchtanstalt sehen, braun-weiß angefärbelt, und wer auf dem Friedhof eine Runde dreht, findet das Massengrab, davor die Tafel, auf der steht, was lang vorbei ist und immer erst anfängt. »Hier sind 4.092 Opfer nationalsozialistischer Willkür zur letzten Ruhe bestattet«. Karl Punzer zum Beispiel. Und Franz Draber? Und Sepp Bloderer?

Ende und Anfang
Die Nachtschicht in den Steyr-Werken dauert von halb vier bis halb eins. Jemand hatte Draber einen Packen Flugblätter ins Magazin gebracht, gegen den Naziwahn, in einer Arbeitspause legte er sie neben das Montageband, in die Autos, neben die Maschinen. Gegen Mitternacht stolzierte ein Kollege an ihm vorüber, das Hakenkreuz am Kragen, und rief ihm zu: Jetzt ist es soweit! Spinnst, antwortete Draber. Dann wusch er sich, schlüpfte in die Jacke und fuhr mit dem Rad nach Hause. Auf der Ennsbrücke kamen sie ihm schon entgegen, jubelnd, mit Fahnen.

Acht Stunden später, als Draber die übriggebliebenen Flugblätter im Klo runterspülte, fuhr Bloderer auf einer Puch 200 durch das Steyrtal. Er war mit Genossen am Kasberg skifahren gewesen, dann hatte er mit dem schwarzen Betriebsratsobmann Riha das gemeinsame Vorgehen bei der von Schuschnigg angesetzten Volksabstimmung abgesprochen. In Grünburg sah er zu seinem Erstaunen junge Männer in weißen Stutzen herumlaufen. In Neuzeug war es schon ein ganzer Trupp, in militärischer Formation, mit Hakenkreuzbinden und Fahne. Ein Putsch? dachte er. In Steyr war ab der Promenadenschule kein Durchkommen mehr, also lehnte er das Motorrad an die Stadtpfarrkirche und folgte dem Menschenstrom, der sich über den Pfarrberg wälzte. Am Stadtplatz stand er, eingekeilt in der Menge, in der er viele Bekannte sah, alte, brave Sozialdemokraten, die plötzlich den Arm in die Höhe rissen.

Draber war völlig überrascht.

Bloderer traute seinen Augen nicht.

Vorstellbar, was Punzer empfunden hat an diesem Märztag neunzehnhundertachtunddreißig.

Überwindung der Schwerkraft

Draber war der erste. Er zögerte kurz, als er vor sich den Acker sah, auf dem zehn oder zwölf Häftlinge arbeiteten, dann lief er nach rechts, die Mauer entlang über die Wiese. Punzer hinter ihm hielt sich weiter links, das war ausgemacht, jeder sollte seine eigene Linie finden. Bloderer hatte es am schwersten. Er rannte schräg hinüber zum Friedhof, man konnte ihm also den Weg abschneiden.

Vier oder fünf Häftlinge nahmen, auf Zurufen der Aufseher, die Verfolgung auf, einer holte Bloderer ein, stürzte sich aber nicht auf ihn, sondern stürmte vorwärts, Punzer hinterher.

Draber war schon weit voraus, als Punzer stürzte, Bloderer sah es aus dem Augenwinkel. Draber behauptete später, er habe Schüsse gehört, Bloderer konnte das nicht bestätigen. Er hechtete über den lebenden Zaun, der den Friedhof vom Gefängnisacker trennte, lief geduckt zwischen Grabsteinen, während er schon rufen hörte: Da ist er. Da drüben. Er fand zwei frische Gräber, warf sich zwischen ihnen zu Boden, zog Kränze über sich. Stimmen, ganz nah, er war überzeugt, sein Keuchen werde ihn verraten. Dann der Hund dicht neben seinem Ohr, endlos langes Schnüffeln, schon wollte Bloderer aufgeben. Hat eh keinen Sinn.

Punzer, inzwischen, wurde zurück in die Zelle geschleppt.

Das war am 30. November 1944, kurz nach neun Uhr morgens, die Temperatur betrug zwei Grad Celsius.

Aber wie, aber wo

Draber war damals einundzwanzig, gelernter Werkzeugmacher, Jungsozialist in einer roten Stadt. Im Februar vierunddreißig hatte er auf der Ennsleite gekämpft, aber als die Heimwehr kam, saß er im Keller eines Bekannten und spielte Schach. Es war ihm nichts nachzuweisen, außerdem hatte er so ein treuherziges Gesicht. Bubenlächeln, eine Haarsträhne fiel ihm tief in die Stirn. Sein Freund Karl Punzer war ein Jahr älter, hoch aufgeschossen, dabei zaundürr. Er hatte eine Tischlerlehre absolviert, dann als Laufrichter in den Steyr-Werken gearbeitet. Punzer war belesen, er hatte die Menschheitsgeschichte im kleinen Finger. Wenn sie Ausflüge im Faltboot machten, zu zweit oder mit ihren Freundinnen, legten sie an einer Sandbank an, und dann erklärte ihm Punzer die Welt.

Bloderer war Jahrgang 1914, Schlosser, nach der Lehre arbeitslos, zweimal aus politischen Gründen eingesperrt, ein drittes Mal in Wöllersdorf inhaftiert. Mitte der dreißiger Jahre bereiste er als Instruktor der verbotenen Kommunistischen Partei Kärnten und die Steiermark, als er an Kinderlähmung erkrankte, legten ihn Genossen vor ein Wiener Spital. Gleich nach dem Einmarsch wurde er von der Gestapo in die Berggassenschule gesperrt und auf die Transportliste nach Dachau gesetzt. Ein ehemaliger Schulfreund setzte sich für ihn ein, Bloderer kam in die Steyr-Werke, wurde u.k. gestellt, für drei Monate zur Wehrmacht eingezogen, dann war er wieder in Steyr. Der Parteiauftrag lautete, abtauchen, stillhalten, nichts riskieren.

Auch Draber war unabkömmlich. Er arbeitete an den hydraulischen Aggregaten für die Messerschmittmaschinen, erzeugte Öldruckschalter, Bloderer mußte jedes Werkstück kontrollieren. Mißtrauen des Älteren, als Draber ihn zu Bergtouren einlud, an denen auch Punzer teilnahm. Ende vierzig, Anfang einundvierzig fingen sie an, die Widerstandszellen zu reorganisieren. Sie sammelten im Auftrag der Roten Hilfe, ein paar Mark für Wenzel Wagner, dessen Sohn in Spanien gefallen war, oder für die Mutter von Herta Schweiger, die von der Gestapo totgeschlagen worden war. Immer noch das Mißtrauen, die Mischung von Angst und Ethos: Und wenn wir etwas Schmirgel reingeben. Dann stürzt das Flugzeug ab. Und der Pilot? Oder, später, der Plan, den Erzzug entgleisen zu lassen. Und der Lokführer. Und der Heizer. Dann, als die ersten aus ihrer Gruppe hochgingen, die Überlegung: Noch ist Zeit unterzutauchen. Aber wie, aber wo.

Querfeldein
Am Abend des ersten Tages stand er an der Isar. Da wußte Draber, er war im Kreis gegangen. Einmal führte die Straße mitten durch eine Kaserne, und er hörte, wie links und rechts Alarm gegeben wurde. Einmal fand er eine weiche Birne. Einmal vergrub er seinen Abschiedsbrief. Einmal schneite es, und er deckte sich, zitternd, mit Reisig zu. Einmal lief ihm ein Hund nach. Einmal bat er eine Frau um einen Teller Suppe. Einmal sagten drei Männer, du bist verdäch-

tig, du kommst mit. Einmal lief er mit letzter Kraft querfeldein. Einmal stürzte er. Einmal kam er nicht mehr hoch. Einmal wartete er, zerlumpt und durchnäßt, auf einem Bahnhof auf den Zug nach Ried, und draußen auf dem Vorplatz kontrollierte die Gestapo.

Verschärfte Einvernahme
Schuld war ein Genosse aus Bad Hall, der mit seiner Frau im schlechten Einvernehmen lebte. Der prahlte vor ihr, die Deutschen werden den Krieg verlieren, wirst sehen, und dann bin ich hier Bürgermeister! Die Gestapo verlor keine Zeit. Zuerst holte sie sich den Riepl, dann Ulram, dann Palme, dann Koller. Bloderer und Punzer hatten zwei Zellen nebeneinander, mit Hilfe ihrer Trinkbecher, die sie gegen die Zwischenwand hielten, konnten sie sich absprechen: Sammeln für die Frauen, deren Männer im KZ sind, das geben wir zu. Mehr nicht! Bloderer wurde blutig geschlagen. Punzer wurde so übel zugerichtet, daß ihn Draber nicht erkannte, als er ihm am Gang, auf dem Weg zu einem Verhör, begegnete. Der Gestapomann Neumüller renkte sich den Arm aus, nachdem er ihn gegen Draber erhoben hatte.
Angeordnet war: Verschärfte Einvernahme.

So spring doch
Bloderer folgte der Autobahntrasse. Einmal begegnete er einem Gendarmen. Einmal kam ein SS-Mann des Weges, und der Schäferhund ging mit gesträubtem Nackenfell auf Bloderer los. Einmal legte ein Flurwächter das Gewehr auf ihn an. Einmal suchte er bei einem Pfarrer Hilfe. Aber der alte Mann wies ihm die Tür. Einmal kroch er ins Heu. Einmal stahl er ein Fahrrad. Einmal ließ er jede Hoffnung fahren. Da stand er auf der Brücke über den Inn und hörte eine Stimme sagen: Spring, so spring doch.
Die Füße, zwei blutige Klumpen.

Das Verlangen
Die erste Verhandlung vor dem Volksgerichtshof, im August 1943, wurde vertagt, weil alle drei sagten, die Geständnisse seien aus ihnen herausgeprügelt worden. Sie saßen in Einzelhaft, draußen

in Stadelheim, und rechneten sich gute Chancen aus. Die zweite Verhandlung, im Mai 1944, dauerte zwei Tage. Dann wurden sie in den Todestrakt überstellt.

Das Schafott, der Galgen und die Todeszellen befanden sich im zweiten Stock. Die Hinrichtungen fanden in der Regel zweimal pro Woche statt, dienstags und donnerstags. Um neun kam der Staatsanwalt, die Kandidaten wurden aus der Zelle geholt, das Urteil verlesen und bestätigt. Es gab eine Henkersmahlzeit. Der Scharfrichter traf um siebzehn Uhr ein. Einmal beobachtete Draber Zigeunerkinder, die in der Armensünderzelle tanzten und lachten. Denen hat man wohl gesagt, sie kommen frei. Und Bloderer hörte einen tschechischen Arbeiter von neun bis siebzehn Uhr singen, auch dann noch, als ihm die Zähne ausgeschlagen wurden, heiser, röchelnd, immer wieder die Internationale.

In den zweihundert Tagen, die sie in der Todeszelle zubrachten, unternahmen die drei Steyrer vier Ausbruchsversuche: Einmal sägten sie das Fenstergitter durch; einmal kratzten sie mit einem Nagel ein Loch zur Nachbarzelle; einmal planten sie, den Türöffner zu überwältigen; einmal sprengten sie mit einem Eisenkübel das Türschloß. Draber, der im Zuchthaus viel herumkam, weil er für die Aufseher Bienenkörbe flickte und Fahrräder reparierte, wußte, daß es irgendwo eine Pforte gab, die nicht versperrt war.

Am 29. November 1944 wurde durch eine Fliegerbombe die Wasserleitung zerstört. Die Aufseher befahlen ihnen, Wasser in Eimern nach oben zu schleppen, damit das Blut unter dem Schafott weggespült werden konnte. Am Morgen des dreißigsten wurden sie noch einmal zum Wassertragen geholt. Plötzlich ließen sie die Eimer fallen und rannten los. Halt! rief ein Aufseher. Draber, Punzer, machts mich nicht unglücklich! Und für einen Sekundenbruchteil spürte Draber das unendlich große Verlangen, stehenzubleiben.

Zwischenzeit

In der Furtmühle bei Bad Hall, in einer Kammer unter dem Dach, erholte sich Draber von den Strapazen. Während er für den Müller das Roßgeschirr flickte, lief die Müllerin nach Steyr hinüber, in der Tasche eine Zwirnspule, in der Spule, unter der Vignette, den zusammengerollten Brief an seine Eltern. Von ihnen erfuhr er, daß Punzer am fünften Dezember geköpft worden war.

Bloderer versteckte sich in Leonstein, bei einem alten Freund der Familie. Bevor dessen Sohn, der ein fanatischer Nazi war, auf Fronturlaub nach Hause kam, brachte ihn ein alter Genosse auf Skiern hinüber ins Ennstal. In Kleinreifling, in der Dachkammer eines Trafikanten, hielt er sich bis Kriegsende versteckt.

Nach der Befreiung
Zuerst trennte sie die Demarkationslinie, die quer durch Steyr verlief: Draber stand diesseits, Bloderer jenseits der Enns. Im Westen die Amerikaner, im Osten die Sowjets. Der Stadtverwaltung West stand ein Sozialdemokrat vor, der Stadtverwaltung Ost ein Kommunist. Im Osten, im Stadtteil Münichholz, wurde gleich nach der Befreiung eine Straße nach Karl Punzer benannt.

Bloderer übernahm Parteiaufgaben, war Personalchef im Erdölgebiet Zistersdorf und im Böhlerwerk Waidhofen, wechselte später in die Privatwirtschaft. Als ich ihn Anfang der achtziger Jahre besuchte, fiel es mir schwer, die Umgebung – einen soliden Bungalow in einer besseren Wohngegend oberhalb Urfahrs – mit seiner politischen Biographie zusammenzubringen. Draber arbeitete bis zu seiner Pensionierung im Magistrat Steyr. Er war freundlich, fleißig, verläßlich. Da er auch Kommunist war, wurde seinem Ansuchen um Beförderung nie stattgegeben. Mit der Zeit lockerte sich der Kontakt zwischen den beiden, aber pünktlich an jedem dreißigsten November telefonierten sie miteinander. Bloderer starb im August 1994, Draber überlebte ihn um zwei Jahre. Irgendwann, so der Beschluß des Steyrer Gemeinderats, soll es eine Franz Draber-Straße geben.

Für und wider
Er habe einige Male nachstudiert. Ob sich der Kampf gelohnt hat. Ob er ihn noch einmal führen würde. Und er müsse zu seinem Bedauern sagen, nein. Denn er sei von den Menschen enttäuscht worden, die drehen sich – großteils! es gibt schon Ausnahmen – nach dem Wind. Und wenn er, Bloderer, sie so meckern hört…

Draber sagte, er würde wieder so handeln. Er habe auch nicht viel getan, nur gegen den Krieg gekämpft, und er habe sich nicht geändert, sei auch heute noch für Frieden, wir brauchen keine Waffen, und wenn mehr so denken würden, stünde es besser um die Welt.

Georg und Waltraud Neuhauser

So wenig hat genügt

Als er im April 1935 mit dem Zug, einen Koffer in der Hand, in Steyr eintraf, war Max Petek einundzwanzig Jahre alt, einigermaßen neugierig und nicht ohne Zuversicht. Er kam wie Dutzende andere Arbeiter aus Wiener Neustadt angereist, wo nach langen Verhandlungen das Austro-Daimler-Werk stillgelegt und nach Steyr und Graz verlagert worden war. Die erste Bleibe für die Neuankömmlinge war ein Schlafsaal oberhalb der Portierloge im Steyr-Werk. Als Jüngster musste Max Petek täglich die ungeduldig erwartete Post vom Portier holen, schließlich hatten die meisten ihre Familien in Wiener Neustadt zurückgelassen, und ein Heimatbesuch war wegen der zeitraubenden Bahnfahrt nur alle drei bis vier Wochen möglich.

Verständlich, dass es Petek in Steyr ganz gut gefiel: Er hatte endlich wieder Arbeit als Automechaniker, neue interessante Aufgaben, einen guten Verdienst. Leicht konnte er die Hälfte des Lohns seinen Angehörigen schicken, für die damit eine goldene Zeit begann, wie sie später immer wieder beteuerten. Peteks Schwester Elisabeth besitzt noch heute eine Nähmaschine, die er ihr damals gekauft hat.

Familie Petek – Vater Ludwig, Mutter Margarete, die Kinder Max und Elisabeth – stammte aus der Untersteiermark, dem heutigen Slowenien, das damals noch zur österreichisch-ungarischen Monarchie gehörte. Dort, in Marburg, ist Max Petek auch geboren, am 22. September 1913. Seine Kindheit war überschattet von Not und Armut und von der Abwesenheit des Vaters, der bei Kriegsausbruch dem Daimler-Werk in Wiener Neustadt dienstzugeteilt worden war, weil er durch einen Radunfall an einem Auge erblindet und deshalb frontuntauglich geschrieben worden war. Die Mutter verdingte sich als Wäscherin, im Parterre eines Zinshauses direkt an der Drau wusch sie die Wäsche fremder Leute mit Lauge aus Holzasche und schwemmte sie im Fluss. Was für ein Unglück, als einmal die Wäsche gestohlen wurde! Brot war eine Seltenheit, Fleisch praktisch unbekannt. Stattdessen gab es Polenta, Milchkaffee aus Zichorien, gekochte Kastanien, von Max und seiner Schwester in den umliegenden Wäldern aufgesammelt, und Gemüse, soweit es im eigenen Garten gedieh. Die Kinder hingen sehr an der Mutter, auch wenn sie oft jähzornig war und mit Ohrfeigen nicht sparte. Gut vorstellbar, dass sie einfach überfordert war.

An den Ersten Weltkrieg erinnert sich Petek kaum, lediglich an die Besetzung durch die slowenisch-serbischen Truppen und an einen vorbeimarschierenden serbischen Soldaten, der Max das Messingmesser wegnahm, das ihm sein Vater einmal geschenkt hatte. Kurz nach Kriegsende brach in Marburg eine schwere Ruhrepidemie aus, die auch Elisabeth und die Mutter nicht verschonte. Der kleine Max musste mit ins Krankenhaus, er sah die hungernden, schreienden, sterbenden Menschen. Als die Mutter immer schwächer und in ein Sterbezimmer gebracht wurde, durfte sich Max von ihr verabschieden, aber sie erkannte ihn nicht mehr. Man schickte den kleinen Buben zu einer Tante auf den Kalvarienberg. Doch wie durch ein Wunder überlebten sowohl die Mutter als auch die Schwester, die so geschwächt war, dass sie erst wieder das Gehen erlernen musste.

1922 zog die Mutter mit den Kindern zu ihrem Ehemann nach Wiener Neustadt, wo die Familie in einer Baracke des ehemaligen Kriegsspitals unterkam. Neun Jahre war Max alt, als er seinen Vater nach Jahren wieder sah. Er war ihm fremd, und er fürchtete ihn: Der habe alles sehr ernst genommen, sei humorlos gewesen, während man mit der Mutter, trotz ihres Jähzorns, die größte Hetz haben konnte. Das Heimweh nach Marburg war groß, aber die Nachmittage bei den Kinderfreunden, das Malen, Basteln, Singen und Theaterspielen machten es bald wett. Er sei ein guter Schüler gewesen, sagt Petek, habe immer lauter Einser gehabt. Trotzdem besuchte er nach der Volksschule die Hauptschule, für die Realschule reichte das Geld nicht. Als nach zwei Jahren der jüngere Bruder Karl zur Welt kam, sagte Max zu seiner Schwester: »Wenn ich wenigstens vierzehn wäre, würde ich abhauen. Eh nichts zu fressen, und dann kommt noch ein Kind dazu.« Oft habe er sich gewünscht, sich wenigstens einmal an Brot satt essen zu können.

Nach der Hauptschule wäre Max gern Elektriker geworden, fand aber keinen Lehrplatz. Ein Bekannter seines Vaters, Schutzbundführer und ebenfalls im Daimler-Werk beschäftigt, nahm ihn als Dreher auf, bildete ihn aber zum Mechaniker aus. Die Arbeit gefiel Max, in Wiener Neustadt fühlte er sich, trotz der prekären Zeiten, längst zu Hause. Schon mit dreizehn war er Obmann der Sozialistischen Arbeiterjugend geworden, später gründete er einen überparteilichen Sportverein.

Im Februar 1934, als in Steyr und andernorts gekämpft wurde, blieb in der Arbeiterhochburg Wiener Neustadt alles ruhig. Der sozialdemokratische Vizebürgermeister und Schutzbundkommandant Josef Püchler hatte auf Versammlungen großspurig behauptet: »Brauchts euch nicht fürchten, die zerdruck ma wie die weißen Mäuse!« Dann aber, nachdem im großen Kinderheim angeblich Waffen entdeckt und abgeholt worden waren, ging er am Hauptplatz demonstrativ so lange auf und ab, bis er verhaftet wurde. Damit war der Schutzbund in Wiener Neustadt führerlos geworden und der Aufstand zum Scheitern verurteilt. In seiner Enttäuschung über die zaudernden Funktionäre der Partei wandte sich Petek, wie viele seiner Genossen, dem Kommunismus zu.

Als er in Steyr ankam, waren die Folgen der Februarniederlage deutlich zu spüren. Im Werk kam es zu Spannungen unter der Belegschaft, weil die Steyrer den Kollegen aus Wiener Neustadt vorwarfen, ihnen die Arbeit weggenommen zu haben. Trotzdem fand Petek bald neue Freunde. Sie waren wie er links eingestellt, hatten sich früher als Wehrturner und bei den Naturfreunden betätigt. Politische Aktivitäten waren jetzt verboten, das Engagement verlagerte sich auf die Freizeit, den Sport, man ging in die Berge, paddelte, turnte, fuhr Schi. Gemeinsam wurde das Bootshaus an der Enns gebaut, für das sich vor allem Sepp Bloderer einsetzte.

In dieser Zeit lernte Petek, zusammen mit seinem Freund Franz Enge, seine spätere Frau Karoline kennen. Sie war eine ausgezeichnete Turnerin, stammte aus einer alteingesessenen sozialdemokratischen Familie, wohnte im Hundsgraben und war ebenfalls im Werk beschäftigt. Inzwischen war Petek in einer Baracke auf der Ennsleite untergekommen, wo ihm ein Pensionistenehepaar ein Kabinett vermietet hatte.

Der Einmarsch deutscher Truppen im März 1938 kam für ihn nicht überraschend, mit der Möglichkeit hatte er gerechnet, schließlich hörte er Radio, auch deutsche Sender. Als es dann aber tatsächlich so weit war und er, gemeinsam mit seinen Gefährten, die Ereignisse im Rundfunk mitverfolgte, war er doch erschüttert. »Jetzt ist es aus«, sagte er, »Hitler bedeutet Krieg«, und dann ging er nach Hause.

Plötzlich sei alles anders geworden. Über Nacht seien die Nazis aus ihren Schlupflöchern gekrochen. Vor allem im Werk habe sich gezeigt, dass viele ehemalige Wehrturner sich schon längst auf die andere Seite geschlagen hatten. Zwar wenig Verhaftungen in den ersten Tagen, aber eifriger Reiseverkehr nach Deutschland, organisiert von KdF, der seine Wirkung offensichtlich nicht verfehlte. Kurz nach Kriegsausbruch dann ein einschneidendes Erlebnis: Kalteis Toni, ein Freund Peteks, war zur Wehrmacht einberufen worden und hatte den Polenfeldzug mitgemacht. Der Toni war immer ein lustiger Kerl gewesen, hatte gern musiziert und war in die Berge gegangen. Doch als er auf Heimaturlaub nach Steyr kam, wirkte er völlig verstört. Max Petek und Franz Enge luden ihn am Wochenende zu einer Tour auf den Kasberg ein, sie wollten herausfinden, was den andern so sehr verändert hatte. Erst als sie auf der Hütte waren, zu dritt, begann Toni zu erzählen: Als gelernter Mechaniker sei er ans Steuer eines Kastenwagens gesetzt worden, mit dem Auftrag, Juden zu transportieren. Hineinpferchen, Anfahren, Bremsen – auf diese Weise habe man Platz für noch mehr Menschen geschaffen. Nach der Abfahrt seien mittels einer Spezialkonstruktion die Abgase in den Frachtraum geströmt, nach rund vierzig Kilometern habe niemand mehr gelebt. Die Türen seien geöffnet, die vierzig oder fünfzig Toten ausgeladen worden. Wenig später habe sich der Vorgang wiederholt.

Auch in Steyr blieb das Grauen nicht verborgen. Alle kannten den Studener Fritz und wussten, dass er als Chauffeur seines Schwagers Nemetschek Leichen vom KZ Mauthausen ins Steyrer Krematorium überstellte. Tag und Nacht stieg Rauch aus dem Schornstein, und der Geruch verbrannten Fleisches legte sich über die Stadt. »Alle hier wussten, was los war«, sagt Petek. Nur, was konnte man dagegen machen? »Es ist doch sinnlos, sich mit einem Giganten anzulegen!« Schnell wurde man zum Hochverräter, es genügte schon, »Feindsender« zu hören und dabei ertappt zu werden, die Denunzianten hatten Hochsaison. So blieb nur die Arbeit, die Peteks Leben im Grunde immer geprägt hat. In Berlin zum Panzermonteur, dann zum Flugzeugmonteur ausgebildet, wurde er ein unentbehrlicher Fachmann und als solcher »unabkömmlich« gestellt.

Hin und wieder traf er sich mit Gleichgesinnten. »Man brauchte ja jemanden, mit dem man über den ganzen Wahnsinn reden konnte.« Karl Punzer und Sepp Bloderer organisierten diese geheimen Zusammenkünfte. Bloderer war leitender Funktionär der Wassersportler, also verabredeten sie sich irgendwo an der Enns, meistens in Münichholz. Auch Franz Draber kam dazu. Sie sammelten für die Rote Hilfe, die die Angehörigen der gefallenen Spanienkämpfer und der Naziopfer unterstützte, sie hörten Feindsender, sie lasen marxistische Schriften, sie wanderten auf den Schoberstein, und sie trieben viel Sport. Als Widerstand will Max Petek das alles nicht gelten lassen. Politisch aktiv zu werden, gar Sabotage zu üben, kam für ihn nicht in Frage. Das schon: menschlich sein, wenn es darauf ankommt. Einem französischen Kriegsgefangenen in seiner Abteilung steckte er heimlich was zum Essen zu. »Aber was war da schon dabei?« Jemanden vor den Nazis zu schützen, das hätte wesentlich mehr Mut verlangt. »Mein Freund, der Wiesenberger aus Kleinreifling, der ist ein Held gewesen, weil er den Bloderer nach seiner Flucht bis Kriegsende am Dachboden versteckt hat.«

Von effektiven Widerstandshandlungen seiner Genossen ist Petek nichts bekannt geworden, keine Spur, sagt er, von Anschlägen oder Flugblättern. Auch vom immer wieder kolportierten straffen Aufbau von Widerstandszellen habe er nichts gemerkt, selbst dann nicht, als Deutschland über die Sowjetunion herfiel und viele schon an das Ende Hitlers glaubten. Nun trafen sie sich zwar häufiger und verfolgten aufmerksam den Frontverlauf. Aber der Überwachungsapparat war perfekt organisiert, überall Spitzel, die Angst saß allen im Nacken. Schon das wenige, das Petek und seine Freunde unternahmen, konnte ihnen den Kopf kosten.

Im Sommer 1942 wurde Karl Punzer verhaftet, angeblich deshalb, weil ihn sein eigener Vater, ein fanatischer Nazi, denunziert hatte. Wen würde es als Nächsten treffen? Petek dachte daran unterzutauchen, sich zu den Partisanen nach Jugoslawien durchzuschlagen. Aber da war Karoline, seine liebe Frau, die er vor einem halben Jahr geheiratet hatte. Kurz zuvor war an ihr Nierenkrebs diagnostiziert worden. Er konnte sie jetzt unter keinen Umständen im Stich lassen. Von den geheimen Treffen wusste sie nichts, er hatte ihr keine Angst einjagen wollen.

Anfang September wurde Petek von zwei Gestapomännern aus Linz an seinem Arbeitsplatz in den Steyr-Werken verhaftet. In der Zwischenzeit waren schon Draber und die anderen Mitglieder der Freundesgruppe abgeholt worden. Einer von ihnen musste seinen Namen beim Verhör preisgegeben haben. Petek nahm an, daß sie misshandelt und gefoltert worden waren, trotzdem fühlt er sich heute noch verraten: »Warum haben die gerade mich angegeben, obwohl ich eigentlich nur am Rand beteiligt war? Vielleicht, weil ich keine Kinder habe? Gut, irgendwen haben sie ja nennen müssen!« Man merkt, dass er ungern auf diese Geschichte zu sprechen kommt, auch wenn er beteuert, den ehemaligen Freunden nichts nachzutragen. Gegenüber Bloderer und Draber, den beiden einzigen Überlebenden, hat er das Thema auch später nie angeschnitten: Wer wen verraten hat. Er wollte sie nicht in Verlegenheit bringen. So ist am Naziterror auch ihre Freundschaft zerbrochen.

Die Männer von der Gestapo brachten ihn zunächst in das Polizeigefängnis in der Berggasse. Seine Frau sah er nicht mehr, ihr hatte man im Krankenhaus gerade eine Niere entfernt. Zwei Tage später wurde er nach Linz überstellt. In den Verhören wurde er mit den Aussagen der anderen Verhafteten konfrontiert. Er versuchte seine Tätigkeit herunterzuspielen und sich herauszureden, gab das zu, was die anderen vor ihm offensichtlich schon gestanden hatten, das Sammeln für die Rote Hilfe. Vielleicht lag es an seinem Geständnis, dass er erst gar nicht geschlagen wurde. Immer wieder kreisten seine Gedanken um die Frage:»Wie stelle ich es an, meinen eigenen Kopf zu retten, ohne dabei jemanden zu belasten?« Seinen neunundzwanzigsten Geburtstag beging er, der Kommunist, in Gesellschaft eines Zisterzienserpaters aus Schlierbach in einer Zelle der Gestapo. Eine mutige Predigt hatte den Mönch ins Gefängnis gebracht.

Nach ein paar Wochen wurde Petek in die Strafanstalt München-Stadelheim überstellt, dann in das im Stadtzentrum gelegene Cornelius-Gefängnis. Er hatte Glück im Unglück: Die Einzelhaft war ihm lieber als die Vorstellung, mit kriminellen Häftlingen eine Zelle teilen zu müssen, und die kleinen Schreibarbeiten, die ihm aufgetragen wurden, waren eine willkommene Abwechslung. Die Aufseher – Justizwachebeamte, keine SS-Männer – behandelten ihn weitgehend korrekt, als Untersuchungshäftling durfte er Bücher, hin und wieder sogar Zeitungen lesen.

Vergeblich wartete er auf den Untersuchungsrichter. Von einer neuen Einvernahme hatte er sich einiges erhofft, stattdessen erhielt er im April 1943 eine auf Grundlage der Gestapo-Protokolle erstellte Anklageschrift.»In der vom Werkzeugschlosser Franz Draber geleiteten Zelle kassierte der Autoschlosser Maximilian Petek die Mitglieder ab.« Da erkannte er den Ernst der Lage: Vorbereitung zum Hochverrat, darauf stand Todesstrafe. In seiner Panik bat er den Aufseher um Briefpapier und schrieb eine lange Abhandlung an den Volksgerichtshof. Noch einmal versuchte er seine Tätigkeit herunterzuspielen. Er ging sogar so weit, seine negative Einstellung gegenüber dem Nationalsozialismus zu leugnen. Er entschied sich dafür, kein Held zu werden.

Ungefähr zur selben Zeit las er im»Völkischen Beobachter«, dass ein Geschwisterpaar namens Scholl verhaftet worden war. Ein paar Tage später wurde Hans Scholl in die Nachbarzelle gebracht. Am Abend vor dessen Hinrichtung gelang es Petek, mit Hans Kontakt aufzunehmen. Jeder von ihnen stieg auf die hochgeklappte Pritsche unter der Luke seiner Zelle und klammerte sich an die Gitterstäbe, so konnten sie, durch die gekippten Fenster, ein paar Worte miteinander wechseln. Worüber haben sie sich verständigt? Hat er ihm Mut zugesprochen, oder der andere ihm? Und warum bewegen uns die großen Helden wie Hans und Sophie so sehr? Bewundern wir sie wegen ihrer Bereitschaft, für die eigene Überzeugung in den Tod zu gehen? Erscheint in ihnen, was in uns, den gewöhnlich Sterblichen, als Möglichkeit angelegt ist? Die Verbrechen haben sie nicht stoppen, den Krieg nicht um einen Tag verkürzen können. Und da ist auf der anderen Seite – diesseits der Zellenwand – ein junger Mann, der jetzt vor uns sitzt, in seiner kleinen Wohnung im Hochhaus auf der Ennsleite, weißhaarig inzwischen, gealtert, aber rüstig und rege und ungeduldig, wippt mit dem Fuß und gibt zu erkennen, dass er seine Lebensgeschichte möglichst rasch hinter sich bringen möchte, denn er sei kein Held und habe nichts Besonderes getan. Oder doch, wie wir meinen.

Die Münchner Bombennächte raubten Petek fast den Verstand. In seiner Zelle im obersten Stockwerk in eine Ecke gekauert, einen Polster über den Kopf gezogen, schützte er sich vor dem ohrenbetäubenden Lärm. Wenn er dann durchs Fenster schaute, wurde ihm das Ausmaß der Zerstörungen deutlich: Hausruinen, leere Fensterhöhlen, brennende Straßenzüge. Diese bangen Nächte, tagsüber das unerträgliche Warten auf den Prozess, auf Tod oder Weiterleben.

Im Mai 1944 wurde Max Petek schließlich vor den Volksgerichtshof geführt. Er schwankte zwischen Hoffnung und Verzweiflung. Aufrecht und würdig wollte er dort erscheinen, hatte seine Hose am Vorabend unter das Leintuch gelegt, sie sollte wie gebügelt aussehen. Er wusste, dass seine Frau zur Verhandlung kommen würde, er wollte auf sie einen guten Eindruck machen. »Die Angeklagten Palme, Riepl, Ulram, Petek, Bloderer, Draber und Punzer haben in den Jahren 1941/42 in Steyr und Umgebung durch Gründung und Beteiligung an einer marxistischen Unterstützungsaktion nach Art der Roten Hilfe den Hochverrat vorbereitet und – bis auf Petek – dadurch zugleich den Feind begünstigt.« Das Todesurteil also für alle Angeklagten. Nur er, Max Petek, wurde »zu fünf Jahren Zuchthaus und zum Ehrenrechtsverlust auf die gleiche Dauer« verurteilt.

Was für eine Erleichterung, weiterleben zu dürfen!
Er ahnte, dass der Krieg nicht mehr lange dauern würde. Außer-

dem bot das Zuchthaus auch einen gewissen Schutz. Er hätte ja auch, meint er heute, in einem Konzentrationslager oder in einer Strafkompanie an der Ostfront umkommen können. Stattdessen wurde er nach Straubing überstellt, arbeitete mit Kriegsgefangenen in einer Werkstatt, die dem Gefängnis angeschlossen war, für die Messerschmitt-Werke. Die Häftlinge gaben die Parole aus, langsam, sehr langsam zu arbeiten. Aber Petek schaffte das nicht, lieber machte er alles dreimal, er montierte die Flugzeugklappen, zerlegte und montierte sie aufs Neue. Der Hunger verfolgte ihn bis in den Schlaf. Er freundete sich mit einem slowenischen Bauern von der Kärntner Seite der Karawanken an. Dieser hatte seinen ehemaligen Knecht, der zu den Partisanen gegangen war, hin und wieder mit Essen versorgt. Dabei war er verraten und zu zwölf Jahren Gefängnis verurteilt worden. Ein einfacher Mensch, der von seiner Familie träumte und fürchtete, nie mehr heimzukommen. Ihm versuchte er Mut zu machen.

Als sich die amerikanischen Truppen im Frühjahr 1945 Straubing näherten, wurden alle Gefangenen Richtung Dachau getrieben. Langsam gehen war angesagt, niemand wollte nach Dachau. Petek marschierte mit seinem Kärntner Freund in der Gruppe der politischen Häftlinge. Bald löste sich der Zug auf, sie konnten sich mit einigen Kameraden davonmachen. Bei Moosburg, einer Kleinstadt in Oberbayern, erlebten sie das Kriegsende: Freudentaumel unter den Gefangenen, Plünderungen, Angst bei den Einheimischen. Mit viel Glück kam Petek durch die Sperre der US-amerikanischen Armee auf der Passauer Innbrücke, fuhr mit der Bahn bis Enns, nächtigte bei einem Bauern und lief am nächsten Tag weiter nach Steyr. Endlich das lang ersehnte Wiedersehen mit seiner Frau, auch den Freunden und Genossen, die den Krieg überlebt hatten.

Petek wurde gebraucht. Sozialistische Funktionäre wollten ihn für die Parteiarbeit gewinnen, aber Politiker zu werden, das konnte er sich nicht vorstellen. Lieber arbeitete er wieder in den Steyr-Werken, die auf zivile Produktion umstellten. Als Meister half er beim Aufbau der Montageabteilung, in der zunächst nur alte Fahrzeuge repariert wurden. Der Wiederaufbau nahm seine ganzen Kräfte in Anspruch. Obwohl bekannt war, dass er der KPÖ angehörte, wurde er zum Leiter der Kundendienstabteilung bestellt. Doch dann kam der Oktoberstreik 1950, dem Protestkundgebungen gegen mehrere Lohn-Preis-Abkommen vorangegangen waren. Das vierte Abkommen dieser Art sah krasse Verteuerungen, aber nur geringe Lohnerhöhungen vor. Dagegen demonstrierten am 26. September 16.000 Menschen auf dem Steyrer Stadtplatz, nachdem der Betriebsrat der Steyr-Werke einstimmig dazu aufgerufen hatte. Auch Petek war unter den Demonstranten. Weil die Regierung an ihrem Beschluss festhielt, wurde tags darauf der Streik beschlossen. Eine gesamtösterreichische Betriebsrätekonferenz kündigte am 30. September die Fortsetzung des Ausstandes an, falls das Lohn-Preis-Abkommen nicht gekippt würde. Wieder entschied sich die Mehrheit der Belegschaft in einer geheimen Abstimmung für den Streik, und als am 4. Oktober der Generalstreik ausgerufen wurde, kam es erneut zu Demonstrationen auf dem Stadtplatz. Aber nun drohten die Führer der Sozialistischen Partei und die Werksleitung mit Entlassungen für den Fall, dass die Arbeit am folgenden Tag nicht wieder aufgenommen werde. Einheiten der Gendarmerie besetzten am Abend des 5. Oktober das Werk. Im Zuge der politischen »Säuberungen« wurden 150 Kommunisten sofort entlassen. Sie mussten auch ihre Werkswohnungen räumen, und es erging die Weisung, dass sie in Steyr und Umgebung keine Arbeit mehr finden sollten.

Auch Petek und seiner Frau wurde der Mietvertrag aufgekündigt. Entlassen durfte er nicht werden, wegen der unter den Nazis erlittenen Verfolgung, deshalb wollte man ihn zur Strafe für seine Zugehörigkeit zur KPÖ als Kalkulant nach Letten versetzen. Als er sich weigerte, wurde er gekündigt. Der ebenfalls entlassene Betriebsrat Linsenmayer wurde Direktor des Nibelungenwerks, eines unter sowjetischer Verwaltung stehenden Betriebes in St. Valentin, und holte Petek zu sich. Dieser übernahm dort den Verkauf und kehrte erst nach Abschluss des Staatsvertrages 1955 in das Werk in Steyr zurück. Eigentlich hatte er in St. Valentin bleiben wollen, weil er mit den Arbeitsbedingungen sehr zufrieden war. Aber die früheren Chefs in Steyr drängten darauf, ihn wegen seiner Fähigkeiten wiederzugewinnen. Als Leiter des Kundendienstes erhielt er die Prokura und genoss bis zu seiner Pensionierung 1975, nach siebenundvierzig Dienstjahren, das volle Vertrauen der Direktion. Eine erstaunliche Karriere für einen Kommunisten, hierzulande. Das Pensionistendasein fiel ihm nicht leicht. Nachdem er sich endlich darauf eingestellt hatte, erkrankte seine Frau und musste gepflegt werden. Zehn Jahre lang betreute er sie zu Hause. Karoline starb 1995. »Sie war eine Perle, sie hat einfach alles richtig gemacht.« Auf die Frage, warum sie denn keine Kinder bekommen hätten, gibt er eine nüchterne Antwort: Zuerst war ja der Krieg, dann sei er eingesperrt gewesen, nach dem Krieg waren die Zeiten zu schlecht, und dann war es zu spät.

Nach dem Tod seiner Frau lernte er auf einem Kuraufenthalt Berta, eine um dreißig Jahre jüngere Witwe, kennen. Mit ihr hat er in Weyer ein Haus gebaut, in dem sie gemeinsam die Wochenenden verbringen. Die restliche Zeit lebt der agile Zweiundneunzigjährige in seiner alten Wohnung auf der Ennsleite. In Steyr hat er seine Freunde, seinen Stammtisch und die gewohnte Umgebung. Außerdem kann er, wie er mit einem verschmitzten Lächeln anmerkt, hier auch manchmal seine Füße ungestört auf den Tisch legen.

Karl Ramsmaier

Hannas Familie

Vor neun Jahren traf ein Brief aus Australien in Steyr ein. Geschrieben hat ihn Hanna M., die damals einundsiebzig Jahre alt war und die oberösterreichische Kleinstadt nur einmal, wenige Stunden oder Tage lang, besucht hat. Aber ihre Familie – ihr Großvater Heinrich Schön, ihre Großmutter Eleonora, ihre Onkeln und Tanten und auch ihr Vater Erwin – hatten hier gelebt, und nun wandte sie sich an die Stadtgemeinde mit der Bitte, ihr mit Auskünften weiterzuhelfen: Wann ihre Angehörigen eigentlich nach Steyr gekommen seien, wo ihr Großvater geboren und gestorben sei, wann und wo er geheiratet habe und was sonst noch in den Annalen der Stadt verzeichnet sei.

Die Antwort des damaligen Bürgermeisters war freundlich und unverbindlich: Leider könne man ihr nicht weiterhelfen, die einschlägigen Unterlagen seien nicht mehr vorhanden. Hätte das Stadtoberhaupt freilich im Buch »Vergessene Spuren« nachgeschlagen, in dem Waltraud Neuhauser-Pfeiffer und ich das jüdische Steyr beschrieben haben, wäre es ihm nicht schwer gefallen, Hannas Fragen zu beantworten. Und im hauseigenen Stadtarchiv hätte er noch mehr Material gefunden. Nur gut, dass die Frau sich mit der abschlägigen Auskunft nicht zufrieden gab und vor zwei Jahren, per Internet über eine Suchanfrage zum Stichwort Steyr, auf die Buchautoren zukam.

So erfuhr sie, dass Heinrich Schön um die Mitte des 19. Jahrhunderts in Weletein geboren wurde. Weletein war zur damaligen Zeit ein kleines ostmährisches Bauerndorf. Niedrige Streckhöfe, strohgedeckt, an einem kleinen Fluss gelegen, der nach Regenfällen anschwoll und die Felder überschwemmte. Es darf bezweifelt werden, dass in dieser Ortschaft eine jüdische Gemeinde bestand. Vermutlich besuchte die Familie Schön am Sabbat eine Synagoge in der nahen Stadt Ungarisch-Hradisch. Dort absolvierte Heinrich Schön auch die Unterreal- und die Talmudschule, brachte es später zum Rabbiner im schlesischen Freiwaldau. Mit einunddreißig Jahren heiratete er; seine Frau Eleonora, die acht Kinder zur Welt brachte, stammte aus Triesch, dem Landstädtchen bei Iglau, in Südmähren, dessen Judenviertel als architektonisches Ensemble der Zeit der Verfolgung und Zerstörung widerstanden hat. In Triesch wurde übrigens auch Joseph Alois Schumpeter geboren, der als Nationalökonom Weltbedeutung erlangte, und Franz Kafka besuchte dort wiederholt seinen Onkel, den Landarzt Siegfried Löwy.

Es ist anzunehmen, dass die Tätigkeit in Freiwaldau Heinrich Schön nicht befriedigte. Vielleicht war sie auch nur befristet, oder er wollte sein Rabbineramt in einer größeren Stadt ausüben, in der er sich bessere Bedingungen für Arbeit und Familie erwartete. Jedenfalls bemühte er sich um eine Versetzung und erhielt die Erlaubnis, ab dem Schuljahr 1895/96 an der k.k. Staats-Oberrealschule Steyr Religion zu unterrichten. Zur selben Zeit wurde auch der Posten des Rabbiners vakant. Zweiunddreißig Männer bewarben sich um das Amt, die Wahl der Gemeindevorsteher – die Kultusgemeinde existierte erst seit zwei Jahren – fiel auf Heinrich Schön, weil er die besten Zeugnisse vorweisen konnte. Im November 1896 legte er seinen Amtseid in die Hand von Bürgermeister Johann Redl ab; er gelobte Treue zum Kaiser und dass er seine Pflichten als Rabbiner von Steyr genau und gewissenhaft erfüllen werde. Als Erstes musste Schön die Geburts-, Trauungs- und Sterbebücher in Ordnung bringen. Offenbar hatten es seine Vorgänger, die immer nur kurz im Amt gewesen waren, mit den Eintragungen nicht besonders genau genommen. Die k.k. Statthalterei, heute würde man Landesregierung sagen, und der Bürgermeister drängten darauf, diese Missstände abzustellen.

Eigentlich hätte Heinrich Schön, um sein Amt ausüben zu können, das Maturazeugnis einer staatlichen Oberrealschule vorweisen müssen. Die Behörden sahen über dieses Erfordernis hinweg – einerseits deshalb, weil er schon als Rabbiner tätig gewesen war, andererseits aufgrund der finanziellen Notlage der Steyrer Kultusgemeinde, die sich einen akademisch gebildeten Rabbiner nicht hätte leisten können. Außerdem bestätigten ihm die Mitglieder der Gemeinde, dass er seine Arbeit zu ihrer vollsten Zufriedenheit ausführe. Von Ignaz Schulhof, seinem Vorgänger als Religionslehrer, ist bekannt, dass er in einem Lehrerzimmer unter Aufsicht des Direktors unterrichten musste und wegen der geringen Schülerzahl vom Staat nicht entlohnt wurde. Wahrscheinlich traf dies auch auf Heinrich Schön zu. Aber immer gab es unter den 130 bis 150 Realschülern einige, die mosaischen Bekenntnisses waren. Im Schuljahr 1904/1905 unterrichtete Schön zum Beispiel den damals vierzehnjährigen Josef Sommer, dessen Eltern in Reichraming eine große Messingfabrik besaßen. Einer von Sommers Mitschülern in der vierten Klasse war Adolf Hitler, der ein Jahr lang in Steyr zur Schule ging. Unbekannt, wie Hitler sich seinem einzigen jüdischen Mitschüler gegenüber verhielt. Über einen jüdischen Lehrer, der Physik oder Chemie unterrichtete, äußerte er sich später voll Verachtung; der jüdische Religionslehrer der Schule fand keine Erwähnung.

Josef Sommer maturierte 1908 mit Auszeichnung und schloss seine Ausbildung an der Technischen Hochschule in Zürich mit dem Titel Ingenieur ab. Schon vorher hatte sich bei ihm eine Gehbehinderung – vermutlich durch Kinderlähmung verursacht – bemerkbar gemacht. Nach dem Ersten Weltkrieg übernahm er den elterlichen Betrieb und führte ihn gemeinsam mit seinem Schwager Franz Popper, ehe er 1928 Konkurs anmelden musste. Er beschäftigte sich mit philosophischen Themen, veröffentlichte Anfang der dreißiger Jahre auch ein Buch über Friedrich Nietzsche und korrespondierte mit Thomas Mann. Die einzige Gegenstimme in Reichraming bei der Volksbefragung vom 10. April 1938, mit der die Annexion Österreichs an das Deutsche Reich vollzogen wurde, stammte von seiner langjährigen Freundin Maria Blochberger. Im November 1938 musste Sommer gemeinsam mit seiner Mutter die Ortschaft verlassen und in Wien Wohnsitz nehmen. Am 12. Mai 1942 wurde er nach Izbica deportiert, dort ermordet. Seine

Schwester Martha, die ihm finanziell immer wieder unter die Arme gegriffen hatte, war einige Monate zuvor nach Theresienstadt transportiert, dann in Auschwitz vergast worden. Auf einem Foto, das Verwandte über die Jahre gerettet haben, ist Josef Sommer zu sehen: schmales, längliches Gesicht, schütteres Haar, aufmerksam prüfender Blick. Nur dieses eine Bild ist von ihm geblieben. Kein Grab, kein Gedenkstein.

Um 1900 zählte die Israelitische Kultusgemeinde Steyr an die zweihundert Mitglieder, von denen allerdings nur vierzig zahlungspflichtig waren. Von daher rührten die ständigen Geldsorgen, mussten doch der Rabbiner und die Einrichtungen der Gemeinde von der Kultussteuer bezahlt werden. Heinrich Schön verlangte, dass sein Gehalt wenigstens der Teuerungsrate angeglichen werde, was angesichts seiner vielen Kinder auch bitter notwendig gewesen wäre. Aber der Vorstand der Kultusgemeinde gewährte ihm nur eine kleine Zulage. Einmal wurde er sogar gekündigt, dann wieder eingestellt. Eine Lösung des finanziellen Engpasses schien sich durch die Einführung von Gebühren für Trauungen durch die k.k. Statthalterei abzuzeichnen, nur war in einer derart kleinen Kultusgemeinde auch damit nicht viel zu verdienen. So oft wurde schließlich nicht geheiratet. Also lebte die Familie in bescheidenen Verhältnissen. Ihre Wohnung befand sich im selben Haus in der Bahnhofstraße, in dem auch die Synagoge untergebracht war. Dort kam Heinrichs und Eleonoras jüngstes Kind zur Welt, Erwin.

Dessen Tochter Hanna besitzt ein sepiafarbenes Foto der Rabbinerfamilie. Es ist undatiert, aber Hanna glaubt zu wissen, dass die Aufnahme 1905 oder 1906 gemacht wurde. In der Bildmitte, an einem kleinen rechteckigen Tisch, sitzen Heinrich und Eleonora Schön; er Mitte fünfzig, breitschultrig, mit ausgeprägter Stirnglatze und grauem Vollbart, der die Oberlippe verdeckt. Dünne Brauen, darunter kleine, scharf blickende Augen, in denen der Betrachter sowohl Gelassenheit als auch Kraft wahrzunehmen glaubt. Heinrich trägt einen dunklen Anzug, unter der Jacke ein weißes Hemd mit schmalem Kragen, darüber eine Krawatte. Eleonoras üppige Gestalt steckt in einem bodenlangen Kleid, über das die lange zierliche Kette eines Monokels verläuft, um den Hals hat sie ein Tuch gebunden. Die Haare sind in der Mitte gescheitelt und am Hinterkopf hochgesteckt. Wegen der Tränensäcke unter den Augen und der leicht nach unten weisenden Mundwinkel wirkt sie müde und abgekämpft. Ihre rechte Hand, mit dem Ehering am Mittelfinger, ruht auf dem Oberschenkel, mit der Linken stützt sie sich auf den Tisch. Dort liegt auch ein aufgeschlagenes Buch, es könnte sich um das Fotoalbum der Familie handeln.

Links von der Mutter sitzt die damals zwölfjährige Theresa. Das dunkle Kleid mit Pluderärmeln und die hohen Schnürschuhe passen nicht recht zu ihrem kindlichen Gesicht, in dem Neugier und Misstrauen einander die Waage halten. 1920 sollte sie in Wien den aus Sachsen stammenden Vertreter Max Epperlein heiraten, der nach den Nürnberger Rassegesetzen als Arier galt. Deshalb, und weil er zu ihr hielt, konnte Theresa den Naziterror überleben. Sie starb 1970 und ist in Wien begraben.

Rechts vom Vater steht Erwin, neun Jahre alt. Er war nicht nur der Jüngste, sondern auch der Einzige der Familie, der in Steyr geboren wurde. Den linken Arm hat er in die Hüfte gestemmt, das linke Bein lässig nach vorn geschoben. Er lächelt zwar nicht, scheint von der Situation im Fotoatelier aber auch nicht sonderlich beeindruckt zu sein. Seine Tochter schreibt, dass er sich später gern an seine Kindheit und Jugend erinnert habe. In Steyr habe er Freunde gewonnen, die ihm sein ganzes Leben lang treu geblieben seien. In der siebten Klasse der Oberrealschule zeichnete er den Ortskai, alte, mittelalterliche Häuser, darüber der Wehrturm auf dem Tabor. Das Bild hängt heute in Hannas Wohnzimmer. 1955 kam sie während einer Europareise nach Steyr und ließ sich von einem Schulfreund ihres Vaters durch die Stadt führen. Ihre Tochter, Erwins Enkelkind also, besuchte Steyr erst vor wenigen Jahren. Sie war einigermaßen überrascht zu sehen, dass vor dem Geburtshaus ihres Großvaters und der beruflichen Wirkungsstätte ihres Urgroßvaters eine Gedenktafel angebracht ist.

Rechts neben Erwin sitzt, auf dem Familienfoto, seine vierzehnjährige Schwester Ida. Wie Theresa trägt sie hohe Schnürschuhe, dazu einen dunklen Rock, eine etwas hellere Bluse und eine Halskette. Sie hält ein Buch in den Händen, und ihr Blick ist skeptisch, auch ein wenig unsicher. Im Jahr 1930 zog Ida nach Wien. Dort führte sie zwei Jahre lang, bis zu deren Ableben, den Haushalt ihrer Mutter. Ida wurde am 27. April 1942, genau einen Monat nach ihrem fünfzigsten Geburtstag, nach Włodawa deportiert, das elf Kilometer vom Vernichtungslager Sobibór entfernt lag. Von den neunhundertneunundneunzig nach Włodawa deportierten österreichischen Juden haben nur drei überlebt. Ida Schön war nicht darunter.

In der hinteren Reihe steht ganz links Gertrud, die älteste Tochter des Ehepaars Schön. Sie ist zum Zeitpunkt der Aufnahme dreiundzwanzig Jahre alt, hat das runde Gesicht ihrer Mutter und trägt das Haar hochgesteckt. In ihrer Bluse aus Seide oder Satin wirkt sie fast vornehm. Auch sie übersiedelte nach Wien, wo sie 1929 Ignaz Mautner heiratete, der als Ingenieur in der Simmeringer Waggonfabrik arbeitete. Zwölf Jahre später wurde Gertrud nach Kowno deportiert. Weiteres Schicksal unbekannt, heißt es, aber es gilt als sicher, dass auch sie ermordet wurde. Die Tante Trude, erzählt Hanna, hat immer gesagt, der liebe Gott wird nichts Böses zulassen.

Neben Gertrud sitzt ihre sechzehnjährige Schwester Elsa. Sie hat dunkles Haar, trägt ein helles Kleid. Die rechte Hand liegt auf der Schulter ihrer Mutter. Man merkt, es ist ihr nicht angenehm, für das Foto in dieser starren Haltung ausharren zu müssen. Sie schaut an der Kamera vorbei, wie auf der Suche nach einem verlässlichen Anhaltspunkt. In Wien, später, war sie als Büroangestellte tätig. 1939 gelang ihr die Flucht nach England, wo sie als Haushaltshilfe unterkam. Sie war schon über fünfzig, als sie Abraham Griechendler heiratete, einen sehr frommen Juden. Die beiden wanderten nach Kriegsende nach Australien aus und ließen sich in Sydney nieder, wo Elsa 1954 starb. Nach ihrem Tod brach der Kontakt zwischen Hannas Familie und Griechendler ab. Hanna weiß daher auch nicht, was aus ihm geworden ist.

In der Mitte des Bildes, hinter seinen Eltern, ist Emil zu sehen. Er ist der Größte von allen, steht da mit verschränkten Armen, so dass man den Manschettenknopf an einem Hemdsärmel sehen kann. Möglich, dass er seinen Anzug zur Maturafeier getragen hat, möglich auch, dass das Foto überhaupt aus diesem Anlass, der mit Auszeichnung bestandenen Matura, aufgenommen wurde. Er hat die

Haare straff nach hinten gekämmt, und auf seiner Oberlippe sprießt ein zarter Jungmännerbart. Ein ernstes Gesicht, eine aufrechte Haltung. Das Empfinden, der weiß, was er will. In Wien studierte er vermutlich an der Technischen Hochschule, erwarb den Ingenieurtitel und heiratete Rosa Uprimny, die ebenfalls in Steyr aufgewachsen war. Emil Schön starb schon im September 1918, mit einunddreißig Jahren, an einer Knocheninfektion, die heutzutage mit Antibiotika leicht heilbar wäre.

Neben Emil, in einem dunklen, matt glänzenden Kleid, steht Paula. Sie war damals einundzwanzig Jahre alt, arbeitete später als Erzieherin und hat mit ihrer Schwester Elsa in Wien-Ottakring, Lerchenfelder Gürtel 45, gewohnt. Andere über sie vorliegende Informationen sind widersprüchlich: Sie soll schon 1926 in Wien gestorben sein; nein, sie habe 1932 den aus Steyr stammenden und hier auch tätigen Zivilgeometer Ernst Gall geheiratet, einen Schulkollegen ihres Bruders Erwin. Erwiesen ist, dass sie 1924 noch in Steyr, auf der Promenade Nummer 12, gemeldet war.

Das Mädchen ganz rechts, in einem Kleid mit hellem Gürtel und weißem Kragen, heißt Klara. Sie ist siebzehn, sieht aber älter aus. Mit vierundzwanzig wird sie im Tempel der Israelitischen Kultusgemeinde Siegfried Pächter heiraten, einen Angestellten der Hamburg-Amerika-Linie. Pächter stirbt früh. Als Witwe zieht Klara in die Wohnung ihrer Schwester Elsa und muss sich in den zwanziger Jahren mehrmals einer Behandlung in der Wiener Pflegeanstalt Am Steinhof unterziehen, ehe man sie in die Linzer Heil- und Pflegeanstalt Niedernhart einweist. Schizophrenie, lautet die Diagnose der Ärzte. Von Niedernhart wird Klara Anfang Juni 1940 nach Hartheim gebracht und vermutlich noch am Tag ihrer Einlieferung ermordet. Wie üblich werden die Angehörigen über das wahre Schicksal belogen – in ihrem Fall heißt es, sie sei nach Brandenburg verlegt worden. Nach drei Wochen trifft wahrscheinlich, wie in allen anderen Fällen, die Meldung von ihrem Ableben ein. Als Todesursache wird Herzschwäche oder Lungenentzündung angegeben.

In Hartheim versah ab Dezember 1940 übrigens der Steyrer Kriminalbeamte Franz Reichleitner als stellvertretender Büroleiter seinen Dienst. Zeugen nennen ihn einen perfekten Bürokraten, der die Tötungsmaschinerie vom Schreibtisch aus mit großer Präzision in Gang hielt. Als sein Vorgesetzter Franz Stangl zum Kommandanten des Vernichtungslagers Treblinka aufstieg, avancierte auch Reichleitner – zum Kommandanten von Sobibór. Offiziell hieß es aber, er sei zur Gestapo nach Linz versetzt worden. Durch den Zubau von Gaskammern wurden in Sobibór täglich bis zu 1.200 Menschen ermordet. Unter Reichleitners Kommando, von September 1942 bis Oktober 1943, dürften zwischen 150.000 und 200.000 europäische Juden getötet worden sein. Einer von ihnen war der Steyrer Ludwig Kornfein, ein ehemaliger Schüler der Oberrealschule am Michaelerplatz. Er war zum Zeitpunkt seines Todes zweiundfünfzig Jahre alt. Franz Reichleitner wurde nach einem Aufstand im Lager im Oktober 1943 nach Italien oder Jugoslawien versetzt, Anfang 1944 von Partisanen erschossen. »Im Dienst verstorben«, lautete die offizielle Todesnachricht.

Klara Pächters Name steht auf dem Grabstein ihrer Eltern am Wiener Zentralfriedhof. Es ist ungewiss, ob ihre Urne tatsächlich dort beigesetzt wurde. Auch in der Gedenkstätte von Schloss Hartheim ist ihr Name verzeichnet. Ihrem Bruder Erwin gelang es Ende 1938, zusammen mit seiner Frau Ludmilla und der damals dreizehnjährigen Tochter Hanna nach Shanghai zu flüchten. In Genua gingen sie an Bord eines Schiffes, das durch den Suezkanal nach China fuhr. Für Shanghai wurde kein Einreisevisum verlangt, man benötigte auch keine Bürgschaft. Die Flüchtlinge trugen bei ihrer Ankunft eine Barschaft von zehn Reichsmark, vier Dollar nach dem damaligen Wechselkurs, bei sich. In Wien hatte Erwin nach Ende des Ersten Weltkriegs, in dem er es zum Zugsführer gebracht hatte, Chemie studiert, das Studium aber aus finanziellen Gründen abbrechen müssen, sich und seine Familie später in mehreren Berufen, unter anderem als Gemischtwarenhändler, durchgebracht. In Shanghai versuchte er sich zunächst als Industriefotograf – die Fotografie war schon in Wien sein Steckenpferd gewesen –, bevor er sich wieder dem einstigen Studienfach zuwandte, als Chemiker in mehreren Betrieben arbeitete und mit Chemikalien handelte. Die letzten beiden Kriegsjahre musste die Familie, gemeinsam mit den anderen jüdischen Flüchtlingen, in einer Art Ghetto zubringen. Ein Jahr nach der

Befreiung wanderte sie zu viert – Ludmilla hatte 1941 einen Sohn, Tom Hendrik, zur Welt gebracht – nach Australien aus. Gemeinsam mit einem einheimischen Partner baute Erwin Schön einen Betrieb auf, der Lacke produzierte. Er brachte seine Sachkenntnisse ein, sein Partner war für die Finanzen zuständig. Nach Beendigung der Zusammenarbeit handelte Erwin wieder mit Chemikalien. Er starb mit zweiundsiebzig, seine Frau mit sechsundneunzig Jahren.

Heinrich Schön war am 14. Mai 1926 in Wien gestorben. Sein Rabbineramt in Steyr dürfte er bis kurz vor seinem Tod ausgeübt haben. Vermutlich wurde er deshalb in Wien begraben, weil seine Kinder dort lebten. Die Todesursache ist unbekannt. Im Jahresbericht des Schuljahres 1925/26 der k.k. Staats-Oberrealschule Steyr wurde sein langjähriges Wirken mit folgenden Worten gewürdigt: »Heinrich Schön, welcher durch 31 Jahre Seelsorger der israelitischen Kultusgemeinde war und als solcher seit dieser Zeit selbstlos auch den israelitischen Religionsunterricht an der Anstalt erteilte, hat sich wegen seines stets vornehmen und konzilianten Wesens nicht nur bei seinen Glaubensgenossen, sondern weit über deren Kreis hinaus große Sympathie erworben.« Willi Nürnberger, der Sohn des letzten Steyrer Rabbiners, hat mir versichert, dass von Schön immer mit großer Hochachtung gesprochen worden sei. Beim Betrachten eines zweiten Fotos, das ihn im Alter zeigt, ergreifen mich sein gütiges Gesicht und seine bescheidene, unprätentiöse Körperhaltung. Als habe Heinrich Schön das Leben in all seinen Höhen und Tiefen erkannt. Schwer zu sagen, ob er geahnt hat, was seinen Kindern und seiner Gemeinde bevorstand.

Was von der Familie geblieben ist: ein Grab in Wien; zwei braunstichige Fotos; ein Nachruf im Jahresbericht der Schule; einige Briefe und Aktenstücke; ein Amtseid auf einem vergilbten Blatt Papier; eine Buchseite. Eine alte Frau in Australien, ihr Bruder, ihre Tochter. Als Heinrich Schön starb, war Hanna gerade ein Jahr alt.

Und ich stelle mir vor: Es gibt sie noch, die Jüdische Gemeinde von Steyr. Ihre Synagoge ist kein Drogeriemarkt. Schüler hier lernen was über jüdische Religion. Und Hanna lebt in der Stadt, in der ihr Großvater Rabbiner war.

Eva Lubinger

Der Krieg

Der Krieg. Auch wir Kinder wußten, daß man vieles nicht sagen durfte, weil es einem sonst schlecht ergehen konnte, daß man unter Umständen verschwand, kommentarlos, um nie wieder oder als ein Veränderter, Zerbrochener zurückzukommen. So wie der vorlaute unbekümmerte Autobuschauffeur, den ich, von unserem Zufluchtsort jeden Tag in die Schule pendelnd, von uns Schülern als vielbestauntes Phänomen erlebte. Er war behende wie eine Wildkatze, wenn er sich hinter das Lenkrad des klapprigen Autobusses schwang, der in Friedenszeiten schon lange auf dem Schrottplatz gelandet wäre. Einmal, auf der Fahrt in die Stadt, an einer besonders engen Stelle der Landstraße, die auf einer Seite von einem unter steiler Böschung dahinziehenden Bach und auf der anderen von einer bröckelnden Betonmauer begrenzt war, manövrierte ein unglückseliger Bauer seinen Pferdewagen so ungeschickt in dieses Straßenkorsett hinein, daß man dem Autobus nur Flügel wünschen konnte, um diese Situation zu bereinigen. Die Vorbeifahrt gelang zentimeterweise und ging nicht ganz ohne unerwünschte Kontakte von Wagen zu Wagen ab, und als der Autobus, um einige Kratzer reicher, sich endlich freigekämpft hatte, hielt unser resoluter Chauffeur mit einem unheilverkündenden scharfen Anziehen der Handbremse den Bus an, glitt blitzgeschwind von seinem Fahrersitz, rannte die Straße zurück, holte den Bauernwagen, dessen Lenker, Böses ahnend, die Pferde mit der Peitsche antrieb, mit zielstrebiger Sicherheit ein, schwang sich, während wir alle in dumpfem Staunen an den Rückfenstern des Busses klebten, in Katzenmanier auf den Kutschbock und versetzte dem unglücklichen, schlotternden Bauernbuben eine gewaltige Ohrfeige. Dann lief er umgehend zurück zu seinem mit laufendem Motor wartenden Autobus und setzte, sichtlich zufrieden mit seiner prompten Racheaktion, seine Fahrt in die Stadt fort. Wieder einmal begriffen wir, daß mit diesem stahlklingenartigen Mann nicht gut Kirschenessen war. Er war auch der einzige, der lautstark und immer wieder die Zustände unserer kriegsgeprägten Heimat mit treffenden, nicht immer salonfähigen Worten geißelte und auch die oberen Ränge der damaligen Machthaber nicht mit seiner Kritik verschonte. Eines Morgens aber saß ein anderer Chauffeur an seinem Platz, als wir mit unseren Schultaschen die Busstufen hinaufstiegen. Geredet wurde nichts, kein Kommentar.

Nach einer Woche war unser frecher vitaler Fahrer wieder da. Er war es, und doch saß da ein anderer: mit verschwollenem, blaurot geschlagenem Gesicht, die Spuren von Schlägen an seinem Körper verdeckte die schäbige Uniform. Sein Mund blieb verschlossen, gestorben waren die frechen Sprüche, über die wir gelacht hatten und die die Eintönigkeit der immer gleichen Strecke würzten. Er blickte scheu und unsicher um sich, als fürchte er, einer stünde plötzlich hinter ihm und schlüge ihn wieder. Man flüsterte, er sei eine Woche in einem dieser Lager gewesen und sei nur freigekommen, weil man großen Mangel an Busfahrern hätte. Und das konnte er gerade noch, das hatten sie ihm gelassen, die Fähigkeit, einen Autobus zu lenken. Ansonsten war er ein Gemüse geworden, ein Haufen welker Blätter, den Saft hatte man aus seinem Leben herausgequetscht.

So war das damals, von '38 bis '45, Jahre, die sehr wichtig für mich waren im Übergang von der Kindheit zum Jugendalter. Und auch ich gelangte einmal ins Sperrfeuer parteigetreuer Beflissenheit. Nämlich als ich, wieder einmal mit dem Zug, diesmal allein und ohne meine Mutter, deren erprobte Zivilcourage mich damals sicher beschützt und verteidigt hätte, vom Land in die Stadt fuhr. Ich stieg, leicht erschöpft von dem schon beschriebenen langen Anmarsch über Felder und Wiesenhänge, in das dicht besetzte Abteil, stellte meine ziemlich schwere Tasche auf den Boden, und da saß, mir wohlbekannt und sehr vertraut aus frühen Kindertagen, die würdige, nun schon ältere Besitzerin des gotischen Hauses, in dem ich geboren war und die ersten sieben Jahre meines Lebens verbracht hatte. Mit ihren lebhaften braunen Augen sah sie mir freundlich entgegen, über ihrer klaren Stirn lag die eisengraue Krone ihrer Haarzöpfe. So hatte ich sie immer gekannt. Sie war eine jener Frauen, die sich nur ganz unmerklich durch die Jahre verändern, weil ihr Boot an der Ankerkette einer tiefen Lebensbezogenheit liegt. Ich wußte, daß sie sehr fromm war, ein Bollwerk christlicher Gesinnung, daß das gegenwärtige Regime sie und ihre Familie, insbesondere den ältesten, Theologie studierenden Sohn, ausgegrenzt und in eine Art luftleeren Raum der Verachtung gewiesen hatte, und so sagte ich, ohne mir bewußt Rechenschaft darüber zu geben, »Grüß Gott« zu ihr. Denn der damals einzig angebrachte und vielgeübte Gruß wäre ihr gegenüber reiner Hohn gewesen. Und ich mochte sie schließlich. In den ersten Jahren meines Lebens war ich viele Vormittage lang, wenn meine Mutter im Geschäft sein mußte und unser Hausmädchen nicht verfügbar war, in ihrer warmen gemütlichen Küche gesessen und hatte ihr zugesehen, wie sie kochte und in ihrer ruhigen Art alle jene kleinen unbedeutenden Dinge tat, aus denen die Arbeitskette eines Haushaltstages besteht. So weit wäre alles gut und nicht erwähnenswert gewesen.

Sie dankte mir für den Gruß, aber da saß, dicht gedrängt mit anderen, ein Parteigenosse, und er fühlte sich bemüßigt – gleichsam unter den imaginären Augen des Führers –, mich, ein deutsches Mädchen, zur Rede zu stellen, wie ich es denn wagen konnte, einen so verächtlichen Gruß zu sagen, wo eines deutschen Mädchens einzig würdiger Gruß doch ... und so weiter. Dieser Mann sagte es mir nicht nur, nein, er schrie mit mir und fühlte sich sichtlich als Anwalt des Reiches, und es war eine leichte Heldentat, ein kleines zitterndes Mädchen von elf Jahren niederzubrüllen. Die von mir so unzeitgemäß gegrüßte Frau sah mich nur traurig an, aus ihren Augen floß sehr viel Güte und Trost zu mir herüber, sie sagte aber nichts, wohl wissend, daß sie mir nicht helfen konnte. Bezeichnenderweise schwiegen auch alle anderen im Abteil, duckten sich in ihre schäbigen Mäntel zurück und ließen ihre Jalousien herunter, immer noch das Beste in diesen gefährlichen Zeiten. Keiner wagte etwa zu

sagen: »Finden Sie es richtig, ein Kind so niederzubrüllen?«
Nein, Zivilcourage war in diesen Tagen sehr teuer zu bezahlen, und man konnte niemandem einen Vorwurf machen, wenn er den Kaufpreis nicht aufbrachte.

Ein anderes, sehr erhellendes Erlebnis, das sich mir tief einprägte und für mich Weichen stellte, war jener Sonntagmorgen, wo wir kleinen BDM-Mädchen wie so oft ins große Kino der Stadt befohlen wurden, um dort irgendeinen Film zu sehen, als Parallelprogramm zu den Sonntaggottesdiensten der Stadtpfarrkirche, die wir dann natürlich wegen Zeitüberschneidung nicht besuchen konnten. Meist sprach, wenn wir endlich alle aufgereiht in den Klappsesseln saßen, noch irgendein Jugendführer erhebende und kriegsmotivierende Worte, wie es totalitäre Parteigehilfen aller Zonen und Zeiten eben tun, und ich besaß bereits eine große Geschicklichkeit im augenblicklichen Abschalten, so daß das hehre Palaver an mir außen hinabfloß wie Wasser über Entengefieder. Ich betrachtete dann meine Fingernägel, die Frisur der vor mir Sitzenden, machte unauffällige Versuche, ihre Zöpfe neu zu flechten, oder überlegte sorgenvoll, daß ich für den Montagsgeschichtsunterricht, an dem eine Prüfung drohte, noch nichts gelernt, daß ich ferner große Rückstände in meinem Physikwissen hatte, und es auch nicht viel nützen würde, wenn ich mich in den Stoff vertiefte. Zum Unterschied zu den vor mir akustisch wegplätschernden Parteiparolen konnte ich nicht, was nun Physik betraf, mein Hirn einschalten, wie ich es hier im Kino abschaltete. Es funktionierte einfach nicht. Und vom ganzen Physikunterricht blieb mir eigentlich nur die Erkenntnis, daß sich über eine schiefe Ebene alles nach abwärts bewegt und daß in ein Vakuum sehr bald, ja mit unheimlicher Unausbleiblichkeit etwas Anderes, Neues eindringt und es ausfüllt, und das mit unbarmherziger Irreversibilität. Das war zwar nicht viel, aber diese beiden Erkenntnisse, im Physikunterricht gewonnen, erwiesen sich in meinem ganzen späteren Leben als sehr wertvoll und nützlich, besonders der mit dem Vakuum, und da wieder speziell für den Umgang mit dem anderen Geschlecht. (Im Klartext: Lasse nie ein dir teures Wesen zu lange allein, jemand anderer könnte schon auf die Chance vorzustoßen warten und sie umgehend nützen...)

Aber ich schweife ab. Gerade sitze ich ja im Kino, vierzehnte Reihe, und unterdrücke ein Gähnen. Noch steht uns die prologartige Parteirede bevor. Ich werde sie auch diesmal überstehen, gleichsam akustisch unter ihr durchtauchend und so dem ideologischen Wellendruck entgehend. Aber diesmal bewegt sich keiner der immerhin ganz erfreulich anzusehenden Jugendführer aufs Podium, sondern schwerfällig und feist kriecht gleich einem khakifarbenen Käfer ein hochrangiger Funktionär in SA-Uniform auf das Podium. Er redet laut, überlaut, man kann ihn schwer überhören. Meine bewährte Methode versagt vor seinem durchdringenden Organ. Ich kann nicht umhin, ihn zu hören. Er redet über die Feinde des Reiches, nun ja. Schließlich machen sie sich ja rund um uns zunehmend bemerkbar. Und dann kommt es: Ihr sollt England hassen, hassen, hassen, schreit der dicke Mann da oben, und seine Stimme überschlägt sich in einem peinlichen Diskant. Bei jedem »hassen« springt er ein wenig in die Luft, wie aufgeblasen von seinen eigenen Emotionen, und sein dicker Bauch, mühsam gehalten vom braunen Riemen der Uniform, wackelt. Es ist ein widerlicher, unästhetischer Anblick, und ohne daß ich mir genau Rechenschaft über meine Gefühle geben kann, steigt plötzlich ein starker Widerwille gegen dieses Regime und diese Ideologie in mir auf. In diesem Augenblick wandle ich mich von einem gedankenlosen kindlichen Mitläufer, dessen Horizont von Elternhaus und Schule ausgefüllt ist, in einen immer kritischer und immer sensibler beobachtenden Gegner der mich umgebenden Zeitszene.

Warum soll ich England denn hassen, denke ich, ich kenne es ja nicht, ich weiß nicht, welche Menschen dort wohnen und wie sie sind, und vor allem will ich nicht hassen, weil es mir hier und jetzt von einem so abstoßenden Menschen befohlen wird. Auch das war ein Schlüsselerlebnis. Und vielleicht spielte irgendwo wie ein sehr ferner verlorener Flötenton am Horizont meiner heraufziehenden Zukunft eine Ahnung mit, daß dieses Land, England, einmal eine sehr wichtige Rolle in meinem Leben spielen und ich es lieben würde, daß es mir Freunde schenken und mich in unverlierbare kostbare Landschaften führen sollte. Gott schreibt gerade auch auf krummen Linien, sagt Paul Claudel, und fast glaube ich, daß dieser sonntägliche Kinobesuch im dritten Jahre des Krieges wichtiger für mich war als die durch ihn verdrängte Messe in der Pfarrkirche. Wenn ich jetzt an diese Zeit zurückdenke, erkenne ich wieder mit Staunen und Dankbarkeit, daß uns in Kindheit und Jugend etwas wie ein seelischer Kokon umgibt, der vieles an Ängsten und der klaren Erkenntnis des Schrecklichen rundum von jungen Geschöpfen abhält. Daß sie sich in einer Art ausgespartem Raum bewegen, zumindest so lange, als Unglück und Not sie nicht unmittelbar treffen.

So fanden meine Schulkameradinnen und ich es eigentlich immer ganz lustig, wenn mit fortschreitendem Krieg die vormittäglichen Luftangriffe fast so etwas wie ein fest einplanbares Ereignis wurden. Wir warteten schon darauf, und das besonders an den Tagen, wo in der fünften Stunde Chemie angesetzt war, welches Fach mich gleich Physik recht wenig interessierte und auf das ich meist nicht vorbereitet war. Gegen elf Uhr mußte das Radio bereits den Anflug feindlicher Luftverbände auf Kärnten/Steiermark melden, sonst klappte die Sache nicht. Ob das so war und wir also getrost unsere Chemiehefte in der Schultasche lassen konnten, darüber informierte uns der äußerst effiziente und auch recht grimmige Schulwart, der ohnehin den ganzen Vormittag am Radio hing, denn es galt ja auch Sondermeldungen von versenkten Schiffen, gewonnenen Schlachten etc. zu hören und gleich weiterzugeben. Dieser Schuldiener war unser Freund, »ich und der Herr Direktor haben beschlossen«, pflegte er zu sagen, und das fanden wir sehr originell. Außerdem stimmte es. Wir gingen also lustlos in den Chemiesaal hinüber, und bevor der Professor auch nur eine Chance hatte, sein Benotungsbüchlein aufzuklappen, ertönte bereits die sehnlich erwartete Sirene, die uns mit ihrem drohenden Auf- und Abschwellen der Töne eigentlich hätte mit Angst erfüllen sollen.

Aber wie gesagt: Dieser schützende Kokon, in dem die Natur alles Junge verpackt und somit versucht, noch eine kleine Schonfrist zu geben, ließ uns die grausame Realität nur in Ansätzen erkennen. Noch während die Sirenen heulten, trabten wir alle unter den wachsamen Augen der Professoren nach Klassen geordnet an die vorbestimmten Plätze in dem großen Bergstollen, der gleich hinter dem hohen Schulgebäude in den Felsen des sogenannten Taborhügels gesprengt und absolut bombensicher war. Natürlich fanden in dem weitläufigen Stollen auch alle Bewohner der umliegenden Straßenzüge Platz, sie strömten herein mit ihren armseligen Taschen und Tüten voll Proviant, denn man wußte nie, wie lange man da sitzen und auf Entwarnung warten würde, mit plärrenden Kleinkindern, die verschreckt waren vom Geheul der Sirenen, mit bindfadenverschnürten Köfferchen und alten Decken.

In dem allgemeinen Gewimmel, das dem eines alarmierten Ameisenbaus glich, verloren die Professoren ein wenig die Übersicht, und einen solchen Moment nützte ich einmal, um zwei andere Klassenkameradinnen zu überreden, uns doch aus diesem langweiligen Stollen, wo die Englischlehrerin uns gewiß wieder ermahnen würde, Vokabeln zu lernen, herauszuschleichen und auf den Stadtplatz in den großen Sparkassenluftschutzkeller zu laufen, wo es, wie ich gehört hatte, immer recht munter zuging. Wir drückten uns also an den feuchten, in keiner Weise verkleideten Erdwänden entlang gegen den hereinziehenden Strom, und während der Luftschutzwart gerade eine Frau zur Rede stellte, die unnötig viel Gepäck hineinschleppen und somit einem Menschen Platz stehlen wollte, glitten wir eilends hinaus, die Stiege vor der hochragenden Barockkirche mit dem Fresko des heiligen Michael hinunter, wir liefen über die Brücke, die das smaragdgrüne Wasser des kleinen Flusses überspannte, wenige Meter vor seiner Einmündung in den anderen größeren, der im Gegensatz zu seiner Edelsteinklarheit meist trübes lehmgraues Wasser führte, wir liefen mit einem leisen Anflug von schlechtem Gewissen durch die enge Häuserschlucht, die sich dann zum Stadtplatz hin öffnete, und kein Mensch war mehr zu sehen.

Wie eingesaugt in ein großes Vakuum angstvoller Erstarrung lag die Stadt da. Alles Leben hatte sich unter die Erde zurückgezogen, in der Hoffnung, das Unheil wieder einmal zu überstehen. Es war totenstill, – aber nein, nicht ganz. Ein sehr fernes leises, aber überaus eindringliches Brummen, das unaufhaltsam anschwoll, lag in der Luft und sickerte aus dem verhangenen grauen Himmel. Wir wußten, daß das die Flugzeuge waren, jene, die kurz zuvor noch Kärnten und Steiermark gequert und nun den Luftraum Oberösterreichs erreicht hatten. Wir liefen gegen unsere Atemlosigkeit und fanden alles sehr abenteuerlich. In wenigen Minuten erreichten wir das etwas protzige, aus der Gründerzeit stammende Sparkassengebäude, wir sausten hinein, in den Keller hinunter, hämmerten an die Stahltür, die der Luftschutzwart in richtiger Einschätzung des unmittelbar bevorstehenden Angriffs bereits verschlossen hatte. Er ließ uns hastig ein und begleitete sein Entsetzen über unser spätes Auftauchen mit ein paar nicht salonfähigen oberösterreichischen Kraftausdrücken, die keinen Zweifel darüber ließen, was er von uns hielt.

Ein bißchen eingeschüchtert suchten wir einen Platz, wo es vielleicht ein wenig unterhaltsam und lustig würde. Aber lustig wurde es an diesem Tag nicht, denn schon nach knapp fünf Minuten erschütterten gewaltige Detonationen den Keller, das Licht ging überall aus, Staub rieselte von der Decke, und da stand nur mehr die Angst im Raum und das unterdrückte Seufzen der Menschen.

Als endlich die Entwarnungssirene ertönte und wir benommen auf die Straße traten, fehlten die zwei unmittelbar neben der Sparkasse stehenden Häuser, in jener Richtung, aus der wir gekommen waren. Wie zwei häßliche Zahnlücken mit schartigen Mauerresten und einer schrecklichen Leere dahinter lagen sie da, und hätten wir nur ein wenig gezögert oder wären langsamer gegangen, so wären wir wohl zusammen mit den schönen alten Renaissancehäusern eliminiert worden.

Theodor Kramer

Eiserne Vögel

Eiserne Vögel – jäh bin aus dem Schlaf ich erwacht –
surrn übers Haus und surren dahin durch die Nacht,
tragen den Tod in den Fängen bis fern in mein Land,
lassen ihn fallen und setzen die Städte in Brand.

Überall bersten die Häuser, wohin sie auch ziehn,
– erst Wiener Neustadt, dann wiederum Steyr, dann Wien –
schmelzen die Hallen, verkrümmen sich Gleise und Stahl,
sengt es, verschüttet es Tausende auch ohne Wahl.

Mit den Maschinen, den Zügen, das Land zu befrein,
reißt es entzwei die Genossen; vielleicht muß es sein...
Was aber tu ich, quillt ihnen das Blut aus dem Mund,
ich, der ich lebe, was tat ich zu jeglicher Stund?

Lahm und verfettet, hab stets ich euch schweigend geehrt,
jegliche Stund hierzulande euch denen erklärt,
die euch beschicken mit Flammen und heulendem Erz,
daß ihr Geschäft sie vollbringen in heiligem Schmerz?

Kinder von Steyr und Frauen im flammenden Wind,
dreimal verwirkt ist mein Blut, da das eure verrinnt;
Rauch ist mein Atem, Genossen, mit dem ich euch weih,
schluchze und praßle und raßle euch Österreich frei.

Wladimir Maximowitsch Berimez
Brief aus Talalajvka

Irgendwann im März 1945 wurde ich von Buchenwald nach Steyr überstellt, auf dem Umweg über ein kleines Lager, an dessen Namen ich mich nicht mehr erinnere. Vielleicht war es ein Außenkommando des Nebenlagers Linz. Jedenfalls war ich dort nur zwei oder drei Wochen lang inhaftiert. Und vor Buchenwald hatte ich in Groß-Rosen gelitten, und vor Groß-Rosen in einer Rüstungsfabrik nahe Berlin geschuftet, nachdem ich im Juli 1942 zur Zwangsarbeit nach Deutschland verschleppt worden war.

Das KZ Steyr unterschied sich kaum von den vielen Konzentrationslagern, die die deutschen Faschisten auf fremdem Territorium – außer in Österreich auch in Frankreich, Polen und Tschechien – errichtet hatten. Es lag drei oder vier Kilometer außerhalb der eigentlichen Stadt und bestand aus dreißig bis vierzig ebenerdigen Holzbaracken, die nicht wintertauglich waren. Die Häftlinge schliefen auf zweigeschossigen Holzpritschen. Die Matratzen waren mit Holzspänen gefüllt, zum Zudecken gab man uns verschlissene Decken. Rund um das Lager war in zwei Reihen Stacheldraht gezogen, und zwischen diesen Reihen befanden sich Rollen, ebenfalls aus Stacheldraht. An jeder Ecke des Lagergeländes erhoben sich Wachtürme, die mit Scheinwerfern versehen waren. Die Wachposten waren mit Maschinengewehren ausgerüstet.

Hinter dem Gelände standen die Baracken für die Lagerwache. Dort waren auch die Lagerbestände für Lebensmittel und Munition untergebracht. Ein Schienenstrang führte zum Lager und von dort weiter nach Steyr. In meiner Erinnerung lag die Stadt an einem schönen See, ein Irrtum, wie ich später zur Kenntnis nehmen mußte, es handelte sich wohl um den Ennsfluß.

Nach der Ankunft im KZ Steyr mußten die Gefangenen eine Reinigungsaktion über sich ergehen lassen: Scheren der Haare (in breiten Streifen von der Stirn bis zum Scheitelbein), Desinfektion, kalte Dusche, Quarantäne zwei bis drei Tage lang, Auffüllen der Arbeitskommandos. Die Häftlinge, die wie ich aus dem KZ Buchenwald stammten, waren unterschiedlicher Herkunft. Es gab unter ihnen Franzosen, Polen, Tschechen und Juden, hauptsächlich aber Russen und Ukrainer. Ich wurde einem Kommando zugeteilt, das Reparaturen an der Eisenbahntrasse vornehmen mußte. Das war eine sehr schwere Arbeit. Alle Tätigkeiten führten wir manuell durch: Tragen der Schienen und der Schwellen, Auftragen und Verteilen des Schotters mit Hauen. Während der Arbeit wurden wir von Aufsehern bewacht, den sogenannten Kapos, die mit Schlagstöcken ausgestattet waren. Sie trieben uns systematisch an: »Bewegung, aber schnell«; wenn wir ihrer Meinung nach nicht hurtig genug waren, kam einer von ihnen näher und prügelte mit den Worten »Bist du faul, Mensch!« auf uns ein.

Wir arbeiteten ohne Unterbrechung von sechs Uhr morgens bis fünf Uhr abends. Dann kam der lang erwartete Ruf »Feierabend!«, worauf wir in Fünferreihen Aufstellung nahmen und in Kolonnen unter der Bewachung von SS-Männern ins Lager marschierten. Es war streng verboten, am Wegesrand Zigarettenstummel oder Essensreste aufzuheben. In einem solchen Fall hatten die Wachmannschaften das Recht, ohne Vorwarnung zu schießen, ebenso bei einem Fluchtversuch. Nach der Ankunft im Lager mußten wir zur Überprüfung des Lagerbestands am Appellplatz antreten, und zwar bei jeder Witterung. Es dauerte immer sehr lange, bis das ganze Lager abgezählt war. Die Überprüfung führte ein SS-Offizier durch, wobei er die Lagernummer jedes Häftlings aufrief. Nach dem Appell wurde die Lagersuppe ausgegeben. Bei der Tür zur Küchenbaracke standen die Kannen mit Suppen, daneben, auf einem Tisch, die Näpfe aus Aluminium.

Am nächsten Morgen verließen die Häftlinge auf das Kommando »Aufstehen« die Baracken. Draußen erhielten sie ein Stück

Brot (im Regelfall 300 Gramm), 15 Gramm Margarine, Ersatzkaffee ohne Zucker. Freizeit gab es fast nicht, weil die Erschöpfung so groß war, daß wir uns gleich nach dem Appell und dem Verzehr der Lagersuppe auf unsere Pritschen warfen. Bei Schlechtwetter wurden die Baracken aufgeräumt, der Boden gewaschen und die Fenster geputzt. Die Gespräche zwischen uns kreisten einerseits um die Not, die wir hier erlitten, um Erinnerungen an früher, aber auch um unsere Träume von Brot, an dem man sich reichlich satt essen kann, oder um den Glückspilz, der in seiner Suppe eine ganze Kartoffel gefunden hatte. Bis auf den Gang zur Latrine durften wir uns auf dem Lagergelände nicht frei bewegen.

Nach einigen Wochen wurde ich sehr schwach und konnte den physischen Belastungen bei der Reparatur der Bahnlinie nicht länger standhalten. An den Beinen bekam ich Geschwüre, die nicht abheilten. Außerdem begannen die Beine anzuschwellen. Auf Befehl des Blockführers wurde ich in die Krankenstube gebracht. Bis auf das – seltene – Wechseln der Verbände wurde dort keine Behandlung vorgenommen. Die Kranken erhielten auch nur die halbe Verpflegung. Die Diagnose lautete in allen Fällen: Erschöpfung wegen Unterernährung. Alle Insassen des Reviers waren zum langsamen Tod verurteilt. Im Lager gab es kein Krematorium. Jeden Tag wurden Leichen weggeschafft, aber wir wußten nicht wohin.

Allmählich ging der Krieg zu Ende. Immer öfter konnte man diese Worte hören: »Hitler kaputt.« Irgendwie schaffte ich es, bis zum Tag der Befreiung, dem 5. Mai 1945, durchzuhalten. Die amerikanischen Truppen marschierten in Steyr ein, ohne daß es dabei zu Kampfhandlungen kam. Durch das Fenster der Baracke beobachteten wir, wie die Lagerwache in aller Eile Zivilkleidung anzog und ihre Posten auf den Wachtürmen verließ. Das war das Ende unseres lange erduldeten Leidens. Auf dem Lagermast wurde eine weiße Fahne gehißt. Alle Häftlinge rannten zum Tor, öffneten es, stürzten sich auf die Baracken der SS und fielen über die Depots mit Lebensmitteln und Kriegsmaterial her. Außer Brot war dort nichts Eßbares zu finden. Jeder von uns nahm, soviel er nur nehmen konnte, und trug es zu seiner Pritsche. Außerdem bewaffneten wir uns mit Gewehren und Maschinenpistolen.

Nach einigen Tagen erhielt ich von der provisorischen Stadtpolizei eine Bescheinigung. Sie lautete auf den Namen Pierimez Wladimier Maximowitsch, geboren am 17. 10. 1923, und war unterzeichnet mit: »Polizei-Revier Kramer«. Leider ist dieses Dokument, mit dem ich Anspruch auf Wiedergutmachung aus einem deutschen Fond hätte, verlorengegangen.

In der Zeit zwischen dem fünften und dem zehnten Mai herrschte im Lager Willkür. Alle ehemaligen Häftlinge verpflegten sich mit dem, was sie bei der ortsansässigen Bevölkerung finden konnten. Dann rasselte ein Panzer der US-amerikanischen Armee ins Lager, gefolgt von ein paar Jeeps. Ein Offizier forderte uns auf, in der amerikanischen Zone zu bleiben. Wir dürften, versprach er, in Zukunft in westlichen Ländern arbeiten. Ich persönlich wollte dieses Angebot nicht annehmen, und ich war mit meiner Haltung nicht allein. Unterdessen marschierten viele deutsche Wehrmachtssoldaten in voller Ausrüstung am Lager vorbei nach Westen, um bei den Amerikanern in Gefangenschaft zu geraten.

Einige Tage später traf die Rote Armee in Steyr ein. Es kam zu einem Treffen, bei dem die sowjetischen Offiziere dazu aufriefen, der herrschenden Willkür ein Ende zu machen. Die Stimmung war bei allen fröhlich. Viele weinten, vor Freude. Im Lager blieben nur die russischen Häftlinge zurück. Es wurde gutes Essen organisiert, wodurch wir wieder zu Kräften kamen. Auf Geheiß der sowjetischen Kommandanten wurden alle ehemaligen Häftlinge, die sich noch im Lager befanden, ungefähr 200 Personen, zur Demontage Steyrer Fabriksanlagen herangezogen. Die Maschinen wurden auf die Eisenbahn verladen und in die Sowjetunion verschickt.

Einige Wochen später kehrte auch ich mit einem Transport ehemaliger Zwangsarbeiter und KZ-Häftlinge in die UdSSR zurück. Dort erlebten wir Überlebende eine herbe Enttäuschung: Die offiziellen Stellen, mit Stalin an der Spitze, mißtrauten allen seinerzeit nach Deutschland verschleppten »Ostarbeitern«, sie betrachteten uns als Spione und Verräter an der Heimat. Menschen wie wir durften keine führenden Positionen einnehmen, auch die Aufnahme in die Kommunistische Partei wurde uns verwehrt. Diese Diskriminierung habe ich an mir selbst erfahren. Ich war trotz meiner technischen Ausbildung gezwungen, Hilfsarbeiten in industriellen Produktionsstätten zu verrichten.

Ich bin jetzt achtzig Jahre alt, alleinstehend, wohne bei Verwandten und beziehe eine monatliche Pension von 150 Griwen, das sind etwa 25 Euro. Ich lebe am Existenzminimum, habe kein Geld für ärztliche Behandlung zur Verfügung und muß die Hausarbeit selbst verrichten. Wenn es jemandem gelänge, meine Bescheinigung als KZ-Häftling ausfindig zu machen, könnte ich den Anspruch auf Entschädigung geltend machen. Das würde meine Situation verbessern. Und ich wäre ihm, oder ihr, bis an mein Lebensende dankbar.

Verzeihen ist Lüge

Evelyn Grill

Kindheitshimmel

Ein strahlendblauer Himmel, zersäbelt von weißen Strichen. Kondensstreifen. Das war der Krieg. Ist es möglich, daß sich ein dreijähriges Kind daran erinnert? Daß es sich an den muffigen Keller erinnert, in dem es mit der Mutter und dem kleineren Bruder hockte, den Geruch nach Schimmel, faulendem Gemüse, alterndem Obst in der Nase? Nein, den Geruch denke ich mir dazu, aber die feuchte Finsternis des Gemüsekellers, der nun als Luftschutzkeller herhalten mußte, diese Erinnerung lasse ich mir nicht nehmen. Auch nicht den blauen Himmel mit den weißen Streifen, die aussahen, als wollten sie ihn durchstreichen, als hätte der Maler Arnulf Rainer auf ihm gewütet. An der Hand der Mutter wahrscheinlich bin ich aus dem Keller gekrochen, stand in der blendenden Sonne unter dem stahlblauen Himmel, diesem wie außer Kraft gesetzten Himmel. Was ist das, Mutter? Das sind Kondensstreifen. Kondensstreifen? Was sind Kondensstreifen? Die kommen von den Flugzeugen, von den Bombern, aber das verstehst du nicht.

Mitten im Krieg waren wir umgesiedelt. Aus einer kleinen Zweizimmerwohnung im Erdgeschoß, vor deren Fenstern die Enns vorbeifloß; aber das Wasser zum Kochen und zum Waschen mußte die Mutter von einem Ziehbrunnen holen. Nun waren wir in eine Wohnung im zweiten Stock des Gemeindeamtes gezogen, das von der alten Wohnung kaum fünfzig Meter entfernt lag. Fließendes Wasser gab es auf dem Gang, wir brauchten nur den Hahn aufzudrehen. Aus dem zweiten Stock hatten wir eine schöne Aussicht, mein Bruder und ich kletterten auf das Fensterbrett, meine Eltern hatten Gitter vor den Fenstern angebracht, an denen klammerten wir uns fest.

Wenn wir aus dem sogenannten Luftschutzkeller heraufkamen, lag mein Vater auf der Ottomane. Ich wäre gerne bei ihm geblieben. Sein Mut flößte auch mir Mut ein, bei ihm fühlte ich mich sicherer als im Keller. Aber ich durfte nicht bleiben. Nur er allein nahm sich das Recht heraus, sich den tödlichen Bomben auszusetzen. Sicher wäre er ein tapferer Soldat geworden, aber er mußte nicht einrükken, er wurde in der Heimat gebraucht. Mein Vater war Lokomotivführer. Meine Mutter sagte, da hat er viel gesehen, das hat ihn krank gemacht. Das allerdings hörte ich erst viel später von ihr, da konnte ich ihn nicht mehr fragen. Nach dem Krieg wurde mein Vater zur Schmalspurbahn versetzt, dort habe ich ihn in Erinnerung, auf der Dampflokomotive, mit der fuhr er von Garsten nach Klaus, von Endstation zu Endstation. Während des Krieges war er auf der »großen Bahn« eingesetzt gewesen, da fuhr er auch Güterzüge nach Mauthausen. Manchmal soll er gesagt haben: Wenn uns das einmal heimkommt. Was? fragte meine Mutter, aber er sagte nichts, rauchte seine selbstgedrehten Zigaretten und trank seinen Rum mit Tee und verbot meiner Mutter, der NS-Frauenschaft beizutreten. Das wurde mir erzählt, als er längst tot war.

In Steyr gab es viele Bombenschäden. An Ruinen erinnere ich mich, an abgestützte Mauern, ich ging an der Hand der Mutter. Was hatten wir in der Stadt zu suchen? Die Geschäfte waren leer, es gab nichts zu kaufen. Auf Garsten waren keine Bomben gefallen, der Pfarrer wußte warum, er predigte es von der Kanzel (damals stieg der Pfarrer noch auf die Kanzel), der heilige Berthold, Garstens mächtiger Schutzheiliger, hatte durch seine Fürsprache bei der Muttergottes großen Schaden verhindert. Das glaubte ich und fand es wunderbar. Was hätte man in Garsten auch bombardieren sollen? fragte die Mutter verächtlich. Da gibt es doch nichts, was den Amis eine Bombe wert gewesen wäre. Ein Glück, sagte die Tante, es hätte sich eine Bombe ja verirren können, so ein Irrläufer hätte in ein Wohnhaus oder gar in der Kirche einschlagen können, sagte sie, die nach dem Krieg wieder katholisch geworden war, da muß schon eine höhere Macht im Spiel gewesen sein.

Meine Erinnerung an Garsten beginnt mit unserer Wohnung im zweiten Stock des Gemeindeamtes. Damals gab es in unserer unmittelbaren Umgebung nur einstöckige Häuser. Wir hatten den Überblick. Wenn wir uns aus dem Fenster lehnten, sahen wir die zweiundsiebzig Meter hohen barocken Zwiebeltürme der Pfarrkirche, den Pfarrhof und das Zuchthaus, ein ehemaliges Benediktinerkloster. Wir sahen den Pfarrgarten, ein unbetretbares Paradies, den Pfarrer, wie er in eleganter Soutane brevierbetend zwischen den Rosenstöcken und den Gemüsebeeten wandelte, während die Pfarrersköchin sich über die Salatpflanzen buckelte. Der Garten war zum Dorfplatz hin von einer hohen Mauer umgeben, an der Seite jedoch, die an unsere Wiese und den Fußweg grenzte, mit Stacheldraht umzäunt. Durch das rostige Maschengitter reckten uns je nach Jahreszeit duftender Jasmin, rote Weigelia, Ribisel- und Stachelbeerstauden ihre Äste entgegen. Im Garten stand weiters ein mächtiger Nußbaum, der seine Nüsse auch außerhalb des Zaunes fallen ließ, wir sammelten sie verstohlen und hatten dabei kein reines Gewissen. Eine meiner Freundinnen wohnte ganz nahe am Nußbaum, nächst dem Pfarrgarten, der Kirche und dem Gefängnis. Sie hatte den interessanteren Ausblick, obwohl sie nur aus dem ersten Stock schauen konnte. Sie sah auch auf die Enns mit ihren Strudeln, hörte ihr Rauschen zum Einschlafen. Dafür konnte ich das Platzl überblicken und beobachten, wie die Schmalspurbahn die Höhe hinaufkeuchte, und ich hörte das Pfeifen der Lok, bevor sie in Sarning einen unbeschrankten Bahnübergang querte. Mein Vater, der als Lokomotivführer, wie ich meinte, nicht viel anderes zu tun hatte, als rechtzeitig die Signalleine zu ziehen, einen Hebel zu bedienen und lässig aus dem Fenster zu lehnen, während der Heizer rußgeschwärzt und schwitzend Kohlen nachzuschaufeln hatte, sandte zur Freude von uns Kindern sein unverwechselbares Pfeifsignal; niemand konnte die Lok so pfeifen lassen wie mein Vater, es klang wie ein Trillern. Ich war stolz auf ihn.

Das Rauschen der Enns, das Schnauben der Schmalspurbahn und ihr Pfeifen, die Sonntagsglocken der Kirche, das waren die Klänge, in die ich eingebunden war wie in ein akustisches Fadenkreuz.

Als der Krieg zu Ende war, war ich drei Jahre alt, und die Amis kamen auch nach Garsten; sie waren eines Tages da, lehnten an ihren Jeeps in ihren ockerfarbenen Uniformen; sie aßen riesige Tafeln Schokolade, eine für uns Kinder damals unerreichbare Köstlichkeit, und wir starrten die Männer an, wie sie in die Schokolade bissen, die in ihren Händen weich wurde und sich bog. Meinem Bruder, der blonde Locken hatte, wurde von einem Soldaten Schokolade angeboten, hingehalten, es war ein *Neger*, der Zweijährige lief schreiend davon, als sich das schwarze Gesicht zu ihm herabbeugte, und ich, obwohl eineinhalb Jahre älter, rannte ihm hinterher, verfolgt vom Lachen des Mannes. Die fremden Soldaten blieben nicht lange, sie lagerten hauptsächlich auf dem Kirchenplatz, auf dem ein mächtiger Lindenbaum stand, der zur Maienzeit blühte und duftete. Er ist längst gefällt. Es gibt ihn nur noch in meiner Erinnerung, wie anderes, von dem ich erzählen will, als könnte ich das Verschwundene der Vergangenheit, dem Vergessen, entreißen: die Enns, den Pfarrgarten, die Steyrtalbahn mit ihrem Geschnaufe und Gepfeife die Garstner Höhe hinauf, meinen Vater.

Immerhin, die barocke Kirche mit ihren zwei Zwiebeltürmen, der mächtige Klosterbau, umgewandelt in eine Männerstrafvollzugsanstalt, in meiner Kindheit nannte man es Zuchthaus, haben sich erhalten. Die Insassen hießen Zuchthäusler, die leichteren Fälle sah man häufig in Begleitung der schmuck uniformierten Aufseher in grauen Drillichanzügen mit den aufgedruckten Buchstaben Z und G im Gleichschritt durch den Ort marschieren. Sie durften außerhalb der Gefängnismauern arbeiten. Ich kann mich erinnern, sie beim Straßenbau schuften gesehen zu haben, vor allem aber sah ich sie durch den Ort marschieren. Die *Schwereren* hatten keinen Ausgang, die blieben in ihren Zellen sitzen und preßten ihre Gesichter an die vergitterten Fenster, sie umklammerten das Eisen, manchmal hörte man sie etwas rufen, dann hoben die Wachebeamten ihre Gewehre, und ich schauderte. Eingesperrt zu sein, schien mir zum Entsetzlichsten zu gehören. Wenn du brav bist, brauchst du dich nicht zu fürchten, dann wirst du nicht eingesperrt, sagte meine Mutter. Die Sträflinge haben alle etwas angestellt, sie sind selbst schuld. Neben den kleinen Ganoven und den Schwerverbrechern gab es noch *Politische*. Die hatten etwas mit dem Krieg zu tun gehabt und mit Hitler. Als in der zweiten Volksschulklasse ein Mitschüler an einer rätselhaften Krankheit starb, durfte sein Vater, ein Garstner, flankiert von zwei Aufsehern, durch sie auch von der übrigen Trauergemeinde und seiner Frau mit der kleinen Tochter getrennt, am Begräbnis teilnehmen. Er war ein *Politischer*, mußte nach der Beerdigung seines Sohnes zurück in die Zelle. Das schien mir eine harte Strafe zu sein. Ich meinte damals, der Tod eines Kindes reiche zur Begnadigung.

Im Erdgeschoß des Gemeindeamtes befand sich der Gemeindearrest. Gegenüber der schwarzen eisernen Kerkertür lag die Kanzlei der Kriegsopferfürsorge. Das martialisch vergitterte Fenster des Karzers ging auf unsere Spielwiese hinaus. Ihn gibt es nicht mehr, ich glaube, er ist heute ein Lagerraum, auch die Wiese wurde zubetoniert und in einen Parkplatz verwandelt. Im Arrest tobten und brüllten in meiner Kindheit die Insassen, ich hatte Angst, sie könnten entkommen. Randalierer, sagte meine Mutter verächtlich, normale Garstner Bürger zumeist, die im Rausch gewalttätig geworden waren und im Arrest ausgenüchtert wurden, manchmal aber auch richtige Narren, Verrückte, die im *Versorgungsheim* von geistlichen Schwestern betreut wurden. Wenn sie dann ihre Anfälle bekamen, wurden sie von Gendarmen abgeholt und in die Arrestzelle gesperrt. Dort blieben die Männer, bis sie sich beruhigt hatten und keinen Laut mehr von sich gaben. An einen Fall erinnere ich mich; der Unglückliche brauchte drei Tage, bis er sich ausgetobt hatte. Sein Gebrüll verfolgte mich bis in meine Träume.

Die Enns, die damals noch an der Strafanstalt und meinem Geburtshaus vorbeifloß, trat mindestens einmal im Jahr über die Ufer. Da waren die Strudel in dem braunen Wasser noch bedrohlicher anzusehen. Viele Erwachsene standen in Gummistiefeln am Rand und fischten Stämme und Äste, die herangetrieben wurden, aus dem Fluß. Die Mutter meiner Freundin, die keinen Mann hatte und von einer winzigen Rente leben mußte, sammelte auf diese Weise soviel Holz, daß sie den Winter über keines kaufen mußte.

Diese Frau war eigentlich ein Fräulein. Sie hatte Jahre in Wien verbracht, war dort bei einer *Herrschaft* in Dienst gewesen und sprach für gewöhnlich nach der Schrift. In der Großstadt hatte sie auch Gesangsunterricht erhalten, sie sang schon am frühen Morgen bei offenem Fenster, meistens Lieder aus Operetten, ich fand das sehr schön und versuchte sie nachzuahmen, aber die Nachbarn tippten sich an die Stirn: Die spinnt. Das spinnerte Fräulein hatte einen Bücherschrank, darin standen Werke von Goethe, Schiller und Novalis. Sie dichtete auch selbst und las uns ihre Gedichte vor, die mir großartig vorkamen. Sie erzählte uns von ihrer ersten großen Liebe, der zwar ein Nazi gewesen, aber schließlich doch von Hitlers Schergen umgebracht worden war. Von ihrer zweiten Liebe wurde sie schwanger. Allerdings bekam in Garsten nie jemand diese zweite Liebe, den Vater meiner Freundin, zu Gesicht. Die Frau hat es nie verwinden können, daß sie wegen des Kindes von Wien, wo sie mit Stöckelschuhen ins Theater und in die Oper gegangen war, hierher hatte zurückkehren müssen, in den Schoß ihrer Familie, dem sie doch entflohen war. In Garsten trug damals niemand Stöckelschuhe. Das Fräulein war, obwohl es Gedichte schrieb, Goethe und Schiller las, Operettenlieder sang und sich beim Schrubben der Holzböden in den Klassenzimmern der Volksschule die Finger wundrieb, in Garsten nicht sehr angesehen. Sie ging trotzdem hocherhobenen Hauptes durch den Ort, das sah aus, als sei sie stolz, und Stolz war das letzte, was man ihr zugestand. Ich war froh, daß ich einen Vater hatte und daß meine Mutter nicht gezwungen war, Brennholz aus der hochwasserführenden Enns zu fischen.

Allerdings starb mein Vater, als ich zehn Jahre alt war; er war geachtet im Ort, auch bei den *Schwarzen*, obwohl er ein *Roter* war und nie in die Kirche ging. Auch meine Mutter ging nie in die Kirche, aber ich war eine eifrige Kirchgängerin, mir gefiel schon als Kind die Garstner Stiftskirche mit den vielen Putti, dem Gold und dem Schnörkelwerk, ich liebte den Geruch des Weihrauchs und das Dröhnen der Orgel. Dennoch wurde mir bei den Fronleichnamsprozessionen, an denen wir Mädchen in weißen Kleidern teilnahmen, nie die Ehre zuteil, eines von den Marterwerkzeugen, die Lanze oder den Schwamm zum Beispiel, mit einem weißen Tuch umhüllt, mitzutragen. Ich mußte mit meinem Körbchen vorlieb nehmen, in das ich Rosenblätter gesammelt hatte, die ich unterwegs verstreute. Wahrscheinlich traute man meiner Frömmigkeit wegen meines sozialistischen Vaters nicht. So sehe ich es heute, als Kind hatte ich nur das Gefühl, nicht dazuzugehören. Mein Vater lebte gerade so lange, daß meine Mutter seine volle Pension bekam; davon, das habe ich in Erinnerung, davon sprach der Vater noch im Krankenhaus. Es beruhigte ihn; seine Familie konnte er in der Sicherheit der staatlichen Versorgung zurücklassen.

Einmal war mein Vater mit mir und meinem Bruder zur Enns schwimmen gegangen, genauer gesagt in die kleine Bucht, die wir Mehllacke nannten, weil sie einen schmalen Sandstrand hatte. Linkerhand waren Schrebergärten, und rechts türmte sich eine Müllhalde, deshalb mußte man beim Hineingehen ins Wasser aufpassen, um nicht auf Glasscherben zu treten. Mein Vater setzte mich auf seine Schultern und schwamm mit mir hinaus in die wilden Wellen. Später wäre ich an dieser Stelle bald ertrunken, hätte mich nicht ein Fremder, der über den Schuttplatz rannte und in den Fluß sprang, gerettet. Da lebte mein Vater noch, aber er war schon zu krank, um mit uns zum Schwimmen zu gehen. Meine Mutter konnte nicht schwimmen. Sie blieb auch an den schönsten Sommertagen zuhause, saß bald an dem einen, bald an dem anderen Fenster und strickte und schien immer auf etwas zu warten. Sie konnte beruhigt sein, sie wußte uns in der Obhut des Fräuleins, das mit uns Kindern, wenn die Enns noch zu kalt war, zum Garstnerbach wanderte, wo wir das Wasser zu kleinen Tümpeln stauten. Dort wimmelte es von Ringelnattern, Blutegeln, Molchen, Kaulquappen und kleinen Fischen.

Im Mai des Jahres 1952 wurde mein Vater ins Krankenhaus der Barmherzigen Brüder nach Linz eingeliefert, ich besuchte ihn einmal mit meiner Mutter, dann brachte sie uns Kinder zu den Großeltern nach Molln. Als wir zurückkamen, war mein Vater tot; verstorben, mit fünfzig Jahren. Ich war lange Zeit überzeugt, daß er wiederkommen würde, obwohl ich dabeigewesen war, als sein Sarg ins Grab gesenkt worden war, und gar nichts empfunden hatte. Als ich nicht mehr daran glaubte, ihn noch einmal wiederzusehen, hatte ich aufgehört, ein Kind zu sein.

Wenn ich heute nach Garsten komme, erschrecke ich, wie fremd mir der Ort geworden ist. Er sei schöner geworden, sagt man, sagen alle; was es jetzt hier alles zu kaufen gibt, das hat es früher nicht gegeben, die vielen Geschäfte, ein Schwimmbad statt der Enns, eine Raiffeisenbank statt des Pfarrgartens, einen Parkplatz anstelle meiner Wiese.

Ich gehe in die Kirche, vor dem Altar stand einmal der Sarg meines Vaters und später der meiner Mutter, dort fühle ich mich ein wenig heimisch, obwohl ich längst meinen Kindheitsglauben verloren habe.

Josef Preyer

Quis ut deus

Nahezu unbeweglich, den Blick auf das Bild gerichtet, sitzt der Mann im Kirchengestühl.
Das Altarbild der Michaelerkirche in Steyr stellt den siegreichen Kampf des Erzengels Michael gegen Luzifer und dessen Anhänger dar. Quis ut deus. Wer ist wie Gott. Eine Frage ohne Fragezeichen, in goldenen Lettern über dem Altarbild angebracht. Darunter in einer golden strahlenden Monstranz die mit einem Kreuz versehenen Buchstaben IHS ›in hoc signo vinces‹, in diesem Zeichen wirst du siegen.
Kreuzzug, denkt der Mann in der Kirchenbank. Glaubenskrieg. Kein leidender, barmherziger Jesus, keine gütige Maria. Michael, der Feldherr Gottes, im Zentrum. Oben, links, Gott als etwas verloren wirkender alter Mann, mit wirrem, weißem Haupt- und Barthaar. Vergeistigt.
Die englische Heerschar Gottes kindlich jung. Aus den Schultern Michaels und seiner Engel ragen schwarze Flügel. Die Füße sind hart und muskulös, um kraftvoll nach unten treten zu können.
Die in die Hölle stürzenden Männer tragen keine Flügel.
Eine Säuberungsaktion, denkt der Mann.
In seiner ausgestreckten rechten Hand hält Michael ein Bündel Blitze, die nach unten schlagen und einen seiner Flügel fast weiß leuchten lassen. Michael als griechischer Kämpfer, gekleidet in Blau und Gold, mit wehendem roten Umhang.
Aus den Tiefen der Hölle, in die Michael die gefallenen Engel treibt, dringt grauer Rauch, der das gesamte, zehn Meter hohe Bild, bis hinauf zu Gott, erfüllt. Wo der Höllenqualm seinen Ausgang nimmt, findet sich die Signatur des Malers. Franz Xaver Gürtler.

In der französischen Stadt Avranches, denkt der Mann, kann man das Loch im Schädelknochen des Bischofs Aubert betrachten, der einst zögerte, mit dem Bau einer Kirche zu Ehren des Heiligen Michael zu beginnen, worauf ihm dieser den Kopf auf nachdrückliche Weise zurechtrückte und so den Bau von Saint-Michel erzwang.

Mit einer Waage entscheidet er, wer in den Himmel darf oder in die Hölle muss. Ohne Fegefeuer, ohne Vorhölle, ohne Erbarmen.

Nach dem Krieg saß die Großmutter in der Pfarre St. Michael, in einer Bank, die auf Email ihren Namen trug, auf der linken Seite des Kirchenschiffes.

Das Schild ist im Zuge liturgischer Neuerungen entfernt worden, die Löcher, welche die Schrauben hinterlassen haben, kann der Mann noch mit den Fingerspitzen ertasten.

Die Großmutter saß stundenlang in ihrer Bank und starrte auf den Altar. Außerhalb der heiligen Messen, die sie nicht mehr besuchte.

Sie wollte für ihren im Krieg gefallenen Sohn eine Messe lesen lassen, eine Messe mit Orgelbegleitung.

Der Pfarrer von Sankt Michael fragte sie nach dem Schicksal des Sohnes und riet ihr dann: »Lassen Sie das mit der Messe. Ein Soldat, der in der SS war, kommt nicht in den Himmel. So viele Messen können Sie gar nicht bezahlen.«

Er war ein Bub ohne Vater. Mein Mann war beim Holzfällen verunglückt. Wir waren zu dumm, wir haben das nicht verstanden, als er einrücken musste. Sagte die Großmutter. Er war zur falschen Zeit jung. Er war groß und blond und hatte blaue Augen. Zur falschen Zeit. Seine junge Frau war schwanger, als er in den Krieg zog. Seine Briefe an uns wurden immer ernster. Dann war er tot. Gefallen. Sagte die Großmutter.

Sie erhielten ein amtliches Schreiben mit dem Foto eines Holzkreuzes, auf das ein Helm mit einem Schussloch gestülpt war.

Der Pfarrer schwieg.

Der Pfarrer hatte Recht, denkt der Mann. Verzeihen ist Lüge. Die Flügel der Engel sind schwarz. Die Männer rettet keiner.

Hilde Schmölzer

Spurensuche

Was bedeutet mir diese Stadt? Was bedeutet sie einer Frau, die vor fast fünfzig Jahren weggezogen ist mit dem leidenschaftlichen Wunsch, nie mehr zurückzukehren? Die einer bedrückenden Familienkonstellation entkommen wollte, Menschen, von denen sie sich verletzt und verstört fühlte, die aus der Enge einer Kleinstadt floh, den Druck der gesellschaftlichen Verhältnisse als einschnürend und lähmend erlebte, die etwas ganz Anderes, Neues aufbauen wollte und das Abenteuer, vor allem aber Freiheit suchte?

Uralt komme ich mir vor, wenn ich auf dieses Steyr zurückblicke, in das wir 1945 von Strobl, wo wir evakuiert waren, zurückkehrten. In einem gemieteten Lastwagen, mit unseren Möbeln und dem Hausrat, mein jüngerer Bruder und ich am Vordersitz, meine Mutter hat, wenn mich meine Erinnerung nicht trügt, irgendjemand im Auto mitgenommen. Wir kamen am späten Abend in eine trostlose, zertrümmerte Stadt, die Steyr-Werke mit ihrer Rüstungsindustrie waren ein gesuchtes Ziel der alliierten Luftangriffe gewesen. Steyr war zweigeteilt – das Ennsdorf hatten die sowjetischen Truppen, das Steyrdorf die Amerikaner besetzt. Dass unser Haus in der westlichen Zone lag und unversehrt geblieben war, bedeutete ein großes Glück, allerdings war es von den Amerikanern beschlagnahmt, die im ersten Stock eine Art Vergnügungsetablissement eingerichtet hatten. Wir zogen vorläufig zu unseren Untermietern im Parterre, die uns ein Zimmer zur Verfügung stellten. Die erste Nacht schliefen mein Bruder und ich gemeinsam in einem Bett.

Ich weiß nicht, warum meine Mutter mit uns Kindern das

schöne Haus am Wolfgangsee verlassen hatte, um in die zerbombte Kleinstadt zu ziehen, in der wir nicht einmal wussten, wo wir wohnen sollten. Ich glaube, sie hatte das Landleben satt, Steyr bot trotz aller Not mehr Anregungen, sie ist das Risiko eingegangen. Aber bald nach unserer Ankunft wurde auch das Erdgeschoss unseres Hauses in der Tomitzstraße von den Amerikanern beansprucht, und wir mussten mit den Großeltern mütterlicherseits, deren Haus in der Stelzhamerstraße ebenfalls besetzt worden war, in zwei winzige Zimmer in der so genannten Hauk-Villa ziehen. Diese Unterkunft in der Leopold Werndl-Straße habe ich als extrem ärmlich und beengt erlebt. Gekocht wurde auf einem zugigen, engen Gang, was bedeutete, dass während dieser Zeit entweder das Zimmer nicht betreten werden konnte oder meine Großmutter, die den Haushalt übernommen hatte (meine Mutter arbeitete als Dolmetscherin bei den Amerikanern), jedes Mal gezwungen war, den Herd zu verlassen. Dann wurde unser Haus geräumt – wunderbare Weihnachten, ohne Geschenke, aber mit Platz, Licht, Sonne, ein großes Glücksgefühl. Aber kurz danach mussten wir wieder ausziehen, und zwar binnen vierundzwanzig Stunden.

Hier lässt mich meine Erinnerung im Stich, ich weiß nicht mehr, wie oft wir in der Folge umgezogen sind. Aber ich sehe uns, meinen Bruder (er trug ein gestricktes Mützchen bis über die Ohren) und mich, in einer kalten Winternacht mit einem Leiterwagen unermüdlich unseren Hausrat von der Tomitzstraße hinauf in die Stelzhamerstraße befördern, in das Haus meiner Großeltern, das gerade wieder frei geworden war. Offenbar waren Autos schwer verfügbar, und wir hatten am kommenden Morgen das Haus an die Amerikaner zu übergeben. Ich weiß auch, dass ich mir bei aller Erschöpfung wichtig vorkam – schließlich trugen wir Kinder dazu bei, dass unsere Habseligkeiten gerettet wurden. Und noch ein Bild ist mir deutlich in Erinnerung: wie sich mein Vater aus einem Fenster unseres Hauses lehnt, außer sich vor Zorn, und die unten wartenden, offenbar einen Delogierungsbefehl überbringenden amerikanischen Soldaten anschreit: »Das ist mein Haus, mein Haus, mein Haus!« Irgendjemand versuchte ihn zu beruhigen, weiß der Himmel, welche Folgen sein Wutanfall hätte haben können. Schließlich war mit den Besatzungssoldaten damals nicht zu spaßen, das hätte auch schief gehen können. Dass mein Vater, für den Besitz alles bedeutete, aus seinem Haus, das er durch seine Arbeit erworben hatte und das für ihn ein wichtiges Statussymbol gewesen war, auf eine so demütigende Art und Weise vertrieben wurde, gehörte wohl zu den ganz schlimmen Augenblicken seines Lebens.

Dieser Umzug dürfte also bereits nach der Rückkehr meines Vaters stattgefunden haben, mit der mein ganzes Unglück begann. Denn weder der Hunger noch die Kargheit unseres damaligen Lebens hatten meine Kindheit nachhaltig beschädigen können. Die Katastrophe traf mich erst, als im Jahr 1947 mein Vater in Steyr eintraf, freudig erwartet und begrüßt – nur meine Mutter wird sich davor gefürchtet haben. Bald musste der von Krieg und Gefangenschaft schwer gezeichnete Fünfzigjährige feststellen, dass seine um sechzehn Jahre jüngere Frau, die sich während des Krieges in mancher Hinsicht emanzipiert hatte, nicht nur einen anderen Mann liebte, sondern sich in der Zwischenzeit auch weltanschaulich von ihm entfernt hatte. Damit brach nicht nur für ihn, sondern auch für uns Kinder eine Welt zusammen. Die Scheidung meiner Eltern, die nach einer achtjährigen Ehehölle durchgeführt wurde, war Stadtgespräch, und meine Mutter, die zuerst in der Enge, dann in der Stelzhamerstraße einen Kosmetiksalon betrieb, wurde zur Unperson. Die Kundinnen blieben aus. Die allgemeine Verachtung traf sie, nicht meinen Vater, der als »Heimkehrer« volles Mitgefühl verdiente. Die Demütigungen, denen meine Mutter ausgesetzt war, ihre Abhängigkeit vom Vater und die Tatsache, dass sie ihm ausgeliefert war, hat die Muttertochter als wohl einzige Vertraute mit Wut und Hass erfüllt. Das Verlassenwerden von der geliebten Mutter, die nach Linz zog, um dem Einflussbereich ihres ehemaligen Gatten zu entkommen, ihren endgültigen Exodus ins Ausland und ihren letztendlichen Verrat hat sie als Tragödie erlebt.

Dass sich mein Vater schließlich an der heranwachsenden, Orientierung suchenden Tochter schadlos zu halten versuchte, hat niemand bemerkt, mit Entrüstung wäre Derartiges von sich gewiesen worden. Die Tochter selbst konnte sich ihren Ekel, ihre Angst, ihre Panik nicht erklären. Das Wort Missbrauch für ein Verhalten, das nicht in jedem Fall mit dem Geschlechtsakt endet, war noch nicht geläufig. Heute weiß ich, dass es Missbrauch gewesen ist. Unerträglich peinigende Berührungen, eine aufdringliche körperliche Vereinnahmung, ein selbstverständlich in Anspruch genommenes Verfügungsrecht, ständige physische und psychische Vergewaltigung, der ich mich nicht entziehen konnte, eine lachend weggewischte Gegenwehr. Hass meinerseits, der ignoriert wurde. Stattdessen traf mich die Beschuldigung, abnormal zu sein, die Drohung mit der psychiatrischen Klinik.

Ich habe im Unverständnis meiner Umgebung in dieser Familie, als Tochter einer abwesenden und verfemten Mutter, ein Schattendasein geführt, eine Randexistenz, in der ich nur durch Auffälligkeiten wie ständiges Kranksein, schlechte Leistung und schlechtes Benehmen in der Schule wahrgenommen wurde. Weil niemand da war, der mich in meiner Verzweiflung ernst genommen hätte, begann ich meinen eigenen Gefühlen zu misstrauen. Erst nach Jahren habe ich gelernt, ihnen zu glauben, mir über sie Klarheit zu verschaffen und sie in meinen Büchern aufzuarbeiten.

Wenn ich heute bei einem meiner seltenen Besuche durch Steyr gehe, mit seinem entzückenden Stadtbild, den fast pittoresken Fassaden, wunderbar herausgeputzt, wunderbar restauriert und nicht mehr zu vergleichen mit den grauen, oft verfallenen Häuserzeilen meiner Kindheit und Jugend, kann ich mich nie von diesem Gefühl der Beklemmung und des Unbehagens befreien, das sich für mich mit dieser Stadt unauflöslich verbindet.

Mit meiner Kindheitsfreundin fällt mir die Spurensuche leichter, so lässt sich alles gelöster wahrnehmen, unbeschwerter. Wir gehen an der Volksschule in der Berggasse vorbei, zumindest äußerlich hat sie sich wenig verändert. Ich kam in diese Schule als Achtjährige im Jahr 1945, musste jedoch eine Klasse wiederholen, weil wir das letzte halbe Jahr in Strobl wegen der Nachkriegswirren keinen Unterricht hatten – die dortige Schule war als Lazarett genutzt worden. Ich erinnere mich an einen Schulwart, der im Hof mit einer Kuhglocke die Stunden und Pausen einläutete, und sehe ein Kind im bunten Flanellkleid, das schwitzend, mit heißen Backen im Ofenwinkel stehen musste und sich vor den kichernden Mitschülerinnen schämte. Später haben uns solche Strafen weniger berührt, da haben wir uns darüber lustig gemacht, etwa über das Knien vor der Tafel, das ebenfalls für ungehorsames Verhalten verordnet wurde.

Neben der Schule steht das Gefangenenhaus. Hier wurde mein Vater 1934 als illegaler Nazi acht Tage lang festgehalten, nachdem er zuvor von Leuten der Heimwehr bewusstlos geschlagen und schwer verletzt worden war. Zu seinem Glück war das Lager Wöllersdorf, in das er eingewiesen werden sollte, heillos überfüllt, so dass der damals bereits angesehene Jurist nach mehrtägigem Hausarrest lediglich für drei Wochen stadtverwiesen wurde. Er hat mit seiner jungen, eben angetrauten Frau diese Zeit in einer komfortablen Pension am Weissensee in Kärnten verbracht, wo er auch seine Verletzungen kurierte.

Im Grunde ist mein Vater bis zu seinem Lebensende ein Nazi geblieben. Natürlich war er darüber entsetzt, was der Krieg angerichtet hatte. Aber von der Ideologie hat er sich nie wirklich distanziert. »Der Hitler hätte den Krieg nicht beginnen sollen«, das war seine stehende Redewendung. Was unausgesprochen blieb: dass ansonsten eigentlich wenig auszusetzen war.

Hinter der Schule, im Schlosspark, gibt es den so genannten Pavillon, heute ein schickes Café, damals ein ramponiertes, ungepflegtes Gebäude. Hier fand nach dem Krieg die von den Amerikanern finanzierte und organisierte Ausspeisung der bedürftigen Kinder statt. Jeden Tag nach der Schule wanderten wir mit unserem »Bitscherl«, einer Milchkanne (meine war silbrig, mit Deckel drauf), in den Pavillon, um dort entweder mit einer Fleischsuppe oder mit einer Art Brei beschenkt zu werden. Die Fleischsuppe, eine Brühe aus Konservenfleisch, fand allgemeine Anerkennung. Der Brei hingegen war weniger begehrt. Himmlisch aber war auf jeden Fall das Weißbrot, das es dazu gab, den Geschmack von Weißbrot kannten wir Kinder nicht oder hatten ihn vergessen. Weil der ursprüngliche Plan, hungernde Kinder an Ort und Stelle zu verköstigen, nicht klappte – es wurde einfach nicht alles aufgegessen –, hat sich das »Bitscherl« eingeführt; zu Hause fand sich immer jemand, der froh über dieses Gratisessen war.

In der Berggasse kommen meine Freundin und ich auch am alten Stadttheater vorbei. Hier habe ich als Mitglied einer Laienspielgruppe auf einer immer nach Moder und verstaubtem Plüsch riechenden Bühne das Rotkäppchen und die Prinzessin im »Froschkönig« gespielt. Denn eigentlich wollte ich ja Schauspielerin werden – das war mein großer Traum, und ich habe deshalb noch später, als Studentin, Schauspielunterricht genommen. Einmal gab es auch eine Aufführung unseres Gymnasiums, an der Schülerinnen und Lehrer gemeinsam teilnahmen. Gespielt wurde »Begum Somru« von Friedrich Halm, an den Inhalt kann ich mich nicht mehr erinnern. Ich weiß nur noch, dass ich als Sklavin Shirin mit aufgelösten, zerwühlten langen Haaren – in Ermangelung einer eigenen derartigen Haarpracht trug ich eine Perücke – zu Füßen der Begum um Gnade flehen musste. Außerdem gab es da eine Liebesszene zwischen mir und meinem Deutschprofessor, den ich zwar sehr geschätzt habe, aber eine wenn auch harmlose und verschämte Liebesszene war mir entsetzlich peinlich. Diese Situation wurde für mich und auch für die anderen bei den Proben derart unerträglich, dass die Rolle des Liebhabers mit einem anderen Professor, der nicht in unserer Klasse unterrichtete, besetzt werden musste. Das klappte dann besser.

Ich habe das Bundesrealgymnasium am Michaelerplatz besucht, es war damals das einzige Gymnasium der Stadt. Den Unterricht empfand ich als langweilig, autoritär, uninteressant, das sture Auswendiglernen ergab für mich keinen Sinn. Ich war eine schlechte Schülerin. Nur die Deutschstunden beim schon erwähnten Professor bildeten eine Ausnahme – ihm habe ich viel zu verdanken. Natürlich gab es auch in den fünfziger Jahren jugendlichen Protest. Er beschränkte sich allerdings meist auf die Übertretung von Kleidervorschriften. Ein Höhepunkt unserer Auflehnung bestand in einer Aktion, die noch lange Tagesgespräch an der Schule war: Sechs besonders mutige Mädchen unserer Klasse (wir waren insgesamt zwölf) hatten beschlossen, in so genannten Fischerhosen, die damals in Mode kamen (Hosen aus blauem Tuch, die knapp unter dem Knie endeten und als kühn und extravagant galten), im Unterricht zu erscheinen. Der Skandal war perfekt. Wir wurden in die Direktionskanzlei bestellt, wo unser Direktor mit den Händen fuchtelte und ständig »Revolution, Revolution!« brüllte. Unverzüglich, so wurde verfügt, hatten wir nach Hause zu gehen, um uns »schulmäßig« zu kleiden. Eine Reaktion, die uns noch jahrelang amüsiert hat. Der Weg Richtung Tomitzstraße führt am Werndldenkmal vorbei. Es hat mich immer sehr fasziniert, mit seiner heroischen Verklärung der Arbeiterschaft. Die Realität der Arbeiter war für mich weniger anziehend, den Wehrgraben, wo Werndl die Arbeitersiedlungen errichten ließ, habe ich lieber nicht betreten. Er war für das gut situierte Bürgertum so etwas wie ein Slum.

Zum Werndldenkmal hatte ich auch deshalb eine persönliche Beziehung, weil die Schwester meiner Großmutter väterlicherseits mit Namen Louise einen Werndl geheiratet hat – seinen Vornamen habe ich vergessen. Ich weiß auch sonst nichts über dieses verwandtschaftliche Verhältnis. Offenbar ist die Kommunikation zwischen den Familienmitgliedern nicht sehr gut gewesen.

Diese Großmutter hat übrigens in der Nähe des Denkmals gewohnt, Witwe mit drei Kindern nach einem früh verstorbenen Gymnasialprofessor, den mein Vater kaum kannte, den er aber heftig verehrt hat. Besuche bei dieser Großmutter, die neben meinem Vater noch zwei Töchter hatte, waren eher selten. Das Verhältnis meiner Mutter zur Schwiegermutter war nicht besonders innig. Zu groß war der Unterschied zwischen der verwöhnten Tochter des Notars mit stets vorhandenem Personal und der abgehärmten Witwe mit der kleinen Pension und den großen Alltagssorgen. Die zwei Schwestern meines Vaters hingegen haben meine Kindheit und Jugend begleitet, als treue, jede Kritik zurückweisende Vasallinnen ihres Bruders, meines Vaters, bei denen ich mich so fremd und unverstanden fühlte wie in der ganzen übrigen Familie. Eine von ihnen hat den Wilhelm Landsiedl geheiratet, der das größte Kaffeehaus am Stadtplatz besaß. Es befand sich in den Räumen der späteren Sparkasse, heute Bank Austria Creditanstalt. Im anschließenden Landsiedlhaus hingegen ist ein Libro-Laden untergebracht, und im ersten Stock, wo wir von der Wohnung meiner Tante aus Aufmärsche und spektakuläre Ereignisse am Stadtplatz beobachten konnten, stapeln sich jetzt die Bücher. Die zweite Schwester gehörte zu den ersten studierten

Frauen Österreichs und hat in der Nazizeit als wissenschaftliche Beamtin an der Technischen Hochschule in Wien gearbeitet. Auch sie war schon vor 1938 illegale Nationalsozialistin. Ich komme aus einer Nazifamilie. Mein Großvater mütterlicherseits war ebenfalls Parteimitglied, und ein früh gefallener Onkel gehörte der SS an.

Jetzt erreichen wir bald das Vaterhaus, vom Werndldenkmal ist es nicht mehr weit. Das bekannte unbehagliche Gefühl stellt sich ein. Warum eigentlich tu ich mir das an? Nostalgie, Interesse? Oder suche ich den Beweis, dass mich das alles nichts mehr angeht, dass es von mir abgefallen ist wie eine alte Haut?

Das Vaterhaus, das nie ein Mutterhaus gewesen ist, lag einst in einer schönen Villengegend, gegenüber, hinter einem Bretterzaun, weideten Schafe, die ich häufig gefüttert habe. Jetzt flutet dort der Verkehr zwischen den beiden Flusstälern vorbei, und statt der Schafweide gibt es ein großes Einkaufszentrum. Die einfache Holztür, die in den schönen weitläufigen Garten hinter dem Haus führte und jedem Einlass gewährte, wurde durch ein eisernes, fest verriegeltes Tor ersetzt. Eine Festung sind Haus und Garten geworden, abgeschirmt gegen Lärm, Gestank, zu viele Menschen.

Mein Bruder, der Vatersohn, hat das Haus geerbt und bewohnt mit seiner Frau das Parterre und den ersten Stock. Ich habe zu beiden seit vielen Jahren keinen Kontakt.

Wir stehen vor dem Haus, es ist bereits dunkel geworden. Im Parterre und im ersten Stock kein Licht, alles wie ausgestorben. Nur ganz oben, in der Mansardenwohnung, die mein Vater für die Haushälterin und deren Familie ausgebaut hat, ist ein Fenster erleuchtet. »Willst du nicht läuten, oben«, fragt die Freundin. Soll ich läuten, unsere alte Haushälterin noch einmal sehen in diesem Leben? Auch sie hat den Kontakt zu mir abgebrochen. Das hat mir weh getan. Ich habe sie geliebt – sie war der einzige Mensch, der mich damals angehört hat, der mir Wärme gab und Liebe. Aber ihre Loyalität zum Vaterhaus war stärker als ihre Loyalität zu mir. Ich kann es ihr nicht einmal verübeln. Welchen Druck das Vaterhaus ausüben kann und wie weit seine Macht reicht, weiß ich selbst am besten. Eine Verletzung seiner Regeln, die Revolte, hat das halbe Leben meiner Mutter zerstört und mein Leben zu einer gefährlichen Gratwanderung gemacht. Aber ohne diese Revolte wäre ich hoffnungslos erstickt. Und wahrscheinlich auch meine Mutter.

Ich blicke hinauf zum Mansardenzimmer, das es damals schon gab und in dem ich meine Jugendjahre verbrachte. Hier habe ich meine Träume geträumt, meine Wut und Empörung herausgeweint. Hier habe ich mich in literarischen Entwürfen geübt, die ersten Gedichte schrieb ich bereits früher. Hier habe ich – aufgewühlt und erschüttert – Dostojewski gelesen, Tolstoj, Tschechow (die Russen standen damals hoch im Kurs), aber auch Baudelaire und Rimbaud. Sartre, Ionesco, Beckett – von meinem Vater als »entartet« zurückgewiesen – folgten später. Hier habe ich Ausbruchspläne geschmiedet und doch immer wieder resigniert, ein Gefängnis der totalen Schutzlosigkeit vorgezogen. Hier habe ich mehrmals hohe Dosen Schlaftabletten geschluckt, die ich wegen meiner chronischen Schlaflosigkeit ausreichend zur Verfügung hatte – nicht mehr denken müssen, alles auslöschen, beenden, erlöst sein. Hilferufe, die nicht einmal bemerkt wurden. Dass die Tochter nicht zum Essen nach unten kam, geschah des Öfteren – trotzig halt, schwierig, schwer zu behandeln.

Ich habe nicht geläutet. Eine Fremde vor einem fremden Haus. Der Verkehr ist so laut, dass wir uns kaum unterhalten können. Plötzlich ist da ein großer Überdruss. »Was Schönes«, schreit die Freundin, »hast du auch was Schönes erlebt in Steyr?« Ich nicke. Der Straßenlärm verhindert jedes Gespräch.

Und dann, auf dem Rückweg durch stillere Straßen, erzähle ich von den Treffen einer Gruppe Gleichaltriger, den gemeinsamen Ausflügen, Bergwanderungen, Schitouren. Vom Baden in der Schwimmschule, die wir in den Ferien fast täglich, oft auch bei schlechtem Wetter aufsuchten. Das Wasser in den Becken wurde selten gewechselt, es war grüngelb mit breiten Algenteppichen auf der Oberfläche. Wir mussten doch eine recht gute Gesundheit gehabt haben, dass uns dieses Wasser, das wir bei unseren Tauchübungen notgedrungen auch schluckten, nicht geschadet hat. Das Bad heißt heute noch so und soll das älteste Schwimmbad Europas sein. Ich habe es nie mehr aufgesucht.

Manchmal gingen wir auch an die Steyr baden zu einem Badeplatz in der Nähe von Unterhimmel. Das Wasser war eiskalt, aber klar, und da war die Welt jung und schön, es kam zu engen Freundschaften, zu Flirts, zu Liebesaffären. »Die Horde«, so haben wir unsere Clique genannt, warum es zu diesem Namen kam, weiß ich nicht. Vielleicht, weil er so etwas wie Wildheit signalisierte, Ausbruch, Aufbruch, Abenteuer, irgendeine Sehnsucht, die uns alle bewegt hat in diesen engen Fünfzigerjahren. Auch die gemeinsamen Tanzabende haben wir genossen. Dass die Auswahl an Lokalen damals bescheiden war, hat uns nicht gestört.

Es waren diese Gruppenerlebnisse, die mir halfen, meine Selbstachtung nicht zu verlieren, meine Integrität, meine Würde. Die mir eine Tür öffneten, eine Möglichkeit, dem familiären Druck zu entfliehen, eine Welt aufzubauen, die mir einen gewissen Halt gegeben hat, Lebensfreude und Mut.

Auch meine erste Liebe habe ich in dieser Gruppe gefunden, und das war nun tatsächlich ein völlig neues, ein berauschendes Gefühl, dabei sehr zart, sehr scheu, einfach Seligkeit an warmen Sommerabenden unter den Kastanienbäumen auf der Promenade.

Auch das bedeutet Steyr für mich: Es ist das Steyr meiner Erinnerung, mit seinen Traumata und seinen schönen Momenten, dem ich mich stellen muss als einem Teil meiner selbst. Das gegenwärtige Steyr kenne ich nicht – und ich habe auch kein Bedürfnis, es kennen zu lernen.

Petra Magdalena Kammerer

Steyr

In Steyr habe ich das erste Mal eine Blunzen gegessen. Das ist eine Blutwurst, mit Speck gespickt. Mein Onkel hat sie mir vor der Fleischhauerei mit dem Taschenmesser klein geschnitten. Wir haben die Blunzen heimlich gegessen, weil meine Tante Vegetarierin war. Wir waren Verbündete, wegen der Blunzen. Deshalb habe ich meinen Onkel geliebt, obwohl er eingeschriebenes Mitglied der Partei war. Aber das konnte ich als Kind ja noch nicht wissen. Nach dem Krieg hat er sich unten in der Stadt mit seinen Parteigenossen getroffen. Eigentlich hat er so ausgesehen, wie ich mir aufgrund seiner Beschreibungen einen Juden vorgestellt habe. Er trug eine Riesenhakennase in seinem hageren Gesicht. Meine Mutter war wirklich eine Jüdin. Deshalb hat er sie nicht ins Haus gelassen. Auch mochte er nicht, dass sie sich schminkte und die Fingernägel lackierte.

Einmal hat mein Onkel Goldfische gebraten. Er hat sie tot im Aquarium aufgefunden und sofort gebraten. Das ganze Haus hat entsetzlich gestunken. Bei aller Liebe. Ich habe ihm beim Essen nicht Gesellschaft geleistet. Am Sonntag hat seine Frau Emma ihm panierte Fleischwürste im Wohnzimmer serviert. Danach hat sie den Raum verlassen, mit dem sonntäglichen Spruch »Der Mohr hat seine Schuldigkeit getan«. Sie hatten vier Kinder miteinander. Das Bett aber teilten sie nicht. Sie schlief oben im lavendelduftdurchtränkten Schlafzimmer. Er schlief unten im Klavierzimmer. Am Abend im Bett rauchte er seine selbst gedrehten Zigaretten. Der Husten hat ihn fast zerrissen. Sie spielte die üblichen Beethovensonaten, dazwischen Brahms, während er im Bett hustete und fluchte.

Sie fing auch an zu husten, wegen des Rauches im Zimmer. Sie beschimpften sich wegen der gegenseitigen Belästigungen. Doch keiner gab nach in den Jahren, die ich bei ihnen lebte.

Nach dem Krieg hat mein Onkel seinen Vornamen nicht abgelegt, so sehr verehrte er seinen Führer. Er durfte nicht mehr an der Hochschule unterrichten. Er wurde Privatschreiner. Das ganze Haus stand voll mit seinen Möbeln. Jede Gelegenheit nahm ich wahr, um die Steintreppen zu ihm hinunterzulaufen. Zum Beispiel wenn ich die Stockmilch in der Speisekammer holen musste oder die nasse Wäsche aus der Waschküche. Der Geruch des Holzes, vermischt mit dem seiner Zigaretten, zog mich an. Er trug eine Russenkappe. Er sägte und hobelte. Die Hobelspäne lagen auf dem Boden. Er fluchte, wenn ihm etwas nicht gelingen wollte. Sein Fluchen hörte man durch das ganze Haus.

Im kleinen Vorgarten, hinter der Küche, hat mein Onkel Hühner gehalten. Alle paar Monate hat er ein Huhn geschlachtet. Ich hörte das Geschrei der Henne, hinter der er mit einem scharfen Messer in der Hand herlief. Später, als der Kopf ab war, lief die Henne kopflos herum. Es schien, als schreie sie immer noch. Er hat die kopflose Henne auf den Gepäckträger seines Fahrrads geworfen und ist hinunter in die Stadt gefahren. Wo er sie verzehrt hat, habe ich nie erfahren.

Sein Fahrrad war alt und klapprig. Jeden Tag ist er damit den Berg hinunter ins Kaffeehaus gefahren, um seine alten Parteigenossen zu treffen. Manchmal habe ich ihn dort besucht. Die Männerrunde lachte mir entgegen: »Na, Sophia, hast du Sehnsucht nach deinem Onkel?« Berührt hat er mich nie, mein Onkel, aber er forderte mich auf, neben ihm zu sitzen, und bestellte eine heiße Schokolade. Ohne ihn wäre ich in Steyr gestorben, vor allem wegen Uka, dem verzogenen Fratzen, dem letzten Kind, in Hass und Verachtung gezeugt

 im Klavierzimmer vielleicht
 im lavendelduftdurchtränkten Schlafzimmer
 unten in der Schreinerei auf einer Hobelbank
 nebenan in der Waschküche
 oder im Garten, in dem Emma nackt ein Sonnenbad zu nehmen pflegte.

Schon bei meiner Ankunft hatte ich Angst vor meiner kleinen Cousine Uka. Sie führte mich in den großen Garten zu einer Hutsche. Die Hutsche überschlug sich fast, so fest hat sie mich angehutscht. Mir war speiübel, ich wollte nichts als zurück zu meiner Großmutter, die nicht mehr lebte.

Im Garten standen hohe Fichtenbäume, Kirschbäume, Marillenbäume, Apfelbäume.

Im schattigen Teil, da, wo die Hühner waren, stand ein Nussbaum. Im Ribiselgebüsch hat Uka schweinische Spiele mit mir gespielt. Anschließend lief sie zu ihrer Mutter und sagte: »Sophia hat schweinische Spiele mit mir gespielt.« Ich wurde bestraft. Ich bekam kein Butterbrot.

Das Essen spielte für mich eine große Rolle, damals in Steyr. Ständig meinte ich zu kurz zu kommen. Das hatte damit zu tun, dass ich nur das Ziehkind war. Ich wollte zurück zu meiner Großmutter, bei der es Fleisch und Wurst gab. Schon am Morgen hat Tante Emma ihrem verzogenen Fratzen zwei Butterbrote für die Schule geschmiert, während sie mir nur eins schmierte. Das hat mir bereits den Tag verdorben.

Uka war ein Biest. Sie war das Lieblingskind ihrer Mutter. Ich musste das Bett mit ihr teilen. Durch den begehbaren Kleiderschrank, in dem Tante Emmas Leinenkleider hingen, kamen wir in das Mutterschlafzimmer. Ich habe es kaum betreten. Ich mochte meine Ziehmutter nicht. Uka aber schlüpfte ständig zwischen den Zimmern hin und her, während ich im Stockbett lag, vor Angst ganz kalt. Ich war mir sicher, Uka würde wieder Lügenmärchen erzählen über schweinische Spiele.

Blunzen war auch ein Schimpfwort in Oberösterreich. Uka war für mich die größte Blunzen.

Unter der Trauerweide war ein Plantschbecken. Die Blätter der Weide färbten das Wasser grün. Der Boden des Beckens war glitschig. Bei ausgelassenem Wasser krochen Würmer im Schlamm. Im Sommer hat Tante Emma jeden Morgen nackt ein Bad genommen, unter der Trauerweide. Das Plantschbecken hätte ich gerne ganz für mich gehabt, denn ich war eine gute Schwimmerin. Ich konnte unbeweglich auf dem Rücken liegen und durch die Trauerweide

in den Himmel schauen. Ich habe dann an meine Großmutter gedacht, und wie schön es mit ihr war. Ich hörte sie vom Himmel herunterrufen: »Sophia, komm nach Hause!«
In meinem Bett, während Tante Emma Klavier spielte und Onkel Adolf fluchte, betrachtete ich die zwei Fotografien. Eine zeigt meine Mutter in einem weißen Abendkleid auf einem Laufsteg, die andere meine Großmutter. Ich schaute lange in das Gesicht meiner Großmutter.
In der Nacht habe ich wieder geträumt, dass ich die Siedlung im 18. Wiener Gemeindebezirk suchte, in der meine Oma wohnte. Es war immer derselbe Traum. Ich lief durch die Straßen des 18. Bezirks und suchte das Haus, in dem ich mit ihr lebte. Ich konnte es nicht finden. Alle Häuser sahen gleich aus. Meine Augen suchten das Fenster, aus dem wir jeden Abend hinausschauten. Endlich stand ich vor dem richtigen Haus. Ich betrat es, irrte durch leere Wohnungen. Manchmal in den Träumen habe ich unsere Wohnung gefunden, und da saß sie auf dem Küchenstuhl. Sie hatte auf mich gewartet.
Als mir dann die Polypen entfernt wurden, habe ich endlich wieder gelacht. Wegen des Lachgases. Der Arzt hat mir während der Operation eine schwarze Maske vor das Gesicht gehalten, aus der das Gas strömte. Für die nächsten Tage verordnete er mir Biskuits, die mir Uka, die später verrückt wurde, vor der Nase weggegessen hat.
Meinen Futterneid hat Uka schnell durchschaut. Wenn ihre Mutter nicht in der Nähe war, hat sie die Hand aufgehalten und gesagt: »Bitte eine kleine Gabe für eine arme Frau.« Ich hatte Mitleid mit ihr, so als hätte ich geahnt, dass mit ihr etwas nicht stimmte. Sie lachte hämisch, als ich ihr das Butterbrot gab.
Im Sommer bin ich mit Uka in der Enns geschwommen. Wir haben uns mit der Strömung treiben lassen. In der Mitte des Flusses waren Strudel, die auf der Wasseroberfläche Kreise zogen. Wir waren beide gute Schwimmerinnen, leider, denn beim Anblick der Strudel habe ich mir gewünscht, dass Uka samt ihren langen Zöpfen hinuntergezogen würde, tief hinunter, und nicht mehr auftauchen würde.
Uka wollte Balletttänzerin oder Schauspielerin werden. Sie wur-

de von einem Berufsfotografen fotografiert. Sie steht in Ballettschuhen auf der Treppe zum Tabor. Sie trägt ein langes weißes Kleid, der runde Ausschnitt ist mit Spitzen verziert. Sie steht auf den Spitzen der rosaroten Schuhe, einen Arm wie zu Beginn eines Tanzes erhoben. In die blonden Zöpfe sind rosarote Bänder geflochten.

Später wurden ihre Beine so dick, dass sie das Tanzen aufgeben musste. Sie wurde Malerin. Sie malte Penisse. Schon als Kind interessierte sie sich für Geschlechtsteile. Sie saugte an meinen wachsenden Brüsten im Ribiselgebüsch.

In Steyr treffen sich zwei Flüsse, die Steyr und die Enns. Man überquert sie über zwei Brücken. Zwischen den Brücken befand sich eine Trafik, in der ich Briefmarken für die Briefe an meine Mutter kaufte. Jede Woche habe ich meiner Mutter, die ich kaum kannte, geschrieben, sie solle mich wieder abholen. Lieber wollte ich noch bei ihr sein, als bei der hochgestochenen Tante Emma mit ihrer verrückten Uka. »Bald hole ich dich ab«, schrieb sie jedes Mal zurück.

Mit der Milchkanne in der Hand habe ich dem Briefkasten einen hoffnungsvollen Blick zugeworfen, so als könnte er meine Probleme lösen.

Ich konnte auch ohne Lachgas in Steyr lachen. Mit Onkel Adolf vor der Fleischhauerei. Er machte Witzchen mit mir, seine Augen lachten verschmitzt hinter seiner Nickelbrille, während wir unsere Blunzen aßen.

Oder mit Herrn Meyerhofer, meinem Klavierlehrer. Der hat über sich selber gelacht. Ich starrte ständig auf die schwarzen Haarbüschel auf seinen Handrücken. Er ließ mich darüber streichen. Wir spielten vierhändig, unsere Hände haben sich dabei verheddert. Er hat laut gelacht dabei und meine Hände wieder in die richtige Position gesetzt.

Auch Emma hat vierhändig mit mir gespielt. Während sie spielte, hob sie ab und zu, sehr dramatisch, die rechte Hand. Eigentlich wollte sie Klavierspielerin werden, aber die vier Kinder haben ihr einen Strich durch die Rechnung gemacht.

Emma führte das Regiment im Haus. Die Kinder waren alle gegen den Vater. Während er einsam im Keller seine Möbel anfluchte, tanzten die Mädchen in Ballettschuhen zum Klavierspiel ihrer Mutter. Ich bekam keine Ballettschuhe. Ich war zu groß. Ich musste auf einer Handtrommel, mit Glöckchen verziert, den Takt schlagen. Meinen Vater hat sie verehrt wie einen Gott. Im Haus hingen in jedem Zimmer Porträts von ihm. Er war Schauspieler und ein schöner Mensch. Er verkörperte für sie das Ideal der Menschheit: makellose Schönheit, Kultur und Natur in einer harmonischen Einheit.

Im Haus hingen
Ölgemälde
Kohlezeichnungen
Pastellzeichnungen
Rötelzeichnungen
von Emmas Kindern, die ebenfalls schön waren. Ihre Porträts, gemalt vom akademischen Kunstmaler Hotter, hingen dicht neben denen meines Vaters.

Onkel Adolf fehlte.

Regelmäßig hat sie in der Innenstadt den akademischen Kunstmaler Hotter aufgesucht. Ihre Besuche in der Stadt hatten etwas Theatralisches. Sie mischte sich nicht gerne unter die Steyrer, das gemeine Volk. Sie trug eines ihrer Leinenkleider, ihr weißes Haar war zu einem Knoten gebunden, ein Duft von Lavendel umhüllte sie. Sie schritt daher wie eine Königin. Das mochten die Steyrer nicht.

Sie zeigte ihren Unwillen auf den Straßen. Die Steyrer wichen ihr aus. Ukas blondes Haar war zu zwei dicken Zöpfen geflochten. Sie hielt die Hand ihrer Mutter. Ich lief neben ihnen her. Uka hatte einen Termin. Ein Porträt wurde von ihr gemalt beim Kunstmaler. Emma führte während der Sitzung gebildete Gespräche mit dem Maler. Mit solch kultivierten Menschen hat sie sich gerne umgeben. Für Adolf war sie viel zu schade. Schon nach dem ersten Kind hat sie sich das gedacht. Ich wurde nicht porträtiert. Einmal aber sagte der akademische Kunstmaler Hotter zu mir: »Du bist aber ein liebes Mädchen.«

Besonders schlimm war es, wenn mein Vater zu Besuch kam. Er lebte in Wien und hatte alle paar Monate seinen großen Auftritt in Steyr. Emma, seine Schwester, hat ihn vom Bahnhof abgeholt. Sie schritten daher wie ein Liebespaar, über die Brücken, die Taborstiege hinauf zum Haus. Der Tisch im Wohnzimmer war bereits gedeckt für meinen Vater. Auf der Anrichte, von Onkel Adolf aus Kirschbaumholz gezimmert, stand schon die Ribiseltorte. Natürlich gab es das Lieblingsessen meines Vaters: Marillenknödel mit gerösteten Semmelbröseln und Zucker. Einmal hat er dreißig Stück davon gegessen. Alle haben ihn bewundert. Auch ich habe ihn bewundert, obwohl er mit mir nicht gesprochen hat, geschweige denn mich angeschaut hätte. Ich war ihm sicher zu hässlich.

Einmal hat er aber doch mit mir gesprochen. Ich bin nicht mehr in die Klavierstunden gegangen. Ob es daran lag, dass ich kein Talent hatte, mir das abendliche Klavierspiel meiner Tante schon reichte oder ich wollte, dass mein Vater endlich mit mir spricht, oder ob es einfach die Wurstsemmeln waren, die ich vom Klaviergeld kaufte. Jedenfalls, mein Vater hat im Klavierzimmer, zwischen Klavier und Onkel Adolfs Bett, mit mir gesprochen. »Ich ermögliche dir bei deiner Tante ein Leben, wie du es bei deiner einfältigen Großmutter nie gehabt hättest«, hat er gesagt. »Hier lernst du Kultur und Bildung kennen. Deine Tante ist ein wertvoller Mensch. Sie spielt mit dir Klavier, sie nimmt dich mit in Konzerte und du, du hintergehst sie monatelang, kaufst dir heimlich Wurstsemmeln. Du hast die Manieren deiner Großmutter immer noch nicht abgelegt. Nimm dir ein Beispiel an deinen Cousinen«, hat er mit seiner tiefen Stimme gesagt.

Mein Klavierlehrer, Herr Meyerhofer, hat dann von sich aus beschlossen, den Klavierunterricht abzubrechen. Er war ein lieber Mann, aber es half nichts, ich wollte nicht Klavier spielen.

Brita Steinwendtner

Stelzhamerstraßenland

Am Montag kam die Kathi. Sie kam von weither, von jenseits der Stadt, den Gehöften, den Keuschen, vielleicht aus der Höll, dem Tal hinter dem Steinmetz von Garsten. Von weitem hörte man das Ächzen der Räder in den ausgetrockneten Achsen. Die Reifen des Leiterwagens waren eisenbeschlagen, die vorderen waren kleiner und eierten über den Asphalt. Der Hund war lautlos, kein Ton seiner großen Bernhardinerpfoten. Er zog das Wägelchen, die Lederriemen waren dunkelbraun und glänzten, und wenn es heiß war, klebte das Fell unter den Scheuerstellen naß am Körper. Er zog eine Last, die immer schwerer wurde, das Sautrank, das die Kathi von den Villen der Stelzhamerstraße sammelte, in zwei große Kübel leerte, vielleicht selbst ein Almosen bekam und weiterzog. Und Frau und Hund und Wagen entfernten sich hinter den Stäben des Gartengitters, in der Erinnerung wie die Szene eines Films, Ton und Bewegung aus ferner Zeit und die Not leugnend, die sie gebar.

Die Stelzhamerstraße liegt im Stadtteil Reichenschwall. An ihrem Anfang war sie schnurgerade und von Ahornbäumen gesäumt. Die Bäume ließen im Herbst ihr Farbenspiel aufflammen, rot, gelb und rotgelb im Übermut der letzten Lebenstage. Sie berührten einander und bildeten einen luftigen Tunnel, manche Zweige kreuzten sich mit den Ästen, die von den Gärten auf die Straße hingen. Der Wind strich durch die Kronen. Bei Regen lagen die Ahornblätter wie zu einem Teppich ausgerollt auf den Trottoirs, und die Kinder machten darauf ihre Rutschpartien, wenn sie zur Schule gingen. Die Straße war bombiert, so daß die Autos ein wenig erhöht fuhren und beim Parken seltsam schief standen, als ob sie kippen würden. In Anton Rolleders »Heimatkunde von Steyr« aus dem Jahr 1894 sind nach den öffentlichen Gebäuden, den Schulen, Kirchen, Wohltätigkeits- und Bade-Anstalten die zwanzig Villen der Stadt aufgelistet, unter den Nummern 44 bis 51 jene der »Valeriestraße«, wie die Stelzhamerstraße damals hieß. Die Erwähnung zeigt wohl den Stolz des Historikers über den großen wirtschaftlichen Aufschwung der Stadt, der durch Josef Werndls früh genutzte Elektrotechnik, vor allem aber durch die eisenverarbeitenden Fabriken hervorgerufen wurde: Reichtum durch Waffen, durch die Erfindung des Tabernakel-Hinterlader-Gewehrs, mit dem die Armee der Monarchie ausgerüstet wurde. Die Villen gaben der Industrialisierung das Gepräge großbürgerlicher Lebensformen, die zu jener Zeit, als wir in die Straße kamen, längst nur mehr in der Optik der Fassaden spürbar war. Ordinationen waren in den Häusern untergebracht, manches Erdgeschoß stand leer, zwei Kriege hatten frühere Verhältnisse aufgewirbelt oder zerstört. Die Straße aber stand immer noch da in zeitlosem Zauber.

Meine Großeltern wohnten in der ehemaligen Huber-Villa, die Ende des 19. Jahrhunderts einem Sägewerksbesitzer gehört hatte. Das Haus war schönbrunnergelb, die Fenster waren weiß eingefaßt, und eine ausladende, grün-weiß gestrichene Holzterrasse im ersten Stock bildete den Mittelpunkt des gemeinschaftlichen Lebens. Sie war Frühstücksplatz und Treffpunkt zum Kaffee, und abends kam ein Luftzug von den Alleebäumen und kühlte die Hitze des Tages. Die Terrasse war mit einem Bretterrost belegt, in dem man sich von Jahr zu Jahr mehr Schiefer einzog. An der Nordostseite, im Schatten einer riesigen Zeder, war ein zweistöckiger Turm angebaut, in dem einst Erzherzogin Valerie, eine Tochter des kaiserlichen Paares Elisabeth und Franz Joseph, übernachtet hatte. Eilfertig wurde die Straße damals nach ihr getauft, ein Glanz, wenigstens ein Abglanz ist immer gut. Nach dem Zusammenbruch der k.u.k. Monarchie wurde wieder umbenannt, diesmal verfiel man auf Franz Stelzhamer, jenen Mann, der als heiter gemütsvoller Dialekt- und Heimatdichter, auch als Schöpfer der oberösterreichischen Landeshymne in das Bewußtsein der Menschen und die Literaturgeschichte einging. Er selbst hielt sich für einen Rebell, einen verkannten, großen Romancier, der ständig gegen Armut zu kämpfen hatte und ruhelos zwischen Piesenham, Linz, Ried, Wien und Salzburg hin- und herzog. »Hoamatland, Hoamatland, i han di so gern!«

Ich war sechs, als wir hierher zu meinen Großeltern zogen. Wir kamen aus einem Tal in den Bergen, wo meine Mutter während der Kriegsjahre und danach Zuflucht gesucht hatte. Dort gab es Wiesen, Wälder, Schluchten, Bäche, Moosverstecke, die Zäune waren aus verwittertem Holz kunstvoll gesteckt, Viehgassen, die sich wie Schmucklinien über die Berghänge hinzogen und sich im Dunkel der Fichten verloren. Darüber die Geröllhalden, Latschenfelder, Grate und vertrauten Kalkgipfel, über die die Sonne und die Wolken hinzogen und über denen es Sommer wurde und Winter und wieder Sommer mit seinem flirrenden Licht.

Hier in der Stelzhamerstraße gab es einen Garten. Er war mit einem schmiedeeisernen Gitter eingezäunt, das von einem Steinsockel aufstieg und von Lanzenspitzen gekrönt war. Hier gab es ein Drinnen und ein Draußen. Es war ein begrenzter Blick, Gefängnis und Geborgenheit in einem. Und es war das tägliche Berühren einer Gartentürschnalle mit einem versteckten Riegel, der sich von innen her leicht hin- und herschieben ließ. Er war messinggelb abgewetzt und leuchtete mitunter auf wie ein Zeichen von etwas anderem. Manchmal ist mir noch heute, als ob ich ein Leben lang nichts anderes täte, als einen inneren Riegel von außen hin- und herzuschieben, und sich dadurch Türen vor mir öffneten und wieder schlössen, in geschäftiger Reihenfolge und in sinnlosem Tun.

Niemand konnte von außen in den Garten sehen. An seinem Rand stand dichtes Buschwerk, wuchernder Flieder und Jasmin, Weigelia, Schneeball, Holunder und Pfaffenkapperl. Im September sammelte ich die Früchte des Kastanienbaums an der Westseite des Gartens und fuhr sie auf einem Leiterwagen quer durch die Stadt in die Neuschönau zum Malermeister Kuffner, der ein großer Jäger war, Winternahrung für sein Hochwild brauchte und fünfzig Groschen pro Kilo zahlte. Vom Nüsseklauben blieben mir der scharfe

Geruch des feuchten Laubs und die grünschwarzen Fingerkuppen vom Lösen der Schalen in Erinnerung, und vom Magnolienbaum der betörende Duft und der Wunsch, daß mich einer unter dem Baum küssen würde. Die sorgsam aufeinander abgestimmten Apfelbäume trugen von Juli bis November, von den hellgrünen Kraräpfeln bis zu den Prünerlingen, über die, wie mein Großvater sagte, einmal der Frost gehen müsse, damit sie den besten Geschmack bekommen. Zum Ende des Gartens hin wuchs eine Apfelsorte, deren Namen ich nicht mehr weiß, aber die Früchte hatten einen kardinalrot-violetten Schimmer und waren nach kalten Nächten auf der nach außen gewandten Seite mit einem feinen Belag überzogen, auf dem man hätte schreiben oder zeichnen können, der sie geheimnisvoll machte und ein zielloses Begehren auslöste.

Die Räume des Hauses bargen den Atem eines vergangenen Jahrhunderts. Biedermeier- und Bauernmöbel, ein goldgelber Kachelofen mit Zentauren und Nixen als Schmuck. Der Großvater war die schweigsame Respektsperson, die Großmutter ihm zu Diensten und einer verlorenen Jugend mit Klavierstunden im Wiener Konservatorium und Tennispartien in langen weißen Röcken nachträumend, die Mutter eine Kriegerwitwe, still, aber wunderbar. Der tägliche kleine Streit, die tägliche Liebe zueinander in den großen Räumen, deren Türen zu den Festtagen offenstanden und den Blick auf die Zimmerflucht freigaben: dieses befreiende Gefühl des Laufens, später des Auf und Davon.

Im Parterre wohnte die alte Frau Klaffenböck in den beiden Zimmern zum Gemüsegarten hinaus. In der Abendsonne lehnte sie oft hinter den vergitterten Fenstern, ein müdes Lächeln um den Mund, nie sagte sie ein Wort. Ihr einziger Sohn kam selten. Die Wohnung hatte kein Bad, und die Toilette war auf dem Gang. Frau Klaffenböck benutzte den Hintereingang in Haus und Garten. Die Familie Kastner, die zur Miete rechts vom Stiegenhaus wohnte, ging vorne ein und aus. Herr Kastner war Diplomkaufmann, und irgendwann gab es Gerüchte um einen Konkurs oder Schlimmeres, und er mußte dann täglich mit der Bahn weit ins Steyrtal hinein fahren, weil er nur dort Arbeit fand. Da benutzte auch er den Hintereingang. Er tat mir leid.

Gegenüber von uns lag die Villa von Hein Buddenbrook. Allein in ihrem Namen schwang etwas Besonderes mit. Man sprach von norddeutschen Stränden und Hansestädten, einer reichen Kaufmannsfamilie und einem berühmten Buch. So kam, nach Bauernkalendern und Weihnachtsliedern, die Vorstellung von Literatur in mein Leben.

Der Garten, der uns wie der Park eines verwunschenen Königs vorkam, verlor sich im Südosten in den Hängen des hier längst ausgetrockneten Teufelsbaches, der schon vor Jahren in die Steyr umgeleitet worden war. In seinen tief eingeschnittenen Graben wurden nicht nur Unrat und Sperrmüll geworfen, sondern er war zuvor auch, so munkelte man, günstiger Ablagerungsort für Waffen, Munition und manch unliebsames Buch gewesen.

Weiter oben in der Stelzhamerstraße, stadtauswärts, lag an der linken Seite die Glöckel-Villa. Sie war wieder eine andere Welt. Eine unbetretbare, bestaunte. Sie hatte etwas mit den Steyr-Werken zu tun, diesem monopolistischen Arbeitgeber einer ganzen Stadt und Region. Ein Chauffeur in Livree und hellbraunen Lederhandschuhen stand vor der zur Straßenseite hin abweisenden Villa und öffnete beflissen die Tür des Fiat 1400 mit einer Zweiliter-Maschine, wenn der Zentraldirektor Glöckel oder der Mann, den ich dafür hielt, aus dem Haus trat. Scheu grüßte ich ihn, wenn ich mit dem Steyrer Waffenrad an ihm vorbeifuhr, und fühlte mich geehrt, wenn er jovial die Hand hob.

Walther Glöckel war »der Kaiser«, er hatte alles unter Kontrolle. Was er in der Fabrik bewegte, steht in den Annalen. Was er für die Sportvereine war, die in den Nachkriegsjahren eine große sozialpolitische Funktion hatten, erzählte man auf der Gasse: Als Präsident von Fußball-, Ski-, Sportflieger- und Paddelvereinen gab er Geld und, was damals wichtiger war, Mobilität. Er stellte Traktoren oder Lastautos zur Verfügung und ermöglichte jungen Menschen zu reisen, sogar ins Ausland, was eine Sensation bedeutete. Der Paddelsportverein Forelle ehrt ihn bis heute mit einer Büste auf seinem Gelände am Ufer der Enns.

Das Ideal der Förderung bedürftiger Jugendlicher übernahm Walther Glöckel offensichtlich von seinem Vater, dem bekannten sozialdemokratischen Schulreformer Otto Glöckel, der während der Ersten Republik in Wien die Errichtung einer demokratisierten Arbeitsschule initiiert hatte. Sie sollte »stolze Republikaner« erziehen, Kulturgeschichte statt Kriegsgeschichte und Geschichte des Volkes statt Geschichte der Herrscher lehren und beruhte auf dem Grundsatz von Gleichberechtigung und Mitbestimmung. Die Otto-Glöckel-Schule auf der Ennsleite hat bis heute einen guten Klang.

Stadteinwärts, am Ende unseres Eisengitterzauns, war der Trausner. Er hieß so nach dem älteren Ehepaar, das die kleine Greißlerei in dem quadratischen Kiosk betrieb. Das Geschäft stand an einer geographisch günstigen Stelle, dort wo sich Stelzhamerstraße und Spitalskystraße gabelten, die von der Stadt her kam und nach dem ehemaligen Direktor der Waffenfabrik, Anton Spitalsky, benannt war. (Die Waffenfabrik schien allgegenwärtig: das »Neulustgütl« am Ende der Ahornallee hatte um 1900 Johann Hochhauser gehört, dem »Vicepräsidenten der Waffenfabriksgesellschaft«.)

Es war dunkel da drinnen im Kiosk, vollgerammelt und herrlich, Puddingpulver, Hirschseife und klebrige rosa Zuckerl gabs um ein paar Groschen. In der Mitte der Budel war eine Vertiefung eingelassen, aus der Frau Trausner mit einem großen Schöpfer die Milch heraushob und an warmen Tagen mit einem Wedel die Fliegen vertrieb. Frauen blieben lange stehen im Kiosk, trafen sich zum Tratsch. Männer sprangen schnell vom Fahrrad, um ein paar Austria-Dreier zu kaufen, und die Kinder ließen sich die Milch, um die sie geschickt wurden, in die blechernen Pitschen füllen. Dann standen sie noch lange unter dem Kastanienbaum und redeten und lachten, und der Schaum der Milch war längst in sich zusammengesunken, und die Mutigen schwangen die vollen Pitschen zum Rad, ohne einen Tropfen zu verschütten.

Gegenüber vom Trausner wohnten die Ponschabs, eine Witwe mit sechs Kindern. Die Jüngste ging mit mir in die Schule. Ich beneidete sie, denn sie war mit der Kinderlandverschickung in Portugal gewesen und erzählte vom Meer, von dem wir alle träumten.

Das große Spielfeld für uns war die Wiese zwischen Trausnerspitz, Spitalskystraße, Tomitzstraße und Volkskino, wie das spätere Theater und jetzige Cineplex damals hieß. Gegen fünf Uhr nachmittags spielten alle Kinder der Gegend Völkerball. Das Feld war groß genug, der Bombentrichter noch nicht zugeschüttet worden, in dem wir im Winter Schlitten fuhren und im Frühling die Blüten der Mostbirnbäume lagen wie ein weißes Tuch über den Toten. Völkerball, Weiberschuß und Bubenbomben, Draußenstehen, Abschießen und »Neues Leben«. Wunsch nach Bewährung. Tag für Tag, und Lachen und Weinen und schöne Erwartung.

Einmal sammelten wir auf dem Spielfeld kübelweise Maikäfer. Ich glaube, es gab eine kleine Prämie von der Stadt, die die Plage loswerden wollte. Das Kribbeln der Käferbeinchen ging weiter in der Nacht, wenn ich unruhig schlief und vom Magnolienbaum träumte.

Zwischen Völkerballplatz und der Rückseite des Volkskinos war ein Restaurant mit schattigem Garten, der Froschauer. Wochentags sah man Männer Bier trinken und fachsimpeln, sonntags fuhren Autos vor, und die Honoratioren der Stadt speisten hier in weiblicher Begleitung. Es gab eine Musikkapelle und eine helle runde Tanzfläche, auf der sich die Paare drehten. Die knielangen Röcke der Frauen schwangen im Kreis und schlugen ihre Glocken in- und übereinander, die spitzen Stöckelschuhe wirbelten leicht über den Stein, und wir standen am Zaun und spähten durch die Hecke in dieses fremde Land und gingen still nach Hause mit den Klängen von Foxtrott und Englischwalzer im Ohr.

Die Völkerballwiese und der Parkplatz des Fußballklubs Vorwärts Steyr verwandelten sich einmal im Jahr in einen Vergnügungspark. Ringelspiel, Riesenrad und Hochschaubahn.

Ich hatte Angst vor solchem Vergnügen, schaute aber gerne den Menschen zu, wenn sie in den Buden rote Papierrosen oder lachende Püppchen schossen. Und einmal sehe ich mich zwischen Schaukelpferden und Autodrom Richtung Kinoeingang rennen, wo eben Vico Torriani nach seinem Konzert in einer glänzenden Limousine abfuhr und ich durch das heruntergekurbelte Fenster gerade noch

ein Autogramm erhaschen konnte. Für eine Eintrittskarte war kein Geld dagewesen. Der Vater war für Volk und Vaterland gefallen, die Witwenpension der Mutter klein und das Einkommen des Großvaters auch in den fünfziger Jahren nicht das, was es vor dem Krieg gewesen war.
Mitunter kam ein amerikanischer Offizier zu uns, für den meine Tante übersetzte. Er brachte Kaugummi und hier und da Eis in einer hohen Büchse mit, die vorne eine längliche Türe zum Öffnen hatte und in der Etage für Etage unterschiedliche Sorten steckten. Ich sehe die Farben noch heute, sehe die Konsistenz des Eises zwischen Gefrorensein und Schmelzen, rieche Erdbeere, Vanille und Schokolade. Mister Sowieso, seinen Namen habe ich vergessen, war unser Gott. Ein paar Worte Englisch konnte ich schon verstehen und sprechen, da mein Bruder und ich einmal in der Woche in den »Information Center« auf dem Stadtplatz gehen durften, wo das liebenswerte ältere Ehepaar Pfingstmann einer Handvoll Kindern englische Grundkenntnisse lehrte und wo Engländer und Amerikaner nicht mehr »Feindespack« hießen, wie man es beim Trausner immer noch hören konnte. Es duftete hier nach Ingwerkeksen, es roch nach Büchern, es klang nach anderen Vokalen, alles war geheimnisvoll und weckte die Sehnsucht nach dem Fremden, das schön und ungefährlich zu sein schien und unerklärlich glücklich machte. Wie die kleine Behelfsbibliothek am Rande des Schloßparks, in der ich mir alle ein, zwei Wochen Bücher auslieh, deren Titel und Inhalt mir entfallen sind, bis auf eines: die großartige und traurige Lebensgeschichte der Marie Curie. Und irgendwann einmal konnte ich mit meinem Wissen glänzen: Wir saßen alle um das Radio und hörten Maxi Böhms Sendung »Die große Chance«. Und ich konnte die Sechserfrage, die schwierigste, beantworten: die nach der Entdeckung der Röntgenstrahlen.

Alle zwei Monate durften mein Bruder und ich in die Nachmittagsvorstellung des Volkskinos gehen. Wir standen Schlange, um Lilli Palmer oder Heinz Rühmann zu sehen, Maria Schell, O.W. Fischer, Rudolf Prack oder die Mädeln vom Immenhof. Einmal gab es einen Western, der uns aus den Angeln hob.

Später, als das Kino zu einem Theater erweitert wurde, nahm mich meine Mutter in Verdis »Aida« mit. Es war ein Gastspiel des Linzer Landestheaters, denn auch die Provinz sollte gebildet werden. Aida war klein und dick und hatte auf ihrem hellblauen Kleid, unter den Achselhöhlen, große dunkle Schweißflecken, und ich brauchte fast drei Jahrzehnte, bis ich wieder eine Oper sehen wollte. Aber Anton Bruckners Trompetenstöße – es war ein Konzert unter Volkmar Andree – trafen mich ins Herz. Sie tun es noch immer. Wenn ich am Brucknerdenkmal gegenüber der Stadtpfarrkirche, wo er Organist gewesen war, vorüberging, blieb ich stehen, schaute ihm ins Gesicht, dachte, dieser Mann müßte dünner und weniger hausbacken aussehen und keine so ausgeprägte Nase haben. Aber ich liebte ihn, gerade wegen seiner Verlorenheit hier im Eck mit dem spärlichen Blumenrabatt unter seinem Sockel an den Überresten der alten Stadtmauer, hinter der noch ein Relikt des mittelalterlichen Stadtgrabens verborgen lag, der damals der Garten einer Tante Maria war, bei deren Faschingsball meine Mutter meinen späteren Stiefvater kennenlernte, der ihr kein Glück brachte, und so ist das Leben und alles hängt mit allem zusammen, und wenn wir zurückdenken, knüpfen wir neue Zusammenhänge und formen eigene Bilder und glauben an eine Wirklichkeit, die wir uns erfinden.

Einmal noch wurde das alte Barocktheater in der Berggasse für zwei Aufführungen freigegeben, vielleicht waren es die letzten, bevor es geschlossen wurde. Das Wiener Burgtheater war zu Gast mit Goethes »Iphigenie auf Tauris«; Lieselotte Schreiner war die nicht mehr ganz junge Titelheldin, Ewald Balser spielte König Kreon, und war Albin Skoda der unglückliche Orest? Oder war er Antonio in »Torquato Tasso«, den jener darstellte, dessen Stimme, dessen Tonfall man nie mehr vergaß: Oskar Werner? Und als wir später im Deutschunterricht des Gymnasiums unter der strengen und um Gerechtigkeit bemühten Oberstudienrätin Gisela Dobrauz die Deutsche Klassik durchnahmen, wußte ich, was das Gute und Schöne sein könnte, denn ich versuchte, jener Harmonie des Ganzen nachzustreben, seit ich Iphigenie die Hände ringen und Oskar Werner Entsagung üben gesehen hatte. Und es dauerte eine Weile,

bis die hehre Fassade brach und ich auf Georg Büchners Riß durch die Welt stieß und diesen Riß in mir selbst fand und ich fortan manches einordnen konnte, was früher schon schmerzhaft und irritierend gewesen war:
Den Tod des Vaters, den andere Heldentod nannten.

Das Kommen und Gehen der Flüchtlingskinder aus den Barakkenlagern, ihre zerbrochenen Sprachen, ihre verstörten Blicke und das Senken des Kopfes, wenn die Volksschullehrerin Grete Krobath – auch sie eine geliebte Lehrerin – mit einem Holzstäbchen die Haare der Mädchen nach Läusen absuchte und alle bestrafte, die darüber lachten oder die sich den Fremden gegenüber nicht verständnisvoll benahmen.

Die Einschüsse in der Mauer gegenüber der Hauptschule, die mir mein Großvater zeigte und die immer noch von einem längst vergangenen Bürgerkrieg zeugten.

Oder den Schock, den ich hatte, als mir ein Mädchen namens Monika von ihrer schönen Mutter vorschwärmte, die viele Männer geliebt haben soll und die dann klein, verhutzelt und mit aufgequollenem Gesicht auf einer Brücke im Wehrgraben stand, nicht weit vom Bordell mit den rot verhangenen Fenstern, und deren Rock an einer Seite zipfte, so daß der heruntergerissene Saum in den Dreck hing.

Und wegen Monika, der ich einmal heimlich zwanzig Schilling lieh, habe ich meine Mutter belogen. Wir standen auf der untersten Stufe der Stiege in der schönbrunnergelben Villa in der Stelzhamerstraße, der Sommerphlox roch süß, und auf den Kieswegen wuchs das Unkraut, und ich habe sie angelogen, die ich liebte und die ganz ruhig sagte: »Wenn du noch einmal lügst, bist du nicht mehr mein Kind.«

Während der Saison war fast jeden zweiten Sonntag ein Match auf dem Vorwärtsplatz. Wir brauchten nur beim hinteren Gartentürl hinaus und über die Spitalskystraße gehen, und schon waren wir da. Immer rechtzeitig, so daß wir nie Schlange stehen mußten. Wir hatten Himbeersaft und Jausenbrote mit, und wenn mein Bruder und mein Cousin Helmut, den ich wie einen Bruder mochte, immer noch hungrig waren, wurde ich nach Hause um Nachschub geschickt. Es machte mir nichts aus, ich kannte mich sowieso nicht gut aus, war ein dummes Anhängsel, das die größeren Buben mitnehmen mußten und das mitunter beim falschen Tor klatschte. Aber alles war aufregend, halb Steyr war da, denn Amateure war nur zweite Liga, und die Menschen hatten sonst wenig Vergnügen, und sonntags einmal richtig schreien war offensichtlich gut. Es ist blöd, aber harmlos, sagte mein Großvater, und ich schrie mit, so laut ich konnte.

An der Südseite des Vorwärtsplatzes war in einer schwarz gestrichenen Baracke das Arbeitsamt der Stadt untergebracht. An manchen Wochentagen standen Schlangen wartender, rauchender Menschen davor. Immer Schlange stehen – fürs Vergnügen, fürs Überleben.

Gegenüber war der Konsum. Wenn wir nicht zum Trausner einkaufen geschickt wurden, sammelten wir im Konsum die Rabattmarken für das Monatsbüchl. Der Konsum war rot, das bekam ich mit, er gehörte zu den Sozialisten und zur Gewerkschaft, die in den Steyr-Werken angeblich größte Macht war, der sich auch die rote Stadtregierung beugen mußte und sogar der Herr Zentraldirektor Glöckel.

Die Farbe der Konsum-Leuchtschrift war das Rot der Nelken, das die Männer und Frauen, Burschen und Mädchen auf ihren blitzblauen Blusen angesteckt trugen, wenn sie am ersten Mai fahnenschwingend und singend die obere Tomitzstraße heraufzogen, an der Polizeiwache vorbei, den Festrednern im Volkskino zu. Schon morgens um sechs war man aus dem Schlaf gerissen worden durch die in die Stadt einmarschierenden Musikkapellen aus den umliegenden Siedlungen, aus Garsten und Christkindl, aus Aschach, der Saaß oder Unterhimmel. Wir standen auf der Völkerballwiese und sahen dem Aufmarsch zu, der nun streng formiert und scheinbar endlos von der Stadt her kam, Tschinellen und Lieder, Fahnen und blau-rotes Gewoge. Und wir wußten, daß wir da nicht dazugehörten, nicht nur, weil uns niemand sagte, wo man die blauen Hemden bekam und die roten Blumen und nachher vielleicht ein Paar Frankfurter. Und wir fragten uns, warum uns das niemand sagte, denn wir hätten gerne dazugehört.

Zugleich war, als wir so leicht erhöht auf unserer Völkerballwiese standen, etwas wie Herablassung in uns, eine Spur ängstlicher Stolz darauf, doch nicht dazuzugehören, ein vages Gefühl, die brauchen das, aber wir brauchen das nicht. Vielleicht war es nur verunsicherte Sehnsucht, die sich mitunter in Aggression wandelt. Noch heute staune ich über die Einfachheit und zugleich Gebrochenheit der Bilder, in denen man als Kind die Welt sieht, und ich weiß nicht, ob die Mehrdeutigkeit der Erlebnisse und Erfahrungen schon damals die Doppelbödigkeit aller Erscheinungen ahnen ließ oder ob man sie von heute aus ins Damals legt, in die Zeit der offenen und vielen Fragen.

Bog man nach dem Konsum rechts um die Ecke, führte ein Weg an der Rückseite des Vorwärtsplatzes und entlang der Teufelsbachböschung abwärts in Richtung Leitnerberg. In der großen Kurve bei der Konditorei zweigte eine Straße zum Steyrtalbahnhof ab. Von hier aus führte die dampfgetriebene Schmalspurbahn über Unterhimmel, Rosenegg, Neuzeug, Letten, Aschach, und so weiter über Grünburg und Leonstein bis Klaus. In den Auen der Steyr säumte Josef Werndls Industriewelt aus dem 19. Jahrhundert die Bahntrasse. Wenn im Sommer einige Fenster offenstanden, sah man Arbeiter an den Maschinen, sah den Dampf und den Rauch aus manchem Schlot, hörte hämmern, schlagen, bohren, fräsen. Heute stehen nur mehr Ruinen da.

Der Steyrtalbahnhof war uns Heimat. Von hier aus war Aufbruch etwas Vertrautes. Alle Ferien, sommers und winters, fuhren wir von hier aus über Klaus nach Hinterstoder, dorthin, wo wir aufgewachsen waren. Wir kannten die Stimme des Stationsvorstands und den Geruch der Schalterhalle, die eigentlich nur ein Zimmer war, und wir kannten die Art, in der der Schaffner sein Pfeiferl zum Mund führte, wenn er zur Abfahrt blies. Wir fuhren von einem Zuhause in ein anderes Zuhause, und kein Bahnhof der Welt kann mit der Geborgenheit des kleinen gelben Gebäudes konkurrieren, das auf einer Terrasse zwischen Christkindlleite, Teufelsbachwasserfall und Steyrfluß im Schatten von Kastanienbäumen stand und in seiner selbstverständlichen Dienstbarkeit so wunderbar die Waage hielt zwischen Anspruch und Erwartung. Das Ende der Stelzhamerstraße wurde durch das große rostige

Windrad angekündigt. Es erhob sich wie das vergessene Zeugnis eines mißglückten Experiments am Rand der Wiesen hinauf zum Fuchsengütl und bewegte sich, ächzend, nur bei starkem Wind. Die Straße mündete schließlich in einen schmalen Weg, der zunächst rechts von einigen kleineren Häusern gesäumt war.

Zwei oder drei Vorgärten waren Gartenzwerglandschaften. Zwischen den Besitzern bestand offensichtlich eine Art Wettstreit, denn ein Zwergvolk war schöner als das andere, es gab Hütten und Burgen, Sträßchen, Brücken und sich drehende Mühlräder, es gab Kirchen und Kühe und kleine Seen, auf denen Segelschiffe schwammen oder in denen sich Goldfische langsam hin und her bewegten. Oft standen junge Mütter da, und die Kinder hingen an den Maschendrahtzäunen und bestaunten diese Wunderwelt.

Der Weg tauchte nach dem letzten Haus unmittelbar in Ufergestrüpp ein und führte, leicht nach rechts hängend und nach jedem Regen ziemlich rutschig, den Sarningbach entlang. Es war mein Lieblingsweg, als ich größer wurde und alleine mit dem Rad zum Garstnerteich fahren durfte. Der Himmel spiegelte sich zwischen den Büschen im Mäandern des Baches, im Frühling trieb mir die Würze des Bärlauchs Tränen in die Augen, und im Sommer standen die Margeriten und Glockenblumen in den Wiesenhängen so hoch, daß sie Versteck vor jedem Blick boten.

Der Garstnerteich war still, von Wald umstanden. Seine Farbe war dunkelgrün bis schwarz, Schauspiel der Nuancen, wenn ein Fisch sprang. Nur an der Ostseite des Teiches und zu seinem Abfluß hin reichten Wiesen bis ans Ufer. Der nächste Bauernhof lag jenseits eines Hügels, man konnte ihn nicht sehen, nur hier und da drang der Laut einer Kreissäge, ein Hämmern oder das Brüllen des Stiers herunter bis ans Wasser.

Am Westufer war in einer ausladenden Fichte ein Hochstand verborgen. Das war ein guter Platz zum Lesen oder Lernen, Lateinvokabeln, Biologie, Geschichte. Keine Ablenkung. Vielleicht einmal den Stimmen der Vögel zuhören, den sich ausbreitenden Kreisen an der Wasseroberfläche zuschauen, wenn etwas von den überhängenden Zweigen der Bäume fiel, oder die Schwärme von Mücken verfolgen, die in der Teichmitte auf und ab tanzten, als ginge es um ihr Leben.

Eines Nachmittags hörte ich plötzlich ein Räuspern. Ein Mann lag am Fuß der Leiter, locker seitlich hingestreckt auf dem Nadelboden, einen Ellbogen aufgestützt. Er sah zu mir herauf. Heute noch spüre ich den Stillstand in meinem Körper. Vakuum der Angst. Und dann die gesteigerte Gegenwärtigkeit, Zusammenpacken der Hefte und Bücher, Grüßen, Reden, heiter klingendes Fragen im Hintersteigen, nur keine Pause aufkommen lassen, aus der der Schrecken brechen könnte, aber wie an seinen Armen vorbeikommen, an seinem Gesicht, seinem Lauern oder seiner Harmlosigkeit, ganz ruhig und beherrscht zum Fahrrad gehen, das an einer Erle lehnt, aufsteigen und in die Pedale treten und weg, weg, weg, umdrehen und weiter über Stock und Stein und ins panische Rasen des Herzens.

Tage darauf Sirenen, Polizeistreifen, Straßensperren und Hubschrauber über den Wäldern, den Wiesen und Feldern bis Aschach und Sierning hin, bis Kronstorf, Hargelsberg und die Neustift. Man suchte den mehrfachen Frauenmörder Engleder. Gefaßt wurde er wenig später nahe der Grenze zur Tschechoslowakei. Engleder saß seine langjährige Strafe im Gefängnis von Garsten ab, diesem Klosterbau aus dem 17. Jahrhundert, der in ein Hochsicherheitsgehege umfunktioniert worden war. Nach seiner Freilassung kam er im Gästetrakt des Wiener Schottenstiftes unter, wo er eines Nachts von einer jungen Frau erstochen wurde.

Die Begegnung mit dem Mann unter dem Hochstand war das Ende meines Garstnerteich-Reiches. Es hatte seine Unschuld verloren. Das Ereignis blieb im Gedächtnis als ein Moment knappen Entrinnens, wie es im Leben immer wieder Augenblicke gibt, die im Lauf der Jahre ihre Brisanz verlieren oder in einem Traum plötzlich als Gegenwart aufspringen, Schrei und Schweiß beim Erwachen.

Und so rief ich mir jenes andere, frühere Bild gerne in Erinnerung, das das dunkle verdrängte und das Wärme gab und gibt bis heute. Es war an der Stelle des Weges, wo er nach den holprigen Wurzelwindungen und schmalen Brücken über den Bach, nach den schattigen und uneinsehbaren Busch- und Erlenpassagen der Ufer ins Freie kam, was immer ein Gefühl der Erleichterung war. Hier ging der Blick gerade und weit voraus. Ein Mann kam mir vom Teich her entgegen. Ich sah schon von ferne, daß es mein Großvater war. Bis ins hohe Alter hielt er darauf, täglich seine einsamen Spaziergänge zu machen, nicht nachgeben, sagte er, er war ein Mann der Disziplin. So gingen, fuhren wir aufeinander zu, in der Helligkeit der Wiesen und im betörenden Gezirpe der Grillen eines Sommertags. Mein Großvater kam näher, ich stieg vom Fahrrad. Er wäre an mir vorbeigegangen, hätte ich ihn nicht begrüßt. Er war kurzsichtig und blinzelte im Gegenlicht, er hielt den Kopf leicht geneigt, auf seiner Stirn standen kleine Schweißperlen, und ich sah Freude über sein strenges Gesicht huschen. Wir waren uns nahe wie nie zuvor und wie später nicht, außer vielleicht in den Stunden seines Sterbens, als er im Koma lag und ich mein erstes Kind erwartete und nicht zu ihm durfte und ich über die Entfernung hin seine Hände hielt und über sein nasses, kaltes Gesicht strich, seinen röchelnden Atem spürte.

Noch einmal kehre ich in die Stelzhamerstraße zurück. Ich schiebe den Messingriegel auf, gehe den Eisengitterzaun entlang Richtung Stadt, ich trage noch die Schultasche auf dem Rücken, später schwer in der Hand. Ich gehe am Trausner vorbei, die Spitalskystraße unter den Mostbirnbäumen hinunter, überquere die Tomitzstraße, dann die Redtenbachergasse und biege in die Gabelsbergerstraße ein. Eine Seitenstraße ohne Verkehr. Rechts hinter dem Bretterzaun liegt der Sportplatz der Hauptschule, und dann kommt ein kleines Holzhaus. Es ist unter riesige seltene Nadelbäume hineingeduckt, die Fensterrahmen sind rot, auch etwas Grün ist mir in Erinnerung, ich kann es nicht mehr zuordnen. Hexenhaus. Kaum je Licht irgendwo. Hier und da ein älterer Mann im Garten, er trug immer Knickerbocker und einen gewalkten Lodenjanker, hellgrau mit waldgrünen Aufschlägen. Er werkte im Garten. Er hatte einen großen Kopf, graues Haar. Einsiedler. Einer, der nicht gestört werden wollte, schien es. Heute weiß ich, daß es der Mathematikprofessor Sepp Frauendorfer war, der Lieblingsonkel von Marlen Haushofer, der neben seinem besonderen Garten auch ein »Gartenbuch« anlegte, in dem er zudem Balladen, Skizzen und Gedanken festhielt. Ihn beschreibt die Dichterin in »Himmel, der nirgendwo endet« als heiteren, geselligen Mann, als einen von jenen Geschwistern des Vaters, die in den Ferien in das Forsthaus im Effertsbachtal bei Frauenstein einfielen und wochenlang blieben, und die Mutter kochte und buk und putzte und wusch und war am Ende und war ungerecht zur kleinen Marlen und sehnte sich nach den Zeiten, als sie in Diensten der Grafen Lamberg war, durch Europa reiste und sich eine schöne Zukunft erdachte. Das Schloß der Lambergs thront heute noch über dem Zusammenfluß von Enns und Steyr, der steinerne Hund sitzt immer noch als Wappentier am Brunnen des Innenhofs, in dem ich einst ein Ritterspiel sah, farbenprächtig, sammetweich und roßhuflaut.

Die Gabelsbergerstraße mündet in die Preuenhuberstraße. Links oben liegt das Schloß Vogelsang, eine seltsame Totgeburt, nie richtig belebt vom Erbauer Josef Werndl, später Bubenkonvikt, heute Seniorenresidenz. Rechts im rechten Winkel geht es in Richtung Promenade. Achtlos vorbei am Haus Nummer 4. Hier hat einmal Robert Musil gelebt, von 1882 bis 1891. Volksschule und erste Klasse Realschule in Steyr. Aber man erzählte uns nichts über ihn in der Schule, nichts über den »Törleß« oder den »Mann ohne Eigenschaften«, man erzählte uns auch nichts über »Die Wand« von Marlen Haushofer, man blieb bei Goethe und Schiller und schloß mit Gerhart Hauptmann. Man erzählte uns auch nichts über Valentin Preuenhuber, den ersten Chronisten der Stadt, der dem protestantischen Glauben nicht abschwören wollte und vertrieben wurde und dessen »Annales Styrenses« erst nach seinem Tod 1740 gedruckt wurden. Man benannte nach ihm eine Straße, wobei man sich nicht einmal entschließen kann, ob man ihn mit V oder U schreiben soll. Wir hörten nichts von ihm, vielleicht nur einmal von Enrica von Handel-Mazzetti, die der Promenade den Namen gab und über deren Ballade vom »Deutschen Recht« man sprach. Sonst wurde in den Straßen wahrscheinlich über das Wetter gesprochen, über die Nachbarn, die Kinder, die wechselnden Verhältnisse, den Aufschwung in der Fabrik, wo Kugellager, Mannlichergewehre, Lastwagen, Traktoren und Fiatautos erzeugt wurden, es war das alltägliche Leben in einer Provinzstadt, deren Enge und Kleinbürgerlichkeit manchen die Luft zum Atmen nahm und sie in einen frühen Tod trieb, anderen glücklicher Lebensraum und wieder anderen Laufstall für erste Erfahrungen war.

Immer noch trage ich in Gedanken die Schultasche. Gehe die Kastanienallee der Promenade entlang, vorbei am Wetterhäuschen mit dem Thermometer, Hygrometer und Barometer. Ich gehe in die Volksschule in der Berggasse, einst Kloster der Coelestinerinnen, dann Gefängnis – warum eignen sich Klöster so gut als Gefängnis? Ich gehe weiter den Schloßberg hinunter, unter dem Tor mit dem Fresko der streitenden Brüder durch. Immer Kampf und Totschlag bei der Gründung einer Stadt? Ich gehe vorbei an dem aus dem Fels geschlagenen Karbäuschen des Verkehrspolizisten, gehe über die Steyrbrücke hinüber ins Gymnasium. Schon wieder ein ehemaliges Kloster. Dann ein Büchsenmacher-Lehrlings-Institut. Sankt Michael schwingt sein Schwert über den Brücken und über der Stadt.

Zurück gehe ich durch die Enge. Vorbei an Buseks Hutladen. Herr Busek und später sein Sohn stehen vor der Tür, Hände verschränkt auf dem Rücken, Sinnbild der immer gleichen Langeweile. Dann der sich öffnende Stadtplatz, Flanieren durch die Geschichte. Er war immer schön für mich. Und verzaubert um die Weihnachtszeit mit dem großen Christbaum vor dem Bummerlhaus. Die Standln mit Gemüse, Eiern, Brot, Blumen und Spielzeug auf der linken Seite, der Hauch vor den Mündern der Marktfrauen, wenn es frostig war, ihre roten Finger, die aus den Fingerlingen herausstanden. Brunnenplätschern, Glockenläuten, schmale Durchgänge hinunter zur Enns, hinauf in die Berggasse. Die Tauben gurrten über den dunklen Stiegen.

Von der Wohnung meiner anderen Großeltern aus, die im Haus Nummer 11 im zweiten Stock über der Kolonialwaren-, Landesprodukten- und Mehlhandlung Eidenberger und Singers Nähmaschinengeschäft lag, sahen wir auf den Stadtplatz wie auf ein Schauspiel, das mein Bruder und ich nicht müde wurden zu betrachten. Der Blick von oben auf den Lauf des Lebens macht neugierig, aber er schafft einen heiteren Gleichmut und eine Art Unverletzlichkeit, die angenehm ist und deren trügerischer Hintergrund sich in der

Distanz verliert. Man sieht die Bewegung und die Farben, aber nicht die Frau, die im Eck hockt und um Almosen bittet.

Am schönsten war das Fronleichnamsfest. Der Zug mit dem purpurnen Baldachin über dem Leib Christi, den brokatenen Messgewändern und den weißen Mädchen ging rund um den Stadtplatz, von Altar zu Altar, von Litanei und Lied zu Litanei und Lied, und das frische Grün der jungen Birken leuchtete wie poliert.

In der Mitte des Platzes auf der rechten Seite, wenn man von der Enge her kam, war das Textilwaren- und Teppichhaus Rudolf Haslinger, in der meine Stelzhamerstraßen-Großmutter gerne einkaufte. Zur Sechzigjahrfeier des Hauses lagen Faksimiles von der Geschäftseröffnung im Jahre 1897 auf. Der Wortlaut an das »P. T. kaufende Publicum« war eine Mixtur, marktschreierisch und zugleich wie aus einem Märchen von Tausendundeiner Nacht: »In färbigen Cottonen, Blaudrucken, Leinen Zephir, Lavantin, Batist à jour, Atlas-Satin, Pouchis, Piquets etc. bringen wir reizende Neuheiten und infolge eines zufälligen Gelegenheitskaufes zu horrend billigen Preisen. Weisse und ungebleichte Cottone, Barchente, Chiffone, Alpaca, Atlas und Damast, Canefas und Nanking in den neuesten, modernsten Geweben und Dessins, gemusterte Cachemire, schwarze Cheviot, Crèpe, Mohair!«

Nach dem Tabakhauptverlag Stratil und dem Installateur Kriszan verlasse ich den Stadtplatz und gehe über den Pfarrberg. Aber nicht bis zum Ende, sondern links in ein breites dunkles Stiegengewölbe, das mir immer unheimlich war. Gehe hinauf zum Mesnerhaus hinter der Stadtpfarrkirche. Hier ist es still. Hier ist kein Mensch. Ich schaue hinüber auf das letzte Haus des Pfarrbergs, das erste der Berggasse. Ich schaue hinauf zu Marlen Haushofers Mansarde.

Ich komme am Brucknerdenkmal vorüber, und der Kreis beginnt sich zu schließen. Ich gehe an der Mauer mit den Einschüssen aus dem Bürgerkrieg entlang, und wenn es heute wäre, würde sie nicht mehr stehen. Ein Einkaufszentrum hockt breit und häßlich da, wo einst Schafe blökten. Die Tomitzstraße ist zu einer der Hauptverkehrsadern der Stadt geworden, durch die unablässig der Verkehr rollt. Die Mostbirnbäume der Spitalskystraße sind längst gefällt, die Völkerballwiese ist verbaut, der Trausner verschwunden, der Garten hinter dem Eisengitterzaun für Parkplätze verkleinert, die schönbrunnergelbe Villa ist immer noch gelb, aber blaß und neureich verschandelt.

Die Stelzhamerstraße ist eine öde, breite, gewöhnliche Straße geworden, man hat ihr den Charakter genommen: die Bombierung, die sie schmal machte, und die Ahornbäume, die ihr das Gepräge gaben, die Farben und den Schutz. Und so stehen die Villen nackt und verloren da, wie am falschen Platz zur falschen Zeit, sie sind nur Vorhut und Trittbrett für Staatsbauten aus Beton, für das Landesgericht und die Kammer der Gewerblichen Wirtschaft. Der Verkehr zerfetzt die Luft, und der Gestank der einparkenden und wegfahrenden Autos würde selbst den Duft von Jasmin und Flieder, Weigelia und Phlox überdecken, wenn es sie noch gäbe. Mit den Ahornbäumen ist das Geheimnis verschwunden, das die Blätter über die Zeiten hin bewahrten, das mit dem Herbst zu Boden sank und im Frühjahr neu erdacht wurde. Jetzt ist Durchgang und Durchzug, und in den Häusern sind die Fenster geschlossen, weil der Lärm zu groß ist und vielleicht auch, weil nebenan nicht gewohnt, sondern verhandelt und gerichtet wird. Aber es wird trotzdem Trauer und Freude und Zukunft in der Straße geben, sie werden nur ein anderes Gesicht haben, und sonst wird es sein wie immer. Also kein Grund für Nostalgie.

Es ist Abend, als ich durch die Stelzhamerstraße gehe. Es regnet. »... und die Sunn' hat mi trickert, wann mi gnetzt hat dei Regn«, schrieb Franz Stelzhamer in dem Gedicht, das alle Kinder Oberösterreichs lernen und singen müssen und das ich längst verlernt habe. Ich habe einen Schirm.

Hermann Hakel

Was Marlen Haushofer erzählt

Marlen erzählt von den Akademikern in Steyr, von Ärzten und Juristen und deren Unterhaltungen: Suff, Jagd, Sex. Ein Primarius zu ihr: »Darf ich Sie in die Brüste beißen?« Alle sind ehemalige Nazis. Ein Advokat weinte erschüttert, weil es keinen Krieg mehr gibt und er nicht mehr Offizier sein kann. Sein Bruder, ein bekannter Arzt und Jäger, ist der typische Repräsentant dieser Clique. Im Krieg an der russischen Front hatte er einen geduckt laufenden Russen beobachtet, der sich Holzscheite beschaffte. Der passionierte Jäger wartete geduldig auf die beste Stellung und machte dann einen prächtigen Blattschuß. Der Russe warf die Arme hoch, die Scheite fielen in den Schnee. Es war eine rein mechanische Sache, wie man sie sonst ohne irgendwelche Erregung tut. Nach dem Krieg durfte er in seinem heimatlichen Revier nicht jagen, weil der Besitz von Gewehren verboten war. Seine Sorge und Sehnsucht galt jetzt einem prächtigen Zehnender, den er beobachtete und betreute, um ihn später einmal als Zwölfender erlegen zu können.

Eines Tages kommt ein amerikanischer Leutnant mit einem Mädchen aus Linz, das er für seine Frau ausgibt, angefahren und will im Revier des Arztes jagen. Um seinen Hirschen zu retten, gibt er ihm einen falschen Weg an. Aber der Ami fragt nochmals und justament einen Feind des Arztes, einen Arbeiter und Wilddieb, der ihm für Geld das Prachtexemplar verrät. So mußte der Arzt erleben, daß ihm sein Hirsch weggeschossen und nicht einmal waidgerecht aufgeschnitten wurde. Trotzdem machte er dem Ami einen Höflichkeitsbesuch, trank ihn aus Rache unter den Tisch und vergewaltigte auch gleich das Linzer Mädchen. Gegenüber anderen beteuerte er nachher, alles unternommen zu haben, um es zu schwängern. Schließlich versprach er dem Ami auch noch einen Gamsbock, führte ihn auf einen gefährlichen Grat und hatte nur noch einen Wunsch: ihn dort hinunterzustoßen. Aber diesmal trat keine mechanische Reaktion ein, wie damals gegenüber dem wehrlosen Russen.

Aber wie der Zufall so spielt, wurde der Arbeiter, der dem Ami den Hirschen verraten hatte, mit Blutvergiftung in das Spital, wo der Arzt arbeitete, eingeliefert. Jetzt rächte sich der wackere Steyrer an dem wehrlosen Wilddieb, indem er zwei Wochen lang an ihm herumschnitt und ihm keine schmerzstillenden Mittel gab. Er war aber so anständig, ihn nicht umzubringen. Der Arbeiter büßte dafür, daß der Herr Doktor zu feige gewesen war, sich an dem Amerikaner wirklich zu rächen.

Marlen erzählt auch von dem unappetitlichen Dr. Möstl, der im Urlaub von einer Dichterin zur anderen fährt. Er bat sie, ihm die Hemden zu waschen. Er blieb drei Tage, war mit jedem per Du und hinterließ einen Pack Briefe, die sie frankieren und abschicken sollte, denn er hatte kein Geld mehr. Zu Geburtstagen verschickte er nämlich Heiligenbilder und schnorrte für angeblich arme Leute um monatlich zehn Schilling. Und keine der Damen wirft den Dreckfink hinaus. Und warum? Weil er ein Doktor ist und weil er ja dichtet!

Und dann erzählt Marlen von einer Freundin und deren jüdischem Ehemann, den sie, wie ihren ersten Geliebten, Pipi nennt. Dieser Pipi hat ihr aus der Gefangenschaft in Kanada rührende Liebesbriefe geschrieben, ist aber später, als er heimkehrte, nicht zu ihr gekommen. Erst nach Wochen, als sie mit einer Lungenentzündung im Spital lag, erschien er, um ihr zu sagen, daß die Begegnung mit ihr für ihn nur eine erotische Angelegenheit gewesen ist. Die seither geschockte Freundin malträtiert jetzt ihren Mann und ihr Kind, ist herrschsüchtig, hat einen Säuberungswahn, redet pausenlos und kann den »Ersten« nicht vergessen. Das hat sich aber so weit gebessert, als er in ihren Träumen jetzt das Gesicht ihres Mannes trägt.

Von einer anderen Freundin, einer ehemaligen Naziautorin, erzählt sie, daß deren aus dem Krieg heimgekehrter Mann bei einem Unfall beide Beine verloren hat. Früher hatte sie ihn oft betrogen. Jetzt aber, da er sich nicht revanchieren kann, ist sie ihm treu. Im Kino, bei Folterszenen, die sie besonders liebt, erregt sie sich und läuft zu ihm nach Hause. Auch ihre Liebhaber dürfen sie nur bis zu einem bestimmten Punkt erregen, der Rest gehört ihrem Mann. Sie ist eben eine »sinnliche Natur« und wird, wenn sie betrunken ist, wild; was aber häufig vorkommt, da diese Gesellschaft jedes Beisammensein zum Saufen benutzt. Einmal, mit Marlen und deren Mann im Auto, bittet sie Marlen wegzuschauen, wirft sich auf den Mann und zwickt vor Erregung auch noch Marlen in den Popo. – Dieses Frauenzimmer schreibt sentimentale Kitschgedichte und Kurzgeschichten, mit der typisch deutschen Schizophrenie: oben Gartenlaube, unten Gemeinheiten – ohne daß sie einander stören. Gewissenlos oder bewußtseinslos?

Marlen erzählt von bäuerlichen »Zauberern«, welche Menschen »wenden«, ohne sich dafür bezahlen zu lassen. Die »Geheimnisse«, seit Jahrhunderten in der Familie, werden dem Sohn vererbt. Da gibt es einen, der die von einer Seuche befallenen Kühe heilt, die zu früh werfen. Er benützt dazu ein glühendes Eisen und je eine Tasse Milch von jeder Kuh im Stall. Aber niemand darf ihm dabei zuschauen. Nach beendeter Prozedur mauert er etwas, das niemand sehen darf, in die Stallmauer – und die Seuche ist weg! Eine Frau aus Steyr schaut Warzen an, und zwei Wochen später sind sie verschwunden. Und ein Gutsbesitzer kann sogar telefonisch Blut stillen!

Ich unterhalte mich mit Marlen über Bad Hall und erinnere mich noch an das Kaufhaus Vogelsang, weil mir der Name so gut gefallen hat, und an das Café Lauf in der Nähe des Kurparks. Marlen berichtet von einem Gespräch mit dessen Besitzer, der beteuerte: »Gott sei Dank gibt es die Syphilis! Der haben wir alles zu verdanken!«

Morgens las ich in der Zeitung von der Kinderlähmung in Steyr, die heuer häufiger als sonst in dieser Jahreszeit auftritt. Ich bekam Angst um Marlen und ihre Kinder. Abends fiel dann der kleine Kaktus, den sie mir beim letzten Besuch geschenkt hat, aus dem Fenster, und jemand muß ihn im Vorbeigehen mitgenommen haben. Komisch, daß man da gleich das Gefühl einer schlechten Vorbedeutung bekommt und sich solcher magischer Vorstellungen nicht erwehren kann.

Walter Wippersberg

Einige Orte und einige Menschen meiner Kindheit und Jugend

Vom Haus Schlüsselhofgasse 34, in dem ich fünfzehn Jahre lang gewohnt hab, gibt es heute nur mehr einen Teil. Der andere Trakt, eine Art Scheune, fast ganz aus Holz und rechtwinkelig an den gemauerten Teil gefügt, mußte weggerissen werden, als um 1960 herum die Straße einmal verbreitert wurde. Zu meiner Zeit wurden dort Brennholz und mancherlei Gerümpel gelagert, früher dürften darin Ställe gewesen sein, wahrscheinlich hat man ein paar Ziegen gehalten, Hühner vermutlich auch. Das Grundstück war groß. Ein ausgedehnter Gemüsegarten und ein kleiner Blumengarten, eine Wiese mit Apfelbäumen, ein steiler Hang zum Turnplatz hinunter und direkt vorm Haus sehr alte Birnbäume.

Heute wohnen, so viel ich weiß, nur drei oder vier Menschen im (übrigens mehrfach erweiterten) Haus. In den Jahren meiner Kindheit lebte man enger beieinander – und wohl auch enger miteinander. Das Hausbesitzerpaar, von uns »der Hausherr« und »die Hausfrau« genannt, war schon alt, eine erwachsene Tochter gab es und einen erwachsenen Sohn, und dann lebten gleich nach dem Krieg (also in den Jahren nach meiner Geburt) mindestens noch drei Familien im Haus. Nach und nach zogen zwei davon aus, der Sohn des Hauses, Hans Heigl (später Zentralbetriebsratsobmann der Steyr-Werke, noch viel später auch Nationalratsabgeordneter), brauchte und wollte mehr Platz, er war nun verheiratet und bald Vater zweier Töchter, mit denen mein Bruder und ich aufwuchsen wie mit Schwestern. Sie waren in unserer kleinen Wohnung so zu Hause wie wir in ihrer, die auch kaum größer war. Und ihre Großeltern waren ein bißchen auch die meinen. Die Hausfrau war übrigens stocktaub und sehr mißtrauisch, immer meinte sie, es würde, wenn geredet würde, Böses über sie geredet. Der Hausherr ertrug sie mit stoischer Gelassenheit. Er wurde von ihr nur »Mann« gerufen. »Mann, geh her da!« Und wenn sie in den Garten rief »Wo bist 'nn, Mann?«, dann blieb er oft einfach hinter den Ribislstauden sitzen und rührte sich nicht. »Gegen die Dummheit ist halt kein Kräutl gewachsen«, murmelte er manchmal, wenn sie ihn gar zu arg drangsalierte. Mit achtzig stieg er noch auf hohe Leitern, um die Birnen zu ernten. Dann standen wir alle vorm Haus und zitterten um ihn. Gern redete er davon, daß die Pfarrer uns nicht die ganze Wahrheit sagten. Er hatte in seinen jungen Jahren als Gärtner für den Grafen Lamberg gearbeitet und sei, so erzählte er, einmal auch in die Bibliothek im Schloß gekommen, habe dort eine alte Bibel aufgeschlagen – und darin seien viele Sätze durchgestrichen gewesen, all das nämlich, davon war er fest überzeugt, was das einfache Volk nicht wissen solle.

Ich war fünfzehn, als auch wir das Haus verließen, damit – spätestens – war meine Kindheit zu Ende.

Vom Michaelerplatz, wo ich viel Zeit verbrachte, konnte man auf drei sehr unterschiedlichen Wegen zum Haus Schlüsselhofgasse 34 gelangen. Der mittlere davon, die auf dieser Strecke von alten Villen gesäumte Schlüsselhofgasse selbst, war der kürzeste. Ihn nahm ich, wenn's schnell gehen mußte, in der Früh zum Beispiel.

Von der Schule nach Hause ging ich oft unten auf dem Ortskai, also direkt die Enns entlang. Hier hab ich auch, das weiß ich noch, meine erste Zigarette geraucht. Beim Sägewerk Weidinger kam man dann wieder auf die Schlüsselhofgasse hinauf. Der schmale steile Berg war im Winter eine beliebte Rodelstrecke; der Ehrgeiz aller war es, so knapp wie nur möglich vor dem Ennsufer abzubremsen, drei oder vier pro Saison schafften es nicht, sie wurden viel bewundert. Oben an der Straße stand übrigens ein ebenerdiges Haus, wie in einer Auslage schlief dort stets ein kleiner häßlicher Hund, drinnen auf dem Fensterbrett auf einen dicken Polster gebettet. Nie konnte ich, so weit ich mich erinnere, an diesem Haus vorbeigehen, ohne an die Fensterscheibe zu klopfen, den Hund damit aufzuschrecken, woraufhin er erbärmlich kläffte, woraufhin wiederum fast augenblicklich sein sehr altes Frauerl in der Haustür erschien und hinter mir herschrie, sie werde mich schon noch erwischen. Vieles drohte sie mir an für diesen Fall, allein er trat nie ein, sie erwischte mich einfach nicht. Auch andere Kinder klopften natürlich im Vorbeigehen ans Fenster, die alte Frau hatte es nicht leicht. (Das Häusl wurde dann in den sechziger Jahren abgerissen, um Platz zu schaffen für die neue Rederbrücke, die inzwischen schon durch eine noch neuere ersetzt wurde.)

Der dritte Weg verlief eine Etage höher. Vom Michaelerplatz stieg man – was für manchen Erwachsenen mühsam, für Kinder leicht war – die (damals ziemlich neue) Taborstiege hinauf und ging zuerst am Krematorium vorbei, dann auf einem Fußweg entlang der Kante der obersten der Steyrer Terrassen. Man kam – dieser Teil des Tabors war noch unverbaut – an Schrebergärten vorüber und gelangte schließlich über steile Wegstücke und provisorische Treppen wiederum fast genau dort, wo ich wohnte, hinunter auf die Schlüsselhofgasse. Dieser Hang, der über die Straße dem Haus gegenüber liegt, war verwildert, viele alte Bäume gab es und viel Haselnußgesträuch, in dem man ganz geheime Lager errichten konnte.

Hinterm Haus der schon erwähnte Turnplatz. Er gehörte, glaube ich, dem Österreichischen Turnerbund, damals redete man freilich immer noch von den »Deutschen Turnern«. Die großen Krater, an die ich mich noch erinnere (Trichter von Bomben, die vermutlich den Steyr-Werken gegolten hatten), waren bald wieder zugeschüttet. Sonnwendfeiern wurden hier abgehalten, da standen die unentwegten Deutschtümler um ein großes Feuer herum, lauschten manch einer trutzigen Rede und sangen auch. In einem ihrer Lieder hieß es: »...da kommen wir gegangen, mit Spießen und mit Stangen«.

Auch einen Tennisclub gab es hier. Oft hab ich dem Platzwart beim Spritzen oder beim Abziehen der beiden Plätze zugesehen, oder wie er einen kleinen Wagen hinter sich herzog, um kalkweiße Linien auf den ziegelroten Staub zu setzen. Wenn mich die Erinnerung nicht trügt, spielten nur ältere Leute. Eine alte Dame sehe ich beinahe noch vor mir, hager und braungebrannt; heute erinnert mich das Bild an Leni Riefenstahl, von der ich damals natürlich nichts wußte. Immer spielte sie mit einem weißhaarigen alten Herrn, sie standen einfach da, spielten einander die Bälle so genau zu, daß nur selten ein kleiner Schritt zur Seite nötig war, um ihn zu erreichen. Selbst ein Wechsel von der Vorhand auf die Rückhand kam nicht oft vor. Viele Minuten lang dauerten die Ballwechsel, und lange hab ich geglaubt, es käme beim Tennisspielen darauf an, einen Ball so lange wie nur möglich im Spiel zu halten, wie wir es selbst beim Federballspielen versuchten, wo mitgezählt wurde, wie oft der Ball hin- und herflog.

Direkt vorm Haus (vor »unserem«, vor »meinem« Haus) zweigt von der Schlüsselhofgasse die Blümelhuberstraße ab, zu meiner Zeit der Posthofberg genannt. Dort wohnte, kaum zweihundert Meter von mir entfernt, der Erlacher Hans, mein bester Freund in Volksschultagen. Ein Einfamilienhaus aus den dreißiger Jahren, sehr eng das alles, ein steiles Dach. Der Garten dahinter – wunderbar verwachsen, wunderbar ungepflegt – stieg steil zum Tabor hinauf an, ein Serpentinenweg führte hinauf zu einem verfallenden »Lusthaus«: achteckig, glaube ich mich zu erinnern, im Grundriß, ein tragendes Eisenskelett und innen, die Wände entlanglaufend, eine durchgehende Sitzbank, für uns eine Art Wehrgang, wenn wir – Ritter spielend – diese unsere Burg gegen Feinde vielfältiger Art zu verteidigen hatten. Einen seltsamen Ruf hatten die Erlachers damals, direkt geächtet waren sie nicht, aber mißtrauisch beäugt.

Man ließ in diesen Jahren, kommt mir heute vor, das Andere, das Unangepaßte, das Nicht-Genormte noch eher gelten als heute. Daß der Garten der Erlachers ein einziger Saustall war, das wurde zwar kommentiert, aber doch akzeptiert. Es sehe ganz furchtbar aus in jenem kleinen Haus, sagte man, und das stimmte auch. Mit dem Putzen haben die Erlacher-Frauen nicht viel Zeit vergeudet. An überall herumliegende, von Hunden abgenagte Knochen erinnere ich mich. Wenn Fleischreste und Innereien als Hundefutter gekocht wurden, stank es entsetzlich.

Es war ein Frauenhaushalt. Die verwitwete Mutter meines Freundes und seine damals längst erwachsene Schwester gaben den Ton an. Zwei Frauen und drei Buben. Die beiden Neffen vom Hans hatten uns, wenn wir Ritter waren, als Knappen zu dienen. Einen Lebensgefährten der jungen Erlacherin gab es wohl. Ein kleiner, gedrungener Mann. Eine Randfigur. Daß so viele Männer »im Krieg geblieben« waren, wie man damals oft sagte, das scheint die Stellung der übriggebliebenen nicht gerade gestärkt zu haben. Es zeigte sich offenbar für viele Frauen, daß man auch ohne Männer leben konnte. Der Vater vom Erlacher Hans ist übrigens, glaube ich, noch kurz vor Kriegsende gestorben, meiner im November 1945, als ich grad vier Monate alt war. Vaterlos aufzuwachsen war in meiner Kindheit nichts besonderes.

Die »alte« Erlacherin, die Mutter vom Hans, alles dominierend und sehr dick, verbrachte ihre Tage und Nächte in einem Kabinett, das gerade so breit wie ihr Bett lang war. Tagsüber saß sie auf der Kante des Bettes und verschaffte sich ihren Lebensunterhalt mit Heimarbeit, fügte kleine glitzernde Steine in Gablonzer-Broschen ein. Sie sah sich als Künstlerin, malte nach Fotografien Steyrer Ansichten detailgetreu in Öl und hatte ein paar kleine Geschichten in der Steyrer Zeitung veröffentlicht.

Gewiß hätte ich nicht leben wollen wie die Erlachers, aber ein paar Jahre lang besuchte ich sie jeden Tag. Auch Frau Dickbauer, die in der Schlüsselhofgasse im Haus neben uns wohnte, kam oft dorthin. Sie ging gern zu anderen Leuten. Zu uns kam sie jeden Tag mindestens einmal und saß dann mit meiner Mutter ein halbes Stündchen oder auch länger in unserer Küche.

Ihr Mann, der alte Dickbauer (der vielleicht noch nicht so alt war, wie ich ihn heute in Erinnerung hab), galt als Sonderling. Man konnte schon an seinem Garten erkennen, daß er anders war als andere: Obstbäume standen in Reih und Glied – aber auf nackter Erde. Kein Büschel Gras wuchs hier. In seinem Haus gab es – damals noch nicht selbstverständlich – ein richtiges Wohnzimmer, aber es wurde nie benutzt, die Polstermöbel waren von weißen Tüchern bedeckt. Herr Dickbauer war pensionierter Postbeamter, ein stattlicher Mann mit einer prächtigen Hakennase. Viel später hat man mir dies über ihn erzählt: Am Vormittag des 12. Februar 1934 sei er als Briefträger, um wie jeden Tag auf der Ennsleite die Post auszutragen, auf der Damberggasse unterwegs gewesen. Eben dort hatte kurz vorher ein Trupp Bundesheersoldaten umkehren müssen, weil sie von den Schutzbündlern, die sich oben auf der Ennsleite verschanzt hatten, beschossen worden waren. Da habe man nun, hat man mir erzählt, den damals noch jungen Herrn Dickbauer vor dem Weitergehen dringend gewarnt, die Roten da oben schössen auf alles, was eine Uniform trage, und wäre es auch nur eine Briefträgeruniform. Dickbauer habe sich aber nicht beirren lassen, jeder in Steyr kenne und schätze ihn, niemand werde auf ihn schießen! Und so hat er angeblich auch an diesem Bürgerkriegstag die Briefe zugestellt wie immer.

Gern sang er Opernarien. Den Kunstgeschmack seiner Umgebung verachtete er. In welche Filme diese Leute, seine Frau eingeschlossen, nur immer liefen! Er selbst sehe sich, sagte er stolz, nur »Spitzenfilme« an (was genau er darunter verstanden hat, weiß ich heute nicht mehr). Seine Frau mußte zum Tratschen zu ihren Freundinnen gehen, weil er keine Fremden im Haus duldete. Ich war die Ausnahme. Mich mochte er sehr. Ich durfte zu ihm kommen, wann immer ich wollte.

In der Enns hat er mir, da war ich sieben oder acht, das Schwimmen beigebracht. »Unten bei den Germanen«, wie man damals sagte, wenn man ein bestimmtes Stück Ennsufer meinte. Wir kamen in ein paar Minuten direkt auf der Schlüsselhofgasse hin, die sich knapp vorm Dickbauer-Haus vom Ennsufer entfernt und die dann beim Schlüsselhof, der schon im Mittelalter erwähnt wird, wieder an die Enns führt. Hier war der alte Dickbauer wirklich zu Hause, hier verbrachte er seine Sommertage, sofern sie nicht ganz und gar verregnet waren, vom frühen Vormittag bis in den Abend hinein. Ein stillgelegtes Schotterwerk gab es hier, die Ruine einer Schottermühle, schon damals nur noch ein Skelett aus Stahlbetonpfeilern. Weiter vorne das Klubhaus und die beiden Bootsschuppen des Rudervereins »Die Germanen«, daneben ein imponierend hoher, von Trauerweiden umstandener Fahnenmast. Es war ein beliebter Badeplatz damals, die Innenseite einer Biegung des Flusses mit ausgedehnten Schotterbänken, stellenweise sogar mit einer dünnen Sandschicht bedeckt. Zum Auwald hin ein paar Weidenbüsche und Haselsträucher, kleine verfilzte Grasbüschel in den Zweigen, alle in der gleichen Höhe, den Wasserstand der letzten Überschwemmung anzeigend. Im Frühsommer oft noch Gras aus dem vergangenen Jahr, die gelben Halme vom letzten Hochwasser geknickt und nach dem Flußlauf ausgerichtet, wie mit einer riesigen Bürste gekämmt. Am gegenüberliegenden Ufer eine fast senkrechte Konglomeratwand (oben auf der Terrasse liegt der Stadtteil Münichholz), oft brachen Felsteile daraus ab und stürzten ins Wasser, bei einem bestimmten Wasserstand bildete sich dann der eine oder andere Strudel, überhaupt war die Enns dazumal wenigstens an dieser Stelle manchmal noch ein ziemlich reißender Fluß. Hier zu schwimmen war nicht ungefährlich, und manch einer geriet wirklich in Not, doch war die Hilfe nicht weit, der alte Dickbauer war ja da. In manchem Sommer durfte er sich rühmen, drei oder gar vier Menschen vor dem Ersaufen gerettet zu haben.

Übrigens konnte man damals Kriegsmaterial aller Art in der Enns finden. Karabiner, Maschinenpistolen, ganze Kästen voll mit MG-Munition, auch die eine oder andere Panzerfaust. In den allerletzten Kriegstagen hatten deutsche Soldaten all das Zeug in den Fluß geworfen, an dem ja Amerikaner und Russen aufeinandertrafen. (Ehe Steyr dann ganz der amerikanischen Besatzungszone zugeschlagen wurde, war die Stadt selbst für ein paar Monate geteilt.) Was von Halbwüchsigen, auch Kindern, an Kriegsrelikten aus der Enns zu holen war, das wurde oft gleich unten in der Au darauf geprüft, ob es denn noch funktionsfähig sei. Ich war noch nicht zehn, als ich zum ersten Mal mit einem nur leicht verrosteten Karabiner auf Blechdosen schoß. Manche (darunter mein Bruder, der drei Jahre älter ist als ich) knackten mit zwei Zangen unzählige Patronen auf und bastelten aus dem so gewonnenen Schießpulver kleine Bomben. Einer büßte ein paar Finger dabei ein, einer seine ganze rechte Hand. Die Erwachsenen kümmerten sich – wenigstens in meiner Erinnerung – nicht viel darum, was wir da unten an der Enns trieben. Der Auwald war unser Gebiet, so wie zum Beispiel auch die Leite gegenüber von unserm Wohnhaus uns gehörte. Es gab in diesen Nachkriegsjahren viel weniger Zäune als heute, viel mehr ungenütztes und brachliegendes Land, viele G'stätten. Natürlich wußten wir ungefähr, was erlaubt und was verboten war.

Das hatte aber keine andere Wirkung, als daß man sich bei bestimmten Dingen eben nicht erwischen lassen durfte. Wer erwischt wurde, bekam ein paar Ohrfeigen. Damit rechnete man, und damit war die Sache dann auch schon abgetan. Die Regeln waren einfach.

Die neben der Frau Dickbauer zweite enge Freundin meiner Mutter hieß Maria Braunitzer. Sie wohnte mit ihrem Mann auch ganz nahe an der Enns, fast auf gleicher Höhe wie wir, aber am anderen Ufer, in der Haratzmüllerstraße. Eine kleinere Wohnung als die der Braunitzers hab ich selten gesehen. Im einzigen Zimmer standen die Ehebetten, ein kleines Sofa, zwei Fauteuils, ein Tischchen, ein Kleiderschrank, ein kleiner Ofen – alles so eng beieinander, daß eine stattliche Person, wie die Frau Braunitzer es war, sich dazwischen nur mühsam bewegen konnte. Die Küche maß ungefähr zwei Meter im Quadrat. Ein Herd, ein paar Hängeschränke und vorm kleinen Fenster ein pultartiger Tisch mit zwei Hockern. Um aufs Klo zu gelangen, mußte man aus dem ersten Stock hinunter ins Erdgeschoß und hinaus in einen sehr verwinkelten Hof. Arg verwinkelt war das ganze Haus, das im Kern wohl noch aus dem Mittelalter stammte. Unzählige Male sind diese kleinen Häuser seither umgebaut worden, und in den Höfen wissen angeblich auch die Besitzer nicht immer ganz genau, welches Eck nun noch zum eigenen oder schon zum Nachbarhaus gehört.

Herr Braunitzer, ein stiller, sanfter Mann, achtete sehr auf seine Gesundheit. Das Essen durfte nicht zu heiß und nicht zu kalt sein, vor allem nicht zu stark gewürzt. Viel Aufmerksamkeit widmete er seinen Ausscheidungen. Da es zu Hause eben nur das Plumpsklo auf dem Hof gab, trachtete er stets danach, den Stuhlgang während der Arbeitszeit in den Steyr-Werken zu erledigen, wo er in der Wasserklosett-Schüssel das Ergebnis auf seine Konsistenz hin prüfen konnte und auf allfällige Blutspuren, vor denen er sich sehr fürchtete. An arbeitsfreien Tagen ging er, der lange Wanderungen ohnehin liebte, zu diesem Zweck stets zum Steyrtalbahnhof fast ans andere Ende der Stadt. Übrigens starb er, noch nicht sehr alt und nie zuvor ernsthaft krank, an Magenkrebs.

Maria Braunitzer war robuster als ihr Mann. Sie liebte es, wenn die Enns Hochwasser führte, mit einer Art Enterhaken vorbeitreibende kleine Baumstämme oder auch nur Äste herauszufischen. Herr Braunitzer verging dann fast vor Sorge um sie, aber sie verschaffte sich auf diese Art die gesamten Brennholzvorräte. Manche kleinen Holzstücke sahen, wenn sie trocken waren, so glatt und bleich aus, wie ich mir Menschenknochen vorstellte.

Herr Braunitzer hatte einen Bruder in Amerika. Ein Foto überm Sofa zeigte ihn mit einer jener seltsamen Kopfbedeckungen, wie man sie in den USA aufsetzt, wenn man einen akademischen Grad erlangt. Verwandte in Amerika zu haben, war in jenen Nachkriegsjahren von unschätzbarem Wert, bekam man doch von ihnen vieles geschickt, was hierzulande kaum zu haben war. Da Frau Braunitzer in einem ihrer Briefe auch eine Witwe mit zwei Kindern erwähnte, war in den Paketen immer auch etwas für uns dabei. Ich gelangte auf diese Art in den Besitz einer heftig rot-schwarz karierten Winterjacke von der Art, wie sie vielleicht die Holzfäller in den Rocky Mountains getragen hatten. So etwas hatten damals nicht viele in Steyr.

Mein Bruder und ich waren so etwas wie Ersatzkinder für die Braunitzers, die – wie übrigens auch die Dickbauers – kinderlos waren. Den Heiligen Abend verbrachten sie über viele Jahre hin bei uns. Am Nachmittag gingen sie mit uns Kindern spazieren, und wenn wir nach Einbruch der Dämmerung wieder in die Schlüsselhofgasse kamen, dann kam, als hätte es nur darauf gewartet, gleich darauf auch das Christkind.

Der Maria Braunitzer verdanke ich viel. Sie war eine Sozialdemokratin von der Sorte, die längst ausgestorben ist. Sie hat mir, als ich noch ein Kind war, vom Bürgerkrieg 1934 erzählt und von standrechtlichen Hinrichtungen, sie ist mit mir nach Linz auf den Pöstlingberg zur Grottenbahn gefahren, aber auch nach Mauthausen und hat mich durchs KZ geführt; damals war ich zehn, und ich hab viele Nächte lang davon geträumt. Auf der Promenade in Steyr hat sie mir eine Stelle gezeigt, wo in ihrer Anwesenheit und in Anwesenheit etlicher anderer Steyrer ein KZ-Häftling von einem SS-Aufseher erschossen wurde. Von ihr weiß ich, was in den fünfziger Jahren keiner mehr wissen wollte, daß es in Steyr eine Außenstelle des Konzentrationslagers Mauthausen gegeben hat.

Für ganze zwölf Jahre war der Michaelerplatz ein Zentrum meines Lebens: Im alten Schulgebäude neben der Michaelerkirche war damals nicht nur (wie heute noch) das Gymnasium, sondern auch eine Volksschule untergebracht. Die Klassenzimmer darin sahen aus, wie sie auch schon fünfzig Jahre zuvor ausgesehen haben mochten; die Turnsäle rochen, als seien sie seit wenigstens hundert Jahren nicht gelüftet worden; und längst nicht alle Lehrer (viele davon waren ziemlich alt) hatten sich schon von den Prinzipien der Nazi-Pädagogik verabschiedet.

Gleich der Schule gegenüber die Konditorei Kreuzer und daneben ein winziges Buch- und Papiergeschäft, dessen Besitzer ein steifes Bein (oder ein Holzbein?) hatte. Er sei Träger des Blutordens, einer der ganz wenigen in Steyr, sagte man über ihn, und lange wußte ich nicht, was das bedeutete. Auf der anderen Straßenseite, schon in der Schlüsselhofgasse, hatte er Lagerräume, in deren Schaufenstern er – ganz unbeanstandet – immer noch NS-Literatur feilbot.

Für sieben oder acht von meinen insgesamt zwölf Michaelerplatz-Jahren war die Vorstadtpfarrkirche St. Michael selbst ein wichtiger Ort für mich: So lange war ich dort Ministrant. Und ich bewegte mich in einem klerikalen Milieu, das mir heute wie eine Art Parallelwelt zu jener »profanen« vorkommt, in der ich sonst lebte und in der man nicht allzu katholisch war. (Hundert Jahre lang war Steyr ja einmal protestantisch gewesen, als festes Bollwerk der Lutherischen berüchtigt in Wien, und ganz haben sich die Steyrer, kommt mir manchmal vor, nicht wieder katholisch machen lassen. Auch nicht durch die gegenreformatorischen Zwangsmaßnahmen, denen übrigens die Michaelerkirche ihre Existenz verdankt. Sie war einer der ersten Barockbauten in der Stadt und wurde – von Jesuiten übrigens – gleich neben der alten Bürgerspitalskirche, die dann als Pfarrhof diente, wie ein Triumphzeichen der siegreich gebliebenen Katholischen in die mittelalterliche Stadt gesetzt. Das Hochaltarbild zeigt wohl nicht von ungefähr den Erzengel Michael, wie er den Luzifer, der sich gegen Gott empört hat, in die Tiefen der Hölle schleudert. – Zur Distanz vieler Steyrer dem Katholizismus gegenüber mag auch beigetragen haben, daß im 19. Jahrhundert liberale und strikt antiklerikale Industrielle einigen Einfluß gewannen, und dann wurde Steyr eine Arbeiterstadt, eine rote Stadt. »Richtig schwarz« waren in Steyr fast nur die Geschäftsleute und kleinen Gewerbetreibenden. Auch andere gingen in die Kirche, viel mehr noch als heute, aber eher, »weil's halt der Brauch ist«.)

An Priestern fehlte es, als ich zu Sankt Michael ministrierte, der katholischen Kirche noch nicht. Der Chef hieß Brandstätter, wurde nur der Herr Dechant, später der Herr Kanonikus genannt. Ein feister, für mich als Kind schon uralter Mann mit sehr bleicher, wachsfarbener Haut. Eine goldgerahmte Brille trug er, deren Bügel sich tief ins Fett der Schläfen drückten. Er war ein schrecklicher Prediger, mit einer immer weinerlich klingenden Stimme wiederholte er jeden, auch den banalsten Satz dreimal. Ein Mann von (so sehe ich es heute) sehr einfältiger Frömmigkeit und überhaupt außerordentlich schlichter Denkart, mit Geistesgaben wahrlich nicht gesegnet. Aber Priester war er, Pfarrer, Dechant und Ehrenkanonikus gar.

Sein Bruder lebte bei ihm, er war, wie ich viel später erfuhr, seiner Aufsicht unterstellt, da er ein schwerer Alkoholiker war. Von ihm weiß ich auch noch den Vornamen: Alois. Er leitete den Kirchenchor, legte Wert darauf, *regens chori* genannt zu werden. Einmal an einem hohen Festtag, als das Hochamt längst hätte beginnen sollen, standen der Herr Dechant, schon im Ornat, und sein arg betrunkener Bruder am Fuß der Stiege, die zum Chor hinaufführte. Der Herr Alois (so nannten wir ihn, glaube ich) schien nicht imstande, seinen musikalischen Pflichten nachzukommen, und der Herr Dechant sagte immer wieder: »Komm, Loisl, so probier's halt. Es wird schon gehen, Loisl, geh, probier's.« Ob das gute Zureden geholfen hat, weiß ich nicht mehr. Wir Ministranten mochten den Herrn Alois ganz gern, die Messen, die er las, waren die allerkürzesten. Beim Rosenkranzbeten konnte er sehr ungehalten werden, wenn die paar alten Weiblein hinter ihm im Kirchenschiff das von ihm vorgegebene Bet-Tempo nicht mithalten konnten.

Die jüngeren Kleriker wurden Katecheten genannt. Einer war

unter ihnen, über dessen anscheinend reges Liebesleben man recht offen redete, gerade erwachsen gewordene Jungscharführerinnen waren seine bevorzugten Partnerinnen. Manchmal hieß es, er werde versetzt werden. Doch blieb er, wenigstens solange ich Ministrant war. Er selbst war übrigens einem Katecheten nachgefolgt, der ein Päderast gewesen sein soll. Einen solchen gab es auch zu meinen Zeiten zu Sankt Michael oder eher im Umkreis. Er war älter als die Katecheten, fast schon im Alter der Brandstätter-Brüder. Ich sah ihn nur, wenn er zu Weihnachten oder zu Ostern bei den ganz großen Hochämtern zu konzelebrieren hatte. Ein Katechet war da noch, der schwängerte die ältere Schwester eines Bekannten von mir und bestand gegen jeden bischöflichen Rat darauf, die Mutter seines Kindes zu ehelichen. Er hat, in den Laienstand versetzt, dann nicht einmal mehr als Religionslehrer arbeiten dürfen. Und dann gab es noch einen Katecheten – oder nein, ihn nannte man wohl eher Kooperator, der hieß Willnauer (auch seinen Vornamen weiß ich nicht mehr), den mochte ich sehr. Über ihn erzählte man sich keinerlei Geschichten, die ihn in unziemlicher Weise mit Frauen oder Knaben in Verbindung gebracht hätten.

Übrigens erinnere ich mich nicht, daß jemand die geistlichen Herren kritisiert hätte. Was man über sie hörte, nahm man hin, so war das eben, bei den Geistlichen mischte man sich lieber nicht ein, als unterliege, was in diesen Kreisen geschehe, anderen als den sonst üblichen Kriterien. Man redete diese Männer damals noch mit Hochwürden an. Ihr fast unantastbarer Status wurde auch von jenen vielen respektiert, die nicht erzkatholisch waren.

Zum Sankt-Michael-Ambiente gehörten für mich das Mesnerhaus und der riesige »Pfarrergarten« untrennbar dazu. Der Mesner hieß Konrad Planicka, und wenn er beim Kirchenputzen gelegentlich furzte, so fragte er die Ministranten, die ihm beim Staubwischen halfen, ob sie denn auch die Frösche quaken hörten. Ein paar von seinen jungen Jahren hatte er als Auswanderer in Brasilien zugebracht, davon erzählte er uns manchmal. Hin und wieder stieg ich mit ihm in einen der beiden Kirchtürme hinauf, dann ließ er mich die eiserne Turmuhr aufziehen. In seiner Wohnung ging ich jahrelang fast täglich ein und aus; er und seine Frau hatten zwei

Töchter, die freilich schon verheiratet waren (eine davon war einem Besatzungssoldaten nach Amerika gefolgt) und dann noch vier Söhne, mit den drei älteren war ich lange befreundet.

Im Mesnerhaus wohnte auch noch eine Frau Gschwander, die (glaube ich mich zu erinnern) Witwe des früheren Mesners. Sie half uns Ministranten in der Sakristei, uns für die Messe zu kostümieren, und sie war für den Blumenschmuck in der Kirche zuständig. Zum katholischen Biotop auf dem Michaelplatz gehörte schließlich noch »der Heinrich«, von allen nur beim Vornamen genannt und geduzt, ein sehr langer, hagerer Mann, geistig ein wenig behindert. An hohen Festtagen, wenn Weihrauchfässer gebraucht wurden, war er fürs Glutmachen zuständig. Er tat dazu ein paar erst ganz zart glimmende Kohlen in ein Blechgefäß, das er dann an einem langen Haken über seinem Kopf kreisen ließ, sehr schnell und so lange, bis die Kohlen wirklich glühten. Ich durfte übrigens bei feierlichen Anlässen oft das Weihrauchfaß tragen, ich war ein eifriger, zuverlässiger Ministrant.

Mit dem ältesten der Planicka-Söhne, der wie sein Vater Konrad heißt, teilte ich die Begeisterung fürs Radiobasteln, ein Hobby, das seit Jahrzehnten ausgestorben sein dürfte, für das es damals aber sogar eigene Zeitschriften gab, in denen Schaltpläne abgebildet waren, nach denen man Radiogeräte zusammenlöten und -schrauben konnte. Konrad war ein paar Jahre älter als ich (er trug schon einen ansehnlichen Schnurrbart) und konnte selbst Schaltungen errechnen. Einmal kamen wir in den Besitz sehr leistungsstarker Senderöhren (aus amerikanischen Armeebeständen, glaube ich), und es gelang uns tatsächlich, einen funktionsfähigen Sender zu bauen. Eine riesige Rolle Kupferdraht hatten wir auch (irgendwer hatte sie wohl irgendwo gestohlen), daraus bauten wir eine Sendeantenne, die von einem der obersten Fenster in einem Kirchturm über den ganzen Pfarrergarten hin gespannt war. Der Erfolg konnte sich hören lassen. Wenn wir einschalteten, war im Umkreis von ein paar hundert Metern nur unser Sender zu hören, sonst keiner. Das Programm bestand aus Schallplattenmusik, »Negermusik« hätten es die Erwachsenen wohl genannt. Angesagt wurden die Nummern von einem, der sich Jack nannte (und übrigens auch einige Griffe auf der Gitarre beherrschte und dann bald mit nachgesungenen Elvis-Presley-Songs vor die Steyrer Öffentlichkeit trat). Mit dem Sender scheiterten wir an unseren doch mangelhaften technischen Fähigkeiten. Wir schafften es nicht, nur auf einer bestimmten Frequenz und nicht gleich im ganzen Mittelwellenbereich zu senden, und wir konnten die Senderleistung auch nicht auf ein vernünftiges Maß drosseln. So rückte schon nach ein paar Tagen die Post mit Peilgeräten aus, den Schwarzsender ausfindig zu machen, und wir schalteten halt nicht mehr ein und montierten die gewaltige Antenne wieder ab.

Im Pfarrergarten, der in schmalen Stufen bis an den Taborrand ansteigt, stand (und steht vielleicht noch) ganz unten eine riesige Buche, zu fünft oder sechst saßen wir manchmal hoch oben in den Ästen. Ein paar von den Mesner-Buben, ein paar Knaben aus der Nachbarschaft und ich. Oder wir hockten draußen auf dem Michaelerplatz nebeneinander aufgereiht auf einem Geländer. Wenn wir Geld hatten, mußte einer, in der Regel der Jüngste, hinüber in die Konditorei Kreuzer gehen und Cremeschnitten und Punschkrapfen für uns alle einkaufen. Was genau taten wir eigentlich, wenn wir – in der Erinnerung: oft stundenlang – in der Buche saßen oder auf dem Geländer draußen? Wir redeten. Und wir warteten – kommt mir heute vor – einfach auf das Leben. Auf das, was sich jeder von uns unter dem Leben vorstellen mochte.

Vom Michaelerplatz gelangt man über die Badgasse hinunter in den Wehrgraben, der in den Sommern meiner Pubertät eine Rolle spielte. Statt mit dem alten Dickbauer in der Enns zu baden, ging ich nun lieber in den Wehrgraben in die Schwimmschule, die seinerzeit Josef Werndl »seinen« Arbeitern »geschenkt« hatte. Die Chancen der Kontaktaufnahme mit Personen des anderen Geschlechts sah ich in dieser alten Badeanstalt ungleich größer als »unten bei den Germanen«. Viele Gebäudeteile waren damals noch aus Holz, so auch ein überdachter Gang am Schwimmbecken entlang. Dort stand, wenn er Schwimmunterricht erteilte, der Badewaschel mit einer langen Stange, an der wie an einer Angel der Schwimmlehrling hing.

Fast fünfundzwanzig Jahre später hab ich mich heftig (und nicht ganz erfolglos) für die Erhaltung des Wehrgrabens engagiert, als nämlich die Stadtverwaltung die im Mittelalter angelegten und nun für die Energieerzeugung nicht mehr gebrauchten Wasserläufe einfach zuschütten lassen wollte. In meinen Jünglingsjahren freilich hat mich die kulturhistorische Bedeutung des Viertels nicht beeindruckt; ich wußte auch nichts darüber. Am interessantesten waren für mich noch etliche alte Fabriksgebäude, die nun leer standen. Der Wehrgraben wurde damals gerade immer mehr zur Wohngegend ärmerer Schichten. Wer es sich leisten konnte, wanderte in die eben entstehenden Neubauviertel an den Stadträndern ab. Es war die Wirtschaftswunderzeit, und die Leute träumten von Neubauwohnungen mit großen Fenstern, einem Badezimmer, einer »amerikanischen« Küche und einem Nierentisch im Wohnzimmer. Wer in den alten Wehrgrabenhäusern blieb, galt als untüchtig, folglich verdächtig. Der Wehrgraben wurde nach und nach zum »Glasscherbenviertel«. Viel Gesindel wohne da unten, sagte man gelegentlich. Die vielleicht voyeuristischen Erwartungen, die ich an solche Aussagen geknüpft haben mag, haben sich nie erfüllt. Man erlebte im Wehrgraben nichts, was man nicht auch woanders in der Stadt erlebt hätte. Zum etwas anrüchigen Ruf des Viertels mag auch beigetragen haben, daß in der Badgasse eines der zwei Steyrer Bordelle lag, das »Maxim«, dessen mit Eisenstacheln dicht bewehrte Eingangstür mich als Kind sehr beeindruckte. (Daß es, während in vergleichbaren und auch in größeren Städten die Prostitution eher im Geheimen gedieh, in Steyr damals gleich zwei ganz offizielle Freudenhäuser gab, gehörte zweifellos zu den Besonderheiten der Stadt. Beide übrigens – Zufall oder nicht – in sehr vergleichbarer Lage: Die »Stadt Wien« ganz nah am Ufer der Enns und unterhalb der Stadtpfarrkirche, das »Maxim« ganz nah am Ufer der Steyr und unterhalb der Vorstadtpfarrkirche St. Michael.)

Da ich nur in den Wehrgraben kam, wenn ich in die Schwimmschule wollte, sind es fast ausschließlich sommerliche Bilder, aus denen sich meine Erinnerungen zusammensetzen. Nie war ich, das weiß ich bestimmt, als Kind oder Halbwüchsiger da unten, ohne auf einer der Brücken zu stehen und hinunter aufs Wasser zu sehen, bis ich mich an Deck eines fahrenden Schiffes glaubte. Nirgends sonst in Steyr läßt sich das so vollkommen imaginieren, weil nirgends sonst die Brücken so knapp über dem Wasser liegen.

Dann wurde am anderen Ende der Stadt das neue Stadtbad eröffnet, danach kam ich viele Jahre lang nur noch selten in den Wehrgraben.

Als ich fünfzehn war, übersiedelte ich mit meiner Mutter und meinem Bruder auf die Ennsleite, in die Karl-Marx-Straße. Tatsächlich heimisch geworden bin ich dort nie. Freilich war ich ohnehin fast nur mehr zum Essen und Schlafen zu Hause, sonst halt in der Schule oder mit dem Teddy, meinem besten Freund aus Mittelschulzeiten, unterwegs. In meine alten Viertel kam ich ein, zwei Jahre vor der Matura wieder öfter, weil die Hanni, die ich sehr liebte, auf dem Tabor wohnte.

In den letzten paar Jahren, die ich noch ständig in Steyr wohnte, hab ich mich am ehesten wohl in den Kinos wirklich zu Hause gefühlt. Deren fünf oder sogar sechs gab es – man kann sich das heute gar nicht mehr vorstellen – einmal in Steyr: das Volkskino (das es heute unter einem albern-modischen Namen noch gibt), das Biograph am Grünmarkt, das Colosseum im Steyrdorf, das Ostkino im Ennsdorf, das Kino Münichholz und dann, für mich hat es noch zu Steyr gehört, das Kino in Garsten. Spartanisch eingerichtet waren sie – das Volkskino ausgenommen – allesamt. Und oft roch es sehr streng, wenn etwa im Winter die naßgewordenen Wollmäntel, die man auf den Knien hielt, dampften. Da nützte es auch nicht viel, wenn zwischen den Vorstellungen aus großen Handspritzen Tannenduft versprüht wurde. Schon als Kind hab ich all die Steyrer Kinos frequentiert, die Tarzan-Filme hab ich, das weiß ich noch, alle an Sonntagnachmittagen im Colosseum gesehen, und zum Sonntagvormittagsritual gehörte es für mich, nach der Kirche hinüber ins Ostkino zu gehen, wo ein Ohne-Pause-Programm (so nannte man es, glaube ich) aus Zeichentrick- und kurzen »Kulturfilmen« lief.

Von der Pubertät an gewannen für den Teddy und mich dann (wie für viele andere wohl auch) die erotischen Schauwerte des

Kinos an Bedeutung. Eine verläßliche Hilfe war uns dabei die katholische Filmkritik. Auf dem Michaelerplatz waren an einer Ecke des Pfarrhofs in einem Schaukasten kleine Zettel ausgehängt, auf denen zu lesen war, was der katholische Christenmensch von jenen Filmen, die gerade in Steyr liefen, zu halten hatte. Am Ende der Kurzkritiken standen dann standardisierte Bewertungen, von »sehr empfehlenswert« bis »abzuraten« und gar »abzulehnen«. Besuchten wir nun Filme, von denen man uns abriet oder die man ablehnen hätte sollen, so standen die Chancen gar nicht so schlecht, einiger weiblicher Brustwarzen ansichtig zu werden. Schamhaar sah man damals freilich sogar in diesen Werken nur ganz selten. Die Jugendverbot-Hürde zu überwinden war übrigens in den einzelnen Kinos unterschiedlich schwer. Am leichtesten war es, meine ich mich zu erinnern, im Biograph.

Natürlich galt unser Interesse nicht ausschließlich den primären weiblichen Geschlechtsmerkmalen. Heute weiß ich: Wir haben damals die gesamte Filmkunst der Zeit gesehen. Das konnte man zu dieser Zeit – heute schwer vorstellbar – auch in Steyr. Im Ostkino gab es jeden Mittwoch etwas, was man – hätte man den Begriff gekannt – Cineasten-Programm hätte nennen können. Bergmans »Wilde Erdbeeren« haben wir dort zum Beispiel gesehen und alles, was die Nouvelle Vague schon produziert hatte.

Die Literatur war mir damals schon sehr wichtig geworden. In der siebten und achten Gymnasialklasse hab ich – kleine Korrektur zum vorhin Gesagten – fast mehr Zeit als in der Michaelerplatz-Schule zu Hause in der Karl-Marx-Straße verbracht, um nämlich einen Roman zu schreiben (der dann beinahe sogar erschienen wäre, hätte ich nicht am Ende Angst gekriegt, man könnte doch dahinterkommen, daß mein »Erstlingswerk« vor allem aus frechen Stilplagiaten bestand). Das Schreiben war – schwer zu erklären – eine Beschäftigung, die mich dieser Stadt sehr entfremdet hat.

Als Kind hab ich gern in Steyr gewohnt, als Halbwüchsiger aber erschien mir die schöne kleine Stadt oft ganz unerträglich. Dumpfes Nachkriegs-Biedermeier, selbstgefälliger Wiederaufbau-Optimismus – und hartnäckiges Schweigen über das, was die Erwachsenen, unten denen ich aufgewachsen war, vor 1945 getan hatten.

Ein Topf, in dem alles im eigenen Saft schmorte und schmurgelte, der Deckel fest geschlossen, von außen drang da nicht viel ein. Die Literatur und das, was man geistiges Leben nennen mag, das waren Welten, die es gab, geben mußte, sonst hätte ich ja die Bücher, die ich las, nicht lesen können. Aber es gab – wenigstens in meiner Sicht – aus diesen Welten keinerlei Verbindung zu meiner in Steyr. Marlen Haushofer lebte damals in der Stadt, sie war allgemein bekannt – nämlich als Gattin eines Zahnarztes. Der bescheidene literarische Bedarf der Steyrer aber wurde durch die Lyriklesungen der Dora Dunkl bei den Serenadenabenden im Dunkl-Hof gedeckt.

Direkt angeschlossen an die Zeit und an zeitgenössisches Denken fühlten wir, mein Freund Teddy und ich, uns im Kino. Natürlich gab es von Steyr aus auch keinerlei Verbindung dorthin, wo Filme gemacht wurden. Aber die Tatsache allein, daß wir praktisch zur gleichen Zeit sehen konnten, was auch in den Großstädten gezeigt wurde, gab uns das Gefühl, nicht ganz und gar hinterm Mond zu leben. Das waren für uns Fenster in die große weite Welt hinaus, wir ahnten wenigstens, wie da draußen (in Frankreich etwa, unser Filmgeschmack war sehr frankophil) gerade zu dieser Zeit gedacht wurde, auch wie es dort aussah. Als ich viel später zum ersten Mal nach Paris kam, glaubte ich alles schon zu kennen. Belmondo, Jean Gabin, Alain Delon, Jean-Claude Brialy, Philippe Noiret, der wunderbare Bourvil und der von mir sehr geliebte Lino Ventura hatten mir Paris schon gezeigt, als ich fünfzehn und sechzehn und achtzehn war und in den Steyrer Kinos saß.

Wir, Teddy (möge die Erde ihm leicht sein!) und ich, verließen im Herbst 1964 Steyr nicht ungern. Ein wenig später hab ich dann versucht, die Steyrer mit ein wenig Kultur nach meinen (damaligen) Maßstäben zu beglücken, es hat nicht funktioniert, wahrscheinlich nicht funktionieren können. Aber das ist – wie Rudyard Kipling zu sagen pflegte – ein anderes, ein längeres Kapitel.

Off limits

7

Ditha Brickwell

Im Augenblick die Aufgabe

Eine Rauchwolke steigt vor die Sonnenscheibe, teilt sich, graue Schwaden fliegen gegen den Hang. Die Dampfmaschine schnüffelt lauter. Vor dem Fenster rast die Böschungskante, stürzt ab. Ein weites Tal mit weißen Häusern zwischen Büschen und Bäumen senkt sich zu einem Bergkamm, im schwarzen Wald die Flecken von Mauern und Dächern bis hoch hinauf. Geli steht auf. Sie streckt den Arm nach dem Koffer auf dem Holzbrett gegenüber, packt den braunen Griff und zieht, die Pappe schleift, die Ecke stößt gegen die Latten der Sitzbank. Den Koffer gegen das linke Knie gestützt, schiebt sie den Riemen ihrer weinroten Tasche über den Oberarm und geht am nächsten Abteil vorbei, in den engen, dunklen Durchgang. Dort drückt sie sich gegen die Seitentür, den Ellbogen legt sie auf die Klinke, im halbrunden weißen Feld sind geschwungene schwarze Buchstaben: frei. Draußen auf der Plattform lehnt ein Mann, die helle Haarsträhne reißt der Wind hin und her. Das Dach des nächsten Waggons und die Tür rücken und fallen mit den Stößen der Räder, die Lokomotive pfeift, und die Bremsen beginnen zu rauschen. Hinter Geli steht ein Mann mit einem roten Gesicht unter dem Filzhut, die Finger an der Uhrkette. Die Bank im zweiten Abteil glänzt gelb im Sonnenlicht. Der Zug hält mit einem Stoß. Der Mann greift an ihr vorbei und faßt den Türgriff, am Ende der Plattform schlägt die Eisenstange hoch, klickt und fällt in eine senkrechte Schiene. Geli steigt die hohen Stufen hinunter, den Koffer vor ihrem Schienbein. Über dem Schotter, zwischen den Schienen, liegen Bretter, am Ende des Übergangs ist eine gelbe

Steinstufe, unter der Kante des Vordachs hängt in einem schwarzen Eisenrahmen ein weißlackiertes Schild: STEYR.

Ein Eisenbahner in blauer Uniform stemmt die Hand gegen die Schwingtür. Sobald Geli an ihm vorbeigegangen ist, läßt er die Tür los und folgt ihr, sie stellt den Koffer auf den Boden.

»Bitte, Herr, bitte!«

Er bleibt sofort stehen, sieht auf sie herunter.

»Zur Ennsbrücke, bitte!«

Er beugt sich vor, streckt die Hand gegen die Flügeltür, die nach draußen führt. Der Sonnenschein fällt auf die Stangen vor dem Glas, die Schattenstreifen auf den gelben Steinboden werfen.

»Also, Mäderl, erst gehst du da hinaus, nach rechts bis zum gelben Haus, dort links hinunter, dann immer geradeaus und schon siehst du die Brücken. Hast du verstanden?«

»Die Schlüsselhofgasse ist doch auf der anderen Seite der Enns, nicht?«

Er richtet sich auf. »Reist du denn allein?«

»Ja«, sagt sie und hustet.

»Wo kommst du denn her?«

»Von Salzburg.«

Eine Frau bleibt stehen und dreht den Kopf zu ihnen her.

»Ganz allein aus Salzburg, sag einmal, wie alt bist du denn eigentlich?«

»Dreizehn«, sagt Geli laut.

»Die Kinder heutzutage«, lispelt die Frau.

»Und deine Mama erlaubt dir das, so herumzufahren?« Der Eisenbahner lächelt.

»Meine Mama lebt nicht mehr.«

Ein junger Mensch stößt die Flügeltür auf, die Schattenlinien gleiten auseinander.

Der Eisenbahner spannt die Schultern und bläst die Luft zischend aus dem Mund. »Und wo willst du hin?«

»Zu meiner Tante, die wohnt in der Schlüsselhofgasse.«

Die Frau bewegt sich langsam vorwärts.

»Also du hast ja alles verstanden.«

Sie schaut zurück.

»Du gehst nach rechts und die erste links, über eine Kreuzung geradeaus hinunter, dann über beide Brücken, und vor der Kirche rechts beginnt...«

Die Frau steht hinter der Schwingtür, im Sonnenschein sind ihre Kräuselhaare honigbraun.

»...die Schlüsselhofgasse.« Der Eisenbahner legt zwei Finger an den Kappenrand, läßt sie wegschnellen und geht nach rechts zu den braungerahmten Schalterfenstern.

Das Wasser unter dem Geländer fließt schnell. Hinter der Brücke steht ein graues Haus mit tiefen Fensterluken und rot-weiß-roten Läden, eine enge Straße führt steil bergan. Geli wechselt den Koffer in die linke Hand, hinter einem Lastwagen geht sie über die Fahrbahn zur zweiten Brücke. Das Wasser der Steyr staut sich zu einer dunkelgrünen Fläche, stürzt weiß im Bogen über eine Wehr. Durch das Rauschen des Wassers dringen schrille Schreie, ein nacktes Kind taucht auf, schüttelt den Kopf und springt zurück durch die Wasserwand, ein anderes steigt gebückt von der Seite in das Dunkel unter dem Wasserschwall. Am Ende der Brücke steht die Kirche, die Straße herunter kommt ein Dreiradlaster, mit einem grauen Kühler spitz über dem Vorderrad, sein Motor röhrt zwischen den Häusern. Geli lehnt sich gegen das Eisengeländer, drei Stufen führen hinunter zur Bogentür der Bäckerei. Im Fenster liegt staubiges Schaumgebäck. Der Buckelpflasterweg steigt an, unten, hinter den grauen Schieferdächern, fließt milchgrün die Enns.

Die gelbe Giebelwand steht in die Straße hinein. Die Haustür im Schatten der Traufe hat rotlila Bretter schräg gegeneinander. Hinter der Tür hört sie Schritte, die Angeln knarren, und im Spalt erscheint die gebogene Nase der Tante Fanny, ihr hochgekämmter grauer Haarschopf.

»Komm herein!« Sie beugt sich vor, im Mundwinkel ist Speichel, die Lippen treffen Gelis Wange.

»Daß du schon da bist! Der Onkel Franz ist auch daheim, weil er Urlaub hat. Stell den Koffer erst einmal hin, geh nur durch zum Wohnzimmer und begrüß den Onkel Franz.«

Das Wohnzimmer ist hellgelb im Sonnenschein. In der Mitte steht der Eßtisch, die Klöppelspitzen deckt eine Plastikplane. Auf der Bettbank, in der Ecke, den Kopf schief, die Unterlippe feucht und die linke Schulter hochgezogen, sitzt der Onkel Franz. Vom Hals über die Wange zur Stirn und zum Ohr ziehen sich rosa und graue und weißglänzende Schlieren. Er hustet, den Blick auf den Schrank gerichtet.

»Bist eh schon da.«

Die Tante kommt mit kleinen Schritten, hebt ein Hemd vom Sessel und wirft es auf einen Stapel Zeitungen. Sie setzt sich und stützt die Hände auf die Knie.

»Willst was zum Essen, hast eh noch Zeit, mußt erst um drei zur Göd, net? Zur Göd geht sie«, schreit sie zum Franz hinüber, der dreht den Kopf.

»Weiß sie eh, daß du kommst, ha? Ich seh sie ja nie, sie bleibt immer oben im Pfarrhof, sie kommt nie herunter auf die Straßen. Gehst nachher hinüber zu ihr, und ich mach dir jetzt was zum Essen.« Die Augen der Tante sind graubraun.

Hinter dem Plastikvorhang an der Küchenwand ist die Badewanne mit einem Holzbrett abgedeckt. Darauf steht schmutziges Geschirr. Die Tante schiebt einen Stapel Teller weg, eine Gabel fällt klappernd heraus. Sie hebt den Topf auf und hält ihn schräg ins Licht der Kugellampe. Mit der Hand kreisend wischt sie die Erdäpfelschalen heraus und läßt sie in den Papiersack neben dem Herd fallen.

»Weißt du, das heb ich alles auf, da kommt eine Frau, die holt das für ihre Viecha. Wie ist's in Salzburg, wie geht's dir denn dort?«

Im Zeitungspapier liegt ein Salatkopf, sie reißt die dunkelgrünen Ränder ab und wirft sie in den Sack, »bei den Ursulinerinnen bist also, im Kloster. Mußt da net zuviel lernen?« Sie stellt leere Flaschen gegen die Wand, »und beten auch? Die Leonie, die was die Tochter von dem Zahnarzt ist, bei dem ich früher im Dienst war, die ist auch in einem Kloster gewesen, jeden Tag um sieben hat sie in die Messe gehen müssen, hat sie gesagt.«

In der Mitte steht eine Schüssel mit Wasser, darin sind blaßrosa Fleischstücke geschlichtet.

»Sei so gut und trag meine Hendeln hinaus.«
Die Emailkante ist kalt, das Wasser schwappt.
»Die sind für meine Katzen, der Fleischhauer gibt mir die Flügerln von den Hendeln, jedes Mal wenn ich hinkomm, geben s' mir so viel. Stell s' ins Vorhaus, daß frisch bleiben, sei so gut.«
Geli drückt die geschwungene Messingklinke mit dem Ellenbogen hinunter, die Tür geht auf, aus dem Vorhaus kommt Kühle, der Steinboden schimmert im Sonnenlicht aus der Veranda. Neben dem Tor unter dem gußeisernen Bassenabecken steht eine weiße Porzellanschüssel mit Hühnerflügeln. Geli stellt die Emailschüssel daneben hin.

Auf dem Küchenherd brennt eine Gasflamme. Die Tante schwenkt die schwarze Pfanne, damit das Fett über die Fläche gleitet, »ich hab Erdäpfel und Eier und Speck, einen Salat, ist dir das eh recht, kriegst ein besseres Essen in Salzburg, ha? Die Schwestern können immer gut kochen, bist gern dort, gelt?« Sie stellt die Pfanne hin, hebt das Schneidbrett an und legt es auf den Herd. Sie greift in das Netz mit Zwiebeln und Knoblauch. Die Zwiebelschalen knistern. »Könntest eh auch bei uns wohnen, in der Veranda könntest schlafen«, sie drückt eine Zwiebel gegen das Brett, das Messer ist ein langes, blankes Dreieck, »aber wenn du lieber in Salzburg bist, mir soll's recht sein, aber, wenn du soviel lernen mußt, dort. Aber, bist ja ein gescheites Mädel«, sie reibt mit dem gekrümmten Zeigefinger das Auge, das Messerdreieck fährt vor ihrem Gesicht hin und her, »wirst es schon derpacken, mußt halt hören, was deine Göd sagt, ob s' dir's erlaubt.«

Die Zwiebeln zischen im Fett. Der Franz ist hinter Geli, er steht gebeugt, ein Hosenträger rutscht über die Schulter, »ein Bier hätt ich gern«.

Er hustet, die Tante bückt sich unter das Waschbecken und läßt die Hand über die Flaschenhälse gleiten. Eine dunkelbraune Flasche zieht sie heraus. Der Chromhahn unter dem Gasofen ragt über einen Stoß Teller, sie kippt ein verschmiertes Glas unter den Hahn, dreht den Knopf, und mit einem Knall springt eine Reihe blauer Flammen auf, das Gas rauscht. Im Glas wirbelt der Wasserstrahl und sprudelt über den Rand.

»Sie will in Salzburg bleiben, aber das kostet halt viel Geld, in der Klosterschul, sie muß halt mit der Göd reden, oder sonst schreibst halt deinem Vater nach Deutschland hinaus, aber der ist hart, mein ich, der will keine Studierte nicht zur Tochter. Redest halt mit der Göd.« Sie schlägt das Ei gegen die Schüsselkante, es knackt, und sie zieht die Schalen zwischen den Fingern auseinander, das Eiweiß hängt in einem langen durchsichtigen Faden herab. »Wozu brauchst denn das wirklich, die Klosterschul, wirst ja eh net studieren dürfen und hättest nachher eh kein Geld für eine Praxis als Ärztin oder als eine Advokatin. Kannst gleich in die Steyrer Werke gehen, da kriegst eine gute Arbeit, die jungen Frauen heutzutag gehen viel arbeiten in die Steyrer Werke, die Annelie, die Tochter von meiner Kusin in der Laussa, die ist auch im Büro von den Steyrer Werken, wo sich doch dein Onkel dort so gut steht mit den Direktoren.« Sie wischt die Hände an der Schürze ab und dreht sich zu Geli. Ihr Mund unter der langen Nase ist klein und rund. Sie hebt einen Holzlöffel aus dem Waschbecken und klopft die Wassertropfen ab. »Da bist versorgt. Wenn du lang dabei bist, kriegst eine Zulage und später eine Betriebsrente, aber«, sie stößt den Holzlöffel in die gelbe Masse, »du heiratest eh vorher einen Kollegen, und dann bist dein Vater los und dei Göd und kannst schön dein eigenen Haushalt haben. Magst eh einen Speck?«

Die Klinge gleitet hinter der dünnen Speckscheibe auf die Schwarte hinunter, »weißt, den krieg ich billig von den Bauern, der ist gut, selber geselcht von der Wolleckerin«. Das Fett zischt. Sie schlägt den Holzlöffel in der Schüssel hin und her. »Also der Onkel Franz kennt die jetzt alle von den Steyrer Werken, seit dem Unfall. Die täten ihm schon einen Gefallen in den Werken, wo er doch die Medaille kriegt hat vom Direktor, vom Herrn Doktor, der gesagt hat, wie er die Anspruch gehalten hat, daß er ein Held ist, der Onkel. Verstehst du? Er hat gesagt, daß kein größerer Schaden an Leib und Leben entstanden ist, verdanken die Werke nur ihm.«

Die Türglocke schrillt im Vorhaus. Die Tante dreht den Gashahn zurück, wischt über die Schürze und geht, die steifen Hüften hin und her drehend, zur Haustür, die knarrt in den Angeln. Eine Frauenstimme kommt hoch und hallend. »Bin i eh z'früh dran!«

Die Fremde steht in der Küche mit nackten runden Armen und schaut zu Geli herüber, »aber mich hat's daheim nimmer ghalten, in dera Hütten ist's a so heiß, da hab i mir denkt, gehst lieber gleich arbeiten«.

Die Tante schiebt die Pfanne hin und her, die Eier stocken zu weißgelben Klumpen, »gehen S' Frau Pauli, Sie wollen sicher no a Bier, bevor S' anfangen, setzen S' Ihnen hinein zum Franz, ich mach nur das Essen für die Kleine fertig, gehen S' nur. Geli, mach die Tür auf, trag das Bier nach.«

Die Frau Pauli ist schon im Zimmer, der Sonnenschein fällt auf ihren Haarschopf, sie nimmt die Hand von Franz und drückt sie, der schaut auf seine karierten Stoffschuhe. Sie streift die Tischdecke glatt, setzt sich auf den braunen Sessel und rückt mit ihm vorwärts bis an die Tischkante.

»I werd heut eh no fertig, i werd scho dazuschaun, weil mir haben Besuch morgen, wißt's, vom Kürnberg meine Leut kommen.«

Die Tante stellt den Teller vor Geli, die Erdäpfel glänzen, Dunst von Zwiebeln und Speck steigt auf.

»Ist recht. Die Geli kann Ihnen helfen die Packerln zsammdrehen, gelt, Geli, das machst?«

Die Frau Pauli stellt ein dunkelgrünes Papiermachéauto mit weißen Rädern in die Mitte des Zeitungsstreifens, legt die Kante darüber und rollt das Papier.

»Schaust, daß die Packerln immer gleich sind, paß auf, immer schön rund rollen, weil sie dann gleich ausschauen, die Glückspakkerln.«

Sie dreht die Rolle Zeitungspapier, windet Fransenende gegen Mittelteil, kippt das Päckchen und verwindet das andere Ende.

»Schaust her, Geli.«

Sie hält es hoch und wirft es in die offene Schachtel neben ihrem Sessel. Im Sonnenviereck auf dem Tisch liegt ein Stoß geschnittenes Zeitungspapier, im Dunkel der Zimmerecke sind Schachteln bis zur Decke gestapelt, daneben stehen drei offene, in der ersten liegen

Papierautos in Bündeln. An der Wand hängt ein gelbes Bild, ein Mädchen mit großen Augen und Ringellocken hat ihren runden Arm auf eine gedrechselte Sessellehne gelegt, ihren Hals schmücken Rüschen und weiße Spitzen.

»So ist's gut, Geli, drehst es recht fest, wirfst es immer in eine andere Schachtel – schau, da ist noch eine«, sie greift unter den Tisch und zieht, der Karton schleift über den Boden, »daß sie schön gemischt sind, die Glückspackerln. Für zwei Schilling verkauft er die, und die gehen weg, alle, weil die Leut neugierig sind auf ihr Glück und immer hoffen, sie finden was Besonderes, dabei sind nur a paar Ringerln, a paar Zuckerln oder die Autos da drin, und die Leut glauben, sie kriegen a Perlenschnur, wenn sie dran sind, aber deine Tante Fanny packt ihnen nur diesen Krempel hinein. Tu das Ende schön festdrehen und schön gleich. Jetzt wo der Franz daheim ist für zwei Wochen, könnt er ja auch mithelfen, weißt, aber er ist sich zu gut dazu«, ihre dicken kurzen Finger drücken die Zeitungsrolle, »seit er ein Held ist, tut er gar nix mehr daheim und in den Steyrer Werken auch net viel, sagt mein Mann, sitzt ummadumm, als könnt er net bis drei zählen, vielleicht kann er eh net bis drei zählen, wer weiß, weil er in der Ecken sitzt und brummt, und man weiß net, brummt er, weil ihm die Welt zu blöd ist, oder weil er zu blöd ist, daß er die Welt versteht. Sitzt da und sieht nix, und sie macht das Geschäft mit den Bauern, mit ihren Standeln, auf die Kirtäg zieht s' ummadum mit ihrem alten Dreiradlaster!« Sie verwindet das Ende der Zeitungsrolle, spreizt es zu einem Fächer, wirft es in den rechten Karton, leckt ihren Zeigefinger und schiebt ein neues Blatt von dem Zeitungsstapel. »Riesenschaumrollen verkauft s' und diese Glückspackerln da und Plüschteddies auch noch, lauter Klumpert ist in den Schachteln da, jeden Sonntag steht sie sich in an andern Dorf die Haxen in den Bauch, und er sitzt hinter der Kassa und schaut auf seine Knie, sonst nix. Net einmal zum Geldzählen ist er gut.« Sie wirft das Stück, beugt sich zu den Kartons hinter ihr, greift ein Bündel Autos und legt es auf den Tisch. »Sie verdient mit den Christbäumen zu Weihnachten und mit den Erdbeeren und dem Knofel aus ihrem Garten jeden Donnerstag aufm Stadtplatz, sie kann kaum no kräulen, die Frau, mit ihrer Arthritis, aber dauernd ruachelt s' irgendwo ummadumm!« Sie wirft ein Päckchen in die Schachtel neben ihr. »Er war immer schon so, auch im Krieg, wenn er heimkommen ist von der Front – i hab nämlich damals schon der Fanny-Tant geholfen – in der Ecken ist er gsessen, schief, er war vorm Unfall schon schief, schau dir nur des Hochzeitsfoto an, schief ist er gsessen und hat auf die Knie gschaut. Nur einmal war er da, war er gschwind, einmal im Leben, weißt, da ist in den Steyrer Werken irgendwas explodiert in der Halle, zischt hat's und kracht hat's, sagt mein Mann, und alle sind grennt, nur er ist zruck, hat den Hauptschalter ummegrissen, sie sagen, er hat die Fabrik, Menschenleben, sagen s', hätt er gerettet. Hat auch eine Ehrung bekommen und alles, weil alle grennt sind, die Vorarbeiter und die Meister und die Ingenieure, alle haben s' den Kopf verloren, nur er ist hin, hat die Dampfleitung abdreht, hat sich selber verbrennt, daß er drei Wochen im Wasserbett gelegen ist, und jetzt ist er no schiefer. Hören S', Frau Köstenberger«, sie schreit durch die offene Tür in das Vorhaus, »soll i auch die Ringerln...«, steht auf und geht bis zur Tür, legt die Hand an den Pfosten, »vielleicht sollt ma a paar Ringerln dazwischenpacken«, wischt die Hand an der Kleiderschürze ab, den Kopf noch zur Tür gedreht, kommt sie zum Tisch zurück.

»Schau, Geli, tust jetzt die Ringerln einrollen, das ist was für die Mädchen und no a Zuckerl immer dazu, schau her.«

Sie schüttet längliche gelbe und grüne Drops, in durchsichtiges Papier gewickelt, auf den Tisch, und mit der anderen Hand legt sie dünne Ringe mit funkelnden Glassteinen dazu.

»Und du gehst zur Göd, hast scho a Angst, ha? Bist ja a gscheits Dirndl, sagt die Fanny-Tant, bist im Gymnasium bei die Ursulinerinnen in Salzburg, gelt? Da lernst Latein, gelt?«

Die Frau Pauli schiebt die Finger in die Schachtel, graue Päckchen rollen auf ihre Hand, sie läßt die Päckchen rutschen und über die Fingerkuppen abstürzen, »willst net lieber in die Steyrer Werke, heutzutag gehen viele Mädeln in die Steyrer Werke, verdienen schön, lernen wen kennen, könntest eh bei der Fanny-Tant wohnen«.

Ein Karton poltert, der Franz steht im Türrahmen und schiebt mit dem Fuß die braune Pappe zurück, »ah, tut's eh schön wickeln, gut ist's«.

Er dreht sich wieder, die Hosenträger hängen in Schleifen, gebeugt steht er, das Gesicht zum Vorhaus gewendet, »sie sagt, ihr sollt jetzt die Ringerln wickeln«.

Hinter dem Torbogen beginnt der Kiesweg neben der Buchsbaumhecke. Vor der Gartenmauer, in einem Käfig aus Maschendraht, schnuppert ein Kaninchen, die Ohren angelegt. Die Katze sieht mit schrägen Augen herauf, ihre Bauchdecke hebt und senkt sich, die Kleinen, die Köpfe gegen das helle Fell gedrückt, schlafen. An der Mauer entlang, durch Kraut und Brennesseln, windet sich ein Lehmweg. Geli faßt den untersten Ast des Apfelbaumes und zieht sich hoch, die Rindenschollen schaben an ihrem Rock. Auf dem Ennswasser flimmern Sonnenstrahlen und werfen Lichtpunkte in die Mauerkehle des Nachbarhauses. Am anderen Ufer, über den großen Steinen, stehen die Hallen der Steyrer Werke, braune Ziegelbögen und dunkle Eisenfenster. Mit einem Schrei setzt das Gakkern der Henne ein, Geli rutscht aus dem Schatten, stemmt die Sohlen gegen den Stamm und springt auf den Boden. Auf dem braungoldenen Zifferblatt stehen die Zeiger auf der Zehn und auf der Drei. Sie streift den Rock glatt, an der Steinstufe hält sie den Fuß schräg, reibt die Schuhsohle gegen die Kante. Zwei Erdbrocken fallen herunter. Mit gespreizten feuchten Fingern streicht sie durch die welligen kurzen Haare, sie schüttelt den Kopf, daß eine Strähne über die Stirn fällt. Sie steigt auf dem Buckelpflaster dem Schatten ihres Kopfes nach, am Fuß der Böschung blühen Dahlien und Schwertlilien, zwei Reihen Salatköpfe wachsen vor der Giebelwand. Im Fenster steht eine Jesusstatue, die Hände an den Säumen des roten Mantels, der Finger zeigt gegen das Herz auf der Brust, aus dem goldene Strahlen ragen. Im Glas daneben steckt ein Strohblumenstrauß. Die Alte, den schwarzen Rücken gebeugt, die Hand auf der Türklinke, schaut herauf, ihr Kinn zittert.

Geli geht aus dem Schatten der Kastanienbäume, im weißen Licht sind die Steinplatten blau und grau geädert, sie hüpft überkreuz, nicht auf die Fugen; fünfzig Platten, drei Marmorstufen sind es bis zur braunpolierten Tür. Die Messingklingel läutet leise, weit innen

im Haus. Ein Vogel schreit, die Kirchturmuhr schlägt rasselnd dreimal, und Geli drückt wieder den Knopf, hört Schritte und das Knacken im Türschloß. Ein Mann mit runden Augengläsern, im grauen Arbeitsmantel, den Kopf kahl, hält die Tür einen Spalt offen.
»Zur Frau Friberger möcht ich.«
Er nickt und macht die Tür weit auf, im Vorhaus ist es kühl, um das flache, weiße Gewölbe ziehen sich Stuckbänder, auf der verspiegelten Tür gegenüber blendet das Licht von draußen. Der Mann öffnet die Tür in den dunklen Bogengang. Geli folgt ihm, an hohen Gemälden vorbei, im gleichen Schritt über die hallenden Marmorplatten. Die Eichentür geht auf, die Fensternischen leuchten im blauen Schattenlicht der Gasse. Der Alte wischt den Ärmel über den blanken Lack des Tisches, murmelt, schiebt sich zurück durch den Türspalt, die Tür fällt zu. Eine Standuhr tickt. Draußen klappern Schritte. An der Stirnwand, aus dem Goldrahmen, schaut eine Frau aus kleinen runden Augen auf Geli herunter, dünner weißer Stoff liegt um ihren Hals, die Hand hält einen Fächer.

Der Mann steht wieder vor ihr, Geli geht durch den Bogengang, durch eine halboffene Tür in einen hohen Raum, über das knarrende Parkett. Vor der letzten Fensternische, in einem Streifen Sonnenlicht, steht die Patin, die zusammengeklappte Brille in der Hand.
»Setz dich dorthin, Angelika.« Sie zeigt auf die geschwungene Sitzbank vor einem spiegelnden Tischchen.
»Bringen Sie Kakao und Gebäck«, sagt sie über die Schulter und setzt sich auf einen grünen Sessel mit steiler Lehne. Die Hand mit der Brille liegt auf dem Knie.
»Du hast mich also in Kenntnis gesetzt, daß du weiter in Salzburg zu bleiben wünschst. Was bringt dich zu diesem Vorschlag, und es kann sich wohl nur um einen Vorschlag handeln.«
»Ich bin gern dort.«
»Mein liebes Kind, das ist eine schlechte Darlegung. Vergnügen begründet nicht vernünftiges Handeln.«
»Ich lerne auch gut. In allen Fächern. Alle sagen das.«
»Das ist deine Pflicht. Aber warum, glaubst du, daß du in Salzburg sein müßtest, um deine Pflicht zu tun und gut zu lernen?«

»Es ist eine gute Schule, und es ist ein Gymnasium.«
»Das Gymnasium braucht man als Vorbereitung für die Universität. Und du willst doch nicht auf die Universität.«
»Doch.«
»Sprich lauter.«
»Ich möchte gerne auf die Universität.«
Die Tür öffnet sich, der alte Mann hält das Silbertablett mit beiden Händen hoch, er geht über den schmalen Teppich, stellt das Tablett auf das Tischchen, dreht sich und geht mit kleinen Schritten hinaus.
»Und was bitte glaubst du, daß du auf der Universität machen könntest?«
»Ich möchte Philosophie und Geschichte studieren.«
Die Kanten der grauen Jacke sind mit grauen Samtborten eingefaßt, den weißen Blusenkragen hält eine silberne Brosche zusammen.
»Und wovon willst du leben?«
»Vom Bücherschreiben.«
»Und warum glaubst du, daß du Bücher schreiben wirst?«
»Weil ich es gut kann.«
Die Hand auf dem Knie zuckt. Die Patin steht auf und geht zur Fensternische, die Schultern sind breit und dunkel.
»Das ist eine Anmaßung, über die ich erst nachdenken muß.«
Der alte Mann trägt eine silberne Kanne. Er hält sie über die Tasse und schenkt ein. Die Schokolade fließt in einem dünnen Strahl aus dem zierlich geschwungenen Schnabel. Der Alte kippt die Kanne zurück und geht. Sein Kinn ist mit grauen Bartstoppeln gesprenkelt.
»Glaubst du, daß dein Vater das will?«
Die Patin dreht sich wieder zum Zimmer, Sonnenlicht streift ihr Gesicht.
»Nein.«
»Hast du ihm nach Deutschland geschrieben?«
»Nein.«
»Und warum glaubst du, daß er das nicht will?«
»Weil er mich nicht will?«

Die Patin geht zum Sessel und stützt den Unterarm auf die Lehne, die Finger mit zwei Ringen, einem weißen und einem hellblauen Stein, liegen auf dem Samt.

»Und deine Mutter, was glaubst du, würde deine Mutter denken, wenn sie noch lebte?«

»Sie würde das auch nicht wollen.«

»Warum weißt du das?«

»Ich hätte eine andere Meinung als sic – glaube ich nach dem wenigen, was ich über sie weiß.«

Die Patin zeigt mit dem Finger auf die Porzellantasse, Geli hebt sie auf, sie ist warm und hat einen silbernen Rand.

»Du siehst das richtig. Dein Vater hat sich für diese Familie entschieden, er hat deine Mutter geheiratet, die, wie man sagt, aus einfachen Verhältnissen stammt, siehst du, und deshalb wäre es dir angemessen, in eine Lehre zu gehen, einen Beruf zu wählen, der dieser Familie entspricht, und dort ein vernünftiges Leben zu führen, wo Gott dich hingestellt hat, ein Leben in Güte und in Nächstenliebe, heißt das.«

Die Schokolade ist bitter und heiß, ihr Duft sammelt sich im Rund der Tasse.

»Was gibt dir die Vermessenheit, einen freien Beruf haben zu wollen?«

»Ich kann gut schreiben. Ich schreibe schöne Aufsätze.«

Geli setzt die Tasse mit einem harten Klang in den Silberring der Untertasse.

»Bist du so sicher?«

»Meine Lehrer sagen das auch und mein Katechet.«

Die Patin geht um den Sessel herum, setzt sich und faltet die Hände zwischen den Knien.

»Und wenn du scheiterst nach allen Bemühungen, gesetzt den Fall? Das Wohlwollen, die Mittel und die Anstrengungen fremder Leute, die du in Anspruch genommen hättest, wären vergeudet. Du selbst wärest eine Frau ohne Familie, ohne Beruf, allein. Und scheitern wäre leicht, nahezu vorgezeichnet, da du keine Mittel hast und keine Empfehlungen, und an dem großen Talent darf ich wohl auch noch zweifeln. Warum also, warum das Wagnis, wenn auf der anderen Seite Freundschaft, Beruf, Familie stehen?«

»Ich glaube, daß es schön ist, die Menschen mit schönen Schriften gescheiter zu machen, ich glaube, daß man das tun muß, wenn man es kann.«

»Und du glaubst, man wartet auf dich, auf deine Worte. Du wirst erwachsen, gehst hin und schreibst auf, was du denkst, einfach so. Nur weil du es wünschst, wird es gedruckt, und weil du es so schreibst, werden es die Leute lesen.«

»Nein, ich muß natürlich in eine gute Schule gehen und viel arbeiten, und dann könnte ich in einer Zeitung als Lehrling anfangen.« Geli nimmt ein Keks und reibt es zwischen Daumen und Zeigefinger. »Vielleicht hilft mir die Mutter Äbtissin, und ich kann bei der Furche, der katholischen Sonntagszeitung...«

Die Patin schneidet mit der Handfläche durch die Luft, »ich habe gelernt, man soll bei seinen Leuten und bei seinen Möglichkeiten bleiben, nur das bringt Heil. Es kommt nicht darauf an, ein glänzendes Leben zu führen und die Menschheit mit Kunst zu beseligen. Ich als deine Patin habe die Verantwortung für dich vor allem auch vor Gott, und vor Gott zählen allein die guten Taten, und wie man seinen Platz ausfüllt und ob man tut, wozu man auf der Welt ist. Der Sinn des Lebens kann auch in einem einzigen Augenblick bestehen, aber er muß zum Ruhme Gottes sein.« Sie zieht die Augenbrauen hoch, wendet sich ab und geht zur Tür. »Ich werde mich auch mit anderen Leuten beraten, ehe ich endgültig entscheide.« Sie öffnet die Tür, »komm zurück um sechs«.

Geli tappt die flachen Steinstufen hinunter, zwischen den Häusern leuchtet die Enns. Die Gartentür ist offen, das Sonnenlicht flimmert zwischen den Blättern im Rondell, über den Kiesweg läuft ein Vogel. Hinter der grünen Wand der Buchsbaumhecke steht eine Statue, den Kopf gegen den Rosenstrauch geneigt, auf ihrem Hals wächst Moos, weich und warm unter der Hand, Efeu rankt über den Boden, hinauf zu den Schnitzbalken der Veranda, in ihrem Schatten steht die Frau Pauli und wringt ein Wäschestück.

»Na, war die Frau Friberger streng? Das ist eine ganz eine Finstere, was, die Frau Göd. Ich war viel bei ihr aushelfen, im Krieg noch, da hat sie ein großes Haus geführt, ganz Steyr ist kommen, der Herr

Doktor und die Direktoren von die Steyrer Werke, der Herr Bürgermeister und von der Partei waren s' auch da. Jetzt lebt s' eher mehr zurückgezogen, aber wenn die was will, dann ist's net leicht, was dagegen zu machen, mein ich. Geh hinauf Kaffee trinken, tu deinem Onkel Gesellschaft leisten.« Geli geht die gewundene Stiege hinauf zum Vorhaus. Der Steinfußboden hat eingepreßte Rosetten. Sie geht gegen den Lichtschein, die Verandatür ist angelehnt, vor die Glasscheiben sind bestickte Baumwollvorhänge gespannt. Der Diwan hat einen grauen Plüschbezug, weiche geschwungene Muster, Geli lehnt sich gegen die Täfelung, zwischen den Tannen fließt die Enns, flußaufwärts stehen die Häuser am Wasser, hoch und schmal, mit steinernen Fensterrahmen und steilen Ziegeldächern, die Brücke ist ein feiner schwarzer Gitterstrich. In der Halle bricht der Dampf heraus, zischt gegen das gläserne Oberlicht, fällt über die Maschinenbänder herunter, der Franz springt vorwärts und läuft, die Menschen drängen ihm entgegen, stoßen, er drückt die Hände gegen Leiber, nassen, weichen Stoff, schiebt sich am Pfeiler vorbei, Hitze und Rauschen und Schreie, er läuft und springt, die Hand vor dem Mund, der Hebel ist oben, er schlägt die Hand dagegen, das Eisen glüht, er reißt seinen Rock herunter, in der Hand klopft der Schmerz, renn, ruft einer durch die Schwaden, komm schnell, er hämmert die umwickelte Hand gegen den Hebel, der Hebel weicht ein Stück, klappt herunter, Glut und Kälte schlagen ins Gesicht, die Halle wird milchgrau und dunkelrot um ihn.

Geli geht durch das dunkle kühle Vorhaus, der Vorhang in der Küche ist zugezogen, im Wohnzimmer sitzt der Franz, den Ellbogen an die Brust gedrückt, die braune Hand liegt auf dem Plastiktischtuch. Geli setzt sich neben ihn. Die Lider flattern, er runzelt die Stirn. Über der Bettbank auf dem Foto schaut er herüber, das Haar in glänzenden Wellen hochgekämmt, ein Myrtensträußchen steckt in seinem Rockaufschlag, er lehnt die Schulter gegen die Fanny im dunklen Rüschenkleid.

»Soll ich dir etwas holen, willst du etwas, vielleicht soll ich dir einen Kaffee machen?«

Er nickt. Die Unterlippe hängt locker, die andere Hand fährt in die Tasche, mit einem grauen Taschentuch wischt er über das Kinn.

»Ein Bier möchst mir bringen. Beim Fenster in der Kuchl steht eh eins.«

Sie drückt den Bügel mit einem Stoß nach oben, ein Schaumzapfen tritt aus dem Flaschenhals. In der Glasvitrine des Schrankes stehen Gläser mit breiten Goldrändern. Sie legt den Finger auf die flache Glasmulde und schiebt die Scheibe zurück.

»Laß nur«, murmelt er, »is eh gut so.«

»Schau, aus einem schönen Glas sollst dein Bier haben.«

Der Schaum steigt, sie lehnt sich über seine Schulter und stellt das Glas vor ihn hin. Aus der grauen Wolljacke kommt ein Geruch von Holz und Heu. Die Narbenschlieren laufen von der Nase weg zur Stirn, zum Ohr, rote Adern, rote und weiße Flecken sitzen dazwischen.

»Geht es dir gut?« spricht sie zu dem schütteren Haarschopf hinunter.

»I hab Urlaub.« Er greift nach dem Bierglas. »I hab jetzt mehr Urlaubstäg kriegt von den Steyrer Werken.« Er trinkt, stellt das Glas hin und hält es. Draußen fallen Schritte auf das Pflaster.

»Die Fanny ist in den Garten gangen, kommt eh bald zrück.«

»Ich möchte vielleicht bei euch wohnen.«

Er nickt.

»Vielleicht in den Steyrer Werken arbeiten.«

Hinter der Zimmertür schlägt eine Uhr an.

Der Pfarrhof ist jetzt im Schatten, hoch über dem Dachfirst liegen Federwolken im blassen Himmel. Die Tür ist angelehnt, und Geli geht in das Haus, sie geht zur Tür gegenüber, ihrem Spiegelbild entgegen, das Haar fällt in einer weichen Welle in die Stirn, sie legt die Finger hinein und zieht sie hoch, drückt die Strähne gegen den Kopf, ihre Stirn ist breit, die kleinen braunen Augen starren.

Die Tante steht auf der dritten Marmorstufe, die Hand am Geländer. »Ich habe beschlossen«, sie schaut unter schweren Lidern auf Geli herunter, über ihrer Lippe ist ein dunkler Schatten, »daß du in Salzburg bleiben darfst, da man in kirchlichen Kreisen bereit ist, dein Schulgeld zu übernehmen. Also will ich mich nicht dagegen stellen. Die möglichen Folgen wirst du selbst tragen müssen. Im Falle des Scheiterns werde ich dir nicht helfen. Leb wohl.«

Geli steigt eine Stufe hinauf und legt ihre Hand in die kalte Hand der Patin, sie spürt die Fingerspitzen, als sie ihre Hand wegzieht.

Sie geht hinaus, mit großen Schritten über das Pflaster, die Fugen fliegen unter ihr weg, der Rauchfang steht im blauen Himmel, die Schritte hämmern, die Brust sticht. Die Kirchentür ist schwer, sie stemmt den Körper dagegen. Drinnen ist Dämmerlicht und Weihrauchduft, sie geht zwischen den Bänken vorwärts, sie kniet nieder, legt die Hände vors Gesicht und atmet den Dunst der Haut. Der Mesner kommt durch die Seitentür, ein Spitzentuch trägt er über dem Arm, er legt es auf die Marmorplatte des Altars und beginnt es auszurollen.

Tonja Grüner

Losenstein – Steyr – retour

Steyr war für die Fahrschülerin aus dem Ennstal eine fremde Stadt. Nur ganz wenige Kinder aus ihrem Dorf durften, nach der vierten Klasse Volksschule, nach Steyr in die Hauptschule oder gar ins Gymnasium fahren. Es war nicht so wie heute, daß man schnell mit dem Auto nach Steyr fährt. Man fuhr mit dem Zug. Im neunten Nachkriegsjahr fuhren die meisten Menschen mit dem Zug.

Schwere Dampfloks ließen die Erde leicht vibrieren, man hörte nicht nur, man spürte, daß der Zug gleich in die Station einfahren würde. Schwarz rollte er heran, dampfend blieb er stehen. Die Männer, die neben den Kindern jeden Wochentag um sechs Uhr dreißig am Perron standen, das waren die Steyr-Werkler von den Büros. Die mußten erst mit dem zweiten Zug ins Werk fahren. Die schon vorher mit dem Frühzug nach Steyr in die Fabrik – in die *Bude* – gefahren waren, das waren die Schichtler, das waren die, die am späteren Nachmittag mit uns, mit den Kindern, nach Hause fuhren.

Für uns zu spüren war der Stolz, das Selbstbewußtsein dieser Männer. Dieses Selbstbewußtsein hatten auch die Klassenkollegen der Fahrschülerin, die Steyrer Kinder, die Stadtkinder. Es war nicht die für sie vertraute Umgebung, die für die Fahrschülerin fremd war. Etwas anderes verband sie, die Kinder aus der Stadt und die Steyr-Werkler, etwas Unbekanntes. Dieses Unbekannte erschloß sich einem nicht, wenn man von einer Schulkollegin nach Hause mitgenommen wurde. Die Städter, die wohnten auch nicht besser als wir, nur enger war alles, und sie hatten keine Wiesen und keinen Teich und keine Wälder gleich hinter ihrem Zuhause. Gut, die engen Gassen waren gepflastert, aber so etwas Besonderes war auch das nicht. Und wenn man fragte, warum zum Beispiel unten am Ennskai, wo das Gasserl mit dem seltsamen Namen »Hundsgassen« endete, auf einem Haus *off limits* geschrieben stand, erhielt man keine oder eine ausweichende Antwort. Erst viel später erfuhr man, daß dort ein Bordell untergebracht war, das Besatzungssoldaten nicht frequentieren sollten. Der Platz mitten in der Stadt, der war weit, und da standen auch große graue Häuser, und drei große Kirchen gab es. Aber das erklärte das Selbstbewußtsein der Kinder nicht, denn die Steyr-Werkler, die im Ennstal wohnten, hatten es ja auch.

Nur etwas war anders. Auf dem Weg von der Schule zum Bahnhof, sogar wenn sie einen Umweg über den Stadtplatz machte, sah die Fahrschülerin keine Invaliden, keine vom Krieg sichtbar Gezeichneten. Als ob es keine gäbe. Oder als ob man sie versteckte. Zuhause waren gar nicht wenige zu sehen, die ein Bein verloren hatten im Krieg oder einen Arm. Die sah sie in Steyr nicht. Besatzungssoldaten im Jeep konnte man sehen.

Über den Krieg wurde nicht mehr viel gesprochen. Manchmal wurde im Zug davon geredet, wie schwierig es nach dem Krieg gewesen war, Verwandte »bei die Russn drübn« zu besuchen. Das mußte einem auch erst einmal erklärt werden. Da war dann davon die Rede, daß die Russen gleich nebenan in Niederösterreich noch immer das Sagen hätten, weil der Hitler den Krieg verloren hatte. Und daß die Enns, der Fluß, die Grenze sei, die die Besatzungsmächte voneinander trennte. Drüben die Russen, bei uns herüben die Amis.

Jetzt sei das alles nicht mehr so schlimm. Jetzt habe man so viel zu tun. So viel Arbeit. Für alle. Jetzt sei man mit dem Wiederaufbau beschäftigt. Da war er dann ganz deutlich und unmittelbar zu spüren, dieser Stolz.

Die Menschen zuhause hatten auch viel zu tun, aber sie hatten nicht dieses Selbstbewußtsein, manche, die sich plagen mußten, schauten voller Neid auf die Steyr-Werkler. Die verdienten gut. Die verdienten besser als die, die im Tal Arbeit gefunden hatten, und kamen sich auch noch als etwas Besseres vor, weil sie in die Stadt zur Arbeit fuhren.

Die Stadt war zwar grau, und immer hing ein Geruch von Rauch in der Luft, aber sie war etwas Besonderes. In den Tälern der Umgebung hatte es auch kleinere und größere eisenverarbeitende Betriebe gegeben, aber die meisten waren zugrunde gegangen. Immer größer und bedeutender geworden waren dagegen die Steyr-Werke. Und ihre Bewohner und die Pendler, die aus den umliegenden Dörfern in die Fabrik zur Arbeit fuhren, waren stolz auf das, was in der Stadt seit Jahrhunderten das Leben dominiert hatte: das Verarbeiten von Eisen. Manchmal war die Stadt dadurch reich gewesen, manchmal hatte sie arme Zeiten erlebt. Vor Jahrhunderten schon hatte es in Venedig einen Handelsplatz für Eisenwaren aus der Stadt Steyr gegeben. In den Jahren des Krieges funktionierten die Steyr-Werke als Rüstungsbetrieb. Jetzt wiederum machte man gute Geschäfte mit den Produkten aus der Schwerindustrie. Denn immer hatte Steyr davon gelebt, daß Menschen in der Fertigkeit, Eisen zu bearbeiten, eine hohe Meisterschaft erreicht hatten. Als ob es ihnen in Fleisch und Blut übergegangen wäre, als ob Väter es an ihre Söhne vererbt hätten, so wußten sie mit Eisen umzugehen. Ja sogar eine Pflanze, ein rosa blühendes, stinkendes Unkraut, wurde Eisenkraut genannt.

Ein paar Jahre später war die ehemalige Fahrschülerin, nachdem sie ihre Ausbildung in Wien, einer damals ebenfalls grauen Stadt, beendet hatte, wieder nach Steyr unterwegs. Wieder als eine Fahrschülerin, diesmal im eigentlichen Wortsinn: um Autofahren zu lernen. Nach Steyr fuhr sie nicht mehr mit dem Zug, sondern per Autostopp. Das war nicht ungewöhnlich, so war man damals in ganz Europa unterwegs. Es gab noch nicht sehr viele Autos Anfang der sechziger Jahre des vergangenen Jahrhunderts.

Aus purem Vergnügen ließ sie sich von einem Steyrer, der sie mitgenommen hatte, die Stadt zeigen, es hatte genügt, sich als Urlauberin auszugeben. Zum Beweis dafür, daß es eine reiche Stadt war, führte er ihr die schönen alten Häuser mit ihren Innenhöfen vor, das Bummerlhaus und das Schloß Lamberg auf dem Felsen über dem Zusammenfluß von Enns und Steyr. Der Wehrgraben wurde nicht besichtigt. Die Bürger der Stadt waren reich geworden durch Arbeit, nicht durch besondere kulturelle Leistungen oder spektakuläre politische Vorkommnisse. Aber zum Herzeigen waren die Zeugnisse des Arbeitslebens und des Arbeiterdaseins nicht geeignet. Anders als heute war der Stadtplatz an Donnerstagen voller Menschen. Hinter einer blau gekleideten, hageren, hakennasigen Gräfin Lamberg wurde getuschelt, als sie sich am Stadtplatz beim Wochenmarkt zeigte. Ebenso hinter einer bunt gewandeten, stark geschminkten Schriftstellerin, von der behauptet wurde, sie habe ein altes Haus mit einem wunderschönen Innenhof erheiratet. Irgendwie paßten diese zwei Frauen nicht zur Stadt. Sie hatten nichts mit der Vorstellung von Wohlstand durch Arbeit mit Eisen zu tun.

Da war es wieder, das Selbstbewußtsein der Steyrer. Und der Stolz. Und das Schweigen darüber, daß im Februar 1934 in Steyr gekämpft worden war und während der Nazizeit im Stadtteil Münichholz ein Nebenlager des Konzentrationslagers Mauthausen bestanden hatte. Und daß es eine kleine Synagoge gegeben hatte in der Bahnhofstraße.

Damals rollte der Verkehr noch durch die Enge und die Pfarrgasse, deshalb waren an den Markttagen immer Fahrstunden angesetzt, eine gute Übung für die Fahrschülerin. Nach der Fahrprüfung war man dem Ziel der meisten Menschen nahegekommen: dem eigenen Auto. Das wurde auch gekauft.

Dann konnte man ins Kino fahren und manchmal ins Theater. Und vorher am Stadtplatz ins Café Stark gehen, einem fast wienerischen Kaffeehaus mit dem wunderbaren Herrn Stark, einem Cafétier der alten Schule. Sonst hatte man nicht viel zu tun in Steyr, wenn man nicht in der Eisenbranche tätig war.

Bert Ehgartner

Morgen gehts ins Gußwerk

Morgens gehts ins Gußwerk
und ich gehe gerne hin

Ab morgen denken Dreck
Schweiß und Vorarbeiter für mich

Ab morgen habe ich wieder Hunger
Zum Frühstück zu Mittag am Abend

Wenn ich schlafe
ist es tatsächlich Nacht

Und nach der Arbeit
könnte ich noch baden gehen

Ab morgen habe ich wieder Zeit
mich vor dem normalen Leben fürchten zu lernen

Und das Ganze mit gutem Gewissen

Morgen gehts ins Gußwerk
und ich gehe gerne hin

Klaus Hirtner

Paradiesisch

Hans kam gerade vom Cafe, vom Billardtisch. Die Tür drückte er vorsichtig zu, beinahe geräuschlos steckte er den Schlüssel innen an, und die ganze Stadt begann zu dröhnen unter den auspendelnden Schlägen des Schlüsselbundes gegen die dünne Furnier der Wohnungstür. Sieben Stockwerke, dachte Hans, locker könnte man in jedes der achtundzwanzig Luftschlösser eindringen, mit einem einzigen Fausthieb die Türen durchlöchern, locker.

Seine letzte Bestellung war ein Großer Brauner gewesen, er trank kein Bier, er liebte Wein – guten Wein. Nur, im Billardcafe gab's den nicht. Und dort, dachte Hans, wo die Weine nicht nur nach weiß, rot und rosé unterschieden werden, dort, wo neben der Schank mindestens zehn Weinsorten in schwarzer Schrift in dunkles Holz gebrannt sind, dort liegt für dich die Schwelle hoch zum Gaumenparadies. Zu hoch. Dort verkehren die Stelzengeher mit den wattierten Hosenböden. Sie legen den Stadtsumpf naß – mit fremdem Wein. Hast du Stelzen, kriegst du keine nassen Füße, bist du gut gepolstert, tut dir der Steiß nicht weh und merkst du nicht einmal den Fall.

Hans zog leise die Schuhe aus. Ihr Braun war straßengrau, die Fischgräten in den Schuhbändern erfroren.

»Zu Weihnachten hat Vater Arbeit bekommen, in den Steyr-Werken«, hörte Hans seine Frau sagen. »Über die Woche war er in Steyr, im Wehrgraben, am Wochenende ist er zu uns gefahren, zur Familie aufs Land. Weihnachten achtunddreißig hat er Speckwurst mitgebracht und Erdäpfel und Brot und einen aufblasbaren Fisch, den man in der Holzwanne schwimmen lassen konnte. Und mir, mir hat er eine Puppe geschenkt, eine Schildkrötpuppe aus Zelluloid, die einzige, die ich je bekommen habe.«

Ihre Stimme erinnerte sich, und Hans erinnerte sich an die Stimme. Der Schall im Neubau wird kaum gedämpft, auch nicht durch die Küchentür. Hans, du trinkst zuviel, hörte er sie sagen. Wieviel hat der Spiegel gekostet, in den er jetzt starrt? Ob es sich lohnt? Hans im grauen Anzug sieht: sich im grauen Anzug. Hans, wovon sollen wir leben, ab morgen bekommst du die Arbeitslose nicht mehr. Geld ist ein Scheiß. Geld ist Miete, Strom, Gas und Telefon. Das alles ist kein Scheiß. Nein, es lohnt sich nicht.

Mitternacht. Die hellen Fenster hatten sich schon von weitem wohltuend durch den Schlamm der Stadt gebrannt. Hinter den Fenstern die Drei-Zimmer-Wohnung, in der Drei-Zimmer-Wohnung ein Spiegel, gleich neben der Wohnungstür, im Spiegel: Hans.

Sie hatten ihn noch nicht gehört, grauer Anzug, Krawatte, weißes Hemd. Alles steht, nichts fährt mehr ab, die Räder stehen still. Niemand braucht eine Fahrkarte lösen. Keine Ankunft. Hans fühlt den Geschmack von Erbrochenem im Mund erdorren. Arbeit ehrt! Diese Inschrift am Werndldenkmal. Als würde der Ahnherr der Stadt geradewegs in den Himmel fliegen, so steht Werndl auf dem Podest. Und ihm zu Füßen die Arbeiter, die Hackler. Warum ihm zu Füßen, dachte Hans beim Nachhausegehen, die Billardpartie noch im Kopf. Aufschauen? Warum aufschauen? Und er, Werndl, schaut nicht einmal hinab. Nicht einmal ignorieren. Da knien die Arbeiter oder sitzen brav mit einer Büchse in der Hand und blicken ihn an wie die Lämmer. Und er, der Boß, er ist es offensichtlich gewohnt, er läßt sich bewundern. Einer zieht die Kappe und streckt sie theatralisch weg. Ob er ihm hineinkriechen will?

Hans übergab Rotwein und Halbverdautes in die eiserne Mütze, füllt sie bis an den Rand. Rotweinschwefel in der Nase – Hans, du trinkst zuviel, dachte Hans, und im Kühlschrank steht ein Bier. Bier ist gut, dafür ist es gut, es kratzt den Schwefel aus dem Hals, nein, es lohnt sich nicht, den Spiegel zu zertrümmern.

»Die Großmutter ist im Winter immer Holzziehen gegangen, auf den Holzberg. Von dort hat sie's heruntergezogen, damit wir was zu heizen hatten. Im Winter achtunddreißig war ein Nordlicht, die ganze westliche Seite war blutend, alle haben sich gefürchtet, weil es heißt, wenn ein Nordlicht ist, dann kommt Krieg.«

Hans öffnete die Glastür. Sein Sohn – Hans, dein Sohn Hans! – saß bei einem Bier. Bei deinem Bier, Hans! Hans, du ... sie sagte es nicht, blickte ihn nur an. Es gibt auch nichts zu sagen, dachte Hans, nur das Schweigen, es tat ihm weh, sie schwieg statt zu sprechen, ihr Schweigen war aggressiv.

Hans ging zum Kühlschrank, wollte sein Leid bestätigen, damit es noch stärker würde, damit es vielleicht sichtbar würde, ohne Worte darüber verlieren zu müssen. Was nützt schon Leid, wenn das Mitleid ausbleibt. Hans, dein eigener Sohn trinkt dir das letzte Bier weg. Die Flasche steht leer auf dem Tisch. Den Puls aussetzen lassen, dachte Hans, er fühlte den zusammenschnürenden Strick um den Hals. Das Denkmal, Hans. Hans – ein Denkmal auf ewig! Inschrift: aus heiterem Himmel entlassen, arbeitslos.

»Ich war ja schon ein ganzes Nerverl. Bei einem Fliegerangriff, wenn's im Radio geheißen hat: Steiermark-Kärnten, hab ich schon geschrien, Mama, schnell, Steiermark-Kärnten ist schon dran, gleich sind sie da. Dann sind wir gerannt, in den Luftschutzkeller, und die Sirene hat geheult, wir sind gerannt zum Ennsleitenstollen bei der Eisenbahnunterführung, da war's am sichersten. Oft sind wir bis zum Lamberg gekommen. Wenns uns am Lamberg erwischt, hat die Mutter gesagt, dann sind wir alle tot.«

Deine Frau, Hans, was erzählt sie da? Hans setzte sich zu den beiden, seine rauhe Zunge strich über den trockenen Gaumen. Nein, er hatte nicht irgendetwas erbrochen, nach dieser letzten Billardpartie. Er hatte sich selber erbrochen; die Hackler, er hatte wieder über ganz, ganz andere geredet. Abfällig – die Hackler.

Hans, jetzt bist du keiner mehr.

Hatte nicht jeder geglaubt, er sei zumindest ein leitender

Angestellter? Immer im Anzug, immer in der Schale, immer den Schmäh.

Hans, du bist kein leitender Angestellter. Hans, du bist auch kein Hackler mehr. Hans, warum brennt dir dein Kopf? Ob die Mützenfüllung schon zugefroren ist? Du hättest besseren Wein trinken sollen.

Du hättest die alten Bilder vom fetten Zigarrenraucher revidieren müssen, dachte Hans, heute spielen sie Tennis, und dein Anzug, der reicht noch lange nicht.

Hans, du stehst nicht unter Denkmalschutz. Kein Schild, auf dem sich zwei weiße Dreiecke treffen, in einer gemeinsamen Spitze, auf blauem Grund. Du bist das Schild nicht wert, wie die Häuser im Zentrum, alt und kostbar, an deren Fassade der Aufwand teuer klebt.

Und der bessere Wein wird hinter dieser Fassade ausgeschenkt. Hans, du hast den Stelzengeher gespielt, aber deine Worte zählen nicht mehr. Du wolltest den Sumpf dieser Stadt naßlegen mit fremdem, besserem Wein, aber dein Kennerurteil wirkt jetzt lächerlich. Wie sollst du den besseren Wein genießen können?

Du kannst nicht einmal zugeben, daß du vierzig Stunden die Woche graues, ölverschmiertes Zeug trägst. Jetzt trägst du den Notstand.

Und was erzählt sie da deinem Sohn, was erzählt deine Frau, die deinen Namen trägt?

»Vor der GFM sind die Flak gestanden. Wenn die hochgeschossen haben, sind die Bomben heruntergefallen. Und dann der Tiefflugangriff. Auf alles haben sie geschossen, was nach einem großen Komplex ausgesehen hat. Die Steyr-Werke, die Waffenfabrik und das Kugellager, waren ja große Komplexe. Die Waffenfabrik im Wehrgraben ist getroffen worden. Drinnen waren lauter gefangene Italiener und Franzosen, die haben zwangsarbeiten müssen, man hat sie beim Luftangriff nicht in die Stollen gelassen. An die Fenstergitter sind sie gerannt, geschrien haben sie vor Angst. Die in den Flugzeugen haben das nicht wissen können und haben ihre eignen Leute zerbombt. Die Nazischweine. Die Gefangenen sind zerfetzt in den eisernen Fensterkreuzen gelegen, an die sie sich geklammert haben.«

Was erzählt sie das? Und wie er, dein Sohn, er heißt doch Hans wie du, wie er wieder daherkommt. Die Haare aufgebogen, rosa gefärbt, die Augen geschminkt. Trinkt dein Bier. Wie nennt er sich? Pank oder Punk. Es gibt nichts mehr zu reden, dachte Hans, soll er ihm denn wieder ins Gesicht schreien? Was bringt dir das, dein Aussehen, deine – wie sagst du's? – Aktionen, oder wie noch – bewußt! Ich bin der, der arbeitet, mein Sohn, ich ernähre die Familie, und Arbeit, mein Sohn, Arbeit ehrt! Das schreib dir hinter die Ohren. Denn ich, dein Vater, bezahle dir, mein Sohn, die Schule!

Hans saß still. Seine Gehirnzellen schrien, nimm diese Sicherheitsnadel aus dem Ohr! Die Schreie verwandelten sich in Adrenalin, Hans, weshalb wirst du wütend? Sein Blut warf Wellen im Kopf. Hans, wie willst du ihm sagen, daß er, dein Sohn, kein Ziel habe. Dein Sohn, der auf den Buchstaben genau deinen Namen trägt. Jeder, der dich kennt, weiß, daß du sein Vater bist. Man braucht nur den Namen hören!

Und sie, deine Frau, Hans, was erzählt sie ihm da? Hans, es hat keinen Sinn mehr zu schreien, dachte Hans. Ein Schlußstrich aus Schweigen, die Summe schnürt sich um den Hals. Du, Alter, du und ihr alle, ihr habt euch benommen wie die ärgsten Punks, verbrennen auf dem Werksgelände Gewerkschafts- und Parteibücher! Machen eine Spontandemo, von der kein Mensch etwas weiß. Ein Haufen von vierzig Leuten. Alter, ihr seid ärger als die ärgsten Punks. Was willst du mir schon vom Ziel erzählen? Arbeit ehrt – lächerlich. Du hast verbrannt, wovon du geglaubt hast, daß es ehrt, Alter, und das ist nicht die Arbeit!

Frei, Hans, du bist frei. Freigesetzt worden. Morgen beginnt der Notstand. Wie willst du je wieder anständig Billard spielen können?

Hans, frei! – seine Gedanken wurden zugänglicher. Du bist kein Stelzengeher, du bist so frei, daß deine Krücke lächerlich wirkt, du

bist entlarvt, einer von denen, über die du immer gescherzt hast – die Hackler.
Du bist einer von ihnen.
Gewesen.

»Und die Rosi, die Tante Rosi war damals zehn Jahre und ist nach Deutschland geschickt worden«, Hans, warum beginnt deine Frau schon wieder zu hungern wie im Krieg? Was erzählt sie da deinem Sohn, schon wieder Öl ins Feuer, Panzer – deine Arbeit – und Krieg.
»Zu einem Müller ist sie gekommen, die Rosi, wegen der Kinderverschickung. Jede arme Familie mit vielen Kindern durfte ein Kind ins Reich schicken. Ganz neu eingekleidet ist sie worden. Wir haben nichts zu essen gehabt, nur eine Scheibe Brot am Tag und zu Mittag eine Suppe. Der Müller war ein Gauner, Bananen haben sie der Rosi mitgegeben, keiner von uns hat vorher eine gesehen, richtig erholt ist sie zurückgekommen, fotografiert ist sie worden, zusammen mit dem Müller, ausgefressen war der und dick. Denen ist's gut gegangen. Und dann, das war schon knapp vor Kriegsende, hat sie Lungenentzündung gekriegt. Wir waren alle nur Haut und Knochen, und Arzt war auch keiner da.«

Warum zittert ihre Stimme, Hans? Wie paßt das alles zusammen? Du wolltest doch nur ein Bier trinken.

Hans erhob sich vom Küchentisch. Die Augen seiner Frau folgten nur seinem Schatten, der sich unter der Lampe drehte. Hans nahm ein Glas, hielt es unter den Wasserhahn und spülte den ätzenden Rest des Erbrochenen zurück. Er schlurfte hinaus, ins Schlafzimmer. Nur die rechte Hälfte des Ehebettes war frisch bezogen. Er legte sich daneben, ins zerknitterte. Das Licht ausgemacht – flach, waagrecht lag Hans im Bett. Waagrecht, dachte er, kommt von Waage und ausgewogen. In der Waage steckt immer der Drang nach ausgewogen. Waagrecht wie jetzt. Sich hinlegen, dachte Hans, um zwölf Uhr, ein Uhr oder zwei Uhr nachts und schlafen, jeden Tag. Instinktiv fand Hans die Begründung für den Schlaf im Instinkt, Naturinstinkt, und gleichzeitig merkte er, daß er instinktiv an Instinkt dachte, also nicht mehr dachte. Den Schlaf brauchen, um morgen fit zu sein, der Instinkt will, daß du morgen fit bist, aber heute ist schon morgen oder morgen schon heute? Hans spürte einen Drang in seinen Händen und seinem Kopf. Die Dunkelheit und das Nichtgesehenwerden machten ihn sicher. Langsam fühlte Hans den Kopf prall werden, durch trübe Schlieren blickte er auf das Werndldenkmal, die straff gespannte Krawatte drückte den Kehlkopf nach hinten. Für einen kurzen Moment kämpfte er gegen den Brechreiz. Die Krawatte hatte er um den dicken Haken geschlungen, an dem das Bild mit den Engeln hing, das das Paradies im Schlafzimmer verkündete. In den Sekunden, die ihm noch im Leben blieben, versuchte er die Zehen in den Spalt zwischen den beiden Matratzen zu zwängen, um nicht zurückzurutschen, um den Druck um den Hals zu verstärken. Er dachte an waagrecht und ausgewogen, doch in seinem Oberkörper war, zum Hals hinzielend, ein steiler Knick eingekehrt.

Harald Gsaller

Kanzlei Priester

Der Mensch zählt
Robert Grosseteste, ein Theologe des 13. Jahrhunderts, über den Menschen und seine Stellung im Kosmos:
»Die Ordnung der vier Elemente (Erde, Wasser, Feuer, Luft) bezeichnet auch die viergeteilte Art des menschlichen Körpers. Denn das Haupt nämlich entspricht dem Himmel; in ihm sind zwei Augen wie die Leuchten von Sonne und Mond. Die Brust steht in Konjunktion mit der Luft, weil so wie von dort der Atemhauch, so wird aus der Luft der Windhauch entsandt. Der Bauch aber ist dem Meer assimiliert, weil er alle Humores versammelt wie ein Zusammenfluß der Wässer. Die Füße schließlich sind der Erde zu vergleichen. Als die äußersten Glieder sind sie dürr und ausgetrocknet wie die Erde.«

Wir leben alle aus dem Koffer.

Der Himmel ist hoch, braucht dazu aber einen Menschen.

Jedem Menschen sollte bei wiederholten Verstößen das Sternzeichen entzogen werden.

Gemäß Paracelsus »liegen die Verhältnisse, in denen der (menschliche) Körper steht, nicht zutage«.
Und ebenfalls Paracelsus: »Der (menschliche) Leib offenbart sich als Verwandter noch des Allerfernsten und Unmenschlichsten.«

Ich denke an eine Geburt auf dem Schoß der Mutter.

Ich bin mir allzeit nah genug.

Zu Frühlingsbeginn klopft die Putzfrau den Staub aus unseren Bürostühlen.

Den Chef nicht raushängen lassen, nicht in Prag.
Die Fenster sind jedenfalls geschlossen zu halten.

Wo bleibt das Spielerische in unseren Berufen?
Was ist aus Heli Köglberger geworden? Lebt er noch in Linz?

»Eine schöne Sache, die Liebe«, läßt Cesare Pavese die Protagonistin in einem seiner Romane bemerken. »Eine schöne Sache, die Liebe. Und kein Mensch entgeht ihr.«

Geld
Mittags gehen die Datenträger weg, die auch das Geld enthalten.

Die Haltung der Personen ist frei erfunden.

Beim Vorzählen der Geldsumme wollen wir auf das Geräusch jedes einzelnen Scheines, die genannten Zwischenziffern und exakt gesetzte minime Zusatzpausen zwischen den runden Summen sowie das Erreichen der Plansumme achten.

Drohung in der Person des persönlichen Anwalts des Präsidenten

Ob wir eine Zinssenkung sehen werden? Die Fantasie ist draußen.
Die 1.70 muß halten, darüber ist man sich einig. Sonst sehen wir uns sehr schnell bei 1.65.
Allein mit dem Kursgewinn übers Wochenende kann Papa die Miete bezahlen, und da ist schließlich noch das Haus in Aussee.

Was nehmen wir alles in Kauf, während wir für etwas bezahlen?

105 % ist möglich, aber nicht zu empfehlen.

Immer im Kreis und im richtigen Moment schnell, da ist er vorn.

Eine Gegend.

Lukrativ wären gewisse Geländekäufe.

Kräftig genug bleiben, einen Anzug tragen zu können.

Fuchs für Laien.
Fuchs für Arme.
Romy liebte einen Fuchs!
(César macht in Schrott, aber ganz groß, Loks und Dampfer.
César macht in Schrott, aber ganz groß, Reaktoren, Schiffe, Raumschiffe.)

Jedem Ödipus steht zu seiner Blendung
genau eine Person zur Verfügung.

Gehe vier Felder zurück!
Gehe zurück an den Start!
Die Computer haben ihre Auszeit genommen.
St. Georgen an der Gusen ist teurer als Ried in der Riedmark.
So wie Gleink und Garsten, oder umgekehrt?

Die Arbeit
Bei Schiedsrichtern genügt eine tadellose Leistung.

Seit Anfang des Traums im freien Fall

Zizerlweis, tschecheiweit
Welcher Teil von mir hat das gewollt? Das muß Franz Xaver sich fragen.

Ich frage
»Wer *sind* meine natürlichen Feinde?«

Ein Team, ein Haus. Selbst das Gedächtnis ist ein Haus.

Stillschweigend vollzogene Herstellungsarbeit
Die Nachspeise regiert die Suppe.

Reden
Verabredungsgefahr. Zungentreffen.

Wer schlenderte nicht gerne über den Stadtplatz? Die Schuh- und Modegeschäfte liegen bereits im Schatten. Das Postamt am Eck. Die Dominikanerkirche leuchtet noch lachsfarben (mögen zwei Verliebte das Holztor am Dachstuhl, seit Tagen offen stehend, offen stehen gelassen haben).

Es sei an Epikur erinnert:
»Ein festes Wissen um unsere Wünsche läßt uns das Wohlbefinden des Körpers und die vollkommene Heiterkeit des Gemüts auf jede Wahl oder Nicht-Wahl zurückführen, denn dies ist die Aufgabe des glücklichen Lebens, und darauf hin richten wir jede unserer Tätigkeiten, auf das Ziel, daß wir uns vom Leiden und der angstvollen Unruhe entfernen.«

Das im Gedächtnis behalten, was mir eigentlich wichtig ist.

Ohrläppchen bilden ein kommunizierendes Gefäß.

Wir
Wir wollen saubere Hände und stoßen uns nicht an schmutzigen Seifen.

Die untere profitiert von der oberen und umgekehrt, und das nennen wir Lippen.

Ich glaub, die Sensation ist perfekt, wir müssen verrückt sein.

Namen sind auch hier Fetisch.

Wir schlafen so gerne, weil nur da das Ohr so fein in den Kopf gedrückt wird.

Manche unter uns werden sogar von Nichtraubtieren angegriffen.
Oder: von links und von rechts kommt ein Löwe. Wie könnten wir uns die wegdenken?

Wo sind wir, wenn wir nicht auf dem Damm sind?

Wir sind alle zu gemütlich; dazu Jean Améry:
»Nun ist zu bedenken, daß wir alle Sterbende sind (...) Das Wissen wird mit den Jahren intensiver, setzt gleichsam ›Füße‹ an.«

Die Arbeit (Ubi fluxus, ibi motus)
Wir, alle, Autodidakten!

Die Arbeit ist kein Wolf, sie rennt nicht in den Wald.

Well, heaven and hell changed places

Überlegen wir, wie es zu überwältigen ist.
Genau das tun, was nötig ist.
Diese Kanzlei macht nur die Dinge, worin sie am besten ist.

Ich messe des Klienten Distanz mit dem geborgten Schweizermesser.

Feine Milch-Chocolade mit Mitarbeiter-Füllung

Zielgerichtetheit an den Tag und in die Nacht sucht ihresgleichen.
favoured of course by fortune
Der Geschmack des Erfolges

Späte Gnade Kompetenz
Fluchtgefahr Wiederholung dunkel
Alles stehen und liegen lassen und Kalk darüber.
Die Pfiffe gelten der stummen Pfeife.
Halb Nebel, halb Steyr.

Stadtplatz, Richtung Enge
Ich schlendere gerne über den Stadtplatz. Welches Haus entkernt geblieben ist?

Zwei Stockwerke über dem Wartezimmer der Röntgenpraxis leuchten sieben Sterne auf den Platz. In nur sechzig Metern Luftlinie ein Doppelgiebelhaus, mit, ja, abermals radiologischer Praxis; in nämlichem Haus, anderer Giebel, und einen Stock höher gelegen, ein beeindruckend großer Raum, einst Sitz der niederen Gerichtsbarkeit, mit mächtiger dunkler Holzdecke, Ölgemälden und Blick zum Fluß.

Einen Stock über dem Wartezimmer des Augenarztes schwirren Schwalben mit halsbrecherischer Geschwindigkeit, vom Kai kommend, oder Mauersegler durchs Haus, hinaus auf den Platz und retour. Dieser Stock bleibt auf immer unvermietet.

Von überall her strömen Lehrer in ihren Autos überlands an die Einfallstraßen und Kreisverkehre der Schulstadt.
Von überall her strömen Facharbeiter in ihren Autos überlands an die Einfallstraßen und Kreisverkehre der Eisenstadt.
Die Wirtschaft ist Motor. Grüß Gott! Wichtig ist die Dienstleistung.
Wer tut was, wo, warum, mit welchen Hilfsmitteln, auf welche Weise und zu welchem Zeitpunkt? Darauf kommt's an. Finde darauf die Antwort. Grüß Gott!

Manchmal den Stadtplatz zu überqueren, Richtung Enge, und den Herrn Niemand zu spielen.

Spät nachts mit geschlossenen Augen ein Lied zu summen, die Enge vor sich zu wissen, abbiegen, die Schulstiege hinauf – von Berggasse 19 kommt ja noch Licht! –, am Gefangenenhaus vorbei zum Auto. Er liebt das Scheckige der Platanen im Scheinwerferkegel.

Qualität
Qualität muß, sie muß lesbar sein.
Da hilft auch keine Salpeterexplosion.

Pavese über Fehler:
»Die Fehler, die bei einem Werk ins Auge springen oder auch einfach sichtbar sind, kann man, eben weil es so ist, leicht beheben, und sie zählen nicht. Es zählt der grundsätzliche Fehler, die falsche Sichtweise, die sich insbesondere den korrekten Teilen mitteilt und von hier aus erkannt und aufgestöbert werden muß; das läuft darauf hinaus, daß er nicht zu beheben ist, außer man zerstört das Werk. Die sichtbaren Muttermale dienen höchstens als Anzeiger dessen, was darunter ist.«

Durch Mediation auf 20° Celsius

Das Parfum der Perle der Kanzlei.
die Präwissenschaft Kommunikation

Humor ist ein ganz besonderer Saft.

Anfang Herbst klopft die Putzfrau das Salz aus unseren Bürostühlen.

Asket ist einer, der übt.

The seven daily sins.
Na also Herr Gsaller, das ging ja schon ganz gut.
Die Büroschere, die Lohnschere, die Effilierschere

Konkurstaste.
Erfolgsalgorithmus.

Die Perle der Kanzlei: der Seelische Apparat

Eine Aufgabe, der Du treu bist
Sammlung Springende Punkte
Verdacht auf internes Geschehen
Die Akte Schmutz
Liste der Dinge, die große Freude bereiten

Gib Du Deinem Bein den Befehl aufzustehen und steh auf!

Manche behaupten, die Steyr imitiere die Enns.

Fenster,
sich an Stirn abbildend.
Franz Xaver, der Inhaber der Kanzlei, steht am Fenster zum Fluß und lächelt.
Expansion: der Osten.
Er denkt an die Flegeljahre der Kanzlei. (In Frankreich überlassen sie neue Büros Jugendlichen zum Trockentanzen.)

Ich gönn mich und ihn Ihnen.

Alles Schwere zu erleichtern und alles Dunkle aufzuklären

Österreich: nicht ganz acht Millionen Unternehmer.

Barbara Kampas

Das Arbeitswelt-Programm

Die Arbeit museumsreif. Stadt mit dem Museum für Arbeitswelt. Vielleicht gehört die Arbeit ins Museum, ich habe dort nie danach gefragt. – Wenn ich ins Museum gehe, fühl ich mich wie im Süden.

Arbeitswelt: Erster Kontakt
Steyr-Daimler-Puch AG vulgo Steyr-Werke: Ferialpraktikantin im damaligen Großkonzern, im Büro, nicht am Band, durchgeschüttelt, ungerührt. Zum Fürchten erwachsene Männer auf ihren Stühlen vor damals schon altmodischen, aus mittelbraunem quergerippten Holz gefertigten Schreibtischen. Aufgewacht täglich zwischen 7.00 und 16.00 Uhr. Grauenhaft im grauen Heft die Eindrücke im Notizbuch, die Geschichte von einem toten jungen Mädchen und seinem Leichenschänder.

Mittags Kantine, verkochte Mahlzeiten, Kohldampf. Vorbei an Peinlichkeiten und Ausdünstungen, dicht gedrängten Stühlen, mitten durch die Grußfloskeln und beiläufig hingeschüttelten Sätze. Eine Kollegin im Aufzug, allzu tiefer Ausschnitt in einem gelb, einem weiß, einem fliederfarben anliegenden Shirt: Spannung in der Liftluft, dann verstreuen sich fünf Paar Beine auf Asphalt. Auch Männer können kichern und dabei filmreif stöhnen. Ihr Verhalten ein wenig diskriminierend, die Waffe der Dame ungehörig. In den Werkshallen pfeifen Arbeiter Frauen nach, lachen und lästern.

Es ging vorüber, wenn man vorüberging, mit eingezogenem Kopf saß man auch im Büro, wo die Kommentare subtiler waren. Aber die Scham blieb.

Das ein Leben lang aushalten, mit seinen Kräften haushalten. Man bekam Briefe diktiert, tippte sie auf schweren Schreibmaschinen auf weißes Original über Durchschlägen, spannte Kohle- und rosarotes Seidenpapier Kante auf Kante ein, dickes Bündel, unverrückt. Bei mehr als drei »Kopien« klang das Einhämmern auf die Tasten wie verrückt.

Zum Abschied ein riesig scheinender Blumenstrauß, zu Hause in grüner Vase auf rotem Teppich mit zartgelben Kreisen fotografiert. Führerscheinprüfung ein halbes Jahr später auf Anhieb geschafft, sonst hätte das in den Ferien verdiente Geld nicht gereicht. 1974.

Die Arbeit ein Umweg. Die Wiener Wäschemädeln, die weiße Wäsche waschen, machen das nicht zum Spaß. Oder? Für die Anschaffung eines Wäschetrockners muss ich arbeiten. Ob Ab- oder Umluft, die Frage ist, was ich lieber täte als das Auf- und Abhängen von Wäsche. – Wenn ich trockene Wäsche von der Leine pflücke, fühl ich mich wie im Süden.

Arbeitswelt: Wie sie ist.
Fast geschieden, praktisch alleinerziehend auf der Suche nach Aus- und Einkommen. Bewerbung beim neuen Großkonzern in der Stadt – der frühere in Einheiten zerschlagen, aufgeteilt, gesundgeschrumpft oder bereinigt. Den Namen des frisch angesiedelten Arbeitgebers spricht man in Steyrer Kreisen und nicht nur dort ehrfürchtig aus.

Das Maturazeugnis ausgezeichnet, die Zigeunerjahre als Vertiefung der englischen Sprachkenntnisse verkauft. Vor offiziellem Jobantritt Aushilfe in der Nachbarabteilung. Ein Raum im Norden, beim Eingang Stufen, man steigt herab, man wird klein. Die Tür im Rücken, scheinen die Menschen genau zu wissen, was zu tun ist. Mit Bleistift Linien über Tabellen ziehen und von ganz hinten im Großraumbüro einen exzellenten Lage-Überblick gewinnen, wie ein Präsenzdiener die Tage ausstreichen, mit einem flauen Gefühl im Magen. Ein Stimmungszerstörer zerreißt sich das Maul, vielstimmig belegtes, verlegtes, verlegenes Lachen bemüht sich zustimmend zu übertreffen.

Die Kantine wiederum Angriffsfläche selbst berufener Meinungsmacher: So dicke Beine, so kurz der Rock? Schlucken, stumm bleiben, keine Röcke anziehen, nicht auffallen. Die X hat versucht, den Y zu angeln – schon komisch, unsere Damen, naja. Nirgends anstreifen, nirgends lächeln, damit nichts in eine falsche Kehle kommt, zurückhaltend, unnahbar, undurchsichtig sein. Aufs Neue den Kopf einziehen, die Schultern verkrampfen unter Tratsch, Frust und Gehässigkeit.

Wichtig, welche Strümpfe, bedeutsam, ob man Hosen trug, entscheidend, wie man aussah. Am besten wie Barbie gekleidet, hinreißend, aber dezent intelligent, ohne es zu zeigen, ein Schmollmündchen, ohne etwas zu meinen. Wer sich die Haare kurz schneiden lässt, ist noch lange nicht aus dem Schneider.

Kommentare »wissender Kollegen« erinnern an den Lift der Adoleszenz. Zu viel Urteil, zu viel Ignoranz, zu viel Gleichgültigkeit. Dummheit des Herzens, die Verteidigung von Domänen. Es braucht Jahre, diesen Einzelfall als einen Einzelfall mehrerer Einzelfälle zu identifizieren und das Bild der Arbeitswelt zu korrigieren, sich von Vorherrschaft zu distanzieren. Eine bedauerliche Verzögerung.

Die Arbeit kein Honiglecken. Manch eine Sekretärin hat sich mit Krawattenbinden einen Abteilungsleiter geangelt. Schwanger mit Arbeit aufgehört, verdient sie ihren Lebensunterhalt nun Windeln wechselnd und waschend. Ihrem Mann liegt sie mit dem Wunsch nach einem Wäschetrockner im Ohr. Manchmal streiten sie, dass die Porzellanteller tief fliegen. – Wenn meine Nachbarn endlich loslegen, fühl ich mich wie im Süden.

Arbeitswelt. Gestern. Zukunft. Immer.
Zitiert ins Einzelbüro, ein richtiges Zimmer mit Tür und Schloss. Den Abteilungsleiter interessiert das Leben der Neuen in Scheidung mit einem Kind: Wir alle seien Sünder auf der Suche nach dem rechten Weg, behauptet er, der eifrige Kirchgänger. In der Kantine bekreuzigt er sich und betet, bevor er sein Essen verschlingt. Zeit ist Geld und die Mittagspause nicht bezahlt.

Weil das rebellische Kind, wie sich Jahre später in einem Firmenseminar feststellen lässt, nicht so recht ausgeprägt ist, werden Gespräch und Gebete hingenommen. Die andere Seite zeigt sich mit den diversen, während dreier Probemonate approbierten und absolvierten Linien zufrieden: Dem nächsten Vorgesetzten empfohlen trotz offensichtlich unmoralischen Lebenswandels.

Allein im Vorzimmer eines Chefbüros, was nun. Die Schreibmaschine sehr elektronisch gespenstisch auf Tastendruck neue Zeilen und Zeiten einläutend. Ein riesiges Kopier-Ungetüm im Geräteraum – oder war es 1984 noch nicht so weit, Erinnerungen trüben. Letzter Schrei ein Kugelkopf (Assoziationen der Kugelfisch, die Kugelaugen einer Sekretärin). Im Vorzimmer des nächsthöheren leitenden Angestellten installiert, bleibt diese Kugel auf der Strecke, kommt es sofort zur Installation eines PCs:

1985, ein Jahr nach Orwell'scher Zeit, beginnt die Zukunft in den Büros. Der Computer hielt flächendeckend Einzug, steht später in den Archiven zu lesen. Eine Revolution, ein Aufstand gegenüber den Rechenzentren mit ihren in klimatisierten Räumen gekühlten und geschützten geheiligten Datenkühen. Keine Erschütterungen, Programmierer damals ein Modeberuf, angesehen und unentbehrlich.

Der Name des ersten Textprogramms verschollen. Zeilen links durchnummeriert und das Spiel »WYSIWYG« – what you see is what you get – noch lange nicht erfunden. Bildschirm ungleich Ausdruck erfordert jedenfalls Phantasie. Mehrere Textprogramme in schneller Folge, die – Modewort – inkompatibel unter anderem text2, text3 und text4 heißen, vor nachfolgenden Fabrikaten. Die Schwachstellen früherer Versionen ausgemerzt, ausgeklügeltere Fehler einkalkuliert und Umwandlungen noch lange Zeit kaum zu vollziehen. Berichte doppelt und dreifach getippt, schnell als unbrauchbar gespeichert auf riesigen, biegsam weichgrauen und keineswegs datenbeständigen Disketten. Längst sind die kleineren, viel stabileren und leistungsfähigeren Varianten out, CDs, DVDs, USB-Ports, flat screens und Notebooks gestalten heute Design und Arbeitswelt.

Das Handy, damals noch gänzlich unbekannt, hat in der Gegenwart Flair gelassen. Als Original begehrt, mutierte es zur geschickt inszenierten Attrappe, in der nächsten funktionierenden Generation zum gewöhnlichen Handlangergerät. Das ist Geschichte: Einst war, wer auf sich hielt, stolzer Handyhalter. Mit allgemeiner Verbreitung des Mobilfunktelefons wandelte sich das Bild wie das Erscheinungsbild des nicht mehr nur sprachbegabten Taschenformats zum allzeit bereiten Schnappschussautomaten. »Ungewöhnliche« Persönlichkeiten zeigten sich plötzlich nicht mehr so einfach erreichbar: Kein Interview gewährt, Exklusivität gewahrt.

Der Gebrauch des Handys mittlerweile längst »normalisiert« und enttabuisiert: Von Hausfrauen und Kids bis zum Manager klingeln sie alle durchs Leben und drängen sich wie anderen ihre Melodien auf.

Gerade noch die Erfahrung, wie man den Fernschreiber bedient und Fehler am Print korrigiert, lebenswichtig für wenige Wochen. Meterlange Lochstreifen einfädeln an der nächsten Maschine, beim Abspulen zu wenig darauf achten, dass der Streifen nicht verheddert. Er verheddert sich, von vorne.

Wenig später die Einschulung: Das Faxgerät grellorange, fast zwei mal drei Meter hoch. Berührungsängste die zweiten, die Ära der Lochkarten und -streifen endgültig vorbei.

Die Arbeit ein ungelöstes Rätsel. Was ich tun muss, wofür ich meine Kraft, meine Ideen verkaufe? Was meine Hände tun, wenn sie Windeln wechseln, Geschirr spülen und Wäsche aufhängen – beinah obsolet in der Frühreinlichkeits-, Geschirrspüler- und Wäschetrockner-Kultur. – Der Wäschetrockner ahmt die Wirkung von Sonne nach. Energie! Ich müsste ihn vor dem Fenster aufstellen, dann fühl ich mich mit einem Wäschetrockner wie im Süden.

Die Arbeitswelt zusammengewürfelt.
Die Arbeitswelt macht etwas aus dir, mit dir und durch dich, weil Arbeit dich etabliert. Du darfst dich definieren können, einordnen in die Hierarchie und ihre Beförderungsweisen, gespannt sein auf

Überweisungen, froh über die bevorstehende Pensionierung mit garantierter Firmenrente, Monat für Monat, während du dich Tag für Tag in die Pflicht oder Kür fügst, in dein Vergnügen, in dein Leid. Mentale Kondition, geistige Konstitution, vielleicht siehst du deine Karriere vor dir, vielleicht nur ein Übel, vielleicht wirst du abhängig vom Stolz, etwas zu sein, was du nicht bist. Nicht nur von 8 bis 17 Uhr, nicht nur in deiner Kernarbeitszeit, auch jenseits bist du Mensch X mit dem Status, den du dir gibst, dir verleihen lässt, der dich zufrieden macht oder so hochgradig unzufrieden. Alleinerziehern, Alleinverdienern gebühren Absetzbeträge, für Nachtschichten Zulagen. Dienstfahrten werden unfallversichert bewilligt, Bewirtungsanträge abgestempelt. Jährlich ein Portfoliogespräch. Du erfährst die Summe der Gehaltserhöhung oder hörst deiner Niederlage zu, dokumentiert, wo du noch besser kannst, kontinuierlich natürlich. Qualitäts- und ablaufgesichert dem Zufall entfallen, zeitgestempelt und erfasst rechnet die Pensionsversicherungsanstalt persönliche Szenarien aus. Manche kaufen Jahre nach, die später verfallen, oder Häuser, die bei der Scheidung abfallen. Die Krankenkasse bezahlt den Infarkt, Kuraufenthalte bis auf die Selbstbehalte, du gibst den Rest. So ist das mit der Arbeitswelt und mit dir.

Rechthaben: Manche beherrschen das Spiel. Für andere ist es nicht geschaffen, sie spielen aus Gutmütigkeit mit, aus Spaß, Gleichgültigkeit, Freude, Angst oder Notwendigkeit. Regeln sind gut, einige seltsam, einige diffizil. Es könnte ein Fehler sein, weiße, beim Sitzen aufleuchtende Socken zu tragen. Es könnte ein Fehler sein, zu richten, was einem Meister nicht gefällt. Wer weiß? Verfolgt der Neueinsteiger, der vielversprechende Hoffnungsträger, bei seinem Bewerbungsgespräch eine vom Arbeitsmarkt antrainierte Verhaltensweise, sitzt er vermutlich einem Personalisten gegenüber, der genau dieses Training kennt und seinerseits geübt hat, dagegen zu setzen. Die Schraube dreht sich zur Spirale, immer mehr wird auch hier immer weniger – wäre oft mehr.

In der Kultur der Arbeitswelt aufgehen, untergehen, perfekt funktionieren, nicht mehr selbst sein, reich oder arm. Menschen, die strikt ihr Leben trennen, hier Arbeit, dort privat. Jemanden aus der Firma privat zu kennen, zeigt Unterschiede auf, Verschiedenheit von Auffassung und Geschmack, von Welten und Klassen, etwas Besonderes, ein Privileg genossen, goldene Klomuscheln besetzt oder ein simples Geschick entdeckt.

Arbeit für den Status quo. Der Wäschetrockner – natürlich – ein Statussymbol. Je mehr Knöpfe und Schalter, desto. Anderswo schreibt man Mercedes oder Golf, in Steyr BMW. – Wenn Wäschetrockner und Klimaanlage funktionieren und der Kratzer am Lack repariert ist, fühl ich mich nicht wie im Süden. Ich bin hier zu Hause.

Arbeitswelt. Schöne Welt.
Untergetaucht und eingetaucht in das System, an fixe Arbeitszeiten gewöhnt. Arbeit der Ernst, sich und die anderen wichtig zu nehmen. Freunde entstehen, Wertschätzung wird in einem Umfeld erlebt, zu dem man gehört. Großfamilie eines Großbetriebs, Wachstum in viele Dimensionen. Die Erkenntnis wirtschaftlicher und netzwerkgeprägter Zusammenhänge, Austausch und Kontakte zur Außenwelt, Mitwisserschaft, Vertraulichkeiten hinter vorgehaltenen Händen. Ablehnung, Einverständnis, Richten nach Gerüchten im Paarlauf der Gefühle.

Das Glück wohlmeinender Menschen, die Arbeit und Person gutheißen. Förderung der Aus- und Weiterbildung, Handwerks- und Horizonterweiterung bis zum Feuerlauf, Dankbarkeit für bleibende Impulse, Persönlichkeitsanstöße, die Lizenz zur Entwicklung.

Wie Urlaub, sich morgens an den gedeckten Hoteltisch zu setzen, mittags ein Mehrsternmenü und abends noch ein Achterl vom Roten, abgegrenzt zum Alltagsstress mit Einkauf, Koch und Abwasch, nur ein Kindersitter muss her für solche Tage und später – vielleicht – noch ein Wäschetrockner.

Eher Frauen schätzen Seminare, erholen sich dort, werden frei. Für sie zählen die Stunden, ihre männlichen Kollegen zählen die Stunden und reisen, weil unabkömmlich, vorzeitig ab. Sie sind nicht hier, sie sind nicht dort, sie wollen hinkommen, irgendwo hin, vielleicht heim. »Einmal aussteigen, bitte.«

Menschen formen, prägen, sind Arbeitswelt. Genießen Macht, stolpern so vor sich hin, seitwärts, nach oben, in ein fernes Land, in eine Auslandskarriere. Love it, leave it or change it, kein Grund zur Beschwerde. Die Arbeitswelt ist voll von Sprüchen, von Teamgeist und Verbesserungsvorschlägen, von Management und Managementbüchern. Voll von Besprechungen, Meetings, Konferenzen, die Runden, Kreise, Zirkel formen. Voll von Projekten, Kurzzeichen, Kürzeln, Listen auf Endlospapieren, von Zielen und Orientierung und Zielorientierung, Prozessorientierung, Ergebnisorientierung, Umweltorientierung, Kundenorientierung, Mitarbeiterorientierung: Zur Orientierung werden Leitfäden herausgegeben. Leistung auf Diagramm nennt man Transparenz, an den Wänden der Produktionshallen orientieren die Kalender anders.

Abgeschmacktheit der Worte im Zulauf der Mode. Dehnbare Gummibänder die Innovation, die Nachhaltigkeit, die Flexibilität, die Ressourcenschonung, die Variantenvielfalt, die Marktanteile, die Strukturen, die Prozesse, Abläufe, Aktivitäten, Potenziale, Initiativen, die Wissensgesellschaft, die Globalisierung, die Optimierung. Dann noch der Wettbewerb, der Weltmarkt, das Netzwerk, Erschöpfungsende, aber noch Innovationspotenzialanalyse und Maßnahmenportfolio nicht vergessen.

Wandel heißt die beständige Devise, ein großes Missverständnis, wenn nichts sich wendet – Menschen verändert euch, aber in Wahrheit bleibt beim Alten. Das ist der heimliche Verrat: sich an Neues anzupassen, ohne sich zu verändern, oder sich zu verändern ohne die Notwendigkeit, sich an Neues anzupassen. Gratwanderung auch hier vom Guten zum Besseren, vom Geplanten zum Bleibenden, von der Möglichkeit zur Realisierung. Management of Change wird zum Change Management und könnte auf vielerlei Weise verstanden werden, Humor am falschen Platze: Vieles hat so zu sein, wie es ist, und nicht nur manches ist gut so, wie es bleibt.

Die Arbeit bedeutungslos. Ja, das ist öde und müßig, und ich bin kein Philosoph: Was Arbeit ist, das beschäftigt mich. Damit gehe ich schon einer Beschäftigung nach – dieses Recht auf Arbeit ist ja ein Recht auf

Beschäftigung, ein Recht auf Tauschmittel, ein Recht auf Anerkennung unserer anerkannten Gesellschaft – und ein Recht auf den Weichspüler und den Wäschetrockner. – Wenn ich gerade keiner Beschäftigung nachgehe, fühl ich mich wie im Süden.

Welt ohne Arbeitswelt
Die Arbeitswelt scheinbar sicher, existenziell, finanziell. Basis zur Tauchstation, zum Urlaub in der Karibik, zum Slalom auf den Pisten diverser Welten. Der Maßstab Geld, immer normaler.

Selbstwert kommt von der Ausübung eines Berufes, vom Abstapeln von Aktenordnern, von der Macht zu Mahn- oder Absagebriefen, der Formulierung von Produkten und deren Anpreisung. Arbeit wird zum Erfolg.

Können Menschen existieren, wenn sie nicht mehr Abteilungsleiter sind, Beamte, Bankangestellte? Die Frage quälender als die Antwort: Was macht ein Statistiker ohne Statistik? Eine Philosophin ohne Philosophie? Ein Geschäftsführer ohne Geschäft? Ein Finanzbeamter ohne Finanzen, eine Buchhalterin ohne Bilanzen... Was macht ein Gerichtsvollzieher ohne Gericht, eine Lehrerin ohne Lehre, ohne Schüler, ohne Schule? Was macht ein Experte, den niemand fragt? Was macht unser Tun zu Geld? Die Arbeitswelt. Sie formt Figuren zu Handlungen, weckt Illusionen, deckt Enttäuschungen auf. Erobert Schicksale, erhöht und erniedrigt sie: Arbeit macht Spaß, blind oder beides.

Arbeit etwas Normales, Arbeitswelt ganz normal. In der Leistungsgesellschaft mit beschränkter Haftung unterscheidet nichts mehr die Welt von der Arbeitswelt. Wo kämen wir sonst hin.

Demnächst in den Süden. Dort ist die Arbeitswelt...

Beatrix M. Kramlovsky

Vertraute Himmel

Seine Heftigkeit erstaunte ihn. Ihr zögernd formulierter Satz endete abrupt mitten im Wort, die Stimme versickerte in der trockenen Luft. Sie sah ihn nicht an. Natürlich nicht. Gleich würde dieser Seufzer kommen, Weidengeraschel nannte er das, dann würde sie den Kopf heben, geradeaus blicken und kontrolliert leise eine Erklärung verlangen. Gewohnheiten. Eingeschliffene Verhaltensweisen. Liebte er nur die Vertrautheit, oder liebte er immer noch sie?

Er stand auf, ging hinüber zur Bar, füllte ein Glas Wasser für sie, bediente sich beim Kaffeeautomaten. Es hatte doch keine Bedeutung mehr für ihn, in welcher Stadt er gerade arbeitete, wohin er gerade flog. Warum also diese Reaktion? Vorsichtig trug er die Getränke zurück. Die Lounge war nicht voll besetzt, es roch nach frischem Gebäck. Und Blumen, obwohl er sicher war, dass hier nichts Duftendes blühen konnte. Große Flughäfen sind abgeschirmte Klimazonen mit Warteräumen als sterilen Inseln. Ohne eigenes Leben, aber mit durchreisenden Etappenbewohnern, deren Spuren immer entfernbar sind.

Er stolperte fast über den Fuß eines Mannes, der eingeschlafen war. Wie ähnlich sich doch alle waren! Dunkle Anzüge, gelockerte Krawattenknoten, übermüdet, den Laptop wie ein künstliches Glied neben sich. Die Frauen in ihren Kostümen wirkten ein wenig frischer, aber das mochte an der Schminke liegen. Er stellte Glas und Tasse auf den niedrigen Tisch, sah Elisabeth an. Der erwartete Seufzer, das Ritual blieb aus.

»Es ist der falsche Ort«, versuchte er zu erklären.

»Und wo ist der richtige?«

Sein Handy läutete.

Dialoge waren mittlerweile wie seine Tage, löchrige Strukturen. Keine lineare Bewegung, seine Arbeit war ein Überspringen, Hineinstopfen, immer auf Haupt- und Nebengleisen unterwegs, ein Abschwenken, Querfeldein-Laufen, Abschneiden. Erwies sich sein Erfolg nicht als permanent funktionierender Zeithäcksler? Während er zuhörte, starrte er den Boden an, fein gemaserte Marmorplatten. Wellen, Sandbänke, ein Fluss. (Hatte er nicht noch die Stimme im Ohr? Karls gespenstisches Lachen.) Nein, es kam nicht in Frage, dorthin zurückzukehren, nicht nach so vielen Jahren. Rückkehr zum Ausgangspunkt, de facto das Eingeständnis seines Scheiterns, nicht wahr? Das brauchte er sich nicht anzutun. Distanz hatte sich als lindernd erwiesen. Er beendete kurz angebunden den Anruf, wandte sich Elisabeth zu.

»Entschuldige.«

Sie hatten immer einen höflichen Umgang gepflegt.

Er schaute auf die Uhr. Innenräume ohne Fenster irritierten ihn von Jahr zu Jahr mehr. Ausblicke schienen ihm nicht nur beruflich relevant zu sein. Waren die Berge seiner Kindheit daran schuld? Der Priel vom Küchenfenster aus, eine schroffe Zackenfolge, die die Welt begrenzte, über den dunklen Tälern brütete. Es hatte eine Zeit gegeben, da hatte er dieses Panorama geliebt und die damit verbundene Gewissheit von Freiheit und Abenteuer. Karl. Er wollte Karl vergessen. Hatte er diese Berge nicht vermisst in den Jahren, die er in den asiatischen Tiefebenen und am Mississippi verbracht hatte?

Elisabeth stand auf, strich über ihre Hose, er sah, dass sie den Ring trug, den sie sich im ersten Jahr nach ihrem beruflichen Wiedereinstieg gekauft hatte und der den schmalen Goldreif fast vollständig verdeckte. Es wurde Zeit aufzubrechen.

»Wir müssen zum Gate«, sagte sie und griff nach ihrer Tasche.

Nonverbale Übereinstimmung. Sie verließen die Lounge.

Er hätte ihr gerne erzählt, woran er dachte, während sie auf den Förderbändern durch die endlos langen Gänge glitten, die letzten Kontrollen hinter sich ließen, das Flugzeug bestiegen. Es waren immer Splitter, unvollständige Bilder, als tanzte jemand in seinem

Kopf herum und öffnete für Augenblicke Türen in vertraute Räume. (Wie unpassend, nicht wahr? Es würde sie irritieren, wie wenig ihn seine Arbeit beschäftigte. Oder machte er sich da etwas vor?) Langsam füllte sich die Touristenklasse, während man ihnen die ersten Getränke anbot. Elisabeth presste ihr Gesicht in das heiße Tuch, er hörte dieses entspannte Stöhnen, das sie sich manchmal erlaubte. Kontrolle. Selbstkontrolle. Es reizte ihn plötzlich, Drastisches, Ungehobeltes, Überschwängliches zu tun. Er hob das Glas.

»Auf uns!«

Sehr langsam blickte sie hoch, drückte dann, als nähme sie Abschied, das erkaltende Tuch gegen den Nacken. »Mach dich nicht lächerlich.«

»Auf uns!«, wiederholte er und lächelte beharrlich. (Acht Stunden auf engstem Raum, das konnten sie nur mit einem deutlichen Friedensangebot überstehen.)

»Du weißt, dass ich Recht habe, nicht wahr?«

Ihr perfektes Zeitgefühl für Konfrontationen irritierte ihn wie üblich. Kein Wunder, der Ruf ihrer ausgefeilten Verhandlungsstrategien war legendär, eine Gewinnerin. (Redete er deswegen so wenig mit ihr? Flucht ins täuschend harmonisch inszenierte Nebeneinander?)

»Es ist ein malerischer Ort, malerisch gelegen. Und du kennst ihn noch dazu.«

»Eben.«

»Ich habe mich umgesehen, der ...«

»Wann warst du dort?«

»Vor zwei Wochen.«

Da war er in Paris gewesen, und sie hatte Mark in Wien besucht. (Was hatte sie noch alles hinter seinem Rücken erledigt? Oder zwang er sie dazu? Die Ehe ein Schachbrett. Zug um Zug. War sie eine Gegnerin? Seit wann war sein Leben ein Spiel?) Warum plante sie so weit voraus? Warum glaubte sie überhaupt, einen endgültigen Ort bestimmen zu müssen? Dieses nebulos sehnsüchtige Gerede der Wirtschaftsnomaden, im Alter ihre Wurzeln in der Heimaterde wiederzuentdecken, sich ein bleibendes Zuhause zu finden.

Er sah aus dem Fenster. Der Jumbo rollte langsam zu den Startbahnen. Auf der Wiese hockten Krähen. Warum fielen ihm die alten Frauen vor den Flüchtlingsbaracken ein? Mama hatte ihm verboten, sich dort herumzutreiben. *Denen geht es schlecht genug, die brauchen nicht noch einen, der sie dabei anstarrt.* Die nach Kohl stinkenden Baracken waren schwarz, die alten Leute trugen schwarz und redeten von Häusern, die nicht mehr standen, und Menschen, die nicht mehr lebten, in einer seltsam anmutenden Art. Da klangen Buchstaben, so wie er sie nicht aussprechen konnte, als wären die Münder der Fremden exotische Instrumente, die er nicht beherrschte. Die Kinder durften sich schmutzig machen, denn ihre Eltern waren tagsüber fort. Orbaiten, hieß das. Kam er abends lehmverschmiert heim, schimpfte Mama. Er aber zerdehnte lächelnd die Vokale zwischen den Zähnen und wollte wissen, warum sie nicht arbeitete und trotzdem in keiner Baracke wohnte. *Das verstehst du nicht, sei froh, das ist der Krieg. Der wirft seine Schatten immer noch.* Schwarz. Dann durfte er endgültig nicht mehr hinüber, mit den Flüchtlingen spielen. Der Krieg war ein schwarzes Loch, Menschen, die daran erinnerten, wurden gemieden.

»Ich habe dich etwas gefragt«, sagte Elisabeth und tippte seine Hand an.

»Ich war in Gedanken, mir ist etwas eingefallen, an das ich seit Jahrzehnten nicht mehr gedacht habe.«

»Was hast du gegen Steyr?«

»Es liegt an einer Seitenstraße in einem Seitental und ist völlig unwichtig.«

»Das spricht doch eher dafür.«

»Wofür?«

»Erholung. Freizeit und städtische Infrastruktur. Altes und Neues.«

»Arbeit, Arme und Reiche. Saturierte und Ghettobildung.«

»Du übertreibst. Es ist eine Klassengesellschaft wie überall woanders auch.«

»Natürlich. Aber dort war ich im Abseits. Und ich wusste nicht, warum, bis ich mich damit arrangiert habe. Kein Teil davon, und jetzt bin ich zufrieden damit.«

»Das trifft auf alle Dörfer und Kleinstädte zu, dieses überschau-

bare Kastensystem, in das man sich aktiv hineinleben muss. Das ist genauso in den Großstadtbezirken, in denen wir gewohnt haben.«
»Dann ist es ja nichts Neues und ich will erst recht nicht hin.«
»Ich fand es so malerisch, so hübsch gelegen, die zwei Flüsse, die alten Häuser, eine verwinkelte Idylle.«
»Schau es dir bei Hochwasser an, wenn die Ratten vom Wasser herauf in die Gassen hineinschwimmen.«
»Hör auf!«
»Als Kind hab ich mir vorgestellt, das Wasser erreicht die Schule und man hört die Ratten in den Gängen scharren, in die Klassen strömen. Das Fell an den Mauern kratzen, Leib dicht an Leib. Dann hätten wir frei gehabt.«
»Ich wette, du warst schon sechzehn und hast Camus gelesen.«
»Es gibt eine Messlatte am Stadtplatz, da sind die Markierungen der schlimmsten Hochwasserstände. Ich hab mir das immer angeschaut. Jeden Sonntag. Mit Vater.«
Er brach ab.
Karl hätte er nicht erwähnen dürfen. Sie rührte sich nicht. Die Stadt war ein Buch, das er zugeklappt hatte, es stand noch in seinem Bücherschrank, aber seit Jahren fuhr er nur über den Rücken, blätterte nicht mehr darin. Er hatte Angst, er könnte wieder darin zu lesen beginnen und sich festhaken. Er schaute aus dem Fenster. Bei gemeinsamen Flügen befolgten sie ihre Regel, nicht zu arbeiten. Jetzt hätte er sich gerne vor dem Laptop verschanzt. Sie würde jedes Ablenkungsmanöver durchschauen, hier ging es nicht ums Geschäft, nicht um Politik, Winkelzüge würde sie nicht gelten lassen. Sie saß so ruhig neben ihm! Wartend. Das Schweigen war nicht unangenehm.
»Einmal«, er räusperte sich, »einmal sind meine Mutter und ich von einem wütenden Bauern mit einer Heugabel verjagt worden. Damals gab es noch Höfe in der Nähe unseres Wohnhauses, einen Hang, wo wir im Winter Schlitten fuhren, dahinter Felder, einen kleinen Wald. Es war im Hochsommer, und sie ging mit mir hinaus. Das war nicht so oft, glaube ich. Ich war sehr klein, vier, fünf Jahre alt. Am Waldrand pflückten wir Himbeeren und auf dem Weg nach Hause machten wir Pause, setzten uns an den Rand. Sie hatte eine

Decke mitgebracht. Es war heiß. Ich erinnere mich, dass wir miteinander sangen, und der Weizen stand hoch hinter mir, eine grüne Mauer. Dann stürmte plötzlich der Bauer daher, die Forke vor sich, die Zinken auf uns gerichtet. Mama hatte Angst, das weiß ich noch. Wir packten unsere Sachen und rannten, und der Mann fluchte, und als wir endlich stehen blieben, zitterte sie und war kreidebleich. Trotz der Lauferei.«
»Es gibt überall fürchterliche Menschen.«
»So hat sie mir das damals auch erklärt.«
»Habt ihr es deinem Vater erzählt?«
»Nein. Nein, Aufregungen vertrug er schlecht.« Ein verstörender Mann, der an manchen Tagen seltsame Manöver durchführte.
Sie spielte mit dem Stein, der ihren Ehering fast verdeckte. »Ich habe auch Hannes getroffen. Er war sehr hilfreich. Er hätte dich gerne in seiner Nähe. Er findet es nicht das schlechteste Konzept, ein Leben wieder am Ausgangspunkt beenden zu wollen.«
Ringparabel. Natürlich, Hannes war Deutschlehrer. Sie musste alles richtig geplant haben! Er war seit dreißig Jahren nicht mehr dort gewesen. »Ich erinnere mich«, begann er wieder, »vor einigen Jahren, als Stronach übernahm, mit ein paar Leuten über Steyr gesprochen zu haben.«
»Hast du verraten, dass es deine Geburtsstadt ist?«
»Nein, das war nicht relevant.«
»Du bist nie mit mir hingefahren.«
»Nein.«
Als er Elisabeth kennen lernte, waren seine Wurzeln dort bereits tot. Vater und dieser Ort. Für Mama und ihn, das einzige Kind, waren das bestimmende Lebenskoordinaten, sie eine Zugezogene, er ein Weggelaufener. Die Stadt ein kunsthistorisches Kleinod, damals noch wenig restauriert, aber mit einem Geschichtsbewusstsein, dessen Klarheit sich trübte rund um den Bürgerkrieg und die braunen Jahre des letzten Jahrhunderts. Es hatte Beschwerden gegeben, als sein junger Klassenvorstand darüber sprach. War da nicht dieser Konsens des Schweigens in den meisten Familien, eine trügerische Stille für die verschlossenen Väter, bis einige Jahre später dafür zu viele Fragen gestellt wurden? Karl war da schon nicht mehr ansprechbar gewesen.

Es war eine Stadt wie viele andere auch in diesem Land. (Was also nahm er übel? Oder fürchtete er sich einfach? War es die Erinnerung vor den Ängsten?)

»Hannes lebt in einem mittelalterlichen Haus, in der Nähe deiner Schule, in der Nähe des Flusses.«

»Welcher?«

»Der grüne. Also oberhalb der Brücken, der Mündung. Es ist wunderbar hergerichtet.«

»Hannes wollte immer dort leben. Nicht oben in den Arbeitersiedlungen oder draußen am Stadtrand, wo die Hochhäuser stehen. Er wollte entweder das Anwesen vom Scheißobiwirt oder etwas Gotisches, allerhöchstens in der Renaissancezeit das letzte Mal umgebaut. Und bei beidem ist die Nähe zum Fluss gegeben. Das Wirtshaus sitzt direkt an der Felskante oberhalb, und die richtig alten Häuser stoßen mit ihren Kellern direkt ans Wasser. Er hat es also so feucht, wie er es immer haben wollte.«

»Warum hast du ihn nie besucht?«

»Er ist oft genug bei uns gewesen.«

»Drei Mal.«

»Das reicht doch. Ob es den Wirt wohl noch gibt?«

Draußen wurde es dunkel, er stellte sich die Eiswüste unter sich vor, den schwarzen brüllenden Ozean südlich von Grönland. Noch knappe fünf Stunden bis zur Landung, bis zur Rückkehr in ihr weißes Haus in Rockcliffe, einem Felsenbuckel direkt am Fluss. Zwei gemeinsame Tage, bevor Elisabeth weiterfliegen würde nach Toronto, wo ihr Arbeitgeber saß. Ein zerstückeltes Leben. Vom Wohnzimmer sah man hinunter zum Outaouais, hinüber zu den Ausläufern des Gatineau Nationalparks. Wieder ein Strom. Er hatte immer in der Nähe von Flüssen gelebt. (War das die Prägung, die er der Heimat verdankte?) Schon wegen der freundlichen Wasser liebte er Ottawa.

Plötzlich fiel ihm der Klavierlehrer ein. (Was trat Elisabeth nur los? Eine Halde von kollernden Brocken, er den Schlägen ausgesetzt, schmerzenden Treffern. Warum ließ er das zu? Er wusste doch, wohin es führte. Jeder einzelne Stein eine verschlossene Geschichte. Und Karl der Fels, an dem er sich blutig stieß. Weglaufen. Das Unterwegs-Sein zum Lebensprinzip machen. Darin war er doch perfekt, nicht wahr?)

Der Klavierlehrer hatte zur Untermiete bei einer alten Frau am Fluss gewohnt, in muffigen Zimmern mit erdrückenden Gewölben und farngrünen Samtvorhängen, die an angelaufenen Messingstangen hingen. Während der Stunden am offenen Flügel hatte er manchmal die alte Frau hinter den schweren Stoffen rumoren gehört. Der Lehrer war gut für ihn gewesen, unsicher im Umgang mit Erwachsenen (das hatte er schnell bemerkt), aber sensibel auf kindliche Stimmungen reagierend. Schubert sofort ad acta gelegt, als er einmal (ein einziges Mal nicht allein, nicht zurückgezogen und verborgen) die Beherrschung verlor und zu weinen anfing. (Ein schmirgelndes Schluchzen, ein schneidender Krampf.) Es wurde nie darüber gesprochen, da war wortloses Verstehen. Die Klavierstunden hatte er als Verschnaufpause, als Gnade empfunden. Ihn hatte nicht gestört, was andere Schüler lächerlich fanden, die Weltfremdheit des Lehrers, das altmodische Getue. Kurz nach der Schubert-Episode (für die er sich lange geschämt hatte) war während des Unterrichts Besuch gekommen. Die altmodische Glocke hatte geläutet, der Lehrer hatte seine Hand erhoben, das Spiel unterbrochen, die Stimme gehört, ihn gepackt und hinter einen der farngrünen Vorhänge gezerrt, wo sie im Kampfergeruch erstarrten, warteten. (Welch ein Bild! Hatte er es nicht tröstlich gefunden, die angespannte Nervosität des Lehrers zu spüren, versteckt im schalldichten Dunkel?) Zwei Verstummte, die sich fürchteten, und draußen die schrillen Fragen der ungläubigen Frau im Dialog mit dem zahnlosen Genuschel der Zimmerwirtin! Zwei Kinder in unterschiedlich großen Körpern, die mit der Welt draußen nicht gut zurande kamen. Egal, aus welchem Grund. Seit diesem wortlosen Eingeständnis von Angst hatte er den Lehrer verehrt. Es war ihm damals eins, ob man ausgegrenzt wurde oder sich selbst ausgrenzte aus einer quälenden Verpflichtung heraus. Vertraute Himmel konnte er lieben.

»Ich erzähle dir noch etwas.«

Sie lagen nun ausgestreckt nebeneinander. Die meisten anderen Passagiere schliefen bereits. Elisabeth drehte sich zu ihm. Er mochte ihr privates Gesicht, wenn es, bereits entspannt, von Müdigkeit gezeichnet, ungeschminkt und voller Aufmerksamkeit war. Dieser Anblick gehörte nur ihm. Selbst Mark hatte seine Mutter so schon lange nicht mehr gesehen. Mark mit seiner unkomplizierten Art, dieser fröhlichen Natur. Ein Kind, das es ihm leicht gemacht hatte, die Mutter lieben zu lernen, eine Familie anzunehmen. Ein geborgter Sohn, dem er erlauben konnte, sich in seinem Herzen festzusetzen. Mark war damals so alt gewesen wie er, als das mit Karl offensichtlich wurde. Zersplitterte Bilder, die ungerufen aufblinkten, als wäre in seinem Kopf ein Feuersalamander, der sich drehte, wandte und seine Warnflecken so schmerzhaft lebendig leuchten ließ.

»Bist du stromabwärts nach dem Zusammenfluss am Ufer weitergegangen? Bis zur einer lang gestreckten Insel nach der neuen Brücke, die mittlerweile natürlich auch schon alt ist? Auf der Insel war es verboten zu spielen. Deswegen kletterten Hannes und ich manchmal bei Niedrigwasser übers Wehr hinüber. Im Winter ging das leichter, der Seitenarm war oft zugefroren, man spielte dort Eisstockschießen. Huck Finn und Tom Sawyer. Wir konnten uns nie entscheiden, wer nun wer war. Es war mein persönlicher Urwald, meine Wildnis, mein Dorado. Dort war ich ein Held, und die Stadt wusste nichts davon. Wir beobachteten die Leute auf der Brücke, an den Ufern, aber sie konnten uns nicht sehen. Es war ein freiwilliges Abseits, eine andere Welt. Ich liebte diesen Platz.« (Eine Zuflucht, nicht wahr?)

»Ist das der Grund, warum du dich in Ottawa so wohl fühlst?«

Ein Fluss quer durch die Stadt, graue Steinhäuser. Inseln. Grün. Ein Hügel am Horizont. Aber der Raum weit, das Licht weich, und Karl nie präsent. Er lächelte und sah auf ihrem Gesicht das Echo.

»Im Steilhang zum Tabor hinauf«, fuhr er fort, »konnten wir Pärchen beobachten, und später habe ich dort ein Mädchen geküsst. Es war eine sehr nasse und sehr verzweifelte Angelegenheit. Eine wilde Gegend, fast vertikal. Mächtige, weit verzweigte Bäume. Ein idealer Platz für Selbstmörder, weil man relativ ungestört blieb. Der Tod hat mich nicht geschreckt als Kind. Aber ich hatte Angst vor der Zeitspanne, die einer zum Sterben braucht. Das kannte ich zu gut. Und die Erwachsenen logen.«

»Manchmal lügt man, um zu schützen.«

»Ich fühlte mich nicht beschützt. Ich wurde getäuscht.«

»Und du verübelst das nicht nur den Menschen, sondern auch der Stadt.«

»Sag jetzt nicht, woanders wäre es das Gleiche gewesen.«

Sie hob die Hand und strich die Konturen seines Mundes nach. Er hätte sie so gerne früher kennen gelernt. (Hätte er dann gewagt, an ein eigenes Kind zu denken, die genetische Kette weiterzuknüpfen?) Natürlich antwortete sie nicht. Aber die Strenge war nun völlig verschwunden, ihre Züge so weich, wie sie damals waren, als Mark noch mit hoher Stimme nach ihr rief, seine Werbung seltsam unbeholfen begonnen hatte.

Er zupfte an der Decke. (Sollte er spekulieren, warum sie ohne ihn mit der Planung ihres Alters angefangen hatte?) Noch war sicher, dass sie beide für mehrere Jahre die Arbeit, ihre bezahlten Jobs behielten. Sie waren begünstigt, er gehörte nun dazu. Er suchte aus, welche Zirkel er besuchte, wessen Kreise er berührte. Selbst Schuberts Lieder konnte er mittlerweile wieder hören, ohne sofort das weinerliche Raunzen zu vernehmen, mit dem Karl die in seinem Hirn verbliebenen Bruchstücke aus der Winterreise massakriert hatte. Welch erbärmliches Fauchen, wenn ihm die Stimme versagte, welch verstörendes Kreischen aus dem Gesicht, das der Wahn entstellte. Kein Vater mehr, der von seinem Sohn wusste. Wenn kein Gedächtnis da ist, was sollte dann verloren gehen? Aber niemand hatte den Versuch unternommen, es ihm zu erklären. Da war nur Mitleid und ein Zaun aus ungesprochenen Wörtern, und in dem Gehege saß Karl, ein Tabu.

Ja. Er fühlte sich wohl in Ottawa. Frei. Er liebte die auf wenige Jahrhunderte beschränkte europäische Geschichte, die Vielfalt der alten Stammeskulturen. (Und war er aufgrund seiner politischen Erfahrungen und Beziehungen, seines Wissens um interne Details der Rechtsstreitigkeiten nicht gefeit vor trügerisch verschleiernder Romantisierung?) Ja. Er dachte tatsächlich daran, sich endgültig in Butternut Cottage niederzulassen! Ein Haus in den rechten Maßen. Freundliche Nachbarn. Distanz, die wärmte, nicht erschreckte.

»Einmal, ich muss neun, vielleicht zehn Jahre alt gewesen sein, war ich mit Vater auf dem Stadtplatz. Es war einer seiner seltenen

guten Tage. Zuerst in der Konditorei. Er rauchte und plauderte, er kannte ja überall jemanden, und alle kannten ihn. Darum nehme ich dieses Gemauschel und jämmerliche Geflüster hinter meinem Rücken so übel. Den durchsichtigen Mitleidsrefrain, den sie alle beherrschten. Und die guten Absichten. Haben immer bedenkliche Folgen.«
»Du bist ein strenger Richter.«
»Rücksichtnahme, aus Angst zu kränken, verletzt doppelt.«
»Aber damals in der Konditorei war noch alles gut?«
»Nein, es war nur ein friedlicher Moment. Da hatte ich schon gelernt, auf unsicherem Boden zu tanzen. Weißt du, manche Hände berühren die Haut wie aufgerautes Metall. Und manche Sätze sind Reißwölfe.«
»Eine bittere Schule.«
»Es war einer der letzten klaren Tage Vaters. Deswegen habe ich nichts vergessen. Ich bekam ein Nusskipferl. Ich kann seitdem keines mehr essen, ohne sein Gesicht vor mir zu sehen.«
»Warum hast du mir das nie erzählt?«
Er zuckte mit den Schultern.
»Wir sind seit zwölf Jahren verheiratet!«
»Es hat sich für mich nicht ergeben.« Gesprächen dieser Art war er bislang erfolgreich aus dem Weg gegangen. (Hatte sich nicht seine erste Frau darüber beschwert?) Vielleicht war er nun ausgiebig genug weitergegangen, hatte die erforderliche Anzahl an Stationen zwischen sich und die Vergangenheit gebracht, die Bilder zugedeckt, sicher verdeckt, besänftigend begraben. Vielleicht wurde es leichter für ihn. Vielleicht hatte der Schrecken an Gewicht verloren. Mama hatte Vaters Krankheit, Vaters Sterben anders bewältigt. Sie war zur Schnecke geworden, verschanzt hinter einer Schale, deren Härte seinem Schweigen den letzten Schliff verlieh. Eine Marionette mit gläserner Stimme, die lächelte, wenn sie begrüßt wurde. Ein unechtes Lächeln mit stumpfem Blick. Manchmal, wenn sie sich unbeobachtet glaubte, hatte sie ihn prüfend angesehen. Da war er schon alt genug gewesen, um ihre Angst zu verstehen, um seiner Variation ihrer Angst ausgeliefert zu sein. (Trottel, Idiotenkind, Kretinableger, Hirndepp, die Jugendlichen auf dem Schulweg hatten ihn vieles genannt.)

Elisabeth schwieg. Es war eine beruhigende Stille, er bemerkte es dankbar wieder. (War dieses Erkennen ein Bestandteil des Liebens?) Jemand schaltete seinen Spot an, ein punktuelles Licht, das die samtene Finsternis rundherum vertiefte. Mittlerweile mussten sie sich über Neufundland befinden, Richtung Westen fliegen, der weichenden Nacht hinterher. War Vater in einem derartigen Dunkel ertrunken? Hatte er verstanden, was mit ihm passierte, was sich abspielte, wenn das, was ihn ausmachte, verschwand? An jenem Tag nach der Konditorei waren sie gemeinsam aus der Altstadt hinaus, über den Fluss Richtung Bahnhof geschlendert, wo sich die Bücherei befand. Und plötzlich hatte Vater angehalten (Panik, nicht wahr? Reines Entsetzen, Vater könnte wieder zum sabbernden Tier mutieren, hier, vor allen Leuten, und was dann?) und ihn auf eine Frau aufmerksam gemacht, die auf der anderen Seite der Brücke in der Gegenrichtung unterwegs war. Es war eine unauffällige Frau gewesen, in grauem Mantel, mit grauen Haaren. Und Vater hatte sich zu ihm gebeugt. *Schau sie dir genau an. Das ist eine Künstlerin. Eine Wortmagierin. Sie geht hier vor die Hunde. Es gibt eine Hand voll Leute in der Stadt, die wissen, was sie kann. Sie richtet ein neues Universum ein, eine beängstigende Welt mit durchsichtigen Wänden.* Und gemeinsam hatten sie der Frau nachgeblickt, Vater bewundernd, er ohne Verständnis, in seiner kindlichen Vorstellung eine Zauberin, eine Zirkusfee vermutend. In der Bücherei hatte Vater ihm dann ein Buch in die Hand gedrückt. *Von ihr.* Und die Bibliothekarin hatte gelacht, *aber das ist wohl für Sie, nicht für den Kleinen,* und Vater hatte ihm zugezwinkert. Mutter hatte später den Band zurückgebracht. Erst lange danach, kurz bevor er die Stadt als Student endgültig verließ, hatte er gewagt, die Haushofer zu lesen, und hinter der Wand Karl erblickt.

»Butternut Cottage ist hundert Jahre alt, und Nomaden haben auf Rockcliffe seit ewig ein Zwischenlager unterhalten. Könnte dir das Geschichte genug sein?«

Der Spot wurde wieder ausgeschaltet, im fahlen Licht der Notbeleuchtung erschienen die ausgestreckten Körper wie Schmetterlingspuppen, die Decken über den Beinen wie die papierenen Hüllen über den Flügeln, knapp vor dem Schlüpfen.

»Genug, um dort zu leben?«

»Für die nächste Zeit. Für länger. Für immer.«

Sie fragte ihn nicht nach der Fortsetzung der Geschichte. Sie drängte nicht, obwohl er ihr Interesse spürte. Konnte sie sich vorstellen, wie das war, von einer Horde Gleichaltriger verfolgt zu werden, die Wörter schrie, Wörter, die sich in ihm verkrallten, die wie Zangen in ihm arbeiteten, Wörter, die er brüllend hatte loswerden wollen, und da war kein Platz dafür, kein Mensch, der ihn hielt? Ein grausames Gemetzel, das seine Spuren nicht äußerlich hinterließ. (Es waren nicht wirklich die Wörter, oder? Es war die Angst, ebenso zu enden, das zu werden, was sie bedeuteten, ein Narr, ein geistloser Körper, ein Nichtmensch.)

»Mark ist weit weg.«

»Er studiert. Wer weiß, wo er in fünf Jahren sein wird.«

»Du wirst nichts vermissen?«

»Nicht, wenn du mit mir lebst.«

Er konnte ihr Gesicht nicht sehen. Aber er spürte ihre Hand, deren Finger sich fest um die seinen legten. Dann schwiegen sie beide. Er wusste nicht, ob sie dazwischen schlief, ob sie nachdachte über ihn oder an ganz anderes. Es war ohne Belang. Würde er jemals weitererzählen, die vielen geschichteten Schichten über seiner eigentlichen Geschichte abdecken? Es war nebensächlich. Vielleicht steckte die Krankheit in ihm. Vielleicht brach sie nie aus. Vielleicht hatte er weniger von seinem Vater, als er jemals befürchtet hatte. Luftblasen. Die Angst war ein zweiter Schatten in seinem Leben. Aber die wahre Ausgrenzung, diese permanente Ghettohaltung pflegte er selbst. Konnte er das aufgeben? (Er sollte vielleicht wieder Haushofer lesen!)

Würde er jemals mit Elisabeth zurück in die kleine Stadt an den zwei Flüssen fahren, mit ihr dort gehen, wo seine Kindheit begraben worden war? Er wusste es nicht. Er spürte nur, dass es bedeutungslos wurde. Ein Ort, der sachte aufhörte, ihn zu halten. Ein Ort, den man Touristen empfahl mit gutem Gewissen. Ein Ort, den zu erwähnen er lernen durfte.

Ein Ort wie viele andere auch.

Das Flugzeug setzte zur Landung an.

Die schweren Flügel des Gemüths

Oscar Holub

ssriien

ich sitze am balkon. neben mir liegt das paket. der absender ist noch nicht ersichtlich. ich bin zu jung für zukunft aller art. über meinem kopf sind die einschußlöcher aus dem bürgerkrieg. österreichisch. so um 34. die mauersegler rasen unter die blechverdachung und ssriien stimmen aus vielen schnäbeln.
    es ist frühsommer und es riecht nach marillen und erdbeereis. soeben bin ich verraten worden. sie haben mich nicht mitgenommen. der möbelwagen entschwindet von der berggasse in richtung fremde. »die christkindlsiedlung« wird später ein beliebtes wohngebiet heißen. das bilderbuch vor mir gibt erdfarbene geborgenheit. ich erlebe erstmals stunden als tage.
    die eigrubers wohnen zwei häuser weiter. SIE ist die mama vom ehemaligen gauleiter und der hat heimlich geheiratet, und eine maggiwerbetafel ist in erinnerung und gras auf der gasse und das gefängnis. kloster und einsperren sind ewiglich miteinander verbunden. der mörder wird durch den eingang getrieben. »hängt ihn auf«, grölt die menge. mehrere menschen bilden massen. »zigeuner« erbitten entlassung »und schleifen scheren«. noch immer werden bilder zerschnitten. farbige tücher verbunden mit tränen und sehnsucht.
    verwirrt bin ich kind.
    weil im steyrer krematorium »noch platz« war, haben sie die »überschüssigen juden« hier verbrannt. »manche haben noch gewimmert, wie sie sie in den ofen geschoben haben«, erzählt die alte frau aichinger. »seien sie froh, frau doktor, daß das ihr mann nicht

mehr erlebt hat, der hätte das nicht zulassen.« der großvater, der ein wenig antisemitisch und antinationalsozialistisch war und stadtphysikus und gekränkt, daß, als DER ahrer gehängt wurde, nicht er beigezogen wurde, sondern nur »die vertretung«, und das macht das bild traurig. den typhus im wehrgraben hat er jedoch ursachenerkannt und einen kleinen gelben sonnenstreifen erhalten, und auch als er auf die ennsleite ging, als bürgerlicher mit einer pistole. sheriff mit weißer fahne. die pferde hab ich jedoch nur auf dem land gesehen, auch ziegen und schafe waren damals unwichtig selten.

der bäcker kam zweimal in der woche und hieß zachhuber und die brotrinde war ein braunes gedicht, jedoch antifaschistisch. seither neige ich zu übertreibungen. z. bsp.: »ich bin beliebt.«

nachdem einige bomben vieles zerstört hatten, waren die leute ganz geil aufs häuslbauen, doch verschwanden dadurch viele weizenfelder in der nächsten umgebung. die bäche wurden geradlinig instruiert. auch manche tierarten wurden seltener, fällt mir erst jetzt ein.

im kino am grünmarkt wurden erstmals filme gespielt, die die jugendlichen von den erwachsenen trennten. oswald kolle erinnerte an witwe bolte, und wir durften nicht rein. sogar die fälschung des schülerausweises wurde pflichtig bemerkt, und ingmar bergmans film »unter dem pyjama regt sich widerstand« war unerreichbar. goldfinger wurde zum ersten hinweis. verdeckte sexualität war nur in katholischen bildungshäusern möglich. die phantasie blühte.

sonntags trug/schleppte ich hunderte kilos von bananen von der berggasse in die wegererstraße, am samstag hatte ich lachsschinken mit semmeln und fanta. es gab hitparaden und keinen fernseher. in mir einsam wurde ich mitglied der ksj, des mkv, gaullist, trotzkist, gedanklich rotarmist schließlich. gänzlich allein hüpfend, fliegend, politisch verstreut, eine unmöglichkeit begann sich abzuzeichnen. ich begriff, daß hier mein platz nicht ist und der pelz des bären in frage gestellt wird und in einer schier unglaublichen welt es verschiedene farben gibt.

als die sonne am höchsten stand, weinte ich: »haben sie eine karte«, fragte der platzanweiser. »nein, ich bin nur hier«, sagte ich.

p.s.:
der urgroßvater hat immer das gewehr erfunden und onkel otto hatte einen »privaten« pfleger in niedernhart und war traurig ob seines privilegienverlustes auf grund der geldentwertung. er stand/saß/lag plötzlich im großen saal. jahre später verstarb tante mizzi aus wien samt ihrem pinscher mit roter fellmasche durch einen gasunfall.

Josef Mostbauer

Zwischen Brücken

Wie jeden Morgen um dreiviertel acht dockte das gelbe Linien-Unterseeboot der Post auf dem Wieserfeldplatz an und spuckte Johnny Winter samt seinem engsten Freund Jimi Bauer auf den Asphalt. Die hydraulischen Falttüren des U-Boots öffneten sich zischend, die Mädchen der 8B standen mit kokettem Augenaufschlag auf dem Gehsteig. Sie hatten extra kurze Röcke angezogen, ihre Lippen waren grellrot geschminkt, ihre Blusen spannten sich unter den prallen Brüsten, sehnsuchtsvoll warteten sie mit Blumensträußen in den Händen auf Johnny und Jimi. Die beiden würden alles von ihnen bekommen, wirklich alles.

Stell dir das einmal vor, sagte Jimi, wenn es so wäre wie im Film – der ganze Wieserfeldplatz voll mit Weibern, die nur darauf warten, dass wir auf sie zugehen und eine nach der anderen abschmusen. Wir aber drehen uns kalt lächelnd um und sagen: Nein, danke, Ladies, mit uns nicht und schon gar nicht in der Früh, wo doch eh noch alles nach Malzkaffee und Zahnpasta schmeckt. Seien wir froh, dass es nicht so ist. Schau sie dir an – allein schon die Schultaschen nehmen ihnen jeden Hauch von Erotik.

Die paar Mädchen der 8B, die dem U-Boot, das wie ein Postautobus aussah, entstiegen waren, blickten tatsächlich ganz und gar nicht nach ihnen, und sie sahen ganz und gar nicht aus wie Julie Driscolls sexy Wuschelkopf auf der LP Season of a Witch.

Johnny Winter sagte nichts, schaute auf den Boden, wo die butterweiche Kunststoffsohle seines ausgelatschten Wildlederschuhs Marke Clarks an einem Kaugummi klebte. Ein elender Tag, dachte er. Nichts ist so, wie ich es mir wünsche, ich bin ein Wrack, was ist nur los mit mir, ich klebe fest wie dieser Kaugummi, unsäglich zäh, ach Ina, sind diese grauen Tage, seit du nicht mehr da bist, die Bibel hilft mir nicht, kein Gebet bringt mich weiter, stattdessen Jumpin' Jack Flash und Sympathy for the Devil – mein langsamer Untergang, was für ein erbärmliches Leben. Und jetzt in die Schule – wozu?

Willst eine Dreier?

Jimi war vor kurzem auf die proletarische Sorte umgestiegen. Waren die billigsten Glimmstängel, diese flach gedrückten kurzen Dinger, locker gestopft, bei denen man, wenn man sie rauchte, nach jedem Zug spucken musste. Jimi wusste immer, was gerade im Trend war (oder setzte er die Trends?) – gestern noch die John Players Special Navy Cut ohne Filter, von denen du schon nach der dritten Zigarette gelbe Finger hast, von den unsichtbar verklebten Bronchien gar nicht zu reden. Dann die Chesterfield, die schmeckten, als sei der Tabak auf südfranzösischen Lavendelfeldern gepflanzt worden.

Jimi klemmte sich die Dreier zwischen die Lippen, während er nach den Zündern fischte. Auch Bob Dylan hätte wahrscheinlich Dreier geraucht, wenn er in Steyr geboren wäre. Auf jeden Fall aber Charles. Der große Künstler Charles.

Jimi hatte sich also eine Dreier angesteckt. Sie klebte in seinem rechten Mundwinkel, wo sie vor sich hinqualmte, eine Kunstfertigkeit, die Johnny Winter nie zustande brachte, ohne dass ihm der beißende Rauch in die Augen stieg.

Johnny schaute auf seine Uhr. Es war fünf vor acht. Von der Gleinkergasse waren es nur ein paar Minuten bis zur Michaelerschule. Sie würden pünktlich da sein, wenn sie jetzt einen raschen Gang einlegten. Aber dann kamen sie zum Plattenladen. Wieder einmal war die Versuchung zu groß. Die neue LP von John Mayall lehnte in der Auslage. Room to Move. John Mayall and the Bluesbreakers. Schuld war die Mundharmonika, die atemlos fetzende Mundharmonika von Room to move. Andererseits war es ja auch das Beste, was sie tun konnten, um zwei Stunden Darstellender Geometrie zu entkommen. Der junge ehrgeizige Lehrer in seinem weißen Arbeitsmantel mit der leicht zirpenden Stimme. Immer noch glaubte er Johnny auf die Sprünge helfen zu müssen – eine vergebliche Mühe. John Mayall, das war die Geometrie, auf die es an diesem Morgen ankam, auf die es im Leben eigentlich ankam: Room to move, das Denken in drei Dimensionen. Dieses Lied, das einen beim Zuhören kurzatmig werden ließ, Mayall, der weiße Magier des Blues, an den auch Johnny und Edgar Winter nicht heranreichten, wie er mit seiner Mundharmonika hechelte, keuchte, kurz vor dem Kollaps, der dann doch nicht erfolgte – stattdessen die Auflösung im grandiosen Finale.

Da schau her, rief Jimi und hielt eine LP hoch, die er aus einem Stapel gezogen hatte, Johnny Winter Live, ein Album von dir.

Da war er, der Albino mit den langen weißblonden Strähnen, und blickte ihm, dem braun gelockten Johnny Winter von Steyr, direkt ins Gesicht.

Hör dir das an, schau dir das an, hör zu, dieses Schlagzeugsolo, der Bass, die Leadgitarre, der Bläsersatz.

Jimis glänzendes Gesicht, eingeklemmt zwischen den Kopfhörern, dabei ein fetziges Gitarrensolo von Eric Clapton zwischen den Zähnen pfeifend. Jimi konnte das wie kein anderer: die Zunge zurückschieben, Spitze leicht an den Gaumen legen, den Mund halb offen, ein Grinsen aufgesetzt und dabei den Luftstrom zwischen den oberen Schneidezähnen zum Vibrieren gebracht. Diese Kunst des Pfeifens war nicht schwer zu erlernen, bald schon konnte jeder, der sie einmal begriffen hatte, einfache Melodien zwitschern. Was aber Jimi hervorbrachte, war mehr als das, war Musik in höchstem Grade – da klangen sogar die polytonen Bläsersätze von Chicago oder Blood, Sweat and Tears noch annähernd wie das Original.

Spätestens jetzt, als der DG-Professor geschniegelt und gestriegelt ein paar hundert Meter stadteinwärts die Klasse betrat, war es um sie geschehen. Johnny und Jimi, hinabgestiegen in das schwarze Reich des Vinyls, das sich drehte, aus dessen Spiralen eine neue Welt heraufdämmerte, Manfred Mann und Ginger Baker und Stevie Winwood und Janis Joplin und Frank Zappa und King Crimson und Ian Anderson mit seiner Querflöte, das Bourrée von Bach, auf einem Bein stehend, das andere angewinkelt, den rechten Fuß auf den linken Oberschenkel gestützt, im mittelalterlichen Gemäuer eines Hauses in der Gleinkergasse. Erforscher, Entdecker, Eroberer waren sie hier, im Pult steckten die Kopfhörer, einer für das linke, einer für das rechte Ohr, du fasst sie, ziehst sie heraus, hältst sie dir an den Kopf und versinkst in der Musik. Der Ladenbesitzer wusste, dass die beiden kein Geld hatten, dass sie niemals eine Platte kaufen würden, selbst wenn sie Geld gehabt hätten, denn sie hatten beide zuhause nur einen alten Monoplattenspieler mit einer kratzenden Nadel, die armen Schlucker, seine Stammkunden, wie er sie gerne begrüßte, denen er, sah er sie das Geschäft betreten, ihrer Neugier zuvorkommend, die neuesten Scheiben hervorkramte.

Kennt ihr die schon? Der Mann streckte ihnen ein Cover entgegen. Es zeigte ein paar nackte Frauen. Sie schüttelten die Köpfe. Jimi, die LP solltest du aber kennen – Jimi Hendrix, Voodoo Chile ist ein sensationelles Album, in einigen Ländern sogar verboten, wegen des Fotos. Oder das? Blind Faith, eine neue Formation mit Eric Clapton, Stevie Winwood, Ginger Baker und Rick Grech? Auf dem Plattencover blickte ihnen ein halbwüchsiges Mädchen entgegen, unbekleidet, mit keimenden Brüsten, das das Modell eines Düsenjets wie einen Phallus in den Händen hielt. Was war das? Die Unschuld? Blind Faith, der blinde Glaube – woran? In der nach ihm benannten Kirche neben der Schule stand der Erzengel Michael riesenhaft über dem Altar, der Engel Gottes in martialischer Rüstung, wie er auf die Verlorenen und Verdammten dieser Erde unter ihm trat, der Engel Gottes, strahlend vom barocken Künstler ins Licht getaucht, unter seinen Füßen sich windend wie Gewürm die nackten und halb nackten verderbten Menschenleiber. Blind Faith hieß also das Album, auf dem ein Unschuldsengel auf einer Wiese ein Flugzeug in Händen hielt. Presence of the Lord war von Eric Clapton und Sea of Joy von Stevie Winwood. Eine Frohbotschaft nach der anderen.

Ein Skandal! »Wichse mit Soda!« Eine Ungeheuerlichkeit, eine Sauerei, so was sagen die im Theater, auf der Bühne, vor Jugendlichen, vor ehrbaren Bürgern, moderne Kunst, die alles in den Dreck zieht, von vier Besoffenen auf der Bühne wird die Ehe heruntergemacht,

jede Moral verkommt hier – was für Zeiten! Und das Landestheater gibt sich dafür her! Wer hat Angst vor Virginia Woolf? Ein unsinniger Titel für ein unsinniges Stück von einem unsensiblen Autor, amerikanische Dekadenz, die uns hier in Europa gestohlen bleiben kann!
Unter den buschigen Brauen, die die waagrechten Stirnfalten unterstrichen, kam dies aus dem berufenen Mund des Deutschprofessors, der sich gleich darauf wieder der Frühromantik zuwandte.

Abwärts wend ich mich
Zu der heiligen unaussprechlichen
Geheimnißvollen Nacht –
Fernab liegt die Welt
Wie versenkt in eine tiefe Gruft
Wie wüst und einsam
Ihre Stelle!
Tiefe Wehmuth
Wehrt in den Sayten der Brust
Fernen der Erinnerung
Wünsche der Jugend
Der Kindheit Träume
Des ganzen langen Lebens
Kurze Freuden
Und vergebliche Hoffnungen
Kommen in grauen Kleidern
Wie Abendnebel
Nach der Sonne,
Untergang.

Novalis, der mit neunundzwanzig Jahren schon das Leben sich versagte, verlobt mit der zwölfjährigen Sophie, die dann mit vierzehn starb, ins Grab sei er ihr nachgeeifert, heißt es, sagt der Deutschprofessor.
　Winter, du hast eine Frage.
　Ja, die hat Johnny. Ob der Friedrich von Hardenberg alias Novalis nicht wegen Kindesmissbrauchs vor Gericht gestellt worden sei.

Typisch, Winter, eure Generation, eure Phantasie, was habt ihr bloß in euren Hirnen, Sex, das ist alles, was ihr denken könnt. Ihr könnt euch ja nicht vorstellen, dass ein Mann eine Frau liebt, ohne gleich an das eine zu denken. Und der Deutschprofessor schreibt ihm mit hochrotem Gesicht ein dickes Minus ein.
Johnnys Eltern hatten ihm zum sechzehnten Geburtstag eine Mitgliedschaft bei der Buchgemeinschaft Donauland geschenkt. Seither bekam er regelmäßig den Katalog zugesandt, aus dem er dann viermal im Jahr bestellte, was ihm die Buchgemeinschaft anpries – einen Gedichtband von Eugen Roth, eine Anthologie mit Horrorgeschichten, Grillparzers Werke in drei Bänden, Goethes Werke in sechs Bänden, die allein schon neun Monate verbrauchten, weil ihm zwei Bände pro Quartal für sein geringes Taschengeld gerade noch erschwinglich schienen. In jenen Wochen, in denen sie im Literaturunterricht die Romantiker behandelten, der Professor sagte »behandeln«, die meisten in der Klasse sagten »durchmachen«, wir machen die Romantiker durch, in jenen Wochen also, als sie die Romantiker wie Insekten in drei Gattungen unterteilten, in die Frühromantiker, in die Hochromantiker (auch Jüngere Romantiker genannt) und in die Spätromantiker, als sie aus den Insektengattungen wiederum Untergattungen (Der Heidelberger Kreis, Der Jenaer Kreis), weiters Arten (Joseph von Eichendorff, Clemens Brentano, Adelbert von Chamisso) und nicht näher klassifizierbare Sonderarten (Heinrich von Kleist) ableiteten und der Professor sich im Unterricht dazu verstieg, Novalis zu »behandeln«, ihn also für die Schüler »durchzumachen«, dabei wortwörtlich aus den »Hymnen an die Nacht« zitierend, gerade zu diesem Zeitpunkt, als Jimi und Black, der sonst als Streber bekannte Black, ihre statistischen Aufzeichnungen über die stündliche Frequenz an hinauf und hinunter gehenden Frauen auf der Taborstiege gegenüber fortsetzten, blätterte Johnny unter der Bank im neuen Katalog der Buchgemeinschaft Donauland und stieß dabei auf das Angebot einer einbändigen Dünndruckausgabe der Schriften von Novalis, die er alsbald bestellte. Die »Hymnen an die Nacht« hatten es ihm besonders angetan, er las die Prosafassung, dann die Versfassung, dann wieder die

Prosafassung, er las die Gedichte, den »Heinrich von Ofterdingen«, der ihn aber enttäuschte, also las er nochmals die Hymnen, neben sich das aufgeschlagene Literaturbuch mit dem Porträt des jung verstorbenen Dichters, des »Ewigen Jünglings« – dieses Kindergesicht mit dem langen wallenden Haar und den großen ausdrucksstarken Augen und dem weiblich weichen Mund eines Jim Morrison von den Doors, die er jetzt zuhause viel hörte.

Riders on the storm
Light my fire
People are strange
The Crystal Ship
Moonlight Drive.
Köstlicher Balsam
Träuft aus deiner Hand
Aus dem Bündel Mohn
In süßer Trunkenheit
Entfaltest du die schweren Flügel des Gemüths.

Am Nachmittag trafen sie sich zur musikalischen Andacht bei Jack: Jimi, Johnny, Charles, Wolf.

Wolf war Geiger. Zusammen mit Jimi an der Gitarre spielte er in einer Band, elektrisch verstärkte Geige, so etwas gab's bisher nur bei der ziemlich unbekannten englischen Band The Flock. Sie nannten sich »Die Insel« und hatten bisher noch keinen öffentlichen Auftritt gehabt. Sie mussten noch besser werden, noch exakter, noch virtuoser. Wolf war besessen von dem Gedanken, eines Tages die zwölf Capriccios von Nicolò Paganini zu beherrschen. Er wusste aber, das würde lange dauern. Paganini war sein Gott, der saß im Himmel, und Wolf war ein kümmerlicher Erdenwurm.

Jack hatte eine Stereoanlage. Eine richtige Anlage mit Verstärker und großen wummernden Boxen und so. Sein Vater hatte etwas Geld. War ein hohes Tier in den Steyrer Werken. Jack zeigte ihnen seine neueste Scheibe. Das Zimmer war mit schweren Vorhängen abgedunkelt, eine Kerze brannte auf einem niedrigen Tisch, über den ein violettes Batiktuch gebreitet war.

Darauf stand eine kleine Blumenvase mit engem Hals, in der ein Räucherstäbchen steckte, das seinen süßlichen Geruch im Zimmer verbreitete.

Schwarzes Vinyl, hatte Jack einmal bei einem ihrer Treffen gesagt, lässt sich am besten im Dunklen verwenden, für gute Musik darfst du dich nicht von Äußerlichkeiten ablenken lassen, ich meine echtes Vinyl, nicht Peter Alexander oder Elvis Presley, diese Fett ansetzenden Stinker.

Auch nicht die Hollies mit ihrem klebrig süßen Sound, hatte Johnny erwidert.

Eh klar, und nicht die Beach Boys, Tom Jones oder die Monkees.

Auf dem Cover der neuen Platte war eine schwarzweiß gefleckte Kuh auf einer Wiese zu sehen. Sie füllte fast das gesamte Bild aus. Niemand außer Charles, der bedächtig nickte, hatte von der LP bisher gehört. Pink Floyd – was für ein Name! Atomheart Mother – was für ein Titel! Die Kuh – was für ein Bild für diese Musik! Und überhaupt – was für eine Musik!

Jack hatte eine Flasche Johnny Walker hingestellt. Der Whisky leuchtete golden aus den dicken Gläsern. Zigarettenrauch stand in der Luft.

Jetzt setzte Charles zu einem kleinen Vortrag an. Johnny Winter beneidete ihn um seinen Namen: Charles. Das hatte was Französisches, was aristokratisch Dekadentes an sich, das klang nach Plüsch, nach Seide, nach Absinth. Auch wenn er in Wirklichkeit Karl Kaltenegger hieß – mit seinem pockennarbigen schmächtigen Gesicht, seiner fast lispelnden Stimme, mit seiner zerbrechlich wirkenden Gestalt war er ganz Künstler. Er war mit seinen Eltern in Australien gewesen. Er trank Earl Grey Tea. Niemand von seinen Freunden hatte Earl Grey Tea gekannt. Er kiffte. Und wenn er nicht kiffte, rauchte er. Dreier eben. Die billigsten Zigaretten, die man bekam. Aber bei ihm sah es aus, als würde er sündteuren exotischen Tabak inhalieren. Charles war ein Schnorrer, ein Bohemien, ein Genie.

Diese Musik musst du zelebrieren, sagte er, da tauchst du weg, gegen diesen Sound sind die psychedelischen Spielchen der Beatles mit ihrer Magical Mystery Tour ein rührend lächerliches Anfängergetue. Alles kriegt hier einen Ernst, eine Tiefe, eine traumwandlerische Klarheit, gerade im verschwimmenden Klang, das ist neue Musik, der Synthesizer wird hier zur Revolution. Spielt das eurem Musikprofessor vor, statt einer einschläfernden Bachkantate, wär mal eine Abwechslung.

Klingt ja fast so, als ob die Welt genau auf diese Musik hätte warten müssen, damit sie sich verändern kann.

Wolf, an seinem Glas nippend, sagte das.

Du bist ein alter Raunzer, konterte Charles. Ob du's jetzt glaubst oder nicht, lieber Paganini, wir können die Welt verändern, indem wir ihr eine neue Kultur bringen – eine neue Musik, eine neue Kunst, eine neue Literatur, eine neue Architektur. Sieh dir doch an, was in den USA läuft: Blumen in die Gewehrläufe, make love not war, we shall overcome, Woodstock, so bauen wir die neue Welt, wir, verstehst du, und Musik wie die von Pink Floyd ist der Baustein dazu.

Amen. Wolf schüttelte heftig den Kopf. Sei doch einmal Realist, Charles, du kannst schließlich auch als Künstler nicht von Träumen leben. Was ist mit den gestorbenen Hoffnungen – Martin Luther King, Robert Kennedy, Janis Joplin? Blumen in Gewehrläufe, hier in Steyr, in diesem beschissenen Nest mit seiner beschissenen Waffenexportfabrik, geh doch hier einmal zu einem Polizisten und sag zu ihm: Ich liebe dich. Weißt du, was dann passiert? Weißt du es?

Charles ließ nicht locker. So wie wir hier zusammenhocken, Wolf, einen guten warmen Whisky im Hirn, mit Blick auf Zwischenbrücken und die Altstadt und die Ennsleite – denkst du, das ist schon das Ende der Weisheit? Glaubst du, wir werden uns einfügen in diese Sattheit, diese Genormtheit, diesen pseudomodernen Fortschrittsglauben? Nein, das kann es doch nicht gewesen sein. Hör auf diese Musik, hör genau hin, achte darauf, wohin sie dich trägt. Ist es danach noch immer dieselbe versteinerte, verknöcherte Kleinstadt, oder bist du mit Pink Floyd nicht in einer neuen Welt angekommen? Überall auf der Welt hören junge Leute jetzt dieselben Klänge. Lies Hermann Hesse, lies den »Steppenwolf« – die Welt ist ein magisches Theater, es verwandelt dich, aber gleichzeitig verwandelst auch du die Welt, jetzt gerade, indem du Pink Floyd hörst. Darin liegt unsere große Chance.

Die Atomheart Mother Suite drehte sich auf dem Plattenteller. Jack lümmelte schlaff in seinem Fauteuil. Johnny begann in der Musik zu versinken. Der Whisky half ihm dabei. Insgeheim begann er ein Gespräch mit der Kuh zu führen.

Jimi stöberte im Plattenstapel, schaltete sich in die Debatte ein. Erzähl das einmal einer Mutter in Vietnam, deren Kind in einer Napalmstichflamme verbrannt ist, sag das einer sterbenden Frau in Biafra oder auch nur einem sardischen Schafhirten oder einem Kolchosbauern irgendwo in der Sowjetunion. Komm runter, Charles, so veränderst du die Welt nicht. Was wir brauchen, ist eine politische Kunst, eine politische Literatur, eine politische Musik, mehr Joan Baez, mehr Bob Dylan. Leute, die umrühren im Sumpf, Leute, die den Spießern die Zähne zeigen.

Johnny Winter, angenehm durchwärmt vom Whisky, war nun ganz auf die Kuh konzentriert, die ihm ihr schwarzweiß geflecktes Hinterteil entgegenreckte und aus dem Bildhintergrund den Kopf nach ihm drehte. Sie schaute ihn mit ihren großen braunen Augen an. Johnny, sagte sie, lass es gut sein, deine Freunde wissen es nicht besser, aber du und ich, wir zwei gehören zur Großen Atomheart Mother, komm her zu mir auf die Wiese und schau sie dir an, wie sie in der noblen Wohnung von Jack Rubys Eltern hocken und sich die Fingerkuppen gelb rauchen. Zieh die Schuhe aus, die Socken, du musst barfuß kommen, das Gras spüren zwischen deinen Zehen. Jetzt schau dich auf der Wiese um, da drüben siehst du Friedrich Nietzsche, wie er seinen Riesenschnauzbart bürstet, und dort Karl Marx mit Rudi Dutschke, und das kleine Bürschchen weiter hinten ist Che, er muss grad dringend pinkeln, aber er darf nicht, er hat keine Zeit, zuerst muss er doch die Revolution nach Bolivien bringen.

Johnny musste lachen – das Gras kitzelte ihn, und Nietzsche starrte ihn unentwegt mit wilden Augen an, während er an seiner Oberlippe zupfte und ganze Haarbüschel ausrupfte, der Schnauzer sich immer mehr lichtete, bis er sich in das ausgedünnte borstige Bärtchen von Charles verwandelt hatte, Charles war jetzt Nietzsche, und Rudi Dutschke raufte sein glattes schwarzes Haar, bis es aussah wie die Frisur von Jimi Wuschelkopf Hendrix, und Che Guevara griff nach einem Braun Sixtant, rasierte sich seinen Bart ab und tauschte das Gewehr gegen eine Geige, da war er, der große Virtuose Wolf Paganini, und aus großen, schweren, schwarzen Boxen der Stereoanlage flossen Milch und Honig und Whisky in Strömen. Und Johnny lachte, lachte, lachte zur Großen Atomheart Mother Suite und drehte sich, drehte sich auf der grünen Wiese mitten im Zimmer von Jack, der eigentlich Manfred hieß. Und das schwarze schwarze Vinyl drehte sich, drehte sich.

The sound of music in my ears
Distant bells, new mown grass
Smells so sweet
When the fat old sun in the sky is falling.

Und plötzlich ist Johnny ganz woanders. Ein Bild taucht vor ihm auf: Ein Soldat auf einer Wiese, der, mit dem Rücken zum Fotografen, auf eine Kirche zugeht. Im Hintergrund schneebedeckte Hügel, von der Abendsonne beschienen, über ihnen tief hängende Haufenwolken.

Ein Infanterist, ich sag's dir, ein Infanterist macht die Drecksarbeit im Krieg. Auf die Infanterie kommt's an im Krieg, bei der Infanterie wird dir nichts geschenkt.

Die Stimme des Vaters. Die kleinen Schwarzweißfotos des Vaters. Johnny hatte sie erst vor ein paar Tagen in sein Zimmer geholt und war mit der Lupe in die Weiten Russlands vorgedrungen.

Nein, Vater, nicht jetzt, nicht hier in dieser kerzenhellen Atomheartmotherzeit, wo sich gerade im Flackern der Flamme, im Moschusduft des Räucherstäbchens, im Nebel von Johnny Walker ein neues Zeitalter ankündigt. Schemenhaft noch. Märchenhaft. Eine Frohbotschaft, die noch entziffert werden will.

Das Licht traf Johnny wie eine Peitsche. Der grelle Nachmittag blendete ihn. Kühle schneidende Novemberluft, die feuchte Kälte der beiden Flüsse drang ins Zimmer. Die spitzen Schreie der Möwen schreckten sie aus ihrer Versunkenheit.

Jacks Mutter war ins Zimmer getreten, hatte wortlos mit einem Ruck die Vorhänge zur Seite geschoben, das Fenster aufgerissen, einen Teller mit Kuchen auf den Tisch gestellt, Jack das Kuchenmesser in die Hand gedrückt. So rasch, wie sie gekommen war, hatte sie das Zimmer wieder verlassen.

Meine Mutter, sagte Jack und zuckte mit den Achseln. Tut mir Leid.

Atomheart Mother, sagte Wolf lachend und biss herzhaft in ein Stück Kuchen.

Es sind doch alle Mütter gleich, sagte Jimi.

Was willst machen, sagte Johnny Winter.

Der Kuchen ist gut, sagte Charles.

Das gelbe Unterseeboot der Post verschluckte Johnny. Der Nachmittag bei Jack hatte ihn müde gemacht, er beschloss, während der Heimfahrt ein wenig zu dösen. Wieder tauchte ein Bild hinter seinen geschlossenen Augen auf. Ein Schwarzweißfoto.

Vier Soldaten im Fenster eines Waggons. Die zwei vorderen haben ihren linken Arm auf das Fenster gestützt. Die Hakenkreuzbinden sind deutlich zu erkennen. Die Sonne scheint ihnen ins Gesicht. Sie lachen. Sie sind jung. Sie sind fröhlich. Wohin schauen sie? Was sehen sie, das sie so sehr erheitert? Welchen Grund haben sie, fröhlich zu sein?

Bei der Haltestelle Zigeunerberg stieg wieder das pummelige Mädchen mit dem runden Gesicht, dem kurzen Rock und der roten Mütze ein und setzte sich wortlos neben ihn. Aus den Augenwinkeln sah er ihren vollen Mund, die Wölbung der roten Lippen. Auf der kurzen Fahrt bis Sierning musste er sich beherrschen, um ihr nicht auf die bloßen drallen Schenkel zu greifen. Zwischen seinen Beinen die Begierde, wie sie anschwoll. Er schlug ein Knie über das andere. Es half wenig. Jetzt im Spätherbst hatte er eine lange Jacke an. Da ließ sich viel kaschieren. Sie setzte sich oft neben ihn. Sie sprachen nie etwas miteinander. Sie wussten nichts voneinander. Gemeinsam schwiegen sie, jeder das Geschlecht vor dem anderen hütend. In Sierninghofen stieg ein Betrunkener ein. Für kurze Zeit vergaß Johnny das Mädchen neben sich.

Über der Brauerei Jägerbräu kreisten ein paar Krähen.

Er glaubte, ihr Kreischen zu hören.

Walter Famler

Doktor Y

Notizen zu Feindschaft und Klassenhass

Radio Oberösterreich war in den siebziger Jahren des vorigen Jahrhunderts mein liebster Feindsender. Seine Frontlinie lief durch die Küchen der Siedlungshäuser, an denen noch eifrig gebaut wurde. Sie standen an der Peripherie des Kurortes, auf Bauparzellen von jeweils 800 Quadratmetern, auf denen Arbeiter und Angestellte nach amtlicher Planvorschrift mit Nachbarschaftshilfe und Sparkassenkredit ihren Traum vom Eigenheim realisierten.

Aus den Rohbauküchen dröhnte Heintje, Heino, Rebroff und Freddys »brennend heißer Wüstensand«. In der bleiernen Zeit meiner Vorpubertät habe ich, über Hausübungshefte gebeugt, viele Wunschkonzerte, aber nichts von der Auflösung der Beatles mitbekommen. Weil meine sehr junge Mutter auf ihrem Kofferplattenspieler Elvis spielte und mein Vater neben Innviertler Gstanzln auch Johnny Cash akzeptierte, war ich jedoch vom Partisanenvirus bereits infiziert. Und als mir 1972, kurz vor meinem vierzehnten Geburtstag, *Sgt. Pepper* und *Abbey Road* gleichzeitig in die Hände fielen, bin ich endgültig ins andere Lager abgedriftet.

Im Frühsommer 1968 musste mich mein Vater aufgrund eines konspirativen Paktes von Volksschullehrerin, Großmutter und Mutter zur Aufnahmsprüfung ins Steyrer Gymnasium bringen. Wir fuhren im ersten Familienauto, einem froschgrünen Ford Anglia, früh los. Der Vater sagte zwanzig Kilometer lang kein Wort, und mir war ziemlich flau im Magen.

Zwischen acht und zwölf Uhr waren schriftliche Prüfungen abzulegen, drei Klassenzimmer waren mit mehr als hundertsechzig

Prüflingen belegt. Eine Truppe finster blickender Aufsichtsprofessoren verwies jeden des Raumes, der auch nur den Verdacht erweckte, abschreiben zu wollen.

Am Nachmittag, zur mündlichen Prüfung, erschien ich etwas beschwippst. Mein Vater hatte mir, nachdem ich das mittägliche Schnitzel ausgekotzt hatte, ein Fläschchen Underberg mit der Aufforderung, es »auf einen Sitz« auszutrinken, verordnet. Eloquent beantwortete ich daraufhin alle Grammatikfragen des strengen Lateiners Dr. Y, der mir schließlich ein »Sehr gut« bescheinigen musste und in Aussicht stellte, dass ich ab Herbst die Anstalt besuchen dürfe, obwohl die schriftliche Leistung im Ergebnis »nicht gerade erbaulich« gewesen sei. Allerdings müsse mir bewusst sein, dass solche wie ich »eigentlich nicht in unsere Schule gehören«.

Die ersten zwei Jahre im Gymnasium verliefen mehr recht als schlecht, das Zeugnis reichte zum Aufsteigen. Im desolaten Gebäude gab es noch drei Unterrichtsräume – Physik-, Chemie- und Zeichensaal – mit Bänken aus der Zeit, als Adolf Hitler ein Jahr lang Schüler der Anstalt am Michaelerplatz gewesen war. Einige Professoren, ob mit oder ohne Nazivergangenheit, konnten es sich nicht verkneifen, darauf hinzuweisen, wer von uns auf »des Führers Platz« sitzen würde, und gaben zu verstehen, dass man sich solcher Ehre bewusst sein und entsprechend benehmen müsse. Und im Turnunterricht hetzte uns ein ehemaliger Wehrmachtsmajor mit der Devise »Zäh wie Leder, flink wie Windhunde, hart wie Kruppstahl« über die Geräte.

In der dritten Klasse bekam mich Dr. Y unter seine Lateinfittiche, aber ich blieb vorerst relativ ungeschoren. Erst in der vierten kam es zum Eklat. Ich sah nicht ein, warum ich die Vokabel aus dem Liber Latinus Lektion für Lektion abschreiben sollte, und ergänzte einfach die lateinischen Ziffern: von X auf XI und XII. Als das nach Kapitel XIII aufflog, nannte Dr. Y mich einen kriminellen Lügner und schickte mich in die Ecke. Ich kam dem Befehl zwar nach, lehnte mich allerdings grinsend und mit verschränkten Armen an die Wand. Dem darauf folgenden Wutanfall des Dr. Y wich ich aus, indem ich unter Johlen und Beifall eines Teils der Mitschüler aus der Klasse schlurfte und die Tür hinter mir knallend ins Schloss warf. Die Vierte absolvierte ich danach gerade noch mit Genügend, in der Fünften allerdings stand ich bei Dr. Y auf verlorenem Posten.

Fünfundzwanzig Jahre später würdigte die lokale Presse das langjährige Engagement des inzwischen längst pensionierten Dr. Y im Rahmen der Aktion »Der gute Film«. Meine Mutter, der eine gewisse Neigung zum Aktivismus eigen ist, schrieb daraufhin folgenden Brief:

Sehr geehrter Herr Dr. Y!
Habe den Artikel in der Steyrer Rundschau und den Artikel in den Nachrichten über Sie gelesen. Es freut mich sehr, daß es Ihnen so gut geht und Sie endlich die richtige Berufung in Ihrem Leben gefunden haben. Als Professor in den Steyrer Gymnasien hatten Sie ja nicht den richtigen Platz. Sie haben nur Akademikerkinder und Kinder reicher Leute gefördert, Arbeiterkinder und Mittelstand boykottiert. Meinen Sohn hatten Sie von der dritten Klasse an in Latein, in der fünften Klasse hatte er eine Nachprüfung und Sie ließen ihn durchfallen. Ich kann mich noch sehr gut erinnern, wie abfällig Sie auch mich bei einem Elternsprechtag behandelt haben. Aus meinem Sohn würde nichts werden, ich solle ihn aus der Schule nehmen, ich muß froh sein, wenn er eine Lehre schafft.
Es war mir ein Anliegen, Ihnen zu schreiben. Ich wünsche Ihnen weiterhin alles Gute, und leben Sie wohl von Ihrer Pension, die auch Arbeiter- und Angestelltenkinder mit ihren Steuern finanzieren!
Hochachtungsvoll
Ingrid Famler

Dr. Ys Antwortschreiben kam postwendend:

30. 9. 1996
Sehr geehrte Frau Famler!
Danke für den Brief, der dokumentiert, daß es noch immer Klassenhaß gibt.
Zu Ihrer Information die Schularbeitennoten von Walter Famler, 1972/73, 5. D-Klasse:

5 mit 14 Fehlern, 2. Schularbeit gefehlt, 5 mit 16 Fehlern, 5 mit 10 Fehlern, 5 mit 11 Fehlern, 5 mit 9 Fehlern.
Gleich dahinter Feilhauer: 1, 1, 1, 3, 3. Vater Angestellter im Wälzlagerwerk, kein reicher Akademiker. Nur zum Beispiel.
Viele Grüße Ihrer Familie
Dr. X. Y.

Im Juli 2003 wurde im Rahmen des Festivals der Regionen im restaurierten Vierkanter der Hofbühne Tegernbach die *Wespennest*-Ausgabe zum Thema Feindschaft präsentiert. Was mir denn an diesem *locus amoenus* zu Feindschaft einfalle, fragte mich ein Redakteur des ORF. Schon am Sonntag davor war ich beim früheren Feindsender zu Gast gewesen. Die Sendung *Linzer Torte*, berichtet meine Mutter, sei ein großer Erfolg gewesen. Viele Anrufe habe sie bekommen, und sehr oft würde man sie im Ort auf die *Linzer Torte* ansprechen. Auf die manchmal etwas *gfeanzten* Fragen des Sendungsgestalters hatte ich ebenso hinterfotzig geantwortet, über die Jahre im Steyrer Gymnasium kein Wort verloren, mit Kritik war ich sehr zurückhaltend gewesen. Wenn ich daran denke, dass ich über die Wellenlänge von Radio Oberösterreich nach dreißig Jahren in die Küchen meines Heimatortes zurückgekehrt bin, beschleicht mich ein flaues Gefühl, ähnlich dem, das ich verspürt hatte, als ich mit meinem Vater zur Aufnahmsprüfung nach Steyr gefahren war.

Fritz Grohs

in meine heimat tädtchen

der he uti ge tag begann überfallsartig,plötzlich waren w ei kinder im raum,ic bi n noch nicht ei nmal richtig wach,da türmen diese w ei berserker chon rein in zimmer und reißen mir den schlaf ad vo m körper, v rkriechen ich drnt r,mac n höllenlärm,und da i t kein platz für traumerinne rung und kontemplation,denn ich bin mztten im Tag uund na ch kurzer gymna zikmnac kurzen übungen bin ich sc on in der kpche, ve rgeß ogar auf die dusche,trink meine morgentee,und kurze zeit darauf bin ich hon in der c feteria de taborland,wo barbara e nkäufe für wochenende tätiigen will.und ih bring ie mit dem auto hinauf und verzieh mich mit den kin ern in die cafeteria und nehm ein früh tück zu mir.ein verlängerter,ein topfenspitz. o,mal sehen,wie weit ich diesmal komm.ich itze hier am kinder pielplatz de chloßpark,moritz turnt auf der rutsch herun,und i h fre ie kirsche und milchzuckerln und es wird bald zu regnen beginnen,nun nach einigen chwülen,texabni ch heiße tagen,scheint es ich nun zu entladen,es i t freitag, der 13.juli,und wir haben vollmond,und zweifel ohne werd ich heut aben wieder mein glück im ca ino linz versuchen.ap ropo ca ino, nachzutragen hab ich,daß das lokal,da wir vor dem casino be uchten,ich erwähnte e ,die männer mit chnurrbärten,die fra uen,allerdings ne g ich bald un o etwa derart ha ndelt,ich vergaß zu erwähnen,daß-foto an der wand -musik von den bee gee ,und jetzt und wann und wa ,und hoffentlich bring i h nihts durchei nander,es i t alles o durcheinander,ich weiß nie wann wa pa iertni t.da letzte,woran ich mi h er nne n kann i t da s früh- tück,im taborland upermarket,und die zwei jung chrien dort und hatten ihren paß und es waren dort vier alten damne mit ihren hüten auf den kopf, die nahem gerade ihr vorverlegte mittage en ein oder e war nicht vorverlegt,aber mir er chien e recht bald zum mittages en,vielle icht wweil,ich erst früh tückte,aber vielleicht frühstückte ich erst pät,aber zum mittage en war e auf jedenfall noch früh.jedenfall die damen,welche früh,zuvor,zu anfang o freundlich geläc elt hatten,al ich mit denjungs die bühne betrat,eben junger papa mit prößlingen und o lieber anblick und o,wir ind ja wirklic ein lieber a blick,aber wie die jungs laut wurden drohten ie mit der polizei und ic mußte lachen und tarrte weiter in da buch von ern t jünger,mit welch m ic zu die en nicht viel anfangen kann,und immer lauter wird da ge chrei,bis e auch mir zu viel wi rd und ich brem die beiden ein bißchen ein, owe t mir da zu teht,und chon kommt ein grati getränk vom nebenti ch rüb r und zwei freundinnen mitbeginnende bäuchen und roßärschen in allermo ern ten ma en konffektion sc ieiben ihre wägelchen vorbei und suche ich e nen guten platz zum privaten zweiermenüve rzehr,e i t o idylli ch und alle sind o kaputt und es ind alle olche wrack hier oben,und es i t o eine perverse heimat,und ich liebe die men che und ich bin o enitmental und ich muß fast we nen.um nicht in de kon umrau ch verfallen chau ich erst gar nicht hine n in den supermarkt ondern wie die barbara zurückkommt mit ihrem wägelchen teh ic sof rt auf und wir gehe alle zum auto,fahren na h hau e.ich leg e ne platte auf mit i lami cher vokalmusik,i lami che änger, wunderbr,ich bin v rzückt und les e n buch über p ychoanaly e,p ycho analy e?viell icht eher p ychiatrie?Ich weiß nicht irgendeetwa wird es schon gewesen ein. die ich triebe,da i ealich,die wahrnehmung,die rezeption,wahrne mung pfe l,bewußt ein,und hier kommt einer auf mich zu mit einer knallroten kurze ho e,die er gr de bekommen hat,und im schwarzen baumwollleiberl und chmutzigen knien und sagt:A!wer i t da wohl?er i t blond und hinkt.i t es der teufel?aber nein,es i t doch der moritz.er fa elt irgendwas von rege ,der auf die leiter k nn.naja,jeden fall ,letzten ende kommt es doc immer auf die ein tellung an.nicht wahr er meint natürlich,e komt auf die an tellung an.und auc da i t richtig,und kaum hab ich mich umgedreht,hat er tatt der roten e ne gelbe ho e an, s tatt leinen frottee, tatt bermude tanga und feixt wie ein affe und lehnt sich auf mei ne ober chenkel und ucht offen ichtlich treit.e i t vier uhr 53 und moritz fummelt a meine gürtel rum.dabei stehen oviele spiel achen in der gegend.ein turmkäfig,eine rut che,ein r ngel spiel.zw i,drei wippen und vier chaukeln.und ein riesiger andka ten.aber nein,kein mensch hier außer un beiden,aber moritz muß a meinem gürtel herumfummeln tatt zu pielen.aber jetzt geht er wieder.an de leißen an die fe te verschaukelte ich mein armgebinde und pilgerte mit moritz in der brütenden hitze des juli über den langgezogenen enn kai und die große brücke zum autohau wie er, um den wagen von der reperatur azuholen.

Manfred Maurer

Steyr, Mischgehirn

Gewidmet Steyrs Rauschgifttoten

– Wo bin ich? Steyr, Hauptbahnhof. Nein, nein! Das beste, was es gibt: ein Berg Koks, gleich direkt in die Venen hineingeschossen! Das verreckte Mischgehirn schwimmt im Schädel wie ein abgetriebener Embryo im Gully. Aufgeweichte Binden, blutige Tampons, Zigarettenkippen, Zeitungspapier, sein Hirn. Und schon wieder spielen sie ihm Stimmen da hinein: Lou Reed faselt mit seiner schwarzen Samtsaustimme: »I'm waiting for my man«. – Schnauze. Lou! Schnauze, du Arsch!

Und wo kommt jetzt in der Not der Berg Koks her? Oder H?
– Ach was, ich nehm gleich alle zwei! Wo ist mein Mann? Mach mir den ultimativen Highball! Gib mir den Ultrakick, Mann! Bitte, bitte...

Und Steyr, was ist das? Yo, er erinnert sich: In Steyr ist er in die Dreckswelt hineingefallen, so vor cirka drei Millionen Jahren. Alte Eisenstadt. Zwei dämliche Ritter hauen sich mit den Schwertern die ungeölten Eisenschalen zu Klump. Auf dem kackebraunen Fluß bringen sie die abgeholzten Baumstämme aus dem Bergland heraus. Am Trampelpfad – o mein Gott! – da hat er zum ersten Mal ein Mädel geküßt. Und das ist erst cirka zwei Millionen Jahre her. Und weiter?

Ja genau: Schulexkursion ins stickige Heimatmuseum. Da hängt das blitzende Richtschwert, fast so lang wie der Schwanz vom Rübezahl. Und die Stimme im Mischgehirn gellt unter brausendem Trommelwirbel: Im Namen des Königs, du bist zum sofortigen Abkratzen verurteilt!

Ratsch! Sein blöder Kopf fällt in den Korb hinein. Abgetrennte Muskeln, unansehnliche Sehnen, abgeknipste Wirbelsäule. Aus dem Halsstumpf blubbert eine blutige Blutfontäne heraus. Das ist wirklich schön...
Der kalte Truthahn hat ihn eiskalt erwischt. – Taxi! – Er lebt noch, aber fragt nicht, wie! Sämtliche gottverdammte Extremitäten brennen, als wären sie mit rotglühendem Eisen gefüllt. Taxi! Unter der Haut tummeln sich Myriaden von Ameisen, Käfern und Spinnen. Das vernarbte Gewebe juckt, daß er die Dreckshaut am liebsten in blutigen Streifen runterfetzen würde. – Taxi! – Das pumpernde Herz rast. Der Schweiß schießt wie ein Wasserfall an seiner elenden Statur hinunter. Panik, Schüttelfrost, Krämpfe. – Taxi! Mit seinen Pupillen kannst du Tennis spielen. Im Kopf nichts als Scheiße, wie im Gedärm, wo sich langsam was zusammenbraut. –– Taxi!
– Grüß Gott! Wo soll's denn hingehn?
Der Mann schaut aus wie eine Eidechse, aber Lippen wie Arschbacken.
Er zermartert sich das in Flammen stehende Hirn: Wo ist er jetzt gleich wieder? – Bring mich zur 42nd Street, Ecke Broadway.
Die Eidechse schüttelt ruckartig das schillernde Köpfchen. Brotweg ham mir da ned.
Er explodiert. – Verdammt noch mal, wo bin ich denn überhaupt?
– Steyr.
– Steyr. Ja, ja. Dann fahr einfach nur los, Mann. Ich muß nachdenken.
– Okay. Oder willst vielleicht lieber ins Krankenhaus?
– Kein Krankenhaus! Und jetzt zisch ab, du Arsch!
Sie bewegen sich durch die ausgestorbene Stadt, in der er schon vor etlichen Millionen Jahren herumgegangen ist. Eine Backsteinkirche, klein, aber unheimlich wie eine Trutzburg. Menschenleere Häuserzeilen, Einkaufszentren, noch mehr Kirchen. Zwei schwarze Flüsse schieben sich im stumpfen Winkel ineinander. Darüber baut sich wie ein Schlachtschiff ein Schloß auf. Dann eine Tankstelle im weißen Natriumlicht. Die dreieckigen Plastikflaggen knattern im Wind und leuchten blau wie Plutonium in einem Atomkraftwerk.

Und über all dem ein Himmel wie ein beschissenes Röntgenbild. Engel fallen vor die Reifen.

Wo fahr'n mir denn hin? Ennsleite? Tabor? Münichholz? Oder willst vielleicht doch lieber ins Krankenhaus? Ich mein ja nur.

– Einfach nur herum, okay? Und noch was: Reptilien träumen nicht. Ist das wahr?

– Hmh.

Im Mischgehirn brüllen schon wieder die Stimmen durcheinander. Dann plötzlich Geschützfeuer. Von der Ennsleite her werden die rebellischen Arbeiter mit schwerer Artillerie beschossen. Entlang der Straße zerfetzte Gliedmaßen, dampfende Gedärme, Matsch, wo früher einmal Menschenköpfe waren. Schließlich überfallsartig nur noch ein statisches Rauschen, das Erinnerungsfetzen untermalt. Kindergarten, Schule, Elternhaus, grausamer als wie ein jeder Krieg. Zeit verstreicht, an die er sich nicht erinnern wird.

– Fuck me Jesus! – Wo kriegt er jetzt so auf die Schnelle einen Hacker her? Er braucht ganz dringend einen Schuß! Auf der Stelle! Augenblicklich! Sofort! – Schnauze da oben! Stimmen, schweigt! Muß nachdenken mit meinem Sauhirn. Wie war das damals? Im Präkambrium oder wie das heißt.

Doch, doch, unglaublicherweise erinnert er sich: die späten sechziger Jahre, dann die siebziger. Ein Graffito gegen den Vietnamkrieg an der Kaimauer. Alle haben lange Federn, fleckige NATO-Jacken und ansonsten Hippie-Klamotten vom Sperrmüll. Desto versauter, desto besser. Und immer einen Stapel LPs unterm Arm. Led Zeppelin, The Who, Deep Purple. Charles Bukowski und »Konkret« sind Pflichtlektüre. In begeisterter Anlehnung an den Amerikaner Massenbesäufnisse am Fluß in – Rosenegg? Da kreisen dann auch die Joints, klar. Roter Afghane, schwarzer Libanese, oder wie es damals geheißen haben mag...!

Ein dummer Joe würde jetzt aber überhaupt nichts nützen. Er ist ja kein Kleinkind mehr. Gebt mir was Anständiges! Wo ist mein Mann?

Und sonst? Ja, im Wirtshaus – beim Bachinger? – stehen politische Diskussionen am Programm. Naiv mit Bestimmtheit, wie nur was.

Am Wochenende bringen die aufgekratzten Studenten von draußen die große, weite Scheißwelt herein. Und jeden ersten Freitag im Monat die »Aktion der gute Film«. Werner Herzog, Costa Gavras, der göttliche Chaplin. Und immer wieder zu später Stunde mit Herzklopfen ins Puff. Nicht zum Ficken, nein, bloß mit suppentellergroßen Stielaugen Pornos anschauen. Anschließend gelegentliches Wichsen im Schloßpark. Einmal ... Nein, daran will er jetzt nicht denken!

Und das Herumwühlen im Erinnerungsdreck bringt ja auch rein gar nichts. Im Gegenteil. Schießt er sich nicht bald einen harten Stoff in die Venen hinein, krepiert er noch in dem Negerdorf, in das ihn seine Mutter hineingeschissen hat. Kein schöner Tod. So kann und darf das nicht sein. Es könnte ja noch irgendwas kommen, und da möchte er dann dabeisein.

Frage: Wo war damals die harte Szene zu Haus? Existent muß sie ja haben, sonst wären nicht dauernd welche abgekratzt. War da nicht ein Kino? Irgend so ein Kino? Das Biograph-Kino, jawohl! Und gleich daneben der Andy! Das Lokal vom Andy, nicht viel größer als ein Container, war ihre Rauschgifthöhle. Das war ihr Amsterdam! Ihre Kamera! Ihr Village! Beim Andy wäre sicher jederzeit ein brennheißer Schuß aufzustellen gewesen.

– Bring mich zum Biograph-Kino, Lizard.

– Biograph? Ja ich erinner' mich gut. Aber das ist schon seit zehn, fünfzehn Jahren zu.

– Und das Lokal daneben? Der Andy?

– Gibt's auch längst nimmer mehr.

Er steckt sich mit zitternden Händen eine Zigarette an. Sie schmeckt wie ein ungewaschenes Ohr. Genau das braucht er. Eine reelle Chance, an Dope zu kommen, dahin! In seinem Körper, diesem ausgeleierten Sack, herrscht brutaler Krieg. Er könnte brüllen und wimmern wie ein vollgeschissener Säugling, aber so schnell gibt ein altgedienter Junkie nicht auf. Jetzt, wohin?

– Fahr mich in den Wehrgraben.

– Stets zu Diensten, Herr.

Der Wehrgraben ist ihm einfach so ins Mischgehirn hineingeschossen. Steinalter Industriebezirk. Die zerfallenen Waffenschmie-

den des Herrn Werndl. Das Gaswerk. Die aufgelassene Messerfabrik, in der sie immer ihre Speerspitzen geklaut haben. In den Sechzigern quartieren sie in den Ruinen die als Gastarbeiter angekarrten Yugos ein. Flatternde Wäsche an den Höhleneingängen, Geplärr, fremdländische Gerüche. Später entdecken die Alternativen und Hobbykünstler das malerische Elendsambiente. Sie richten da ihre Wohngemeinschaften und Ateliers ein. Kein schlechter Platz für einen auf der Jagd nach Gift. Doch wie schaut das heute aus? Egal. Ein Lokalaugenschein kann sicher nichts schaden.
– Stop! Was bin ich schuldig?
– Zweihundertneununsiebzig.
Vom schwarzen Fluß, der sich mäanderartig in drei Arme aufspleißt, steigt wabernder Nebel auf. Rund um die Straßenlaternen dampft es schwefelgelb. Er kämpft sich durch diese unwirkliche Welt wie ein Taucher auf einem Unterwassermarsch. Im Mischgehirn brüllt eine Kakophonie aus tausenden Stimmen und Geräuschen. Er sieht geduckte Gestalten herumschleichen, die ihn wahrscheinlich massakrieren wollen. So wie es da heute nacht ausschaut, wäre das das beste Jagdrevier für einen Jack the Ripper mit seinem Fleischermesser! Doch keine Angst. Das sind doch bloß Schatten aus seiner privaten Unterwelt, keine wirkliche Substanz. Und solange das dämliche Mischgehirn die Vorgaukelungen als das erkennt, was sie sind, kann er noch nicht ganz wahnsinnig sein. Doch schon im nächsten Moment kommen starke Zweifel, als da plötzlich ein ganz reales Bild vor ihm steht.

Im trüben Licht einer nebelverhangenen Laterne liegt ein Frauenkörper. Die Kehle ist von einem Ohr zum anderen durchgeschnitten. Ein schwarzer Fleck breitet sich am Boden aus. Der Unterleib der Frau ist der Länge nach aufgeschlitzt. Teile der Eingeweide, der Uterus, die Eierstöcke, die Vagina und die Blase sind kunstvoll auf einer Schulter drapiert. Eine Hand steckt im geöffneten Bauch. Zwischen den nackten Füßen liegt etwas wie eine Kupfermünze.

Er zittert, und aus dem Mischgehirn dröhnt die Stimme eines Nachrichtensprechers heraus: Mary Ann Nichols, 42, eins der sechs Opfer von Jack the Ripper, dessen Identität noch immer nicht gelüftet ist. Dahingemetzelt am 31. August 1888. War Jack the Ripper ein Mann aus Steyr in Oberösterreich?

Er saugt gierig die mit feinen Wassertröpfchen durchsetzte Luft in sich hinein. Seine Haut ist jetzt trocken und kalt wie die einer Schlange. Fieber, Delirium, Essig im Herzen. Sein Puls rast. Frequenz 200, steigend. Jetzt erst rennt er davon wie eine gestochene Sau und weiß doch, daß man sich selbst und seinen Dämonen niemals entkommen kann. Hat ihn der Wahnsinn jetzt endgültig in den eisernen Krallen? Ein Schmerzpfeil schießt durch den Kiefer in den Kopf hinauf. Er rennt um sein Leben.

Es ist eine Eckkneipe, wo er schließlich keuchend zu stehen kommt. Durch die niedrigen Fenster dringt anheimelndes Licht. Da jetzt hinein. Da jetzt ein wenig verschnaufen. Und wer weiß, vielleicht gibt es da sogar Substanzen für sein Spritzbesteck, die die einzige Rettung wären.

Die Hoffnungen sind auf den ersten Blick vernichtet. Das ist keine Giftlerhöhle! Das ist eine Futterkrippe für Leute, die gern Yuppies wären, bestenfalls eine Zapfsäule für wohlerzogene Kampftrinker.

Der Kellner schaut aus, als hätte er die letzten Jahre in einer Schreibtischlade verbracht.

– Guten Abend. Bitte sehr?

Er bestellt mechanisch was zu essen und ist dann so verwirrt, daß er die Suppe mit der Gabel zu sich nehmen will. Er läßt es bleiben, nippt nur am Bier und stellt sich eine Frage. – Wie bin ich da bloß hergekommen? Steyr. Was hab ich da verloren?

Er weiß, daß er die Stadt vor vielen Jahren verlassen hat. Und dann folgen viele Stationen auf dem schaurigen Lebensweg. In Wien verkauft er als Versuchskaninchen seinen Körper an die Pharmaindustrie und versucht vergeblich als Schriftsteller Fuß zu fassen. In New York brät er eine Weile Hamburger und treibt sich jede Nacht in den verrufensten Vierteln herum. Auf einer Party lernt er den Schriftsteller Bret Easton Ellis kennen, den alle nur den Wasserkopf nennen. In Amsterdam teilt er mit Quentin Tarantino so manchen Joint. Sehr schön sind die zwei Jahre mit Beatrice in der Toskana. Viel Liebe, gutes Essen, Ströme von Wein, kaum Drogen. Kriminell wird er all die Jahre nur, wenn es sich absolut nicht vermeiden läßt. Ein paar Mal wie der heilige William S. Burroughs Besoffene ausgenommen wie eine Weihnachtsgans und natürlich mit äußerst gefährlichen Drogen gedealt. Und dann, selbstverständlich, immer wieder Aufenthalte in den diversesten Anstalten. Mal holen sie ihn vom H runter, dann verpassen sie ihm wieder so nette Diagnosen wie »manisch-depressiv«, »paranoid-schizophren«, »Borderline-Syndrom« und dergleichen schwachsinnigen Schwachsinn mehr.

Wenn er es jetzt bedenkt: So viele grausame Schicksale in den Anstalten, so viel himmelschreiendes Elend! Im Mischgehirn brüllen unglaublich wüst die Stimmen der Gefolterten und Gepeinigten durcheinander. Der eine hält sich für Jesus, der andere für eine Reinkarnation von Adolf Hitler. Es gibt da eine Königin von Frankreich, die immerzu mit scharfen Messern gepeinigt wird und die Donau hinab bis zum Schwarzen Meer schwimmen muß. Der reizenden Elisabeth reißen sie ohne Narkose ihre Ungeborenen aus dem zarten Leib. Frau Dr. Kotter, eine ehemalige Richterin, beweint jeden Morgen den Tod des geliebten Bruders, der sie jeden Abend besuchen kommt. Und dann Karin. Das Bauernmädchen Karin mit ihren hundertfünfzig Kilo Fett in ihrer schwarzen, abgewetzten Lederkluft. Ihre Unterarme sind mit eitrigen Wunden übersät, die zum Glück mit schmutzigen Bandagen und einer Plastikschale abgedeckt sind. Ihre mächtige Stimme setzt sich schließlich im Chor der Verdammten durch.

Karin schreit: Ich hab so feste innere Spannungen, daß ich mir immer selbst weh tun muß. Am liebsten schneide ich mich mit der Brotschneidemaschine überall hinein. Das geht richtig gut! Und am allerschönsten war, wie ich aus dem dritten Stock gesprungen bin. Da haben sie mir dann ein paar Teile aus dem Hirn rausnehmen müssen. Und alle Zähne waren kaputt. Das hat mir richtig gut getan...

– Verdammt, Karin, warum tust du dir das an?
– Ich weiß, warum ich mir das antue! Ich bin ja nicht blöd! Ich weiß, warum ich die festen Spannungen habe. Im Alter von sechs bis zwölf hat mich immer der Nachbar im Stadel ausgegriffen und... mißbraucht! Das hab ich dann einfach nimmer ausgehalten. Ich hab ihm den Stadel angezündet und niedergebrannt, und seither muß ich mir immer selbst weh tun. So ist das halt.

– Arme Karin.

Schnaps, Schnaps, Schnaps! Er braucht jetzt wenigstens ein Meer von Schnaps, um die saumäßig qualvollen Stimmen im Mischgehirn zum Schweigen zu bringen. Und als sich die Nerven halbwegs beruhigt haben, weiß er plötzlich auch wieder, wie er nach Steyr gekommen ist. Er fragt sich, was aus ihm geworden wäre, wäre er aus seiner Heimatstadt nie abgehaut.

Es war vor cirka einer Woche auf einer Zwischenstation von Hamburg nach Wien. Linzer Hauptbahnhof. Er wird mit viel Tamtam von den Bullen aufgegriffen, weil er sich in seiner chemisch bedingten Panik von einem Bären verfolgt fühlt und entsprechend Radau schlägt. Sofortige Einweisung ins Wagner-Jauregg-Spital. Dort schluckt er alles hinunter, was er nur irgendwie legal oder illegal in die Finger kriegt. Sinequan. Mogadon. Psychopax. Drugal. Valium. Rohypnol. Dominal. Neurodop ... Und als man ihn des Medikamentenmißbrauchs und des Diebstahls überführt, haut er schleunigst ab. Eine kalte Nacht verbringt er im Freien, dann steigt er in einen Zug und fährt nach Steyr, das ihm irgendwie bekannt vorkommt. Und jetzt? Yo, das Leben ist immer grausam und beschissen, egal ob in Steyr oder in South Central L. A. Warum tut er sich das an?

Der Kellner kriecht aus seiner Schublade heraus und kommt herüber. – Kann ich noch was für Sie tun? Hat's nicht geschmeckt?

– Ruf mir ein Taxi.

Es ist wieder die Eidechse mit den Arschbacken statt den Lippen, und sie ist sichtlich erfreut. – Wo soll's denn diesmal hingehn, Herr?

– Bring mich ins Krankenhaus.

Harald Friedl

Eiszeit

Günz, Mindel, Riss und Würm haben Eis über das Land gebracht. Die Gletscher waren schwer und setzten sich in Bewegung. An ihren Böden hatten sie Steine eingeschlossen. Die wirkten wie die Zacken einer Feile und schliffen auf langen Wegen die Erde glatt. Günz, Mindel, Riss und Würm. Vera kann ihren Schulstoff. Mama hat ihn abgefragt. Hopp, hopp, hopp und hopp.

Mit Günz, Mindel, Riss und Würm im Kopf geht Vera über die Brücke. Mit jedem Schritt zündet sie eine Wortrakete: Günz, Mindel, Riss und Würm zischen in die Höhe und zerstäuben in einem Funkenregen. Weil sie selber fliegen will, schnallt sie die Zaubersohlen an ihre Schuhe. Sie wird groß wie eine Riesin und schaut von oben auf die Liliputstadt.

Ein wenig in die Knie gehen, dann die Beine strecken, und ab geht's. Die Zauberschuhe tragen weit! Mit einem einzigen Satz springt Vera auf die Ennsleite. Und von dort aufs Wieserfeld und in den Wehrgraben. Vera spielt Tempelhüpfen auf den Terrassen der Stadt: Schlossberg, Tabor, Fischhub, Münichholz und zurück in die Altstadt. Nun ist ihr Kopf hoch über Schloss Lamberg. Beim nächsten Sprung muss sie die Beine spreizen, um mit jedem Fuß im richtigen Feld zu landen. Sie schafft es mit dem linken Fuß in die Enns und mit dem rechten in die Steyr, dass es platscht.

Gullivera von Styriaput hat die Stadt unter sich.

Vera träumt diesen Tagtraum ihrer Kindheit und fühlt sich wohl dabei. Vielleicht bildet sie sich bloß ein, alt zu sein. Vielleicht sind ihr weißes Haar, ihr Doppelkinn, die vielen Runzeln um ihre Augen

Teile einer Maske, die sich abnehmen lässt. Darunter strahlt das Gesicht Gulliveras. Nicht der Sauerstoffmangel im Gehirn, sondern kindliche Zerstreutheit ist schuld daran, dass Vera so vieles vergisst. Vielleicht ist sie Gullivera von Styriaput geblieben. Vielleicht wohnt sie immer noch in der Haratzmüllerstraße, und die Rolle der alten Frau ist ein Spiel wie Tempelhüpfen oder in der Nase nach Diamanten bohren. Aber da ist ihr Spiegelbild in der Auslage des Schuhgeschäfts. Die tiefen Falten um die Augen sind echt. Das mächtige Doppelkinn ebenso.

Trotzdem fühlt sie sich leicht. Trotzdem träumt sie noch immer von den großen Sprüngen. Und sie würde sich wohl fühlen in ihrer alten Haut, wenn die grausame Vergesslichkeit nicht wäre. Zeitweise gefriert ihr Gedächtnis, dann kann sie sich an einfache Dinge nicht erinnern. Sie findet den Knopf nicht, um den Fernsehapparat auszuschalten. Sie spaziert durch falsche Türen und landet im Schlafzimmer statt im Bad. Sie geht einkaufen und wundert sich, dass die Preise so niedrig sind wie vor vierzig Jahren. Und wenn sie dann an der Kassa steht und in den Münzen klaubt, ist ihr die neue Währung fremd.

Vera marschiert. Günz, Mindel, Riss und Würm geben den Takt vor. Eins, zwei, drei und vier. Sie kommt sich komisch vor, aber sie schafft es nicht, weich und natürlich zu gehen. Der Klang und der Rhythmus der Eiszeiten nerven Vera. Trotzdem kommt sie nicht los davon. Günz, Mindel, Riss und Würm. Schulstoff fällt Vera ein. Ungebeten, ungewollt, unüberlegt: *Die Eiszeiten versetzten das Land in tiefen Schlaf. Als sie sich nach Norden zurückzogen, kam das Leben wieder in Fluss.*

Vera findet diesen Gedanken tröstlich. Auf jede Eiszeit folgt eine Zwischeneiszeit. Das Eis in ihrem Kopf wird sich wieder zurückziehen.

Die Ampel springt auf Grün. Während sie die Straße überquert, achtet Vera darauf, dass sie auf die weißen Zebrastreifen tritt. Günz, Mindel, Riss und Würm. Die Stadtbücherei kennt sie. Die Geschäfte nebenan bedeuten ihr nichts. Scribo, Pizza Treff, Istambul Orientteppiche. *Behördlich genehmigter Totalabverkauf wegen Wasserschaden.* Der Name der Straße könnte Vera vielleicht helfen, sich zurechtzufinden. Neben dem Pizza Treff entdeckt sie ein kleines Schild. Es ist blau und verwaschen. Eine Vier ist darauf zu erkennen. Unter der Vier steht ein kurzer Name geschrieben. Die Schrift ist zu klein, auch mit Brille kann Vera sie nicht lesen. Happy Day, Familienkaufhaus für Textilien, Spielwaren und vieles mehr. Unbekannt, dieser Laden. Früher waren andere Geschäfte in der Gegend. Vera ist überzeugt, hier ist sie immer wieder gegangen. Hier hat sie eingekauft. Und doch weiß sie nicht, wie die Straße heißt.

Nervös geht Vera auf und ab. Günz, Mindel, Riss und Würm. Manchmal zwingt sie sich, vor einer Auslage stehen zu bleiben. Sie sieht sich Perserteppiche an und pinkfarbene Schultaschen. Sie liest die Angebote am Immobilienbüro und die Preise bei Schnaubelts junger Mode. Auslagen bieten die Möglichkeit, in einen Narrenkasten zu schauen und dabei nicht aufzufallen. Vera möchte schlendern, doch kaum hat sie ein paar Schritte gemacht, ist wieder der Rhythmus in ihr. Günz, Mindel, Riss und Würm. Ob es Sinn ergibt oder nicht: Manche Wörter können ein Rettungsanker sein. Manche Sätze graben sich ein wie Flüsse in abgelagerten Schutt: *In den Warmzeiten konnten die Gerinne ihre Erosionskraft voll entfalten. Sie räumten einen Teil des Talbodens aus. Die Gletscherflüsse brachten aus den Endmoränen riesige Schottermassen mit, die später durch Flüsse zertalt wurden. Deshalb gibt es die Enns und die Steyr. Deshalb ist die Stadt gegliedert, wie sie ist. Deshalb liegt jeder Stadtteil verborgen vor den anderen.*

Manchmal genügt ein Hinweis, und Vera findet zu sich: Sie sieht Schloss Lamberg. Plötzlich glaubt sie zu wissen, dass sie gerade erst oben gewesen ist. Von der kleinen Kanzel an der Mauer hat sie in den Burggraben geschaut und darin einen ausgestopften Steinbock gesehen. Vera ist wütend geworden. Früher hat es nie ausgestopfte Tiere im Burggraben gegeben, nur lebendige Hirsche und Rehe. Früher hat sich da unten Leben gezeigt. Und jetzt stellt man den Tod aus! Vera hat laut geschimpft von der Kanzel, was für ein Unsinn, einen ausgestopften Steinbock in den Burggraben zu stellen.

Dann sind Vera Zweifel gekommen. Vielleicht war der Steinbock gar nicht ausgestopft, vielleicht ist er erfroren! Plötzlich ist ihr fürchterlich kalt geworden. Jetzt ist es so weit, hat sie sich gedacht.

Jetzt kommt eine neue Eiszeit. Günz, Mindel, Riss und Würm. Wieso weiß keiner was davon? Wozu gibt es Meteorologen? Da hat der Steinbock den Kopf geschüttelt. Und es war Vera peinlich, dass sie geschimpft hat. Noch immer fror sie. Also ging sie weg vom Burggraben, runter nach Zwischenbrücken. Jetzt, vor Schnaubelts junger Mode, kann sie sich ganz genau an den Steinbock erinnern. Wissen kann trösten. Egal, ob es brauchbar ist. Weil es ein Stück eigener Geschichte ist. Und der Beweis, dass man noch nicht vertrottelt ist. Wenn Gullivera von Styriaput die ganze Stadt samt ihren Straßen überblicken kann, wird Vera wohl nach Hause finden. Sie marschiert. Sie will sich auf ihre Intuition verlassen. Günz, Mindel, Riss und Würm treiben sie vorwärts. Aber wohin? Im Kreis zu marschieren ist etwas für Verrückte. Hierhin, dorthin, Vera will aufhören. Sie muss den Takt, den Marsch zu einem Ende bringen. Noch ein letztes Mal: Günz, Mindel, Riss und Würm. Vera hält an. Plötzlich hört sie sich rufen: *ENDE DER EISZEITEN. BEGINN EINER LANGEN, BIS HEUTE ANHALTENDEN WÄRMEPERIODE!*

Die Häuser kippen zur Straße, die Brücke rollt sich auf wie eine Faschingströte, die Straße zittert. Gullivera springt hoch in die Luft. Als sie wieder am Boden ankommt, ist sie Vera.

Am liebsten würde sie jetzt in den Boden versinken. Wie eine Verrückte hat sie sich benommen, und die Passanten sehen sich nach ihr um. Auch Vera schaut sich um, weil sie den Blicken ausweichen will und um vorzutäuschen, dass auch sie wissen möchte, wer da geschrien hat. Aber da ist keine, die eingefroren wäre wie sie. Da ist niemand, der schuldbewusst die Schultern hochzieht, niemand außer Vera, die vor Scham zerfließen möchte.

Sie muss weitergehen und Günz, Mindel, Riss und Würm vergessen, die Leute und sich selbst. In den erstbesten Hauseingang wird sie sich verdrücken, dort warten, bis die Zeugen ihres Auftritts verschwunden sind. Ein junger Mann kommt auf sie zu. Er lässt Vera nicht aus den Augen und lächelt. Sie findet ihn sympathisch, trotzdem weicht sie seinem Blick aus wie ein schüchternes Mädchen.

Vera sagt: »Wissen Sie, ich vergesse schon so viel. Manchmal sogar, dass es mich noch gibt.«

Der Mann bleibt nicht stehen, gibt Antwort im Vorbeigehen: »Ist mir auch schon passiert. Fehlt Ihnen was?«

»Nein, nein«, stammelt Vera. »Es geht schon wieder.«

Ehe sie noch mehr sagen kann, ist der Mann schon an ihr vorbei. Gerne würde sie ihm hinterherrufen. Doch ihr fallen keine Wörter ein, nur Bilder: eine schneebedeckte Ebene, ein einzelner Baum. Unter dem Baum sitzt eine Frau. Sie hat die Arme verschränkt und zittert, weil die große Kälte kommt. Da erkennt Vera, wer die Frau ist: Frau Würm, die Sagengestalt. Sie ist die Hüterin der Eiszeit, ihres Anfangs und ihres Endes.

Frau Würm schmiegt sich an einen kahlen Stamm. Sie kann die Kälte nicht aufhalten, aber sie wird auch nicht sterben an ihr. Sie wird dem Land ihren Herzschlag leihen, damit es nicht vergisst, was das Leben bedeutet. Frau Würm wird schlafen und träumen. Nach hunderttausend Jahren Kälte wird sie erwachen, und mit ihr das Land. Denn die Wärme ist zurückgekommen. Die Bäume blühen, Mammuts stapfen wieder über die Ebene, und auch die Menschen kehren heim. Sie werden Frau Würm an den Baum gelehnt finden, sie aufnehmen in ihren Stamm und zu ihrer Ahnfrau erheben. Für die Menschen bricht eine neue Zeit an. Denn nun werden sie zu dem, was sie heute sind. Das gelingt ihnen kraft ihrer Ahnin. Die Kraft jener, die hunderttausend Jahre schlafend die Natur behütete und dabei hunderttausend Jahre träumte. Träume, die sie all den Menschen, die da kommen mögen, schenkt.

Vera. Vera! VERA! Da bin ich ja! Es gibt mich noch. Meine Erinnerungen werden wiederkehren. Die Eiszeit im Kopf wird enden. Sogar Gletscher können in ihrem Inneren fließen. *Plastisches Fließen nennt man das. Der Druck innerhalb des Gletschers führt zu Verschiebungen im Kristallgitter des Eises.* Das alles weiß ich noch. Auch die Tagträume der Gullivera von Styriaput.

Aber bin ich verheiratet?

Keine Ahnung.

Mein Nachname? Und das Geburtsdatum?

Es fällt ihr nicht ein.

Selbst in den eisigsten Zeiten würde sie das Haus finden, in dem sie als Kind gewohnt hat. Aber ihre heutige Adresse weiß sie nicht.

Nicht einmal ein Bild ihres Wohnhauses hat sie im Kopf, keine Ahnung, wo es liegen könnte.

Vera prüft ihre Kleidung. Der Wintermantel: Kaschmir. Sie schiebt die Hand unter den Mantel und fühlt, dass sie darunter einen Wollpullover trägt. Grobes Material. Und unter dem Pullover Unterwäsche. Sie ist warm gekleidet. Sie trägt eine Hose. Sie hat sich für einen Ausflug zurechtgemacht. Mit einem Finger fährt sie sich über die Lippen: kein Lippenstift. Die Schuhe? Moonboots. Sieht nicht danach aus, als hätte sie vorgehabt, jemanden zu treffen. Sie braucht also nicht in Panik zu geraten. Sie hat keinen Termin und niemanden versetzt. Sie kann weitergehen und dabei auf die Eisschmelze in ihrem Kopf warten. Und immer, immer wieder geht die Sonne auf. Und immer, immer wieder kommt das Glück. Das ist der Refrain eines Liedes. Was würde der Mann im Mond dazu sagen? Auch für ihn geht die Sonne auf, aber deshalb wird ihm nicht warm! Dass der Tag noch jung ist, steht fest. Vera hat Zeit, nach Hause zu finden. Und es gibt einen Notanker. Die Konditorei Brückner. Dort liegt die eisige Vierfaltigkeit: Erdbeere, Schoko, Vanille und Kaffee. Vera könnte hineingehen und an der Tortenvitrine einen Eisbecher mit Sahne bestellen: Erdbeere, Schoko, Vanille und Kaffee. Nebenbei könnte Vera fragen, Sie kennen mich doch, oder? Und dann: Wissen Sie auch, wo ich wohne?

Vera stellt sich vor: Frau Brückner antwortet: Aber sicher! Sie wohnen auf der Ennsleite.

Und wo genau?

In der Schillerstraße.

Aber bei dem Gedanken, dass Frau Brückner sagt: In der Schillerstraße, bleibt in Vera alles stumm. Wenn es stimmte, dass sie wirklich in der Schillerstraße wohnt, dann hätte sich jetzt ein Hauch von Erleichterung eingestellt. Also versucht Vera es noch einmal. Frau Brückner sagt: Aber sicher! Sie wohnen gleich hier um die Ecke in der Haratzmüllerstraße. Aber nein, da habe ich als Kind gewohnt, und das können Sie gar nicht wissen. Dafür sind Sie viel zu jung.

Was könnte ein Hinweis der Frau Brückner also nützen? Vera würde nicht erlöst werden aus ihrer Verlorenheit. Sie könnte bitten, dass Frau Brückner sie nach Hause bringt oder ihr ein Taxi ruft und dem Fahrer die richtige Adresse nennt. Doch das wäre Vera unendlich peinlich.

Die Wohnungsschlüssel? Wo sind sie?

Vera greift in ihre Manteltaschen und findet darin nichts als ein Taschentuch.

Wie soll sie in die Wohnung kommen ohne Schlüssel? Ist dort jemand? Wird sie erwartet?

Nachdenken, nachdenken. Das Gehirn erkältet sich manchmal. Dann ist es verschnupft, kann nicht frei atmen und wird vergesslich. Günz, Mindel, Riss und Würm. *Die eiszeitlichen Gletscher haben Berge von der Höhe des Matterhorns unter sich begraben.* Was sind, gemessen daran, Erinnerungen?

Nachdenken. Wieder kommt Vera etwas Unbrauchbares in den Sinn: *Ausgenommen Anrainerverkehr bis zwei Tonnen und Radfahrer in fünfunddreißig Metern.*

Vera hat diesen Satz auf einem Schild gelesen. Es ist sicher nicht lange her, da hat sie vom Parkplatz an der Färbergasse zur Altstadt hinübergeschaut. Zur Häuserzeile am Kai, zum Fluss, zum Schloss und zu den Zwiebeltürmen der Michaelerkirche. Bald hatte sie genug von der Aussicht. Sie hat die Brille abgenommen, und die Welt ist verschwommen. Die Enns hörte zu fließen auf. Wie ein graublauer Teppich lag sie der Stadt zu Füßen. Das gefiel Vera.

Dann ist sie weggegangen, noch einmal durch das Kollertor. *Um 1480 erbautes Torhaus. Früher Teil der Stadtbefestigung. Schilder: Kollergasse elf, Kollergasse neun. Ausgenommen Radfahrer, links abbiegen verboten. Plakate: Single Party in Schachners Oldie Bar. Grönland. Nordpol, eine Multivisionsshow.*

Sollte sie je wieder alleine weggehen, wird sie sich einen Zettel mit ihrer Adresse in die Tasche stecken. Und sollte sie trotzdem nicht heimfinden, wird sie Passanten nach dem Weg fragen, als wäre sie fremd in der Stadt.

Ein Bus hält neben Vera. Linie fünf, Steinwändweg. Vera möchte einsteigen, lässt es aber bleiben. Sie geht weiter bergab zum Hotel Minichmayr. Endlich ein lesbares Straßenschild: Bahnhofstraße. Vor der lebensgroßen Statue am Brückenkopf bleibt sie stehen.

Die Statue steht auf einem Podest und stellt einen Flößer dar. Er ist kein stattlicher Mann, sondern drahtig und zäh und mit einem trockenen, abgeklärten Gesichtsausdruck. Die Nase des Flößers ist schmal, der Schnurrbart gepflegt. Der Hut sitzt gerade, der Mantel ist zugeknöpft. Schick sieht er aus! In der linken Hand hält er einen geknickten Stab, auf der rechten Schulter trägt er eine Haue. Sein Blick geht nach Süden. Er schaut flussaufwärts, dorthin, wo früher das Erz aus den Bergen die Enns herunter kam.

Vera ist schon oft hier vorübergegangen, aber erst jetzt betrachtet sie den Flößer genau. Dabei flüstert sie ein Stoßgebet: Himmel, sag mir, wo ich wohne! Ich kann doch nicht in Konditoreien gehen, in denen man mich vielleicht kennt, und fragen, wo ich daheim bin! Weitergehen. Weitergehen. Günz, Mindel, Riss und Würm. Drüben, wo Steyr und Enns zusammenfließen, geht Gullivera ins Gymnasium. Dort wächst oder schrumpft sie, je nachdem. Sie steht als Zwergin an der Tafel, wenn sie versagt. Und sie fühlt sich riesengroß, wenn sie auf jede Frage eine Antwort weiß. Auswendiglernen gibt ihr Sicherheit! Hopp, hopp, hopp und hopp springt sie auf den Zaubersohlen von Plateau zu Plateau. Münichholz, Rennbahnviertel, Ennsleite, Ennsdorf. Vera presst ihre Fingerkuppen auf die Öffnungen der Fabrikschlote. Jetzt kommt kein Rauch mehr heraus. Das macht Spaß! Gullivera öffnet und schließt die Schlote nach Belieben. Runde schwarze Wolken schweben empor, Gullivera von Styriaput gibt Rauchzeichen. Die Arbeiter laufen empört aus der Fabrik. Sie schimpfen und fluchen. Ein paar von ihnen klettern an Gulliveras Beinen hoch. Sie möchten sie zu Fall bringen, um sie dann zu fesseln. Aber das wird ihnen nicht gelingen! Gullivera macht hopp, sie hüpft in die Waldrandsiedlung. Von dort nach St. Ulrich und weiter in die Neuschönau. In Zwischenbrücken landet sie in den Flüssen. Da bekommt sie nasse Füße. Aber das macht nichts.

Auf der Brücke bleibt Vera stehen. Schmutziger, harter Schnee haftet wie Kitt in den Ritzen und Spalten des Geländers, eingefärbt von Abgasen und Hundepisse. Vera bemüht sich, mit ihrer Stiefelkuppe den Schnee loszutreten. Dann schiebt sie die Brocken zum Rand und beobachtet, wie sie kippen und in den Fluss stürzen. Unten klatschen sie aufs Wasser, tauchen unter, kommen wieder hoch und treiben ab. Die Schwäne und Enten schwimmen vom Ufer auf die sich auflösenden Brocken zu. Die Enten tauchen danach. Vera schiebt mehr Schnee von der Brücke, aber die Schwäne und Enten lassen sich nicht länger täuschen. Plötzlich glaubt Vera, einen leblosen Körper im Wasser treiben zu sehen.

Günz, Mindel, Riss und Würm. *Die Eiszeiten haben alles, was lebte, von hier vertrieben. Die Sahara war grün und über den Bergen und Hügeln im Norden lag Eis. Einzelne Gipfel ausgenommen, die eintönig grau, doch prächtig übrig blieben. Nunatak nennen die Eskimos solche Denkmäler eisloser Zeiten.*

Nunatak. Auch im Rhythmus dieses Wortes lässt sich marschieren. Vera ist stolz auf sich, und zugleich ist ihr zum Weinen zumute. Stolz, weil sie sich an ein ausgefallenes Wort erinnert. Aber dieser Stolz wird unterspült von etwas in ihrer Erinnerung, das nicht an die Oberfläche gelangen kann.

Vera geht weiter. Es wird kälter. Sie dreht sich um, erkennt Zwischenbrücken, erkennt den Weg, weiß aber nicht mehr, ob sie ihn gerade eben gegangen ist oder früher einmal. Trotzdem. Solange Vera gehen kann, will sie gehen. Beim Cafe Werndl bleibt sie stehen. *Wasserstand des Enns-Flusses beim Bügel Steyr Ortskai.* Vera will etwas leisten. Erinnerung schaffen, wo zuvor Unwissen war. Sie liest die Hochwassermarkierungen am Hauseck ab. Von oben nach unten: *1572, 1736, 2002, 1899, 1597, 1829, 1672.* In einem dieser Jahre ist Veras Junge ertrunken. In welchem, das weiß sie nicht mehr.

1572, 1736, 2002. Vera hat es klar vor Augen: Schmutzig grau ist das Wasser. Das ist kein Fluss mehr in seinem Bett. Das sind riesige Wellen, die übereinander herfallen. Sie überspülen die Brücke, um sie zu zermalmen. Günz, Mindel, Riss und Würm. Vera schnallt sich die Zaubersohlen an die Moonboots. Leicht wie einst Gullivera schwebt sie in die Höhe und sieht den Flüssen von oben zu. Sie überfressen sich an dieser Stadt. Die Häuser sind beständiger, härter als die Fluten. Vera sieht alles. Sie weiß, dass Wünsche helfen: Günz, Mindel, Riss und Würm. Vera beobachtet, wie der Druck der Flüsse stockt und erlahmt. Langsam wird das Wasser milchig und dick wie Sahne. Noch einmal: Günz, Mindel, Riss und Würm.

Vera steht hoch über einer weiß gefrorenen Landschaft, unbeschrieben wie ein leeres Blatt. Sie träumt hunderttausend Jahre von der Zukunft. So lange bleibt sie der graue Nunatak in einer blendend hellen Welt. Doch ist sie nicht alleine. Der Flößer leistet ihr Gesellschaft. So wird es bleiben, bis das Weiß an Leuchtkraft verliert. Das Eis schrumpft und zerbricht. Schollen lösen sich, Spalten entstehen. In den Spalten werden die Flüsse neu geboren. Und eines Tages treiben die Reste des Eises als Schollen auf den Flüssen. Hinunter bis zur Donau und dann weiter bis ins Schwarze Meer. Dann kann Vera ihren Weg fortsetzen.

Aus der Richtung des Flößers kommt eine Gestalt auf sie zu. Ein Briefträger in Uniform und Kappe. Die steht ihm wirklich gut, findet Vera. Obwohl der Mann nun direkt vor ihr steht, hört sie seine Stimme wie aus großer Entfernung.

»Frau Würm, haben Sie sich verlaufen?«

Vera ist erstaunt. Sie kennt den Mann nicht.

»Sie sollten nicht so lange draußen sein bei der Kälte! Kommen Sie mit, ich bring Sie nach Hause!«

Vera zögert. »Wissen Sie überhaupt, wo ich wohne?«

»Sicher!«, sagt der Mann. »Ich bringe Ihnen doch jeden Tag die Post. Gehen wir, Frau Würm! Es ist zu anstrengend für Sie, alleine herumzulaufen.«

»Nein, gar nicht!«

Vera will heim. Aber soll sie mit einem Fremden gehen?

»Sie müssen doch endlich nach Hause«, sagt er. »Sie werden sicher schon gesucht.«

Der Mann lächelt. Er ist nett.

»Wollen Sie mich wirklich nach Hause bringen?«

»Zuerst überqueren wir die Straße, und dann setzen Sie sich in meinen Dienstwagen. Halten Sie sich an mir fest. Dass Sie nicht ausrutschen. Es ist sehr eisig geworden.«

»Kein Wunder!«, sagt Vera. »Günz, Mindel, Riss und Würm.«

Gunther Alois Grasböck

Nicht höher als Vierundfünfzig

»*Wir brauchen Gott nicht,
um die Welt zu erklären,
sondern um ihr standzuhalten.*«
Eugen Drewermann

Mein Religionslehrer hieß Gottfried und sprach manchmal vom heiligen Zorn. Die Sintflut, sagte er, sei das größte Beispiel dafür. Ich habe nie begriffen, wie Gott sich irren konnte, dass Gott sozusagen fehlgeschöpft haben sollte und alle Menschen vernichten hat müssen bis auf Noah. »Der Herr sah hinab und sprach: ›Es ist zu dumm, ich schuf die Menschen, doch ich weiß nicht mehr, warum...‹« Gott als einer, der nicht weiß, was er getan hat? Das wollte mir nicht einleuchten, andererseits machte es ihn sehr menschlich, und wir sind ja sein Ebenbild, so Gottfried und die Bibel.

Demnach gehöre ich zu den Nachfahren Noahs, wie auch alle anderen Menschen auf dieser Welt. Von Dachau und Auschwitz wusste ich damals noch nichts. Dass mein Großvater KZ-Häftling gewesen war, erfuhr ich erst später. Möglich auch, dass schon während meiner Kindheit davon gesprochen wurde, nur verstand ich es damals nicht oder wollte es nicht verstehen.

Er werde mit der ganzen Klasse einmal zur Ennsbrücke gehen und uns Schülern die Gewalt des nahenden Hochwassers zeigen, kündigte Gottfried an, konnte sein Vorhaben aber nie verwirklichen.

Irgendwo in Japan gibt es wahrscheinlich Fotos, die meinen Bruder und mich im Sonntagsanzug auf der Ennsbrücke zeigen. Zwei Japaner hatten uns freundlich angehalten. Beide Brücken waren menschenleer, Steyr und Enns rauschten stärker als sonst. Die beiden Männer überragten uns um Kopflänge und trugen wie wir mausgraue Anzüge und ausgebleichte Krawatten. Sie nahmen uns an den Schultern, drehten uns im Sonnenlicht und redeten auf Japanisch auf uns ein, wobei sie auf die Enns, dann wieder auf die Steyr deuteten. Jeder von ihnen hatte einen Fotoapparat bei sich, bald knipste der eine, bald der andere, und zu guter Letzt mussten wir die beiden fotografieren, nachdem mein Bruder mich mit dem einen, dann mit dem anderen, und ich meinen Bruder mit dem anderen, dann mit dem einen Japaner fotografiert hatte. Ich wackelte nicht, weil der Auslöser so leicht losging. Japanisch, dachte ich. Zwei Erdschollen berühren einander, und schon bebt die Erde, mein Finger berührt den Auslöser, und schon entsteht ein Foto.

Wir fühlten uns ertappt von den Japanern. Wir sollten in der Kirche sein, und nun war fotografisch dokumentiert, dass wir die Sonntagsmesse schwänzten. Sie stellten uns aufgeregt Fragen, die wir nicht verstanden, zeigten Richtung Stadtplatz, fuchtelten mit den Armen, und einer von ihnen sagte schließlich: »Ja odel Nein?« Wir sagten: »Jaja, ja.« Daraufhin grinsten beide und verschwanden in der Enge. Wir blieben ratlos zurück, mit verrutschten Krawatten, und fühlten uns kontaminiert von dem Geknipse. Eingehüllt in eine Wolke fernöstlicher Exotik, machten wir uns auf den Heimweg.

Werner, ein genialer Mitschüler, wohnte auf dem Ortskai. Er konnte nicht nur Transformatoren, sondern auch die für deren Herstellung notwendigen Wickelmaschinen bauen. In seinem Garten türmten sich ausgeschlachtete Elektrogeräte zwischen Haufen von Treibholz und Wellblechresten. Die Hausmauern waren außen wie innen feucht, in der Stube roch es modrig, die Voraussetzungen zur Herstellung von technischen Geräten waren also denkbar ungünstig, trotzdem funktionierte alles perfekt. Ein privater Hochwassermelder, an der Außenmauer montiert, war die Krönung seiner Erfindungen.

Während der Arbeit fiel Werners zurückgekämmtes Haar nach vorn in die Wicklungen, was ihn nicht davon abhielt, unbeirrt weiterzulöten. Auch die zwischen den Geräteteilen herumschleichenden Hauskatzen brachten ihn nicht aus der Ruhe. Er schaffte es sogar, dabei noch einen Witz zu erzählen, so dass es ihn vor Lachen schüttelte, aber seine Hände blieben stets ruhig. Als ich mich im Zimmer umsah, sagte er, pedantisch putzen oder gar neu einrichten zahle sich nicht aus, denn das Wasser komme garantiert wieder. Er habe hier alles, was er zum Leben brauche, die gute Kailuft, einen eigenen Garten, eine Mutter, die für ihn sorge, und das stoische Rauschen des Wassers, wie er es nannte.

Wenn Hochwasser war, schrieb ich besonders viel in den Kaffeehäusern der Stadt, vor allem im Café Stark. Durch die großen Fenster konnte ich die Menschen auf dem Stadtplatz beobachten, wie sich ihre Regenschirme ineinander verkeilten; der Stadtplatz war zum Schirmmeer geworden, zur Kampfstätte für Knirps und Parapluie. Einige Studenten mit Kapuzen wichen behende den Stöcken aus, ebenso der eine oder andere Gymnasiast. Die ganz Wackeren ließen ihre Mähnen vollregnen, ein paar Mädchen liefen in gelben Kautschukjacken vorüber, die Polizisten hatten Plastikschoner über ihre Dienstmützen gespannt, Feuerwehrmänner patrouillierten, das Tor zum Zeughaus stand weit offen, Schläuche wurden zum Kai hinunter gelegt.

Der Wasserschwall entsprach meinem Wortschwall. Die Buchstaben sammelten sich zu Wörtern wie die Regentropfen zu Pfützen, die Wörter verschwammen zu Sätzen, die Pfützen zu kleinen Seen. Rudi, der Kellner, spähte manchmal neugierig über meine Schultern und brachte mir noch ein Glas Wasser. Die Sätze reihten sich zu einer Geschichte, in der es immerfort regnete.

Rudi brachte mir, in immer schnellerer Abfolge, wie mir schien, ein neues Glas Wasser; seine Glatze glänzte manchmal derart, daß sich auf ihr das Geschirr spiegelte, wenn er sich beim Servieren nach vorn beugte. Niemals gab er zu verstehen, daß ich nicht willkommen sei, weil ich vor einem Kleinen Braunen um sechs Schilling fünfzig halbe Tage im Café verbrachte. Ab und zu kam Walter Wippersberg herein, kramte in den Zeitungen und ging wieder. Dr. Noska bröselte seinen Kuchen in die Seiten der »Presse«, während Professor Haunschmidt mittels Pfeife die Nachbartische umwölkte.

Ich sah, wie das braune Ennswasser vom Kai heraufschwappte. Die Motoren der Feuerwehrpumpen liefen auf Hochtouren. Ich konnte mir nicht vorstellen, dass dies etwas nützte. Überhaupt sah ich nie jemanden wegen des Hochwassers in Aufregung geraten, es war eben wieder einmal so weit. Bei den Marktständen unterhielten sich die Leute darüber, an welchen Stellen das beste Treibholz zu finden sei. Sie boten einander Transporthilfen an und vereinbarten sogar Reviergrenzen. Getrocknetes Treibholz brennt besonders gut, es gab auch den einen oder anderen Künstler, der es wegen der bizarren Gebilde sammelte. Reinhold Karrer schmückte gar die Wände seiner Wohnung mit Fundstücken, die er zu einem Bild zusammenfügte.

Das Hochwasser machte Steyr zeitlos. Immer wieder räumten Bürger ihre Häuser zu spät, obwohl die Sirene rechtzeitig geheult hatte. Immer wieder trieben tote Kühe vorüber, die im Ennstal von den Hangweiden gespült worden waren. Immer wieder staunte ich wie beim ersten Mal, immer wieder schrieb ich viel in dieser Zeit. Immer wieder kam nachher eine Hitzewelle. Immer wieder halfen Freiwillige bei den Aufräumarbeiten, im Jahr 2002 zum ersten Mal auch ich.

Das Hochwasser hatte mich schon in meiner Kindheit bis in den Schlaf verfolgt. In einem Traum, der immer wiederkehrte, trug mich mein Stiefvater aus dem Wasser, genau an jener Stelle bei Zwischenbrücken, wo heute der Museumssteg anlegt. Das Hochwasser endete wie eine Mauer, so wie ich mir als Kind eben hohes Wasser vorgestellt hatte. Ich spürte, wie ich endlich aufatmen konnte, als wir die Mauer durchbrochen hatten, augenblicklich waren wir trocken, ich wollte auf den Gehsteig hinunter, aber mein Stiefvater ließ mich nicht aus seinen Armen. Er ging dann mit mir über die Steyrbrücke, durch die Kirchengasse, durch das Schnallentor auf den Jahrmarktplatz, wo schon meine Mutter auf uns wartete. Sie kaufte mir rosa Zuckerwatte, aber als ich davon kosten wollte, kamen von allen Seiten mit Krätze übersäte Gassenbuben angelaufen und zupften vom Bausch, bis für mich nichts mehr übrig blieb. Sogleich kaufte mir meine Mutter eine zweite Portion, dann eine dritte, und der Vorgang wiederholte sich. Meine Mutter sagte, ich müsse mich wehren, aber wie sollte mir das bei so vielen Angreifern gelingen. Schließlich ging meiner Mutter das Geld aus.

An einem Vormittag im August 2002 saß der alte Professor Pongauer in seinem Garten auf einem Klappstuhl und sah zu, wie das Wasser anstieg, das nur noch einige Meter von ihm entfernt war. Zwölf Stunden nach der Einstandsfeier meiner Tochter war das Gasthaus Athena im trüben Ennswasser verschwunden. Bäume und Autos trieben die Haratzmüllerstraße hinab, und am Fuße des Plenklberges tanzten mir Speisekarten und Brotkörbe entgegen.

»Keine Angst«, sagte Pongauer, »höher als Vierundfünfzig steigt es garantiert nicht, das habe ich im Gefühl.«

Größere Sorgen als das Hochwasser mache ihm die slowakische Altenpflegerin, die er für seine Gattin engagiert habe. Hohe Gage, eigenes Zimmer mit Fernseher, ein freier Tag pro Woche, das seien ihre Forderungen.

Vier Tage später regnete es immer noch. Fad und gleichmäßig und unter einem grauen Himmel. Gleichmäßig grau. Erschütternd grau, trostlos. Die Regentropfen waren dünn und hart, hartnäckig fielen sie zur Erde herab. Die Straßen waren nass und glitschig, soweit sie noch nicht im Wasser verschwunden waren, Rinnsale bahnten sich ihren Weg, die Wiesen waren sumpfig und braun und von Helfern zerstampft, jeder Baum in einem Netz aus Regentropfen gefangen; berührte man einen Ast, dann zerriss das Netz, und seine Fäden stürzten nass und kalt auf einen, doch der Regen, stur, beharrlich, spann das Netz aufs Neue.

Da zog ich meine ockergelbe Jacke an, nahm meinen Schirm zur Hand und verließ das Schlossparkcafé, spannte den Schirm unter dem gewellten gelben Kunststoffvordach auf, sah die vielen Rinnsale auf der Straße und die schwarzen Asphaltflicken, die jetzt aussahen wie glitschige Robbenfelle, das Laub auf den Minigolfbahnen, den verlassenen verregneten vereinsamten Minigolfplatz, der plötzlich unter Wasser stand.

Die Natur hat überhaupt nichts Göttliches, sagte Eugen Drewermann fast drei Jahre später in einem Fernsehinterview, sie nehme keine Rücksicht auf den Menschen, so gesehen sei eine Flutwelle eine Kleinigkeit im Weltgeschehen. Wir seien Gast auf der Erde, vielleicht für ein paar hunderttausend Jahre, und in dieser Zeit sollten wir einander beistehen, so gut wir könnten. Das Göttliche trage jeder Einzelne im Herzen, und von daher solle es wirken. Die Geschichte habe aber gezeigt, dass die wenigen Jahrzehnte, die ein Menschenleben ausmachen, geprägt seien von Gier, Eifersucht und Neid. Andererseits seien sehr viele Menschen dafür, die bewaffneten Armeen abzuschaffen und stattdessen Hilfsarmeen zu errichten, nur müssten die Politiker aus ihrem Innersten dazu bereit sein, dieses Wollen aufzugreifen.

Als ich von ersten Aufräumarbeiten heimkehrte, saß Professor Pongauer immer noch an derselben Stelle in seinem Garten. Bis knapp vor seine Füße sei es gekommen, das Wasser, sagte Pongauer, und die Slowakin sei sich gerade eine Pizza holen gegangen, weil sie zu faul zum Kochen sei. Nicht höher als Vierundfünfzig, triumphierte Pongauer, wie er vermutet habe, höher als Vierundfünfzig, das gebe es nicht.

Ich war von oben bis unten durchnässt, und auch in den Gummistiefeln, die ich mir eigens angeschafft hatte, quatschte der Schlamm. Meine Hose war verdreckt und wohl nicht mehr zu gebrauchen. Sogar zwischen den Zähnen knirschte der Sand, und ich roch wie ein fauliger Fisch. So stand ich vor meinem ehemaligen Turnlehrer. Er hatte eine blaue Badehose an, saß in seinem knallgelben Klappstuhl und schimpfte über die slowakische Altenpflegerin. Sie sei gar keine richtige Krankenschwester, verlange aber einen Stundenlohn, den er sich gar nicht laut zu sagen traue; seine Kinder dürften nicht wissen, wie viel Geld er für dieses Weibsbild ausgebe, die würden ihr sonst Beine machen, aber was solle er tun, eine Österreicherin könne er sich nicht leisten, die würde ihm seine ganze Pension kosten.

Ich sagte, dass ich jetzt nach Hause gehen wolle, mich waschen und umziehen, er sehe ja, in welchem Zustand ich mich befände. Pongauer jedoch redete unbeirrt weiter, fragte mich, welcher Jahrgang ich sei, in welcher Klasse er mich in Leibesübungen unterrichtet habe und welchen Beruf ich jetzt ausüben würde.

Im Zuge der Aufräumarbeiten verlor ich einiges an Gewicht. Meine Tochter half auch fleißig mit, besonders im Restaurant ihres Arbeitgebers. Der feine Schlamm war überall in alle Ritzen gekrochen, sogar zwischen Estrich und Fliesen, das angrenzende Lager eines Antiquitätenhändlers war sogar völlig vernichtet worden. Noch ein Hochwasser würden sie nicht verkraften, sagte Yusuf, der Wirt. Die Stühle und Bänke waren nicht mehr zu retten, obwohl wir bis zum Einbruch der Dunkelheit Schlammwasser geschöpft hatten. Yusuf war einige Male den Tränen nahe. Ich vergesse auch nicht den Augenblick, als Faruk, der türkische Kellner, die Boniermaschine aus dem Schlamm zog; meine Tochter war so stolz gewesen, sie bedienen zu dürfen. Die Mauern des alten Hauses hatten sich mit Wasser vollgesogen, das immerhin mit speziellen Adhäsionspumpen abgesaugt werden konnte. Jahrzehnte zuvor hätte das Gebäude abgerissen werden müssen. Die Haratzmüllerstraße war zwischen Kreisverkehr und Stadtbad wochenlang gesperrt und vollgestellt mit kaputten Möbeln und zerstörtem Hausrat.

Entlang des Ennsufers bot sich ein Bild der Verwüstung, das ich für mich mit in giftigen Gedanken ertränkter Freude verglich. Aber da waren auch die Nachbarn, die die freiwilligen Helfer mit Mahlzeiten und Getränken versorgt hatten.

Till Mairhofer

ramingsteg

den bach hinunter
liegt treibholz quer
zurück staut
der zusammenfluß

deren hab und gut
untergegangen im see
unterscheiden nicht mehr
bach oder fluß

viel sonne danach
schwappt alles im alten
nur die mitte der stein
bricht immer noch
wasser gurgelt und rauscht

Klemens Renoldner

Professor Miezekatze

»Kann man am Klang einer Stimme erkennen, ob der Sprecher über-, normal- oder untergewichtig ist? Welche Merkmale verleihen einer Stimme einen angenehmen und welche einen unangenehmen Klang? Was geschieht mit der Stimme bei Schnupfen?« Solche und ähnliche Fragen sammelte Ferdinand Schoderböck letzten Sommer in seinem Notizbuch. Draußen rauschte die Enns vorbei. Vom Stehpult, das zwischen den Fenstern seines Studierzimmers aufgestellt war, konnte der Sechsundsiebzigjährige auf das Wasser hinuntersehen. Und wenn die Gedanken nicht so recht voraneilen wollten, trat er ans Fenster, lehnte seine Stirn an die Glasscheibe und schaute hinaus. »Fluss des Schweigens«, so nannte er die Enns gerne. Einmal war er in diesem Zimmer auf das Fensterbrett gestiegen – und gesprungen. Das war am 12. August 2002. Unter seinem Fenster hatte ein Schlauchboot der Feuerwehr angelegt, das Hochwasser hatte die Treppenhäuser am Kai überflutet, und ein Verlassen der Wohnung, die sich im dritten Stock befand, war nur noch auf diesem Wege möglich. Gerettet wurden damals auch seine sieben Katzen.

Der Ehrgeiz von Herrn Schoderböck war es, das Geheimnis der menschlichen Singstimme zu ergründen, genauer gesagt, neue physiologische Erkenntnisse zu liefern, mit deren Hilfe therapeutische Arbeit tatkräftiger als bisher ansetzen konnte, um Volumen und Umfang einer Gesangsstimme zu erweitern. In seiner Ordination hatte er schon unzählige Schulklassen untersucht und dabei seine inzwischen international gefragten Statistiken angelegt. Schoderböck zeichnete den Schall von Sprechstimme und Gesang nicht nur auf digitale Phonographen auf, er setzte auch Labiographen, Mutoskope und Pneumographen ein, um die Lippenbewegungen zu registrieren, die Verschlussbegabung des Gaumens zu testen und das Atemvolumen zu messen. Mit Hilfe von Lupenendoskopen konnte er zudem wesentliche Studien über die Stimmlippenlähmung liefern, von der er behauptete, sie sei im östlichen Traunviertel besonders häufig verbreitet.

Für seine »Steyrer Stimm-Fibel« sammelte Schoderböck schon seit längerem Notizen und Materialien, es handelte sich dabei um ein bereits mehrere Male angekündigtes, bis heute aber noch nicht erschienenes »Hausbuch«, das ein Grünburger Verlag gemeinsam mit der edition Flemming und Klingbeil in Berlin herausbringen wollte.

Erfolgreicher war der »Professor«, wie ihn viele nannten, als Begründer einer »Schule für Stimmheilkunde«, deren Praktiken inzwischen überregional anerkannt waren, und so manche Sopranistin dankte ihm mit ebenso überschwänglichen Zeilen, wie dies auch Bassisten oder Tenöre gelegentlich taten, und es waren keineswegs nur lokale Stars unter den Absendern jener Briefe, die das Wartezimmer seiner Praxis schmückten. Dass er mit Koryphäen in Stanford und Harvard über umstrittene Stimmbelastungstests debattiert und dafür in den internationalen Fachzeitschriften für Stimm- und Sprechheilkunde heftigen Widerspruch, ja Tadel geerntet hatte, verschwieg er, nicht jedoch, dass er mit diesen Experimenten die Grundlagen für Theodor Simon Flataus Studie »La voz del cantate« (Madrid, 1992) geliefert hatte, was der Autor übrigens in seinem Vorwort gebührend vermerkte. Ohne Zweifel waren auch seine Forschungen für die Reform des »Göttinger Heiserkeitsdiagrammes« bedeutend, worauf wohl jenes Kuriosum zurückzuführen ist, dass ihm 1996 der begehrte Ehrenring der Stadt Steyr ausnahmsweise bei einem Festakt an der Universität in Göttingen überreicht wurde.

Bei dieser Ehrung fern der Heimat wurde auch erwähnt, dass es Ferdinand Schoderböck war, der der BMW-Firmenleitung im Jahre 1989 vorgeschlagen hatte, aus Anlass des zehnjährigen Werks-Jubiläums einen »Steyrer Motorenchor« zu gründen. Bis heute hält er sein damals gegebenes Versprechen, dessen Mitglieder kostenlos zu behandeln. Inzwischen bestreitet der Chor ein erfolgreiches Tourneeleben in ganz Europa, und die im letzten Jahr aufgenommene CD, eine Sammlung österreichischer Arbeiterlieder, ist längst vergriffen. Besonders beliebt ist der gemeinsam mit dem Bachl-Chor Linz veranstaltete »Ennstaler Advent«, ein stets ausverkauftes Konzert mit Advent- und Weihnachtsliedern, das im alten Stadttheater mit Solisten des Linzer Landestheaters und unter der Leitung von Dr. Harald Pill jeden Dezember über die Bühne geht. Gemeinsam mit einer engagierten Deutschlehrerin der HTL erarbeitet der »Professor« Jahr für Jahr ein recht eigenwilliges Programm aus Liedern und Texten, wobei anzumerken wäre, dass Schoderböck bei dem nachfolgenden Brauch, der berühmten nächtlichen Schnapsverkostung am Weihnachtsmarkt, die diesen besinnlichen Abend beschließt, noch nie zu sehen war.

In Steyr erzählt man sich aber auch einige merkwürdige Schoderböck-Anekdoten, ja man wird den Eindruck nicht los, als könnte die Stadt nicht genug davon kriegen. Dass er mit Hilfe eines alten Grundig-Radios Stimmen aus dem Jenseits, insbesondere die von längst verstorbenen Tenören hören könne, belustigte uns. Er habe, so wird auch erzählt, mit dem Gesang von Gehörlosen experimentiert und in der Stadtpfarrkirche ein geistliches Konzert aufgeführt, wobei es wegen der angeblichen Verletzung religiöser Gefühle zu Tumulten gekommen sein soll und er noch während der Veranstaltung mitsamt dem Chor aus der Kirche gewiesen wurde.

Vor allem die Vorgänge in der Ordination boten Anlass für Spekulationen. Schon die mit unidentifizierbaren Gerätschaften, Oszillographen, Computern und Bildschirmen vollgestopfte Praxis regte die Phantasie so manches Patienten an und infolgedessen war im Volksmund oft von »Schoderböcks Folterkammer« die Rede. Auch der Katzengeruch in seinen Räumen beeinträchtigte seinen Ruf. Vielen war nicht geheuer, dass er seit Erreichen des Pensionsalters immer noch jungen Mädchen und Buben Gesangsunterricht erteilte. Zudem konnte man in der warmen Jahreszeit aus seinen Fenstern nicht nur die schrillen Stimmübungen der Kinder vernehmen, sondern musste auch ein qualvolles Miauen mitanhören, das von lautstarken Zurufen unterbrochen wurde. Zu hören waren Namen wie »Bärli«, »Trixen«, »Django«, »Moro« und so weiter, aber sie wurden in allen Lagen und Höhen gerufen und geschrien, und das gleich dreimal, zehnmal hintereinander. Während sich die Erwachsenen sagten, hier müsse endlich der Dr. Pfeil vom Tierheim einschreiten, begnügten sich die Kinder, auf dem Schulweg »Bärli! Bärli! Bärli! Triiiiiiiiiiiiiiiiixen!« zu seinen Fenstern hinaufzurufen und davonzulaufen.

Solche und ähnliche Begebenheiten führten dazu, dass Schoderböck mit zunehmendem Alter scheu geworden war und den Menschen auswich, wo er konnte. Über den täglichen Lebenswandel des Einzelgängers war nur wenig bekannt, er frühstückte täglich um zwanzig nach sieben am Würstelstand vor der Oberbank, verließ die Wohnung sonst nur selten. Spätabends unternahm er gelegentlich Spaziergänge an der Enns, und hin und wieder wurde er im Jin Tui, dem kleinen China-Restaurant am Grünmarkt, gesehen. Er kam meist kurz nach halb elf Uhr abends, trank zwei oder drei Viertel Rioja, rauchte meist eine Schachtel Smart Export und ging wieder nach Hause.

Neulich wusste ein Hauptschullehrer zu berichten, dass er Schoderböck in diesem Lokal gesehen und sogar ein persönliches Gespräch mitangehört habe. Es stellte sich dann aber heraus, dass sich der Lehrer lediglich an die Abschiedsworte erinnern konnte, als der »Professor« zum Restaurant-Chef gesagt haben soll: »Oft dachte ich, ich verstehe die Despoten dieser Welt sehr gut. Es war ein großer Genuss, einfach sagen zu dürfen, hier wird nicht rumgemault, hier wird gearbeitet! Es war ein Genuss, die Mädchen auf diese Weise zum Singen zu bringen. Aber als berühmter Sänger ist das natürlich ein Alptraum, sich eingestehen zu müssen, dass man ein kleines sadistisches Arschloch geworden ist. Ich hatte Angst, dass ich das eines Tages genießen würde.«

Dann lachte er, so wird berichtet, mit seiner hohen, krächzenden Stimme, wurschtelte sich mit den Armen in den Pelzmantel hinein, nickte allen noch einmal kurz zu und wankte zum Ausgang. Es war halb zwei Uhr nachts. Er huschte die Eisengasse zum Kai hinunter, der Lehrer schlich ihm nach, stieg hinter ihm sogar das Treppenhaus zu seiner Wohnung hinauf, und da hing doch tatsächlich das Plakat – aber das wussten wir ja alle längst: »Der Vorsitzende Mao ist die rote Sonne, die in unsere Herzen scheint.« Daneben hatte jemand »Mit kraftvollem Herzen an die Spitze!« hingekritzelt. Auch von den schlecht übermalten Graffiti im Hausflur war wieder die Rede, sie waren mit einer Pappendeckel-Schablone an die Wand gesprüht und zeigten die Grimasse eines alten Mannes mit Katzenschnurrbart und Teufelshörnern, alles längst bekannt.

Die andere Geschichte von »Professor Huscher«, wie er manchmal auch genannt wurde, die weiß in Steyr keiner zu erzählen, und darum wird sie hier erzählt: Der 1929 in Gleink gebürtige Ferdinand Schoderböck studierte nach dem Krieg in Wien Gesang, Ende der fünfziger Jahre war er in Österreich ein gefragter Tenor, und 1963 gelang ihm am Royal Opera House Covent Garden in London mit der Partie des Don José in Georges Bizets Oper Carmen der internationale Durchbruch. Don José, das ist die Geschichte eines Buben vom Dorf, der nach einer Messerstecherei strafweise zum Militär in die Stadt abkommandiert wird, der aber nicht aufhören kann, von seiner Heimat und natürlich von seiner Mutter zu träumen. Er wird herausgerissen aus seiner ländlichen Geborgenheit, jedoch die neue Welt, das Stadtleben, rivalisierende Machos, Militär, Schmuggelei und freie Erotik, das ist ihm fremd. An diesem Widerspruch zerbricht er, und so tötet er die, die er über alles liebt, Carmen.

Für einige Jahre war Schoderböck der gefeierte Don José auf den Opernbühnen Europas. Allerdings stand in den Programmheften ein anderer Name: Fernando Scodér. Unter diesem Künstlernamen umjubelten ihn seine Fans. Und so sehen wir ihn auf den Fotos seiner Zeit: F. Scodér, ein eleganter, sympathischer Herr, kräftige Statur, kleiner Bauch, dichtes, gewelltes, dunkles Haar, das links und rechts streng hinter die Ohren gekämmt war, schmaler Oberlippenbart, lächelnd. 1969 heiratete er in Luzern, wo er damals wohnte, eine ungarische Sopranistin. Es war eine große Liebe, aber sie verließ ihn nach nicht einmal zwei Jahren. Die Ehe blieb kinderlos. Als sie einige Monate nach der Scheidung in Bern von der Eisenbahnbrücke in die Aare stürzte und tödlich verunglückte, war in der Schweizer Boulevard-Zeitung Blick zu lesen, die Künstlerin sei womöglich in den Fluss gestoßen worden.

Schoderböck musste nach einer missglückten Stimmbandoperation 1976 seine Karriere beenden. Er kehrte unter seinem alten Namen nach Oberösterreich zurück, ließ sich in Steyr nieder, absolvierte Veterinärmedizin als Fernstudium, verfasste eine Doktorarbeit über »Das Stottern der Katze«, geriet aber wegen angeblicher Tierversuche bald in Misskredit. Er verteidigte wortgewandt das »physiologische Messinstrument Katze«, geriet wiederholt in die Schlagzeilen, denn er war rabiat und jähzornig und ohrfeigte einen Nachbarn, der ihn angezeigt hatte, mitten am Hauptplatz so heftig, dass dessen Trommelfell dabei platzte. Dieser Vorfall kostete ihn einige Sympathien in der Stadt.

»Miezekatze, Miezekatze! Professor Miezekatze!«, skandierte eine Gruppe Jugendlicher am Nachmittag des 5. Dezember unter seinen Fenstern. Sie trugen Krampuslarven und lange Pelzmäntel, schlugen mit Ketten wild gegen das Haustor und jaulten und miauten nach Leibeskräften. Schoderböck schrie oben zum Fenster hinaus, stürzte die Treppe hinunter, jagte die kreischenden Bengel, einen alten Besen in der Hand, durch die Enge über die Brücke Richtung Kirchengasse, von dort liefen sie zur Badgasse hinunter, aber bis er vor der Michaelerkirche ankam, hatte er sie aus den Augen verloren. Keuchend stand er auf der Straße, und kurze weiße Schwaden fuhren aus seinem Mund. Da warf ihm jemand eine tote Katze vor die Füße.

Restlos müde trabte er hinaus nach Christkindl, wärmte sich im Wirtshaus Baumgartner beim Glühwein auf. Auf dem Bahndamm der Steyrtalbahn trottete er in der Dämmerung nach Süden. Es begann zu schneien. Schoderböck ließ sich nicht beirren, schlug den Pelzkragen hoch und stolperte weiter und weiter, immer die Gleise entlang. Ein Rudel Rehe rannte durch das Schneetreiben. Erst auf der Brücke unterhalb von Waldneukirchen hielt er inne. Er schüttelte den Schnee von den Schultern, nahm die Brille ab, um die Gläser freizuwischen, da entglitt sie ihm und fiel in den Fluss. Er blickte hinunter. Da, tief unten – war da nicht ein Schiffbrüchiger im Wasser? Ein Lied fiel ihm ein. »Drin in den Bergen, in den wilden Felsklüften, dort leben Menschen wie wir.« Er brummte in sich herum, versuchte die Melodie zu finden. Es gelang ihm nicht. »Kein Offizier, dem du gehorchen musst, kein militärischer Appell reißt dir den Geliebten vom Hals. In den Bergen, da gibt es eine Welt ohne Verlogenheit. Dort ist die Freiheit. Komm, folge mir in die Berge! Lass uns fliehen!« Er griff mit seiner rechten Hand an das Geländer der Brücke. Als er die Finger zum Gesicht führte, um an den frischen Flocken zu riechen, blieb der Abdruck seiner Hand im Schnee zurück. Oder war es doch nur ein bleicher Ast im Wasser gewesen, den er für einen Oberarm gehalten hatte?

Bertl Mütter

Schubert und das Mütterweckerl

1

Am Steyrer Stadtplatz ist ein dm-Drogeriemarkt. Im ersten Stock, über dem Eingang, ist ein Gedenkstein mit Portrait eingelassen. Auf ihm steht: »Dem Liederfürsten Franz Schubert zur Erinnerung an seinen hiesigen Aufenthalt 1825 –1827. Die Steyrer Liedertafel anlässlich ihres 40 jähr Gründungsfestes 1890.« Vom Magistrat der Stadt Steyr wurde etwa 1980 folgende Inschrift angebracht: »Schubert-Haus. Hier komponierte Franz Schubert 1819 das Forellenquintett als Gast des damaligen Besitzers G. Paumgartner.«

Am Pfarrberg, Haus Pfarrgasse 12 (Boutique New York), steht: »Geburtshaus von Johann Mayrhofer geb, 22,10,1787 gest, 5,2,1836 Freund und Textdichter Franz Schubert'^{s}«.

Am Brucknerplatz steht das allererste Brucknerdenkmal, von Viktor Tilgner (weitere Hauptwerke sind das Werndldenkmal und das Mozartdenkmal im Wiener Burggarten) und Franz Zerritsch (von ihm sind Sockel, Putti, Maske, Lyra, Lorbeerkranz), enthüllt am Pfingstsonntag 1898. In der Stadtpfarrkirche hat Anton Bruckner georgelt. Am Pfarrhof ist auch eine Gedenktafel: »Hier schuf Anton Bruckner in den Ferienmònaten der Jahre 1886–1894 seine letzten großen Werke. A.D. 1908. Seinem Ehrenmitgliede: Der M.G.V. ›Kränzchen‹.«

1880 wirkte im nahen Bad Hall Gustav Mahler als Kapellmeister des kleinen Sommertheaters mit dreißig Gulden Monatsgage und fünfzig Kreuzer Spielhonorar. Er hatte Operetten zu dirigieren und die Musik zu Possen zu begleiten, musste Pulte aufstellen und in den Arbeitspausen die kleine Tochter des Kurkapellmeisters Zwerenz (die später populäre Operettensängerin Mizzi Zwerenz) im Kinderwagen spazieren fahren.

2

Im 19. Jahrhundert war Steyr typisch für eine Art Kleinstadt-Kultur mit einem dafür aufgeschlossenen Bürgertum. Die Musikpflege war neben Linz und St. Florian die berühmteste des Landes (Oberösterreich). Die große, 1772 erbaute Chrismann-Orgel war nicht nur für Bruckner ein Anziehungspunkt. Und Karoline Eberstaller, es hieß, sie sei die Tochter eines französischen Generals, hatte, ein Kind noch von sieben, elf, dreizehn Jahren, mit Franz Schubert 1819, 1823 (da ist es ihm nicht so gut gegangen) und 1825 vierhändig gespielt. Für Bruckner, der stets zur Verehrung neigte, bedeutete sie einen kostbaren Kontakt zur musikalischen Tradition. Sie (Eberstaller) ist erst 1902 gestorben.

Der Friseur und Mundartdichter Sepp Stöger sammelte Bruckners Haare in der Hoffnung auf spätere Wertsteigerung. Etliche Darstellungen zeigen Bruckner mit kahl geschorenem Schädel.

Dass Schubert in Steyr das *Forellenquintett* komponiert hat, muss leider bezweifelt werden.

3

Von all dem habe ich bei meinem Heranwachsen kaum etwas bemerkt, man war durch die vormalige Anwesenheit Schuberts und Bruckners einfach automatisch selber gut. Auch ich habe lange geglaubt, dass nur mehr die Philharmoniker über der Stadtkapelle stehen. Und in Bad Hall spazieren gehen war fad, lauter alte Leute. Immer Robert Stolz, wirklich wie im Seniorenclub.

4

In Steyr gab es Ende der sechziger, Anfang der siebziger Jahre zwei Geschäfte mit Namen *Mütter*: ein Elektrogeschäft, ein Fischgeschäft. *Mütter-Weckerl* war einerseits die Bezeichnung für ein mit einem *Russen* samt *Russenkraut* gefülltes *Mohnweckerl*. Heute sagt man zum *Mohnweckerl* auch in Steyr, wo beim Hotel Minichmayr eine bronzene Flößerstatue steht (früher wurde die Enns mit Flößen befahren), das zu jener Zeit gleichwohl nur im etwas nördlicheren Teil des oberösterreichischen Zentralraums geläufige Wort *Mohnflesserl*. Andererseits war *Mütter-Weckerl* ein auch weniger sprachkreativen Miteranwachsenden schnell assoziierbarer Spottname für mich oder meinen Bruder. Das war ungerecht: Opa hatte das Elektrogeschäft, in der Damberggasse. Jedes Jahr zu Allerheiligen war er am Friedhof für die Tonanlage zuständig, ich glaube beim Kriegergedenken vom Schwarzen Kreuz. Der Bürgermeister hat jedes Mal auch geredet. Opa war auch bei der Partei.

Im Übrigen waren mein Bruder und ich die einzigen Mütter unserer Generation.

5
Am Brucknerplatz steht die Musikschule. Dort hatte ich, ich war schon zehn, meinen ersten Musikunterricht, angeblich hat mir der Opa über die Partei den Platz verschafft. Erst einmal, wie üblich, kurz Blockflöte. Dann Euphonium. »Du hast so große Lippen, willst du nicht aufs Tenorhorn wechseln?« Ich wollte. Kannte das Instrument zwar nicht, aber der Lehrer war mir sympathisch. Und schließlich, mit siebzehn erst, Posaune. Mit dem Tenorhorn kannst du nur Blas- oder Bierzeltmusik spielen, aber keinen Jazz, was immer das ist.

Einmal hatte ich einen Minigolfball im Tenorhorn und brachte fast keinen Ton heraus.

6
Das Panorama vom mittleren Fenster im ersten Stock der Musikschule: linkerhand kann man den Pfarrberg hinabsehen. Halblinks ist die Stadtpfarrkirche. Davor steht jetzt der granitene Friedenswürfel, er hat es zu einer Kurzbesprechung (mit Bild) in einem Buch von Max Goldt gebracht. Dann über den kleinen Park samt Parkplatz, einmal war dort, ich glaube es war Anfang Dezember, auf einem Tieflader ein präparierter Wal ausgestellt, zum Schwechater, Stammlokal des *MGV Sängerlust*. Eine Spezialität des Schwechater ist das *Reiter-Weckerl*, ein schwarzes Weckerl mit Schweinsbraten und Kren. Steyr scheint eine *Weckerlstadt* zu sein. Rechts vom

Schwechater, ideal für Hunde aller Rassen, die *Schubertlinde*. Meist ist der kleine, pultförmige Stein (»Beim 20. Sängerbundfest 1978 in Steyr pflanzte der ob.öst.-salzburgische Sängerbund 1864 (1949) diese Linde zum 150. Todestag von Franz Schubert«) umkränzt von Hundekot. Linde und Gedenkstein scheinen beliebt zu sein; Menschen (Hundehalter ausgenommen) nehmen kaum davon Notiz. Dann der Blick aufs *Forum*, und rechts unter der Schule, bei der Einfahrt zum Garten, das Brucknerdenkmal.

7
Meistens bin ich schon in der Johannesgasse ausgestiegen und zu Fuß durch die Stadt ins *Neue Gymnasium* gegangen. Haratzmüllerstraße (Nr. 32: »Geburtshaus des ersten Schubertsängers Johann Michael Vogl. Hofopernsänger in Wien. Geboren 10. August 1768. Gestorben 19. November 1840. Gewidmet von M.G.V. Kränzchen Steyr 1914«), Minichmayr, über die Ennsbrücke, in die Enge, beim Stigler vorbei, wo die Partezettel hängen (da fällt mir auf, auch Schubert ist an einem 19. November gestorben), aus der Enge, beim Fisch Mütter vorbei, auf den Stadtplatz, Schuberthaus, Spar-Cassa, Siebensternhaus, Bummerlhaus, dann Pfarrberg, rechts der (Ur-) Hartlauer, Fleischerei Süss, *einextrawurstsemmerlmitgurkerlumfünfschillingbitte,* Elektro Waldhauser, linkerhand die Mesnerstiege, auch Brucknerstiege genannt (über diese erreichte Bruckner die Wohnung seines Freundes Franz Xaver Bayer; heute abgesperrt), Stadtpfarrkirche, rechts die Musikschule, links Schwechater und dann, Unterführung, hinüber in die Schule. Neue Lehrer haben mich stets gefragt, ob ich *der vom Fischgeschäft* bin. *Mütter-Weckerl* haben sie nie gesagt. Das Elektro Mütter hat es in meiner Gymnasialzeit nicht mehr gegeben.

8
Steyr ist: Industriestadt (Autostadt), Einkaufsstadt, Schulstadt. Steyr nennt sich: Eisenstadt, Partnerstadt: Eisenerz; neuerdings auch: Christkindlstadt, Partnerstadt: Bethlehem; wie die ganzjährig geöffnete *Christkindl-Erlebniswelt* weitergeführt wird, ist noch nicht ganz klar.

Weitere Partnerstädte: Kettering, Ohio, USA; Plauen, Sachsen, DDR (sagt man jetzt nicht mehr). Steyr war neutral im Kalten Krieg. Wenn man über den Museumssteg geht, sieht man in der Steyr herrliche Forellen. Ein bedeutender Sportverein heißt *Forelle Steyr*, Ursprung mancher Kanu- und Kajak-Größen, inkl. Weltmeister. Auch einen (nicht dichtenden) Friseurweltmeister gibt es. Wenn es nun scheint, dass Steyr eine (Forellen, Russen) Fisch- und Weckerl-Stadt ist (Schnittpunkt aller Koordinaten: das *Mütter-Weckerl),* so sei doch noch auf die weit gerühmten Wurstspezialitäten vom Zellinger hingewiesen, eine besondere Delikatesse ist der *Käsetaler.*

Beim Spatenstich zum BMW-Werk habe ich mit der Stadtkapelle gespielt. Bruno Kreisky hat geredet, ich habe ihn ganz aus der Nähe gesehen, wie einmal auch am 1. Mai. Früher haben wir dort Junikäfer gefangen.

Josef Werndl ist der Pionier von Steyr. Er sorgte im 19. Jahrhundert für Hinterladergewehre und sehr frühe Elektrifizierung. Und er hat Wohnungen für seine Arbeiter und die Schwimmschule für deren Kinder gebaut. Bruckner war oft bei Familie Werndl in Unterhimmel zu Gast, und es gab regelmäßig *ein Bouillon mit Nudeln.* Auf dem Werndldenkmal steht »Arbeit ehrt«.

Steyr war immer schon innovativ.

Seinen gut organisierten Fuhrleuten verdankt es Steyr, dass die Westbahn im zwanzig Kilometer entfernten St. Valentin vorbeifährt. Leider auch die Autobahn.

Steyr ist keine: Schubertstadt, Brucknerstadt.

Steyr ist *ein starkes Stück Stadt.*

9

Mein Vater war Betriebselektriker in den Steyr-Werken. Daheim hat er gern gesungen. Aber nur daheim. Er hat mir von Fritz Wunderlich erzählt, vielleicht habe ich ihn mir gemerkt, weil er ihm irgendwie ähnlich geschaut hat (auch er ist um 1935 geboren). Meine Erinnerungen gehen aber nur bis zur Mondlandung zurück, ich war ziemlich genau vier Jahre, und *Luis* Armstrong war lustiger als der *Austronaut.* Also habe ich später, als wir dann einen Fernseher hatten, mit Anneliese Rothenberger und Rudolf Schock Bekanntschaft gemacht. Und *Erkennen Sie die Melodie,* jeder Kandidat hat genau entsprechend seinem Fach (Oper–Operette–Musical) ausgeschaut. So lernte ich, dass Ernste (Papa sagte: *Schwere) Musik* wirklich sehr ernst und natürlich schwer sein muss. Auch beim *heiteren Beruferaten* mit Robert Lembke mussten zumindest die Männer, Hans (Oberstaatsanwalt) und Guido (Ratefuchs), sehr ernst sein. Im Jahr 2000 würde ich fünfunddreißig sein und ernst, am besten mit einer dicken Hornbrille.

10
Gesungen habe ich schon immer. Meine Eltern wollten mich aber nicht zu den Florianer Sängerknaben lassen. Es war mir auch recht so. Das berühmteste Werk Schuberts dürfte im katholischen Österreich wohl die *Deutsche Messe,* D.872, GL802 sein. Abgesehen davon habe ich noch den *Lindenbaum* und *Guten Morgen, schöne Müllerin* gehört, am Sonntag vormittag bei Heinz Conrads (meine Oma hat *Konrad* gesagt). Da habe ich auch das Wort *Kammersänger* gelernt.

11
Seit der Erstkommunion habe ich ministriert. Saisonal war ich auch als Sternsinger beschäftigt. Bei der Messe war ich bald Vorsänger, Vorbeter, Vorleser. Von unserem Kaplan habe ich mir abgeschaut, wie man die Leute zum Zuhören bringt. Zeit lassen. Augenkontakt. Ruhig, nicht zu laut sprechen. Mich hat fasziniert, dass dem Zelebranten gewisse Texte und Handlungen vorbehalten sind. *Derherrseimiteuch.* Und die Position im Schnittpunkt der Raumachsen. (Als Bub habe ich das natürlich noch nicht so analysiert, aber irgendwie habe ich es gewusst.)
Natürlich wollte ich als Bub Priester werden. Als Bub.

12
Dann haben wir die *Gardenschlauch Jazzband* gegründet. Alter Jazz, hart an den Grenzen der spieltechnischen Möglichkeiten. Bei den Mädchen ist das nicht so hoch im Kurs gestanden wie eine Rockband, trotz langer Haare. *Der Künstler erlebt seine ersten großen Einsamkeiten.* Nach Graz, ein Jahr Theologie, dabei hineinschnuppern

in die Jazzabteilung. *Graz hat's*. Dann Linz, Militärmusik. Und dann endlich das Jazzstudium, Posaune, auch etwas Stimme. Fortschreitendes Abweichen vom Kanon, 1990 Abschluss als Dissident. Ernst bin ich bis heute nicht geworden. Und ich kann sogar das ganz klein Gedruckte auf den Fünfhundertern und Tausendern lesen, ohne Lupe.

13
Wir wissen nicht, ob Louis Armstrong, John Coltrane, Miles Davis, Duke Ellington, Ella Fitzgerald, Charles Mingus oder Charlie Parker (um einige zu nennen) eine besondere Verbindung mit dem südlichen Oberösterreich hatten. Von Schubert und Bruckner, aber auch von Mahler wird dies zumindest berichtet.

14
Vielleicht habe ich mir das Solospielen in der Kirche von unserem Kaplan abgeschaut. Es hat sich halt so ergeben, dass es die Mitte meiner künstlerischen Arbeit darstellt. Notwendigerweise beziehe ich mich auf Traditionen, ich kann mir nichts überstülpen, es würde mich einengen. Meine Vorfahren waren weder – je nach aktueller Mode und Kurswert – Baumwollpflücker in den Südstaaten noch sibirische Schamanen. Ich verwende auch kein Didgeridoo. Anders gesagt: Ravel schaut in *La Valse* vom Eiffelturm nach Wien. Er gibt nicht vor, im Riesenrad zu sitzen, es wäre ja auch wirklich eine Anmaßung. Ob ich will oder nicht: Die einzige Tradition, bei der ich überhaupt die Chance habe, sie annähernd authentisch zu verstehen, ist die, in die ich – ziemlich unbemerkt, siehe oben – hineingeboren wurde. Auf ihr baue ich auf, differenzierend, freundlich-kritisch, ganz sicher nicht hurra-patriotisch, so hoffe ich. Gerne lasse ich mich jedoch auch von außen beeinflussen. Wozu hätte ich denn schließlich Jazz (oder was man dafür hielt) studiert und mich mit außereuropäischer und inneralpiner Musik beschäftigt?

15
Mein Hauptinstrument, die Posaune, besitzt ein kaum ernst zu nehmendes klassisch-romantisches Repertoire, vieles klingt wie schlechte

Marschmusik. Ich betrachte diesen Umstand als Vorteil, denn ausbildungsbedingtes Erschaudernmüssen vor ihr gewidmeten Meisterwerken kenne ich nicht. Natürlich gibt es auch schöne, sehr schöne Orchesterstellen sogar. Aber, um bei Ravel zu bleiben: Den *Bolero* spielen andere auch.

16
Wenn die Werke nicht zu mir kommen, muss ich eben zu ihnen. Im Jazz ist es selbstverständlich, Standards individuell zu interpretieren. Meine heißen aber nicht *Stella by Starlight* oder *Autumn Leaves*. Warum also nicht die *Zweite Mahler*, *Triadic Memories* oder das *Musikalische Opfer*?

»Wieder ist es hier für mich sehr störend, daß ich auch in die Musikwissenschaft niemals ernstlich eingedrungen bin und mich in dieser Hinsicht bei weitem nicht einmal zu den von der Wissenschaft immer besonders verachteten Halbgebildeten rechnen kann. Dies muß mir immer gegenwärtig bleiben. Vor einem Gelehrten würde ich, ich habe leider dafür Beweise, auch in der leichtesten wissenschaftlichen Prüfung sehr schlecht bestehen. (...) Das alles gestehe ich mir offen ein, sogar mit einer gewissen Freude. Denn der tiefere Grund meiner wissenschaftlichen Unfähigkeit scheint mir ein Instinkt und wahrlich kein schlechter Instinkt zu sein.« (Franz Kafka, Forschungen eines Hundes, 1922)

Ich *darf* mich treffende Werke weiter improvisieren, weiter (ver)dichten, weiter führen, weiter fühlen.

17
Hier handelt es sich um Schuberts *Winterreise*.

Canetti würde es einen *Stachel* nennen. *Fühlst in der Still erst deinen Wurm.* Hineinträumen, den Stachel umdrehen. *Nur weiter denn, nur weiter.* Enge gibt es genug auf dem Schulweg, und das Lernen hört nie auf.

18
Tradition, heißt es (etwa beim Spot des *Filmarchiv Austria* vor jedem Programm der Laurel & Hardy Retrospektive; mittlerweile

weiß ich, dass dieser Spruch von Gustav Mahler überliefert wird, vielleicht ist er auch von jemand anderem), Tradition ist die Weitergabe des Feuers und nicht die Anbetung der Asche.

Ich bin kein im klassischen Sinn ausgebildeter und agierender Vokalist. Posaune und Euphonium sind zu Körperteilen geworden. Ich antworte dem Ruf von Schuberts Musik und Müllers kraftlosem Helden mit meinen heutigen, sehr persönlichen, vielleicht auch verstörenden Sprachen. Im Idealfall ohne Scheu, Hemmungen oder vorauseilende Selbstzensur. Es ist meine mir mögliche und notwendige Hommage an die Winterreise, Schubert, Müller, Patzak, Louis Armstrong, Hotter, Prégardien, Hampson, Quasthoff, Fischer-Dieskau, Chet Baker, Wunderlich...

19
Manches kann durchaus fix vorbereitet sein. Dann ist es wieder möglich, dass mich eine Sequenz, ein Parameter, besonders interessiert, den picke ich mir dann heraus, scheinbar (oder tatsächlich) willkürlich. Ich neige auch dazu, mich selbst zu überraschen. Assoziationen können sehr weit weg führen, scheinbar (oder tatsächlich).

20
Ich bin Amateur. Und Dilettant.
»Eine Nuß aufknacken ist wahrhaftig keine Kunst, deshalb wird es auch niemand wagen, ein Publikum zusammenzurufen und vor ihm, um es zu unterhalten, Nüsse knacken. Tut er es dennoch und gelingt seine Absicht, dann kann es sich eben doch nicht nur um bloßes Nüsseknacken handeln. Oder es handelt sich um Nüsseknacken, aber es stellt sich heraus, daß wir über diese Kunst hinweggesehen haben, weil wir sie glatt beherrschen, und daß uns dieser neue Nußknacker erst ihr eigentliches Wesen zeigt, wobei es dann für die Wirkung sogar nützlich sein könnte, wenn er etwas weniger tüchtig im Nüsseknacken ist als die Mehrzahl von uns.« (Franz Kafka, Josefine, die Sängerin oder Das Volk der Mäuse; Kafkas letztes Werk, März 1924)

21
Ich habe mich schon öfter gefragt, wie es gekommen ist, dass ausgerechnet in Vorarlberg die Schubertiade gegründet wurde. In Steyr ist das bis vor ein paar Jahren niemandem eingefallen. Aber das passt schon so.

22
Wien ist anders.
Durch mein Aufwachsen in Steyr und die Studienzeit in Graz bin ich gut vorbereitet worden: Alles wird multipliziert, mal, sagen wir 20 (Steyr) oder 7 (Graz).
Und statt der Stadtkapelle gibt es die Philharmoniker.

23
Wer allein in der Badewanne singt, hört innerlich das ganze Orchester, kein Instrument geht ihm ab. Meine Badewanne steht auf der Bühne, ein sehr intimer Vorgang.

24
Im Winter, schätzt man, leben in Wien etwa 300.000 Saatkrähen.

Fröhlich, glatt und freundlich

Herbert Pauli

Von drüben die Bauern

Während Benzin in den Tank meines Autos rinnt, das eintönige Summen der Pumpe die Musik dazu abgibt, lasse ich den Blick über die Landschaft wandern. Vor mir zeichnet der Ramingbach dem gleichnamigen Tal die Linie vor. Auf den Hängen verstreut die Vierkanter. Dort, wo das Tal in einen Kessel mündet, wachsen aus dem Dunst und dem vielen Grün Kirchtürme, Flachdächer, Fabrikschlote. Die Vierkanter werden allmählich von Siedlungshäusern abgelöst, die weiter unten mit den Betriebsanlagen und Wohnblöcken der Stadt verschmelzen. Irgendwo davor müsste die Grenze sein. Aber nichts. Kein Zaun, keine Furche, nicht einmal eine Baumzeile deutet darauf hin, dass hier ein Bundesland von einem anderen getrennt ist. Wieder einmal wird mir bewusst, dass Grenzen im Kopf gezogen werden.

In dieser Gegend haben sich Ende des sechzehnten Jahrhunderts die aufständischen Bauern aus dem Land unter der Enns gesammelt. Dem Tasch aus Pettenbach sind sie zu Hilfe geeilt. Er hat mit seinen Leuten die Stadt am linken Ennsufer und an beiden Ufern der Steyr umschlossen. Sie, die Niederösterreicher, sind auf dem Wachtberg gestanden, haben auch die anderen Höhen rund um Steyr am rechten Ufer der Enns besetzt. So war die ganze Stadt vom Bauernheer eingeschlossen. Vielleicht ist einer der Aufständischen da gestanden, wo ich gerade stehe, zwischen Autoheck und Zapfsäule. Wahrscheinlich hat er von der Stadt nur den Turm der Burg gesehen. Nicht die Türme der Michaelerkirche, die erst später gebaut wurde. Unter Umständen den Turm des Tabor-Friedhofs, nur wenige Jahre zuvor errichtet. Jedenfalls die Burg, in der Ludwig von Starhemberg sitzt. Starhemberg, der nach Meinung der Bauern Schuld daran ist, dass zwei Bauern zu Tode gekommen sind. Es sei eine raue Zeit gewesen damals, sagt man. Um wie viel sanfter soll unsere sein? Rau ist sie immer noch, nur anders. Vom Kopfabschlagen, Ohrenabschneiden, Vierteilen und Aufhängen sind die Herrschenden abgekommen, wenigstens hierzulande, aber die Bräuche sind immer noch grausam.

Still und heimlich habe er die beiden hinrichten und in der Saaß begraben lassen, der Starhemberg. Sie, die zur Musterung des fünften Mannes in die Burg von Steyr zitiert worden waren, als Untertanen der Herrschaft Steyr und der Stifte Garsten und Gleink. Zahlreiche Holden aus dem Niederösterreichischen zwischen Enns und Ybbs waren diesen Grundobrigkeiten verpflichtet. Fünfhundert Mann im Burghof, nicht gerade zum Vergnügen hierher gekommen. Sie hätten keine Referenz gemacht und nicht an den Hut gegriffen, eine Ungehörigkeit, die den Burgherrn gleich hatte zornig werden lassen. Erst wenn die Obrigkeit vorausziehe gegen die Türken, wollten sie sich für den Zug fertig halten, die Untertanen. Und so schaukelte sich eins gegen das andere auf. Schließlich gingen sie auf den Starhemberg los, mit Hackeln, wie es heißt. Sie verletzten ihn, nicht körperlich, aber in seiner Ehre. Er ließ die Tore schließen, damit waren die Bauern gefangen. Die Bürgerwehr sei ihm zu Hilfe gekommen, am nächsten Morgen. Was blieb den Bauern übrig, als die beiden tätlich Gewordenen auszuliefern und selber zur Musterung zu gehen. Die Hinrichtung der handgreiflich gewordenen Bauern sei auf ausdrücklichen Befehl Kaiser Rudolfs II. geschehen, der sich in der Person des Burggrafen persönlich verletzt gefühlt habe. Das Blut sei aus der Erde hervorgequollen, in der sie verscharrt worden waren. Ein untrügliches Zeichen für die Unschuld der beiden: Bauernopfer im wahren Wortsinn.

Das Schnappen des Einfüllstutzens holt mich zurück in die Gegenwart. Die Technik hat mich vor dem Überschwappen des Treibstoffes bewahrt, und ich denke an das aus der Erde sprudelnde Blut.

Vom Wachtberg hinunter eine breite Straße, die früher schmal und von Obstbäumen gesäumt ins Tal geführt hat. Vorbei an den

Gebäuden der einstigen Steyr-Werke, in denen auch viele Menschen aus dem angrenzenden Niederösterreich gearbeitet haben. Wer damals hier untergekommen ist, hatte gleichsam das Glückslos gezogen. Wer weiß, wie viele Bauernhöfe nur deshalb weiter bestehen konnten, weil ihre Besitzer das Geld beim Montieren von Traktoren verdienten. Von der Brücke mit den Eisenstreben, über die einst der Verkehr in die Stadt gerollt ist, ist nur eine Art Balkon am Neutor übrig geblieben. Über die neue Brücke ein paar Meter flussaufwärts fahre ich ans andere Ufer, dann hinauf zur Tomitzstraße und nach rechts Richtung Werndldenkmal. Hier habe ich noch immer einen Parkplatz gefunden. Diesmal gleich neben dem Denkmal, gebührenfrei. Ich steige aus und mache mich auf den Weg zum Stadtplatz. Dort, wo einmal die Stadtmauer vor Feinden Schutz gewähren sollte, sind die Reste eines Wehrganges zu sehen. Er ist kaum noch als solcher zu erkennen, es bedarf eines scharfen Blicks, meistens eile ich achtlos daran vorbei. Heute will ich über die Mayr-Stiege auf den Platz gelangen. Als ich in die Berggasse einbiege, fällt mir ein, dass ich hier einmal mit meiner Super-8-Kamera gefilmt habe. Ein Marsch durch die Berggasse zu den Klängen der Pat Metheny Group, ein schräger Marsch, doppelt verfremdet durch meine Zeichen, die ich nachträglich mit Filzstiften auf den Film aufgetragen, die Bilder gleichsam zerstört habe. Die alten Häuser im Hintergrund, vor dem die Striche tanzen. Die dichte Atmosphäre dieser Straße lässt sich nicht zerstören, auch nicht durch einen Film. Ich nehme nicht die Mayr-Stiege, sondern entscheide mich dafür, die Berggasse entlangzulaufen. Ich lasse mir Zeit, um mir die Häuser anzusehen, jedes einzeln. Jene Wehmut, nein, jene Ehrfurcht überkommt mich, die ich immer dann verspüre, wenn ich vor alten Gebäuden stehe, sie betrachte, in sie eindringe. Hier sind vor hunderten von Jahren schon Menschen gegangen, gestanden, gesessen. Sie haben gelacht, geweint, geliebt, gehasst. Glück und Unglück erlebt, Freude geteilt, Hass empfunden, Schlimmes erlitten. Vom Stadtplatz dringt ein Geräuschdschungel herauf, typisch für den Lärm jeder Stadt, nur wenige Meter davon entfernt aber, durch die Häuser abgeschirmt, nehme ich die Töne gedämpft wahr, komme mir vor wie in einem

Hof, der inmitten des Trubels nur wenige Laute zulässt, gerade genug, um die Welt rundum nicht vergessen zu lassen. Nach ein paar Schritten weitet sich die Gasse zu einem kleinen Platz, ein Brunnen steht da, achteckig eingefasst, aus dessen Mitte ein Podest wächst, eine Marienstatue darauf. Ich vermute, dass der Brunnen errichtet wurde, als nebenan das Kloster der Augustinerinnen von der Verkündigung Mariens bestanden hat. Die Straße wird wieder eng. Nach einem winzigen Vorgarten könnte ich über die Schulstiege hinunter zum Stadtplatz gehen. Wieder entscheide ich mich gegen die ursprüngliche Absicht und schlendere weiter, dem Schloss zu. Vorbei am Denkmal für die verbrannten Waldenser, hinüber zur ehemaligen Burg.

Schon stehe ich im unregelmäßigen Geviert des Schlosshofes. Nichts mehr ist vom Straßenlärm aus der Stadt zu hören. Hingegen scheint mir, dass ich jenes Stimmengewirr höre, das damals hier geherrscht haben mag, als die Bauern, eingeschlossen vom Burgherrn, den Fortgang der Geschichte abwarten mussten. Ängstlich die einen, zornentbrannt und zum Widerstand bereit die anderen. Durch das Los dazu bestimmt, gegen den Türken ziehen zu müssen, standen sie da und wussten nicht, welche Strafe der Burgherr über sie verhängen werde. Ungebührlich sei ihr Verhalten gewesen. Aber was war die Weigerung, sich an den Hut zu greifen, verglichen mit dem jahrelang erlittenen Unrecht? Einst besessene Rechte waren ihnen von den Schlossherren und Äbten genommen worden. Die Last der Abgaben, vervielfacht durch die so genannte Türkensteuer, von der Obrigkeit an die Untertanen weitergegeben. Nicht allein die Rüststeuer, viel belastender war die Blutsteuer. Der Bauer musste gegen den Türken ziehen, Leib und Leben im Kampf riskieren, ausgerüstet und verpflegt von den Daheimgebliebenen. Woher nehmen, noch dazu, wenn zumindest einer bei der Arbeit auf dem Hof fehlte? Und die Herren saßen in ihren Burgen und Schlössern, und in den Klöstern.

Den Rest des Tages und die ganze Nacht blieben sie im Burghof gefangen, gefangen auch im Ungewissen. Die einen dämmerten vor sich hin, die anderen hofften gottergeben, wieder andere wollten aufbegehren. Aber alle waren Gefangene nicht nur im wörtlichen

Sinn, gefangen waren sie auch im Netz der Abhängigkeit, der Unterdrückung, der fehlenden Perspektive. Die Sonne ist inzwischen hinter dem Dach des Schlosses verschwunden. Im Dämmerlicht erscheinen mir die Skulpturen der Zwerge im Hof wie zu Stein erstarrte Bauern von damals. Sie sind mir vorangegangen, haben gekämpft oder sind zu Kreuz gekrochen. Was lerne ich daraus, für mein Leben? Hilft es zu wissen, dass eine Spur von damals ins Heute führt? Am liebsten würde ich diese Fragen von mir weisen. Und mich endlich aufmachen, auf den Weg zum Stadtplatz. Es sind nur ein paar Schritte. Aber für meine Erledigungen in der Stadt ist es ohnehin zu spät.

Peter Landerl
Heimkommen

Der Sturm auf der Autobahn wurde immer unbändiger, ein böiger Südwind von den Alpen her, der das Fahren erschwerte. Ständige Warnungen vor Gewittern und Hagel, der schwüle Wind trieb Kopfweh unter die Leute. Dann die Radiomeldung, der Bundespräsident liege auf der Intensivstation, habe zwei Herzstillstände erlitten und sei wiederbelebt worden, aber in einem sehr kritischen Zustand. Die übliche Sommerkatastrophe, wenn ich im Juli oder August für einige Wochen nach Steyr kam. Vor einigen Jahren das Grubenunglück in Lassing, dann das katastrophale Hochwasser, die Jahrhundertflut, wie die Zeitungen geschrieben hatten, dieses Mal der Bundespräsident. Jahr für Jahr gebannt vor dem Fernseher im Wohnzimmer der Eltern, Sondersendungen verfolgend.

In Haag von der Autobahn ab, auf der Bundesstraße durch das hügelige Mostviertel. Eine Weile ungeduldig hinter einem langsamen und stinkenden Viehtransporter, dann, endlich, am Wachtberg, der noch in Niederösterreich liegt, ausgekuppelt und das Auto den Berg runterlaufen lassen. Es ist wie ein Hinunterfallen in die Stadt, ein Vierkanter tief unten links der Straße, dann vor dem Kreisverkehr hart gebremst, am Kugellagerwerk vorbei. Bei der Kreuzung links abgebogen, dann der Enns entlang flussaufwärts Richtung Zentrum, die zwei hohen Fabriksschlote, und schließlich der Blick, auf vielen Postkarten und Bildern festgehalten: die Michaelerkirche, das Schloss Lamberg im Zentrum über dem Zusammenfluss der trüben Enns und der klaren Steyr, malerisch, berührend. Wieder da sein.

Öfter als von der Autobahn bin ich als Student von Wien mit dem Zug über St. Valentin gekommen, in die lange Rechtskurve eingebogen, wo der Zug sich gefährlich schräg zur gestauten Enns hinneigt. Ob der Freund, der sich während meiner Schulzeit in den Fluss geworfen hat, da noch irgendwo treibt? Gefunden wurde er nie. Durch den stockenden Nachmittagsverkehr zum Haus der Eltern. Umarmungen. Im Haus war es kalt. Wir tranken Wein. Am nächsten Morgen barocke Wolkenbäusche in geringer Höhe, wie Tuchenten lagen sie über dem Steyrtal, 13 Grad zeigte das Thermometer Anfang Juli. In den Feldern standen Wasserlacken. Die Erde trocknete nicht. Die Wintergerste war noch nicht geerntet, die Tomaten in den vielen Gärten wuchsen kaum.

Vom Nachbarhaus her hörte man ein geschäftiges Hämmern. Die Siedlung wird ständig erweitert, bei jedem Heimkommen ein neuer Rohbau, Mischmaschinen, Sandhaufen, Maurer und Zimmerleute, neue Nachbarn. Die Hecken sind akkurat und präzise geschnitten, wie mit dem Lineal gezogen, die Rasenflächen kurz geschoren, sterile Natur. Es scheint, als würden alle in der Siedlung an einem Reinlichkeitswettbewerb teilnehmen und mit unerbittlicher Vehemenz den Sieg erringen wollen.

Das Grün spross wie verrückt in diesem verregneten Sommer, saftig und schmatzend, und ging mir in seiner Üppigkeit auf die Nerven. Ein Fluch, der über mir und der Stadt hängt: Das Heimkommen meistens eines in die Nässe, unter einen verhangenen Himmel, die Regentropfen kleine persönliche Angriffe, Nadelstiche. Die Regenschauer, die sich festsetzten, lange, kräftig und ausdauernd, und schon viele Wochenendpläne zunichte gemacht hatten. Im Regen leert sich der Hauptplatz, verliert sich in seiner Weite. Steyr lacht selten. Wenn aber, dann unwiderstehlich.

Nach dem Frühstück in die Stadt, wie immer beim Vorwärts-Stadion geparkt, das ja kein eigentliches Stadion, sondern ein Fußballplatz mit Tribünen ist, Treffpunkt beim dritten Baum von links. Ich erinnere mich nicht, auch nur eine einzige langweilige Partie von Vorwärts gesehen zu haben. Meistens wurde drauflosgestürmt, ab und zu gewonnen, öfter aber mit fliegenden Fahnen ins Debakel gerannt. Das letzte Spiel, das ich sah, ein 3:3 gegen Rapid, dann der Konkurs, der sehr wehtat. Jetzt muss sich Vorwärts nach der Neugründung auf niedrigstem Niveau mit den Dorfmannschaften der Umgebung messen.

Imponiert hat mir Kurt Hochedlinger, der eiserne Kurt, Libero und Kapitän der Mannschaft, der vormittags in den Steyr-Werken arbeitete und nachmittags zum Training ging, ein Amateur in der Bundesliga, den ich einmal im Sommer, als ich im Werk arbeitete, in die Schicht gehen sah. Damals, Ende der 1980er Jahre, gab es wenig zu tun, die Steyr-Werke wurden zerstückelt und verkauft, viele Arbeiter verloren ihren Job, die anderen fürchteten die Entlassung. Apathie und Angst hatten sich neben dem kalten Geruch nach Schmieröl in den alten Hallen festgesetzt. Ich langweilte mich mit den anderen Arbeitern. Auch sie wussten mit ihrer Zeit nichts anzufangen, kosteten jede noch so kleine Tätigkeit möglichst lange aus, spazierten zu den anderen Abteilungen. Ich ging mit einem alten Arbeiter, der mir als Vorarbeiter zugewiesen worden war, dreimal am Tag auf einen Kaffee. Ein hilfloser Mensch, dick und ängstlich, weinerlich, verheiratet, aber kinderlos, der ständig Schnupftabak nahm, mir auch welchen anbot und einmal traurig zu mir sagte: »Wenn ich einen Sohn hätte, dann wäre er jetzt in deinem Alter. Das wäre schön.« In diesen beiden Sätzen, die ich diesem schwachen, abhängigen Körper, der keine zwei Stunden ohne seinen Tabak aushielt, nicht zugetraut hätte, lagen viel Zuneigung und Gefühl und noch größere Enttäuschung.

Ich erinnere mich, als Kind mit dem Nachbarn, der damals in den Steyr-Werken arbeitete, an einem Sonntag die Sprengung eines hohen Fabrikschlots beim Hauptwerk beobachtet zu haben. Oder waren es mehrere?

Jede Rückkehr entfernt ein bisschen weiter, geschlossene Lokale und Geschäfte und einige neu eröffnete. Gesichter, die man nicht mehr kennt. Bekannte, die man nicht mehr trifft. Zunehmende Distanz zu den Leuten, das Auf-sie-Zugehen wird schwieriger. Kleinigkeiten, die sich verändert haben und die Entfremdung anzeigen. Die selbstverständliche Vertrautheit ist verloren.

Ich ging zu Fuß zum Lokalbahnhof, fand den Waggon, den man, wenn man mit dem Auto in den Tunnel einfährt, oberhalb stehen sieht. Als Kind habe ich immer geglaubt, es sei der aus dem *Fliegenden Klassenzimmer* von Erich Kästner, und ich habe mir eingebildet, dass der Roman, mein Lieblingskinderbuch, in Steyr gespielt haben musste. Ein Bubentraum, der mich nicht verließ.

Die alten Geleise der Steyrtalbahn unterhalb von Christkindl, bei Unterhimmel, ging ich einen Samstagvormittag entlang nach Sierning, Mechanik und Werkzeugkunde schwänzend. Ich liebe Schienen, weil sie wegführen, bin keiner Menschenseele begegnet, bis ich bei der Neuzeuger Brücke angelangt war.

Im Wehrgraben da und dort noch Spuren des großen Hochwassers. In Steyrdorf die schwere Tür zum Dunklhof geöffnet, lange war ich nicht dort gewesen, eine Weile im Hof gesessen und geschaut. Zum Roten Brunnen. Das Plattengeschäft in einem anderen Gebäude. Einen Großteil meines Taschengeldes habe ich samstags nach der Schule in dieses Geschäft getragen. Die Kirchengasse runter, über die Brücke und durch die Enge auf den Stadtplatz.

Vom Regen bin ich nach der Schule oft in die Kaffeehäuser geflüchtet, ins Arabia und später dann ins noblere Rahofer, trank einen Verlängerten, las Zeitungen. Beobachtete die pensionierte Lehrerin, die oft schon am Vormittag mehrere Viertel Rotwein trank, noch Jahre nach ihrer Pensionierung den Frust und die Demütigungen einsichtsloser Halbwüchsiger runterzuspülen versuchte und dabei, drei, vier Zeitungen lesend, die Neuigkeiten aus aller Welt verdaute. Einmal hab ich mit ihr gesprochen: »Perlen vor die Säue werfen«, so hat sie das Unterrichten bezeichnet. Ich liebte die Anwesenheit zweier junger Schachspieler, die jeden Samstagnachmittag in größter Aufmerksamkeit und Vertrautheit ruhig ihre Partien spielten und plötzlich nicht mehr kamen, woran ich mich nur schwer gewöhnte, wechselte abends ins Café Treff am Ennskai, wo ich oft einen älteren Mann mit dichtem schwarzen Schnurrbart beobachtete, der immer allein an der Theke lehnte, den ich hundertmal ansprechen wollte, es aber nie fertig brachte. Aus Angst vor seiner Geschichte, die er mir vielleicht erzählt hätte? Beim Eingang ein Bild oder ein Plakat, ich erinnere mich nicht genau, von Dora Dunkl, der Rauch hatte es altern lassen. Ein Bild, an dem ich mich aufrichtete, weil es einen Weg zeigte, weg von den ungeliebten Werkbänken, scharfkantigen Blechen und kalten Fräsmaschinen der HTL-Werkstätten.

Das Treff der Gegenort, der Gegenentwurf, die Höhle. Unten am Ennskai mächtige Stahltüren, mit Gummidichtungen versehen. Ich griff sie an, fühlte, fragte mich, ob sie einem so verheerenden Hochwasser wie vor zwei Jahren standhalten würden.

Die Wochen währende Vorfreude auf das Heimkommen, die sich unmittelbar vorher in Angst und Unbehagen wandelt. Stets die Frage im Kopf, ob man mich noch kennt, ob ich mich an die Namen noch erinnere, Gesichter vergesse ich nie.

Es ist leichter, durch fremde Städte zu gehen als durch nur mehr halb vertraute.

Mit neunzehn vom roten Steyr ins rote Wien, das hat mich beruhigt, und an den Wochenenden zurück nach Steyr, um die Konzerte im Kraftwerk, einem verrauchten Kellerlokal, und später im Kulturzentrum röd@ zu hören. Mit den Jahren aber immer weniger oft zurückgekommen und jetzt noch weiter weg lebend und darum noch seltener in der Stadt. Stolz bin ich, wenn ich auf Ämtern nach meinem Geburtsort gefragt werde und Steyr angebe, den Beamten von der Stadt erzähle, einen Besuch empfehle.

In der HTL war ich seit der Matura nicht mehr, keinen Schritt reingetan. Ich schaffe es nicht, die Schulzeit zu verklären. Schuld daran ist neben anderen der kleine Abteilungsvorstand mit dem Pedantenbart, der uns am ersten Tag, das Abmeldeformular in der linken Hand drohend schwenkend, in seiner Begrüßung prophezeite, dass wir uns den Ingenieurtitel blutig erkämpfen werden müssten, verhärtet und vereist, und tatsächlich machten uns die meisten Lehrer die Schulzeit so schwer wie möglich, Knüppel vor die Füße, in militärischem Drill, Gehorsam und Disziplin, darauf aus, uns zu brechen. Ihre Haltungen und Denkweisen fand ich später in den Offiziersfiguren der Romane von Joseph Roth wieder. Meine langen Haare machten immer Probleme. Gott-Kupfer-Gestalten, engstirnig und unreflektiert, die ich hasste und verachtete. Nur wenige gab es, die ich verehrte, die Deutsch- und Englischprofessorin und den Geografielehrer. Ich achtete den strengen, dabei verständnisvollen blonden Maschinenbaulehrer, der seine Tätowierung auf dem Unterarm durch das Tragen von langärmeligen Hemden zu verbergen versuchte. Ein anderer, heute sicher schon über siebzig, schickte schlecht rasierte Schüler zum Rasieren nach Hause und trug ihnen dafür ein *Nicht genügend* ein. Ein anderer riss einen Mitschüler so stark am Ohr, dass er blutete. In der Schmiedewerkstätte der Lehrer mit der rauen Stimme, der die glühenden Kohlen mit der bloßen Hand anfasste, sich seine Zigaretten damit anzündete, mittags Most trank und nachmittags Fußtritte austeilte, uns die kurzen Eisenstücke zum Schmieden gab, die vorne glühen mussten und darum am hinteren Ende, dort, wo wir sie anfassten, immer noch zu heiß waren, sodass wir jeden Donnerstagabend mit Brandblasen an den Händen in den Schulbus stiegen und am nächsten Tag im Fach *Konstruktionsübungen* die Tuschestifte kaum ruhig führen konnten. Sätze wie:»Gott ist sehr gut, ich bin gut, Sie sind höchstens befriedigend.« Das zynische Lächeln, wenn die mit *Nicht genügend* beurteilten Arbeiten zurückgegeben wurden. Aber das war früher. Heute, mit dem neuen Direktor und dem neuen Abteilungsvorstand, sei es viel besser, hört man. Die Quäler sind in Pension oder tot.

Lieber in eine Buchhandlung. In Ennsthalers Antiquariat im Hinterhof gestöbert und ein Buch von Adolf Holl gefunden, ein Taschenbuch aus den 1980er Jahren mit dem Titel *Mystik für Anfänger*:»Das Erste, was die Anfänger lernen müssen, ist Rücksichtslosigkeit.« Das gefällt mir. Ich bezahle zwei Euro, aber das Buch ist eigentlich viel mehr wert.

Die Fleischhauerei Schodl gibt es nicht mehr. Die weiße Gräfin, eine immer weiß gekleidete alte Frau, dreht sie noch ihre Runden?

Beim Schmollgruberhaus biege ich zur Stadtpfarrkirche hinauf. In der Gasse treffe ich einen früheren Arbeitskollegen, grüße ihn, frage, wie es ihm geht.»Naja, nicht so gut«, sagt er zögernd, dann zeigt er mir plötzlich zwei lange Narben am Hals:»Krebs.« Verlegen und geschockt stammle ich Besserungswünsche, drücke beim Abschied fest seine Hand.

Daheim lese ich im neu erstandenen Buch. Es ist schwer, einen leeren weißen Zettel im Haus der Eltern zu finden, um zu schreiben, den Sätzen, die beim Lesen im Kopf entstehen, Form zu geben. Ein Haus ohne Papier, ein Leben ohne Schrift. Im Wohnzimmerschrank keine Literatur, sondern ein kostbares zwanzigbändiges Lexikon, über Jahre hinweg vierteljährlich von der Donauland-Vertreterin gebracht. Man merkt ihm den Aktualitätsverlust immer mehr an. Viele Kochbücher, Bildbände, angeschaut nur, durchgeblättert, nicht gelesen. Ein anderes Denken. Eine andere Welt.

Abends mit alten Freunden im Gasthaus Knapp am Eck, Tratsch bei Eiernockerl und Bier. Wer hat geheiratet? Wer ein Kind bekommen? Urlaubspläne, Arbeitserlebnisse. Der Dialekt warm, herzlich, er wirkt ein bisschen hausbacken. Noch immer denke, fühle und träume ich im Steyrer Dialekt, ist er meine Heimat, die ich überallhin mitnehme, obwohl ich ihn immer seltener verwenden kann.

Mittwochmorgen. Der Bundespräsident ist in der Nacht verstorben. Eine Sondersendung auf ORF 2, danach wird ein von Herbert von Karajan dirigiertes, wohl schon über zwanzig Jahre altes Requiem ausgestrahlt. Ich trete auf den nassen Balkon, zünde mir eine französische Zigarette an, friere. Es ist noch immer kühl. Ich schaue auf die Steyr. Ihr Wasserspiegel ist gestiegen.

Karin Fleischanderl

Meine Steyrer Verwandten

Ich habe eine fixe Idee. Ich möchte von meinen Steyrer Verwandten auf einen Kaffee oder ein Glas Wein eingeladen werden. Meine Mutter stammt aus einer kinderreichen Familie, und meine Steyrer Verwandten besitzen allesamt schöne Häuser inmitten großer, parkähnlicher Gärten. Ich wünsche mir, meine Steyrer Verwandten würden mich einladen und mir in ihrem vom Tischler eben erst eingerichteten Wohnzimmer oder im Garten unter einem schattigen Baum einen Kaffee oder ein Glas Wein servieren. Aber meine Steyrer Verwandten denken nicht daran, mich einzuladen. Meine Steyrer Verwandten trinken ihren Kaffee und ihr Glas Wein am liebsten allein, es reicht ihnen völlig, dass sie und mit ihnen alle Steyrer wissen, dass sie sich ein schönes Haus in einem parkähnlichen Garten mit einem schmucken schmiedeeisernen Zaun rundherum gebaut haben. Es genügt ihnen völlig, dass die Steyrer Spaziergänger an ihren Häusern vorbeigehen und sie bewundern, wozu sollten sie sie da auch noch von innen besichtigen und sich womöglich gar den Dreck von der Straße hineintragen lassen?

Aus den Erzählungen meiner bereits verstorbenen Eltern weiß ich, dass meine Steyrer Verwandten früher, als sie noch in engen und feuchten, mit hässlichen Möbeln voll gestopften Wohnungen hausten, erst recht niemanden zu sich auf einen Kaffee oder ein Glas Wein eingeladen haben. Meine Steyrer Verwandten hätten auch selbst nie jemanden besucht, aus Angst, eine Gegenleistung aussprechen zu müssen, und ihre Familienfeiern, Geburtstage, Taufen und Hochzeiten, an entlegenen Orten, wenn nicht gar im Ausland, etwa im benachbarten, damals noch kommunistischen Ungarn, gefeiert, wohin ihnen mit Sicherheit niemand folgen würde. Wart's nur ab, hat meine Mutter immer gesagt, noch laden sie niemanden ein, weil sie keinen Fernseher haben und das Badezimmer so kalt ist, dass sie dort das Gemüse aufbewahren, aber wenn sie genug gespart und sich ein Haus gebaut haben, werden sie das Versäumte bestimmt nachholen.

Nun, wo meine Steyrer Verwandten die feuchten Wohnungen und das Gemüse im Badezimmer und das kommunistische Ungarn weit hinter sich zurückgelassen und sich endlich schöne Häuser in parkähnlichen Gärten mit schmucken schmiedeeisernen Zäunen rundherum gebaut haben, denke ich mir, es wäre an der Zeit, dorthin auf einen Kaffee oder ein Glas Wein eingeladen zu werden. Das bin ich meiner verstorbenen Mutter, die zeitlebens darunter gelitten hat, nie in die kleinen und feuchten Wohnungen meiner Steyrer Verwandten eingeladen worden zu sein, einfach schuldig. Ich nehme dafür auch gerne in Kauf, dass mir meine Steyrer Verwandten unterstellen, ich sei neugierig und tratschsüchtig, nur darauf aus, ihren neuen Wandverbau oder ihren Kristallüster zu begutachten oder das Glas Wein, das sie mir servieren, nicht gut genug zu finden, um mich bei anderen Verwandten über ihren neuen Wandverbau, den Kristallüster oder das Glas Wein, das sie mir serviert haben, auszulassen. Sie meinen, hinter meinem Wunsch, eingeladen zu werden, müsse sich irgendeine unlautere Absicht verbergen, sie können es sich gar nicht vorstellen, wozu jemand immerzu eingeladen werden möchte. Der Gedanke, mich in ihrem eben erst vom Tischler eingerichteten Wohnzimmer oder in ihrem Garten unter einem schattigen Baum sitzen zu haben, ist ihnen ein Gräuel. Sie haben mich schon geradeheraus gefragt, wieso überhaupt ich von ihnen eingeladen werden möchte, warum ich nicht ins Wirtshaus auf einen Kaffee oder ein Glas Wein gehe und ob mir vielleicht fad ist, wenn ich allein zu Hause bin.

Vergiss doch deine Steyrer Verwandten, sagt mein Mann, die sitzen in ihren Häusern wie in einer Burg, nicht umsonst hat sich einer von ihnen als Zubau ein Türmchen mit Zinnen hinstellen lassen, die lassen dich doch nie freiwillig hinein, die verbarrikadieren sich, als würden sie belagert. Um bei denen reinzukommen, bräuchtest du einen Rammbock. Mein Mann ist der Realist von uns beiden, anders als ich setzt er sich keine Ziele, von denen er weiß, dass er sie nicht erreichen kann, er weiß immer, wann es Zeit ist aufzuhören und woanders hinzugehen. Was willst du in Steyr, sagt er, wir haben in Wien doch Verwandte genug, meine Schwester macht dir jeden Tag einen Kaffee, und mein Schwager freut sich, wenn du kommst, weil er dann einen Grund hat, eine Flasche Wein aufzumachen. Und du kannst, während du den Kaffee oder den Wein trinkst und dabei vielleicht die eine oder andere Zigarette rauchst – niemand wird deswegen das Fenster aufreißen! – sogar die Schuhe anlassen.

Ich aber habe mir in den Kopf gesetzt, von meinen Steyrer Verwandten auf einen Kaffee oder ein Glas Wein eingeladen zu werden. Ich habe mich derart in die Idee verbissen, dass mich der Gedanke an die Häuser meiner Steyrer Verwandten nicht mehr loslässt, weder untertags noch nachts. Ich träume schon von den Häusern meiner Steyrer Verwandten. Ich träume von großzügigen Villen mit schmiedeeisernen Toren in einer parkähnlichen Gartenanlage, von großen, aufgeräumten und gut gelüfteten Zimmern, von glänzenden Parkettböden und blitzblanken, von keinerlei hässlichen Abdrücken verunzierten Glastischen, und wenn ich aufwache, denke ich mir, dass ich mir liebend gern Patschen anziehen und auf meine Zigarette zum Kaffee oder zum Glas Wein verzichten würde, nur um in einem dieser großen Zimmer oder unter einem schattigen Baum in dem parkähnlichen Garten einen Kaffee oder ein Glas Wein serviert zu bekommen.

Der Widerstand meiner Steyrer Verwandten beflügelt mich. Ich habe beschlossen, diese Festung im Sturm zu nehmen, wie ein Don Juan, der sich von einer Frau nicht abweisen lässt. Deshalb habe ich angefangen, mit Tricks zu arbeiten. Nachdem ich eingesehen habe, dass mich meine Steyrer Verwandten niemals von sich aus zum Kaffee oder auf ein Glas Wein einladen würden, bin ich auf die Idee gekommen, sie unter irgendeinem Vorwand anzurufen, ihnen anzukündigen, dass ich ihnen ein Buch zurückbringen würde, das ich mir vor Jahren einmal von ihnen ausgeborgt hatte und das mir beim Aufräumen plötzlich wieder in die Hände gefallen sei. Oder ich richte es so ein, dass ich zur selben Zeit wie die Frau meines Cousins beim Friseur unter der Trockenhaube sitze, ich verwickle sie in eine, wie mir scheint, interessante Diskussion oder erzähle ihr den allerneuesten Tratsch und begleite sie nach Hause, in der Hoffnung, sie würde das Gespräch doch nicht im letzten Augenblick abbrechen lassen und mich – endlich! – auf einen Kaffee oder ein Glas Wein in ihr Wohnzimmer bitten.

Aber meine Steyrer Verwandten sind mindestens so trickreich wie ich. Sie sind nie um eine Ausrede verlegen, wenn es darum geht, mir zu erklären, warum es ihnen im Augenblick absolut unmöglich wäre, mich auf einen Kaffee oder ein Glas Wein einzuladen. Mal ist die Waschmaschine kaputtgegangen und das Wohnzimmer überflutet, ein andermal muss das neue Au-pair-Mädchen in den Haushalt eingeführt werden. Völlig fehlgeschlagen ist selbstverständlich auch der Versuch, sie zu überrumpeln und unangemeldet vor ihrer Tür zu stehen. Nichts hat sich gerührt trotz meines vehementen Klingelns, nur ein Augenpaar hat durch das Klofenster gespäht wie durch die Ritze einer Schießscharte.

Ich gestehe, dass ich mittlerweile ziemlich viel Zeit damit verbringe, mir Zugang zum Haus meiner Steyrer Verwandten zu verschaffen. Ich habe alle meine Hobbies und Freizeitbeschäftigungen aufgegeben, ich verbringe jede freie Minute in Steyr. Leider ist darüber auch die Beziehung zu meinem Mann so gut wie zerbrochen, der überhaupt kein Verständnis dafür hat, dass ich mich, wie er sagt, in eine aussichtslose Sache verbissen habe. Aus alter Freundschaft telefonieren wir jedoch oft miteinander und als ich ihn das letzte Mal am Handy erreicht habe, hat er mir erzählt, dass er gerade bei seiner Schwester im Wohnzimmer sitze, nach einem köstlichen italienischen Schweinsbraten mit Salat und Bratkartoffeln die Beine hochlagere und sich eine Zigarre anzünde, während der Schwager in den Keller gegangen sei, um einen besonderen Rotwein zu holen, einen Italiener diesmal oder vielleicht sogar einen Franzosen.

Aber ich lasse mich von seinen Erzählungen nicht beeindrucken. Ich bin mittlerweile dazu übergegangen, meine Steyrer Verwandten regelrecht zu belagern. Ich habe meine Arbeit als Gerichtsdolmetsch in Wien aufgegeben und mich im leer stehenden Haus meiner verstorbenen Eltern einquartiert. Mit dem Geld, das ich von ihnen geerbt habe, kann ich immerhin ein paar Jahre sorgenfrei leben. Ich lauere meinen Steyrer Verwandten auf, ich spioniere ihnen nach, ich weiß inzwischen alles über ihr Leben. Ich weiß, wann und wo sie mit dem Hund spazieren gehen, zu welchem Zeitpunkt sie die Kinder von der Schule abholen und dass sie am Abend einen Kurs in der Volkshochschule besuchen. Ich warte vor der Trafik, in der sie am Morgen nach dem Joggen ihre Zeitung kaufen, oder vor dem Supermarkt, in dem sie ihre Einkäufe erledigen, um sie vielleicht doch einmal in einem Augenblick der Schwäche oder Depression zu erwischen, in einem Augenblick, in dem sie zerstreut sind, ihnen langweilig ist, sie vielleicht sogar ein Problem haben, das sie mit jemandem besprechen wollen, oder einfach keine Lust haben, nach Hause zu gehen und dort allein einen Kaffee oder ein Glas Wein zu trinken.

Ich habe sogar begonnen, ein Tagebuch zu führen, in dem ich vermerke, wann und wo genau es mir gelungen ist, einen meiner Steyrer Verwandten abzupassen, ihn festzunageln, ich schreibe mir die Antworten auf, die sie mir geben, wenn ich sie zum x-ten Mal darauf anspreche, ob sie mich nicht zu einem Kaffee oder einem Glas Wein in ihre Wohnung oder in ihren Garten einladen möchten. Ich habe ein Punktesystem erfunden, das es mir ermöglicht zu beurteilen, wie abschlägig ihre Antworten waren. Drei Punkte bedeuten, total negativ, keine Chance, in den nächsten vier Wochen völlig aussichtslos. Zwei Punkte bedeuten, will sich nicht festlegen, will weder ja noch nein sagen, ein Punkt bedeutet, leichter Hoffnungsschimmer, könnte sich vielleicht doch noch ausgehen, in der nächsten Zeit zu einem Kaffee oder auf ein Glas Wein eingeladen zu werden. Natürlich haben meine Steyrer Verwandten begonnen, mir aus dem Weg zu gehen. Wenn sie mich sehen, nehmen sie so schnell wie möglich Reißaus, wir tauschen auch keine höflichen Floskeln mehr aus, denn inzwischen sind die Fronten ganz klar, wir wissen, was wir voneinander zu erwarten haben. Und in lichten Momenten muss ich sogar zugeben, dass sie Recht haben. Ich bin bloß eine lästige Verwandte, die etwas von ihnen will, das sie mir partout nicht geben wollen. Mit einer gewissen Häme nehme ich zur Kenntnis, wie sie sich argwöhnisch umschauen, wenn sie auf dem Ennskai endlich einen Parkplatz ergattert haben, aus dem Auto aussteigen und dann eilig durch die Enge und über den Grünmarkt laufen, um etwas zu besorgen oder einen Amtsweg zu erledigen, und sich dabei wie gehetzt umblicken, voller Angst, ich könnte ihnen schon wieder auf den Fersen sein. Sie sehen sich sogar gezwungen, ihre Lebensgewohnheiten zu ändern, um mich auflaufen zu lassen und in die Irre zu führen. Ihr ohnehin bescheidenes Gesellschaftsleben haben sie völlig eingestellt, sie besuchen keine Gasthäuser und keine öffentlichen Veranstaltungen mehr, aus Angst, mich dort zu treffen. Die Zeitung kaufen sie nun jeden Tag in einer anderen Trafik, und sie nehmen sogar weite Autofahrten in Kauf, um in den Supermärkten der benachbarten Städte einzukaufen, in Enns, in Kronstorf oder in Linz. Trotz seiner Sparsamkeit hat sich mein Onkel eine Limousine mit verspiegelten Scheiben gekauft, damit wir keinen Augenkontakt haben, wenn er mit seiner Familie aus der Garage rollt und ich versuche, mit Winken und Handzeichen auf mich aufmerksam zu machen. Sie sehen sich gezwungen, häufig die Garderobe zu wechseln, Sachen zu tragen, die ihnen überhaupt nicht stehen oder die man niemals an ihnen vermuten würde – alte Fetzen, die sie aus Mülltonnen fischen und die eines Sandlers würdig wären –, nur damit sie nicht auf den ersten Blick zu erkennen sind, wenn sie über den Stadtplatz rennen oder die Taborstiege hinaufhecheln.

Ich habe mir lange überlegt, welche ihrer Gewohnheiten an einen unabänderlichen Ort gebunden ist, wo sie mir unmöglich entwischen können, wo ich sie stellen könnte, und endlich ist mir das Grab unserer gemeinsamen Großmutter eingefallen. Sie extra umbetten zu lassen, nur um mich abzuhängen, das wäre wahrscheinlich sogar meinen Steyrer Verwandten zu viel. Und tatsächlich habe ich sie eines Tages auch dabei überrascht, wie sie gerade eine Kerze anzünden und die Blumen gießen wollten.

Zu beschreiben, was nun geschah, ist selbst mir zu peinlich. Ich beschränke mich auf ein paar Andeutungen: eine wilde Verfolgungsjagd, bei der meine Steyrer Verwandten, sich hinter Grabsteinen und Thujenhecken duckend, in alle Richtungen davonstoben.

Meine Tante, die seit jeher unter Frostbeulen leidet und deshalb nur ganz weiches Schuhwerk tragen kann, in dem es sich naturgemäß schlecht laufen lässt, sah sich sogar gezwungen, ihre Pantoffeln neben dem Grab meiner Großmutter stehen zu lassen, um auf dem morastigen, vom Regen durchweichten Friedhofsboden besser vorwärts zu kommen. Aber ich habe die Verfolgung schnell aufgegeben, obwohl ich die Steirerhüte und Fellkappen meiner Steyrer Verwandten, die sie zur besseren Tarnung trugen, noch mehrmals zwischen der monumentalen Werndl-Gruft und der Feuerhalle habe aufblitzen sehen.

Danach hatte ich einen kleinen Nervenzusammenbruch. Inzwischen bin ich nach Wien zurückgekehrt. Wahrscheinlich werde ich meinen Job als Gerichtsdolmetsch wieder aufnehmen, und sogar mein Mann ist bereit, wieder mit mir zusammenzuziehen, unter der Bedingung, dass ich mir, wie er sagt, die Flausen aus dem Kopf schlage. Meine Schwägerin, die nicht nur eine hervorragende Köchin ist, sondern auch sehr gute Kuchen und Torten bäckt, lädt mich einmal die Woche zum Essen ein, und mein Schwager holt zu diesem Anlass immer die ältesten Rotweine aus dem Keller. Sie vergessen nicht einmal, mir ein Päckchen Marlboro light auf den Tisch zu legen, bevor ich komme. Ich bin ihnen dafür sehr dankbar und versuche sie nicht spüren zu lassen, dass alle ihre Bemühungen mich nicht für die Kränkung entschädigen werden können, niemals bei meinen Steyrer Verwandten auf einen Kaffee oder ein Glas Wein eingeladen worden zu sein.

Till Mairhofer

Brustschwimmen

Seit alles von Anfang an Geschichte : ein Überfrachten, hatte er nie den Mut durchzutauchen : die Todesspirale, den Tauchergarten, jenes einzige auch nach der künstlichen Beheizung immer noch eiskalte Becken, und so legte, da seine Mutter viel zu hysterisch reagierte, ein Hauptschullehrer, der auch Turnen unterrichtete, ihn ins ganz seichte Wasser, die Nase gerade noch oben, bis endlich, alles links und rechts abgestrampelt, er so weit so tief vorwärts kam, daß, selbst sobald nicht mehr sein gesamter Ober- und Unterleib auf Grund lag, er – tiefer und tiefer, was unter ihm wegglitt – sich über Wasser hielt –

Seit das Stadtbad längst nicht mehr das Stadtbad, weil die Herrenkästchen nicht mehr für die Herren, die Damenkästchen nicht mehr für die Damen, nicht mehr rot und blau die einen, gelb und grün die anderen und hinter den Häusern A, B, C und D farblos der Kinderumziehbau E, wo die Kloake bereits durch die Aus- und Ankleidekabine rann, mündend ins Damen- und Herren-WC; seit die ersten beiden Häuser dem Erdboden gleichgemacht und teils mit Waschbetonplatten belegt, teils begrünt, weil weder Oberteilzwang geschweige denn Badehaubenpflicht und die Bademeister von ihren entfernt gewordenen weißen Türmen heruntergeklettert längst nur mehr unauffällig und zugegeben lässig am Beckenrand gelegentlich auftauchen, kaum mehr von übrigen Badegästen sich unterscheiden geschweige denn einschreiten; seit die Schachspieler aus dem Unterbau der geschliffenen Kabinengebäude, die auf Steinsäulen standen, verschwanden, der kriegsversehrte Einbeinige im kutschenähnlichen Gefährt mit Doppelarmbetrieb ebenso wie die stillenden Mütter und älteren Frauen, die gerne strickten im Schatten unter Dach und Fach, ein Auge werfend auf Wasser und Sand, in dem die Kleinsten sich suhlten inmitten der Mosaiksteinchen-Rondeaus, gefüllt mit mehr Dreck als Wasser, aus den Wassergräben zwischen Sandburgen und WC, von einer kurzgehaltenen labyrinthischen Hecke von der übrigen unteren Liegewiese getrennt; seit die Tischtennistische hinter Block E verwaist; ungeklärt auf immer, wer sie Saison für Saison für sich gepachtet hatte : jedenfalls durchwegs exzellente Spieler; und seit selbst die Dauerkabinen dahinter kaum mehr frequentiert –

Seit das Stadtbad sein Gesicht verloren : das Entrée, die Betonbrüstung hin zur Haratzmüllerstraße, darüber die Vorzeigestadtbader sich beugten à la Rex Gildo, Freddy Quinn oder Peter Kraus; seit heutzutage dort ein schnell in die Höhe geschossenes bald sanierungsbedürftiges und jetzt endlich saniertes Hallenbad thront, erneuert wie jedes Becken oder einfach entfernt, wie die weißen Startsockel an beiden Schmalseiten des Sportbeckens, befinden sich noch immer – jetzt zwar zusammengepfercht – gleich nach der Uferböschung des Ramingbachs links der Eingang und rechterhand die Kassen sowie die Schlüsselausgabe, ebenso der links parallel zum plätschernden Bach verlaufende engmaschige Zaun mit Stacheldrahtabschluß, dahinter schon lange nicht mehr die Christoforibuben spielen, die Nagelkinder, Stutzi oder Sitti aus der Seitenstettnerstraße, meistens am gegenüber liegenden Ufer oder im Bach; endlich aber, nach einigen Schritten rechterhand der Zugang zu den Sammelumkleideräumen genannt Die Kästchen, und hinter einer kurz geschnittenen Laubhecke daneben und dahinter die freie Wiese : das Bad; in dem spätestens ab Anfang Juni schon tief gebräunt als einer der Brüstungsherrn der Werkmeister und Schichtführer aus dem Wälzerlagerwerk allen bekannt war, von dem die Mär ging, er habe eine Dauerkabine, um sie mit mancher Schönen zu teilen, nur nicht mit seiner Frau, die nie ins Bad ging, aber vom Plenklberg, wo sie aus ihrem spitzgiebeligen Häuschen wie aus dem Bilderbuch gebaut, argwöhnisch herabblickte; wie überhaupt der Plenklberg, der links ins Münichholz abbog, rechts aber zu ihm hinauf die Haagerstraße weiterführte, Lärm bedeutete und Gestank, bisweilen aber auch Fehde und Kampf, denn hatte nicht der Proskowitsch Peppi Cousin Rainer hier irgendwo mit einem Stein ein Loch in den Kopf geschlagen und der Proskowitsch-Wirt seinen Sohn deswegen im Hinterzimmer des Gasthauses fast totgeprügelt –

Seit die Stadtbadkreuzung längst nicht mehr von Verkehrspolizisten geregelt sondern von Ampeln, das Haslingerhaus dem Erdboden gleichgemacht samt dem Preßhaus, dem Hasenstall, dem alten Park mit Burg und den hohen Fichten; seit der Plenklberg ausgebaut zur vierspurigen Anfahrtssrampe des deutschen Motorenwerks, aufgeschüttet, nur mehr Straßengraben, was ehemals flach links und rechts Wiese war beziehungsweise Großvaters Obstgarten am Bach; seit das Bauernhaus Kilian nach und nach umgebaut, schließlich abgerissen und das gesamte vom Straßenbau verschonte Areal von einem KFZ-Bonzen erworben in Hoch- und Flachbauten mit winzigen Wohn- und Büroeinheiten an ausländische Arbeiter zu horrenden Preisen vermietet, statt Grünflächen Wohnwagenstellplätze, statt Rodelleite Tiefgaragen, Einkaufsmarkt und Müllcontainer; seit auch die Abzweigung vom Münichholz kommend links in die B122 durch Ampel und Fußgängersteg entschärft, sind die Kindergartenkinder und Volksschüler sicherer unterwegs, haben wohl keine Albträume mehr wie er als zehnjähriger Radfahrer oder die Ursula, seine »Freundin«, der buchstäblich die Schultasche das Leben gerettet hat, als sie eben nach der unübersichtlichen Rechtskurve hinter der Plenklbergkreuzung von einem stadteinwärts fahrenden Wagen erfaßt in hohem Bogen auf die gegenüberliegende Gehsteigkante geschleudert wurde –

Seit fast alle gestorben oder wieder fortgezogen sind, die seit hundert Jahren in Ramingsteg und Hammer angesiedelt waren oder von der Stadt hinaus dorthin aufs Land zogen, wie es damals hieß, oder vom Behamberg herunter sich in Richtung Stadt verbesserten, wo heute ein Industriegebiet von oben herab alles beherrscht, alles ihm dienlich ausrichtet; seit die Haratzmüllerstraße längst nicht mehr rechts bloß von der Enns, links von Wiesen begrenzt und alles ob der Enns hinter der Einmündung des Ramingbachs eine Waldeinsamkeit : hier und da ein Bauern- oder Auszugshaus; seit sein Onkel nicht mehr auf dieser Staubstraße über die holzgedeckte Brücke, vorbei an der Stegmühle – einem Sägewerk – links, wo Ende der fünfziger Jahre Das Stadtbad errichtet, mindestens zwei Kilometer weit in die Berggassenschule ging, vorbei an zwei drei Wirtshäusern, gegenüber das Pumpwerk, wieder Wiesen, eine Obstplantage (heute McDonald's und Abstellparkplatz eines Autohändlers) vor einem Schloß, als das der Engelhof dem damaligen Buben erschienen sein mußte, schließlich endlich, erst kurz hinter der Reder-Insel, die noch heute – ganz Urwald – zu betreten lockte, auf eine Häuserzeile links und rechts stieß : das Ennsdorf als Einmündung in die innere : die Stadt; Zwischenbrükken, Schloßberg, Bergschule, darin untergebracht auch das städtische Gefängnis; 1934, 12. Februar, weiß der Onkel, der Vater der Christofori-Buben, er damals schon Schüler in der Bürgerschule im Konvikt Vogelsang, kam am frühen Vormittag der Klassenvorstand, ein Franziskanerpater ins Klassenzimmer und ordnete an, die Schule sofort zu verlassen. In Wien, Linz und Steyr auf der Ennsleite würde geschossen. Die Schüler, welche in Richtung Ramingsteg wohnten, begleitete ein Wachmann hinaus aus der Stadt; dann ließ er sie rennen : daheim seid ihr sicher!, zuhause stieß der Onkel auf die Müller-Buben; gemeinsam schlichen sie den Schutzbündlern nach, die uniformiert zwei alte wassergekühlte Maschinengewehre aus dem Ersten Weltkrieg in Richtung Bahnviadukt beförderten und dort, an der Grenze zu Niederösterreich, in Stellung brachten; das einzige Telefon weit und breit befand sich im Geschäft, das die Mutter mit seinem Stiefvater führte; dieser versorgte die Posten und bot Kommunikation; der Fünfzehnjährige wurde bald zurückgescheucht, verkroch sich in der Nacht auf den 13. schließlich mit Mutter und zweijähriger Halbschwester irgendwo im Haus, die Männer aber, darunter auch alle ihre Schwager, erfuhren aus Wien : Kommando zurück; Graf Starhemberg und seine Truppe, die am nächsten Tag auf der Wiese gegenüber lagerte, habe er fotografiert; im Polizeibericht vom 15. 2. 1934 steht dazu nachzulesen : *Nach Einbruch der Dunkelheit, als die Gefangenen bereits nach Steyr abtransportiert wurden, erschienenen Bundesführer Starhemberg und Oberstleutnant Angerer mit einer auf Lastkraftwagen verladenen Heimatschutzformation. Eine militärische Tätigkeit wurde eigentlich bis zu diesem Moment von der Heimwehr nicht entfaltet und kann daher über eine solche nicht berichtet werden...* –

Seit der Blick von unten nach gegenüber oder nach oben nicht mehr auf Baracken fällt, die am Bach gleich nach dem Ersten Weltkrieg wie auch auf der Ennsleite vor allem für eine Übergangszeit errichtet, bis in die dreißiger Jahre aber von den Ärmsten behaust : – die Konjunktur der Stadt hing an Waffen und Wägen – ; seit nicht mehr die Warteschlangen in Dreierreihen den Schloßberg hinauf standen hin zum Arbeitsamt; die Frauen der Ausgesteuerten und Arbeitslosen nicht mehr im Kollergraben Beeren klaubten, Pilze sammelten und Holz zum Heizen auf Schubkarren heimfuhren; seit das Maidenlager am Kugellagerweg niedergebrannt von den Bomben der Alliierten und er mit Ursula, als wäre sie grün und blau geschlagen, nachdem sie vom Krankenhaus wieder nach Hause kam, am liebsten spielte, obwohl als Volksschüler eine »Freundin« zu haben nichts galt und auch Heidi, Ursulas beste Freundin, deswegen vor Haß kochte und wie gesagt die übrigen Buben ihn deshalb nie in ihre Geheimnisse einweihten von wegen alten Stollen und verfallenen Bunkern, die sie wider strengstes Verbot begingen; obwohl er also lieber im Haslinger Park hinter dem Hasenstall unter den Bäumen lag, in einem Gras-Moos-Polster, den er nie vergißt, Schule spielte oder Vater-Mutter-Kind : eine Idylle beschwor, die es in der Haagerstraße mit Opa, Oma, Mutter aber ohne Vater nie gab; und er jetzt noch den Großvater sagen hört, den Stiefvater seines Onkels, Omas zweiten Mann : Was hast du schon eine Ahnung von Enteignung und Gemeinwohl, wie denn auch!, nichts werde auf Dauer so bleiben wie jetzt, jede Generation erlebe mindestens einen Krieg –

Seit der Plenklberg noch immer der Plenklberg, das Gasthaus Proskowitsch zwar längst niedergerissen aber wieder errichtet als Pizzeria, das Gasthaus Kogler daneben seit Jahren geschlossen, nur der Sohn der Ex-Wirtin steht gelegentlich in der offenen Tür, kehrt mißmutig die Kastanien und mäht zweimal im Jahr die Wiese, die auf dem ehemals betonierten Parkplatz unter der Stützmauer längst wieder lückenlos wächst; ebenso wie er noch immer keine Abkühlung im Stadtbad finden kann, mußte er doch und muß er noch heute nach jedem Stadtbadbesuch ohne jeden Schatten immer wieder in der prallen Sonne nach oben gehen oder mit dem Rad auf kleinster Übersetzung treten, weshalb jeder Bad- oder auch nur Seitenstettnerstraßenbesuch desto erhitzter und atemloser ihn daheim ankommen sah; seit noch immer Punkt Siebzehnuhrdreißig täglich an jedem Badetag auf Pfiff die Sprungordnung vom Zehnmeterturm in Kraft tritt : erst vom Dreier (viele Kopfsprünge, gelegentlich ein Salto), dann vom Fünfer (zumeist Steher), schließlich Siebener (die Zahl derer, die es wagen, schon stark dezimiert) und abschließend Zehner (nur mehr die Verwegenen), die weißen Zeiger auf ausgebleichtem ehemals weinroten Untergrund lautlos vorrücken, der dumpfe Knall beim Eintauchen ins Wasser je weiter von oben desto lauter, übertönt nur vom Donnern der Züge, wenn sie das Viadukt passieren, die Konstruktion aus Ziegel und Stahl –

Seit die gemähten Wiesen über der Arena, steil ansteigend, als fließe das Badewasser von oben her nach, aus Quellen hinter unzugänglichen Hecken und Büschen gespeist, die Bahnstrecke noch immer einspuriger Nahverkehr, bedeutungslos seit nicht einmal mehr der Erzzug verkehrt : das Non-plus-ultra dieser Eisenstadt, ist alles beim Alten geblieben...

...ja, der Chlorgeschmack ist bedeutend unauffälliger als früher, die Augen sind weniger gerötet, wenn man sie unter Wasser offenhält, und die Jungen fahren ins Garstnerbad; dort, zwischen Kraftwerk und Gefängnis, wird man schneller braun; so hat man bis gegen ein Uhr das Sportbecken quasi für sich allein, es sei denn die *Grazerin*, eine Veteranin und Kampfschwimmerin, steigt ein, wirbelt das eben noch Azurblau, die glatte Fläche, das Vormittags-Dösen über den Haufen und zwingt selbst den Toten Mann, den sich im Morgen sonnenden Glatzkopf, zum Untertauchen; nun brodeln die Wasser, schwappen die Ränder, kippt die fahrige Brust- und Rückenschwimmerin jedes Kreuzhohl und überschwemmt den eben noch im Auftrieb paddelnden Altersbauch gnadenlos. Dem Zeitgeist habe sie als Mauerblümchen nie entgegengearbeitet, ihrer Entjungferung durch einen alternden Lüstling zugestimmt, weil sie gedacht habe, der erwarte das von ihr ... und sucht im fast leeren Becken das Weite. Ich kann Sie nicht verkraften und muß Sie an die Dora weitergeben, habe die Haushofer zu ihr gesagt ... hörte er noch, ehe sie Richtung Sprungturm fortschwimmt. Hinter dem Weigel seien sie alle hergelaufen mit angelegten Ohren, wie hinter einem Zuhälter ... nach kurzem Abschlag und kräftigem Anstoß vom anderen Beckenrand. Die letzten Anzeichen, da sei der Weigel schon alt, praktisch blind gewesen und habe gestunken, habe also keinem Vergleich standgehalten mit ihrem sechunddreißigjährigen Lüstling, mit keinem ihrer Männer, die immer groß und stark gewesen ... und schon wieder hat sie, im letzten Drittel des Beckens ihn kreuzend, ihn zur Seite geschwommen. Auf ihrer dritten Länge, er befindet sich in der Mitte der zweiten, sie habe in Graz Kellertheater gespielt, da brauchte man nur hübsch und keck sein, zwischen neunzehn und vierundzwanzig, habe sie ihr späterer Mann aus diesem Loch geholt; froh sei sie, heute im fortgeschrittenen Alter nicht einen so alten Deppen zuhause sitzen zu haben; Zahnarzt im Citroën ... sie lacht und ist schon wieder weg, während er die zweite Wende absolviert. Um sich auf seiner dritten (ihrer vierten) Länge entgegenschleudern zu lassen : Germanistik, Altes Fach, »Fräulein, Sie waren aber gestern am Schloßberg in Begleitung – und kommen heute zur Prüfung?«, so sei das damals gewesen Anfang der sechziger Jahre, der alte Kracher, habe alle Studentinnen hofiert, charmant sie für ein oder zwei Semester zu seiner wissenschaftlichen Hilfskraft erhoben; völlig ungeeignet sei sie dafür gewesen... Und, auf ihrer fünften, seiner noch immer dritten Länge, Bleistiftabsätze... er bleibt hoffnungslos zurück, ...ein Zettel am schwarzen Brett der Tür der Uni zum Parkettsaal: »Bedenken Sie, der Druck Ihrer Absätze entspricht dem des Gewichts eines Elefanten«; Büchereiarbeit, Katalogisieren, davon habe sie bis heute keine Ahnung; gebraucht habe er sie zum Mitnehmen auf Empfänge ... schon wieder ist sie ihm entschwunden. Um, er überlegt aus dem Wasser zu steigen, ihm auf ihrer nächsten Länge als Breitseite mitzugeben : Natürlich seien immer die übrigen achtundvierzig Studentinnen eifersüchtig gewesen auf die zwei jeweiligen Assistentinnen und der spätere Kollege im Gymnasium, aus damaligen Studienzeiten habe sie nicht einmal hineinschauen lassen in seine Streberpapiere, der rote Glatzkopf... Ersucht er um ein gemeinsames Wassertreten, welches die *Grazerin* kategorisch ablehnt : *Du* bist der Wahnsinnige!; alle Dichter seien wahnsinnig ... schreit und schwimmt sie, wohl um ihn anzuspornen, er aber steuert auf eine der Austrittsleitern zu, entnervt, schließlich doch noch wassertreten zu müssen, weil inzwischen etliche Unentschlossene, Pensionistinnen allesamt, genau um die Einstiege des Beckens posieren, mit ihren Füßen und Unterschenkeln das Wasser prüfend : schon einzusteigen oder sich noch weiter aufheizen zu lassen –

Seit Anfang der fünfziger Jahre Sex mit dem Mentor und schon wird Frau erstveröffentlicht noch nicht so gut klappte, weder Weigel noch Doderer haben da etwas für Bachmann ausrichten können, war von Mann zu Mann alles wesentlich unkomplizierter; die Freumbichler-Connection, Vorarbeit Lampersberg, klappte, nur war da auch kein NS-Lehrervater im Spiel; die Haushofer hat sich ihre Verlage immer selbst gesucht, ihre Verträge immer alleine ausgehandelt und Haus und Einkünfte waren von ihrem Gatten sichergestellt; so ließ sich die Marlen viel gefallen und blieb, die Inge ging und holte ihre alte Liebe den Paul aus Paris zur Tagung der Gruppe 47 nach Niendorf an der Ostsee; Bachmann und Celan wurden kein Paar, Haushofer und Hermann Schreiber, der ein Mann zum Heiraten gewesen wäre, auch nicht, den konnte sie ihrem Manfred nicht antun, und Reinhard Federmann, den sie dem Manfred angetan hätte, der war nicht zu haben, denn der konnte die Marlen seiner Frau nicht vorziehen; glücklich mit einem Mann, behauptet *die Grazerin*, die sich auf Erika und Jeannie beruft, wäre die Marlen ohnehin nicht geworden.

Das Bett, denkt er, der sich abtrocknet, während sie unentwegt weiterschwimmt, liefere bloß Bettgeschichten, einen Parteienverkehr, der wie alles einem Gemeinwesen unterliege; von der KPÖ bis zum Cartellverband; einem Wirtschaftsbund rechts, einer Gewerkschaft weiter links, und wer es wagen würde, in der Mitte zu schwimmen um einer Liebe willen, würde ertränkt : vom Sozialpartner, vom Literaturbetrieb, von jeglicher Realität, genau wie ein Schwimmen auf eigenen Bahnen nur rein theoretisch vernünftig war, praktisch aber inexistent, zuzeiten tödlich, fiel man nicht bloß buchstäblich durchs Verlagsprofil, sondern wurde exekutiert und verbrannt, es sei denn man blieb, was man war : untergetaucht, aber die Zeiten waren längst gut, für *die Grazerin* bestens und so schrie sie ihm, eben wieder einmal am Beckenrand, von dem aus die Stiege nach unten führt, noch nach : Der Österreicher ist der ewige Untergeher... Und eine Literatur, die wohl- oder übelwollend zu stark Bezug nimmt, von Anfang an dem Untergang geweiht, möchte er hinzufügen; sie aber, Schwimmen war ihr Element, ist längst wieder abgedriftet, und er muß seine Antworten sich schon selbst geben...

...so beispielsweise, wenn er über alte Ansichten gebeugt einen Straßenabschnitt von nicht einmal einem Kilometer unter die Lupe nimmt oder liest: *Der neue »Steyrer«. Das Problem, mit geringsten Mitteln höchste Leistungen zu erzielen, haben die Steyr-Daimler-Puchwerke A.G. in Steyr als erste unter allen Autofabriken mit dem »Steyr 50« glänzend gelöst ... Ob Karrenweg des Hochwaldes oder Großstadtasphalt, er nimmt vollbelastet jede Steigung und jeden Hang. Selbst abwärtsziehende Gelüste und eventuelle Seitensprünge werden durch die Vierrad-Fuß- und Vierrad-Handbremsen zuverlässig gezügelt. Ganz besonders ist aber für die Bequemlichkeit und den Komfort gesorgt...;* Steyr, bekannt, gerühmt jedoch auch berüchtigt für Messerschärfe wie für das Schießen aus allen Rohren oder für von Null auf Hundert in nichts, mit dem Stadtteil Münichholz aber einer der größten unter Hitler von Kriegsgefangenen und Zwangsarbeitern errichteten Wohnsiedlungen, daran entlang der Haagerstraße sich ab 1942 ein Nebenlager des KZ Mauthausen erstreckte, ließ Viktor Tilgner 1894 ins Werndldenkmal meißeln *Arbeit ehrt*; nahm und nimmt man den Weg vom Hauptlager in Richtung Todesstiege und Steinbruch, erinnert man sich der höhnischen Aufschrift *Arbeit macht frei* –

Andreas Renoldner

dambergrunde

für mich steht fest, dass man die straßen gebaut hat, um darauf fahren zu können. mit einem fahrrad zum beispiel. gegen fahrräder wirken fahrverbotstafeln nicht. weil also bürgerliches recht und haftungsfragen und anderes, das nach vorschrift und besitz klingt, keine wirkung haben auf den, der nichts will als mit dem rad herumfahren ohne ständig autos neben vor oder hinter sich, bleibt den jägern nur, ihre gewehre zum beispiel neben mir durchzuladen, oder zu entsichern, während sie von fahrverbotstafeln reden und ich schnell umdrehe wie kürzlich hinter dem damberg, der jäger mit seiner büchse oder flinte vor dem protzigen geländewagen mit wiener kennzeichen.

bei gewehren kenne ich mich nicht aus.

bleibt also die dambergrunde. zum beispiel, wenn im kopf alles um eine figur kreist und sich einspinnt und nichts mehr vorangeht, aber auch schon gar nichts. zum beispiel, wenn plötzlich doch die sonne zwischen regenwolken sticht. zum beispiel, wenn ich einfach ohne irgendeinen anlass im bewusstsein wie zufällig in den keller gerate und das rad packe. einfach los. raus. wieder einmal wenig zeit wegen arbeit. also dambergrunde. manchmal zwei mal am tag. drei mal noch nie.

ich sei schon als kind so wild und immer in bewegung gewesen, hat meine mutter einmal erzählt. aber in der erinnerung entfernt sich alles weit von der wirklichkeit.

treibt mich aus selbstdachten gründen von wenig zeit, immer zuwenig zeit, der druck auf die pedale hinaus zur dambergrunde.

freigegeben für radfahrer zwischen april und november, wenn es nicht dämmert, so ungefähr. ich lese nicht, was auf der tafel steht. vor jahren habe ich es einmal gelesen und inzwischen die exakten daten und zahlen vergessen. prinzipiell freigegeben genügt mir. im winter geh ich ohnehin lieber schitouren. wegen dem hinunterfahren. was die parallele zum radfahren ausmacht. dass es hinunter so leicht geht. wie fliegen.

den dritten gang nehme ich am ende der mostapfelallee nur, weil hier der schotter immer so grob liegt, ausgeschwemmt oder eingeschwemmt, gleich oberhalb eine feuchte stelle rechts im hang, wo der fußweg zum windloch abzweigt. dann auf der kurzen flachstelle vorne das zweite kranzl für hundert meter? oder heute doch nicht? weil die kette nicht so schräg laufen soll. wobei sich die frage stellt, ob wegen hundert metern oder zweihundert die kette und die zahnradkränze wirklich leiden wegen abrieb und schlechter druckverteilung und vektorkräften und –

einmal ist hier eine äskulapnatter auf der straße. das tier länger als zwei meter. ich habe das rad angehalten. wann das gewesen ist, weiß ich nicht mehr. aber ich könnte jederzeit die stelle zeigen, wo die schlange den hang hinuntergezogen ist. auf zehn zentimeter genau. und ob sie links oder rechts vom haselbusch.

es ist links gewesen.

warum sich die zeit verliert in der erinnerung, während orte bleiben. darüber könnte ich jetzt nachdenken beim treten und treten und wieder treten. noch stimmen der rhythmus nicht und der druck. zuviel druck. zu viel wollen. drüber gehen. unrund.

da hängt der postkasten am baum.

warum man am damberg an manchen stellen postkästen an baumstämme genagelt hat, weiß ich nicht. ich kenne sie seit jahren. einer hier. einer beim schoiber. einer am fuß des schwarzberges, wenn man den dambach entlang hineinfährt. und dann hängt noch einer – wer wirft hier was für wen ein. hinterlegt. als gäbe es menschen, die irgendwo im wald leben. in verborgenen jagdhütten. unterständen. erdlöchern.

die abseits gelegenen jagdhütten gibt es. eine zum beispiel liegt in einer flachen mulde an der südseite des damberg. manchmal werden sie genutzt, auch wenn sie nicht gebraucht werden, fährt doch jeder jäger heute mit dem geländewagen kurz vor der dämmerung zum hochstand. manchmal steht im oktober ein allradgetriebener jeep weiter oben bei der flachstelle. wo der hochstand am rand der lichtung. an solchen tagen wäre ich froh um eine kugelsichere weste. wenn ich seine blicke im rücken spüre. vielleicht legt er an, einfach so. zum spaß. zur übung. das gewehr gesichert. hoffentlich. es ist besser, sich an die auf der tafel notierten zeiten zu halten. leider habe ich die hinweise auf der tafel schon lange vergessen. vielleicht gibt es in den weiten wäldern tatsächlich einwohner. waldmenschen. vielleicht legen die jäger zettel in die postkästen. wie lange sie wo gesessen sind. oder sie werfen für jeden erlegten radfahrer ein fichtenzweiglein in den kasten.

das wird heute nichts mit guten geschichten. weil es ein wenig zu schwül ist. der gleichmäßige tritt scheitert an bodenwellen und grobem schotter in der ersten kehre. ab hier gleichbleibende steigung, nach dem essen mit der vierten, sonst fünfte. und langsam warm werden. nach der zweiten kehre beginnt endlich und überraschend spät der gleichmäßige tritt, weil ich nicht mehr daran denke. das fahren läuft von selbst. mir bleibt zeit zu überlegen, warum hier postkästen an bäumen hängen. kleine geschichten von kleinen botschaften. hinweise für holzfäller. vielleicht enthalten die kästen einen wanderstempel. ich müsste einmal hineinschauen. oder bei der forstverwaltung fragen. aber dann gäbe es keine kleinen geschichten mehr von kleinen botschaften.

ich werde nicht fragen.

an diesem platz scheint manchmal die sonne durch den lichten wald. die plätze entwickeln keine namen. die leichte rechtskurve, hinter der damals ein junger ahorn, oder ist es eine esche gewesen, so weit auf die straße herausgeragt ist, dass einmal ein holztransporter, vermutlich, den dünnen, jungen baum ausgerissen hat und der schmale stamm, dicker als ein haselstecken, aber noch lange kein baum, wie eine tote schlange am straßenrand gelegen ist. ein markierungspunkt eines ereignisses vor vier jahren, oder drei, oder fünf. keine ahnung. nur in meinem gehirn gespeichert die abfolge der bilder. die entwicklung mit dem platz verkoppelt, weil ich hier meist einen gang zurückschalte, von der fünften auf die vierte, von der vierten auf die dritte, je nach körperlicher verfassung, ob in der nacht zuvor ausreichend geschlafen, ob schwül oder heiß oder kalt. je nachdem. aber schalten. immer hier, wo der dünne baum einmal wie eine tote schlange. vor jahren. heute spurlos nach der abzweigung der forststraße an die südseite des damberges, sie endet weit oben vor der dambergwiese, die den flurnamen heiden trägt, in gebüsch, schon knapp 200 höhenmeter über der enns, die lange flache strecke, vorne das mittlere kranzl, hinten auf vier, fünf, sechs, je nachdem, ob von den holzlastern die straße wieder einmal zerstört worden ist und lehmig oder frisch geschottert. nach der schneeschmelze, wenn der gefrorene boden auftaut, bleibt man hier mit schmalen reifen stecken. nach rechtskurve die lichtung mit dem hochstand und dem blick weit hinauf. manchmal sehe ich oben radfahrer, die mountainbiker genannt werden, weil sie auf einer schotterstraße den damberg hinauffahren. wenn man auf einem straßenrand mit schmalen reifen die asphaltierte straße hinauffährt, ist man kein mountainbiker. trotzdem stehen beide am schluss oben. die mit den straßenrennrädern ein paar minuten früher, wahrscheinlich.

soviel zum mountainbiken.

jetzt vorne wieder auf das kleine kranzl. rechts im gebüsch der schmale bach, der über ein holzbrett in den straßengraben fällt als winziger wasserfall. an sehr heißen und sehr schwülen tagen halte ich hier die unterarme ins wasser.

und so weiter.

kurve mit der vierten oder dritten, zunehmend flacher, oft zwei gänge hinauf, hauptsache aber bleibt das treten. immer treten mit druck. immer mit druck. hauptsache hinauf und mit druck und nicht nachlassen. nicht wie in der ebene ein paar tritte lang einfach pause machen. immer durch und weiter und weiter und spüren. sich selber spüren. die kraft spüren. die grenzen der kraft spüren.

wenn ich spüre, dass ich noch lebe und noch etwas aushalte. mit der fünften hier bergauf zum beispiel.

wind weht selten hier im wald. wenn es leicht regnet, spüre ich das zum ersten mal in der dritten kehre. leichter regen ist angenehm, wenn das gesicht heiß geworden ist. dann geht der atem so schnell auf meiner kleinen sprintstrecke hinüber zur vierten kehre. einmal läuft jemand bergauf. im letzten steilstück ist er fast so schnell wie ich mit dem rad, obwohl das letzte steilstück gar nicht so steil ist. die straße in gutem zustand. auf der lichtung geht sich sogar ein größerer gang aus für die letzten hundert meter vor der kehre. die fünfte. wenn es mich freut, an die grenze zu gehen, kann es auch die sechste werden.

manchmal begegnen mir im oberen teil menschen, weil sie die flache runde über die forststraßen gehen, ohne ins tal abzusteigen. manche der menschen begleiten einen hund. manchmal zwei frauen oder ehepaare. selten größere gruppen. männer kommen mehrheitlich alleine auf dem fahrrad daher. einzelne frauen auf rädern nur sehr selten. ich bin schon lange auf dem mittleren kranzl vorne. der läufer bleibt zurück.

eine fahrbare unterstandshütte für forstarbeiter steht am straßenrand, mit ofenrohr, nicht versperrt und mir einmal unterschlupf während eines regenschauers, der keine fünf minuten lang gedauert und alles dampfend nass gemacht hat. alles. die zweite hütte in gleicher bauart steht weiter unten in der dritten kehre.

ich trete gegen die pedale, was mein fahrrad und somit auch mich hinauftreibt. hinauf. weiter. einmal eine mücke im aug. ich muss die brille vom kopf herunterziehen und vor die augen schieben. immer erst, wenn die erste mücke im aug. immer ein wenig zu spät.

rechts wird streifen um streifen vom hochwald geschlägert. manchmal liegen baumstämme am straßenrand. manchmal ist die straße von den schweren maschinen halb zerstört. fast unfahrbar. dann meide ich die dambergrunde für ein paar tage.

die laurenzikapelle steht hinter bäumen. ich steige nicht ab. es ist möglich, im ersten gang auf dem fahrweg bergwärts durchzutreten, ein kurzes stück so steil, dass das rad nach hinten zu kippen droht, wenn ich mich nicht nach vorne lege, weit über den lenker, um den schwerpunkt nach vorne zu kriegen. schon geht es flach hinaus zur weite auf dem rücken. die einzige stelle, an der ich nicht sicher bin, ob ich sie ohne absteigen überwinden kann, ist eine steinige stufe im letzten steilstück. an zwei stellen lässt sie sich mit maximalem krafteinsatz irgendwie überfahren, mit leichtmachen und so tun, als könnte man samt dem rad schweben. einfach so tun. manchmal funktioniert es. schon rollt das rad unter der dambergwarte durch, die eigentlich eine hölzerne aussichtsplattform ist.

das hinunterfahren auf der im frühjahr schmierig glatten lehmpiste mit pfützen geschieht schon wie nebenbei. die schwerkraft wirkt. die bremsen greifen. die runde im prinzip erledigt. nur mehr sitzen und hinunter, weil ich hinunter muss und zurück und zur arbeit. am postkastenbaum vorbei. dann der asphalt, und der fahrtwind rauscht um die ohren wie sturm. beim ehemaligen schlepplift sitzen manchmal menschen auf klappsesseln neben ihrem auto. halb auf der fahrbahn.

schon bin ich an der enns.

wenn ich zeit hätte, könnte ich auf mountainbikestrecken hinüber zum spadenberg und zur schiefersteinrunde fahren, hinunter nach losenstein, über dirn und mösern nach molln, durch die breitenau zum effertsbachtal und endlich über eine mit fahrverbot belegte forststraße bis hinauf zum speringsender auf vielleicht fünfzehnhundert meter. im sendergebäude ein offener raum als notunterkunft. bis dorthin ist es ein langer weg. und warum einer so weit fahren sollte, weiß ich auch nicht. obwohl ich die neustiftrunde oder den hengstpass und selten zum speringsender fahre, wenn einmal mehr zeit ist als an den meisten tagen.

aber das alles hat mit steyr nichts mehr zu tun.

manche fragen, warum ich das mache. drei, sechs oder acht mal in der woche die dambergrunde. manchmal zwei mal am tag. drei mal nie. immer die gleiche strecke. ob mir das nicht zu blöd ist. zu langweilig.

ich sei schon als kind immer so wild und ununterbrochen in bewegung gewesen, hat meine mutter einmal erzählt. vielleicht deckt sich ihre erinnerung mit meiner wirklichkeit.

einfach nur treten. schon ist wieder etwas getan worden. zeit vergangen. leben geschehen.

und warum sie diese postkästen auf die bäume gehängt haben.

Katharina Marie Bergmayr

Im Wohnzimmer bunte Fische

Mein Vater kann sich noch genau an die Jagd auf den berühmtesten Straftäter der fünfziger Jahre erinnern. Seine Eltern lebten damals wie heute in Schiedlberg bei Sierning, dem Heimatort des Hammermörders Alfred Engleder. Nachdem die Polizei Engleder endlich gefaßt hatte, stellte sie jeden Mord nach und hielt ihn auf Fotos fest. Das Opfer wurde immer von einem Polizisten in Frauenkleidern verkörpert, Engleder saß auf seinem Steyrer Waffenrad und deutete das Verbrechen an. Allerdings mußte er das Maurerfäustl verkehrt halten, damit ein befürchteter Fluchtversuch nicht mit einem eingeschlagenen Polizistenschädel einsetzen konnte. Noch bevor die Behörden auf seine Spur gekommen waren, hatte Engleder einen fälschlich Verdächtigten, den Freund eines seiner Opfer, zu entlasten versucht, indem er einen Geständnisbrief, unterzeichnet mit »der Mörder«, in der Michaelerkirche hinterlegte.

Jahre später mußte ich dort einige Schulgottesdienste absitzen. Ich ging damals in die Unterstufe des Gymnasiums gleich neben der Michaelerkirche. Aber die erste Messe, an die ich mich erinnere, wurde bei meiner Erstkommunion in der Stadtpfarrkirche gehalten, die sich ganz in der Nähe der Bergschule, meiner Volksschule, befand. Wir mußten nur durch die Berggasse bis zum Pfarrberg marschieren. Nach der Schule liefen wir mit den am Morgen gesammelten Kastanien zum Schloßgraben, um die darin gehaltenen Rehe zu füttern. Zahllose Ausflüge sollten unser Interesse auf die Gründungsgeschichte unserer Heimatstadt lenken: die zwei feindlichen Brüder, die sich uneins waren, wo die Styra-Burg errichtet werden sollte, und einander deshalb, wie der Hammermörder, die Schädel einschlugen, die Ottokare, die Herzoge von Österreich und die Grafen Lamberg. Allerdings scheiterten in meinem Fall diese Bildungsversuche kläglich, war ich doch nach wie vor überzeugt, daß Österreich lediglich aus zwei Teilen bestehe. Woher kamen dann überhaupt diese Steirer, wenn das Land ja schon ausgefüllt war mit Ober- und Niederösterreich? Eine Steiermark ergab da überhaupt keinen Sinn, es sei denn als eine Art Zwischenösterreich, aber davon sprach niemand. Ich auch nicht, Hauptsache, die Grafen hatten die Rehe dagelassen.

Abends nahmen mich meine Mutter und ihr Freund oft »zum Hans« mit, in einen Schießkeller beim Sporthaus Eybl, wo meine Mutter als ausgebildete Jägerin zwar nie ihre Treffsicherheit, dafür aber ihre Trinkfestigkeit unter Beweis stellte. Ich versuchte immer, die Farbe meiner Coca-Cola mit Zitronensaft ihrem billigen Rosé anzugleichen, bis sie schließlich untrinkbar war und ich eine neue Cola bestellen mußte. In diesem Keller wurde ich bald zur besten Dartschützin, zumindest in meiner Altersklasse, in der ich allerdings nicht viele Gegner zu schlagen hatte.

Wenn meine Mutter mit Freund ohne mich zum Hans fuhr, sperrten meine Freundin Christine und ich uns zu Hause ein und legten große Fleischmesser unter die Polster, für den Fall, daß uns der böse schwarze Kinderverzahrer holen würde. Wir waren überzeugt, daß uns dann auch die Polizisten in der Wachstube gegenüber nicht helfen konnten. Schließlich waren sie nicht einmal mit einem flüchtigen Bankräuber fertiggeworden, der in seiner Verzweiflung ausgerechnet eine Bank zwei Häuser weiter überfallen hatte. Die Beamten konnten ihn erst durch einen Schuß ins Bein überwältigen. Obwohl meine Mutter es uns streng verboten hatte, beobachteten wir das Geschehen vom Fenster aus. Die Schüsse hallten in der Straße viel lauter als beim Schießkeller-Hans. Zwei Kugeln schlugen in der Hausfassade der Putzerei an der Ecke Bahnhofstraße/Färbergasse ein. Ich wollte sie mir tags darauf als Andenken holen. Die Einschußlöcher waren leicht zu finden, weil sie eingekreidet worden waren, nur die Patronen konnte ich leider nicht entdecken. Heute ist die Wachstube aufgelassen, und die Putzerei steht seit Jahren leer.

Als ich elf war, zog mein Vater mit meinem Bruder von zu Hause aus, und zwar in eines der drei Hochhäuser auf der Ennsleite. Ich kannte diesen Stadtteil noch nicht, wußte nur aus dem Geschichtsunterricht, daß die Viertel am anderen Ufer der Enns einige Monate lang von sowjetischen Truppen besetzt gewesen waren. Deshalb nannte ich die Ennsleite für mich auch »Russenleite«. Anders als Bahnhofstraße, Zwischenbrücken, Schloßberg und Stadtplatz schien sie mir ländlich geprägt, mit dem nahen St. Ulrich und dem Damberg dahinter. Wenn ich heute in Ottakring herumgehe, fühle ich mich häufig an die Ennsleite erinnert, durch die vielen Gemeindebauten inmitten wenig gepflegter Grünflächen. Nur das Symbol der Werkshäuser, die kreisrunde Zielscheibe, fehlt. Wenn in einer klaren Winternacht die ersten dicken Schneeflocken fallen, herrscht die gleiche Ruhe.

Auch auf der Ennsleite wurde ich Zeugin eines Verbrechens, allerdings nur auf Umwegen: Die Nachbarn erzählten, daß jugoslawische Diebsbanden den armen Steyrwerke-Arbeitern ganze Erdäpfelsäcke aus den Kellern gestohlen hätten. Ich brauchte also kein großes Messer mehr ins Bett mitnehmen, weil mein Vater seine Erdäpfelvorräte in der Küche aufbewahrte.

Die Steyrwerke störten die Ruhe, die ich mit der Ennsleite in Verbindung brachte, deshalb mied ich auch den Arbeiterberg zur Damberggasse hinunter. Manchmal fragte ich mich, weshalb das Werndl-Denkmal eigentlich mitten in der Stadt stand und nicht vor dem Werkstor, wo Werndl doch immer als der eigentliche Gründer und Schutzherr der Fabrik bezeichnet wurde.

Im großen und ganzen hatte ich eine ganz normale Kindheit und Jugend mit all ihren Höhepunkten und Tiefschlägen. Eltern, die sich nie stritten, aber auch nicht wirklich liebten. Einen großen Bruder, der immer auf seine Schwester aufpaßte und dem ich bis nach Wien ins Oberösterreicherheim folgte. Eine beste Freundin, mit der ich Tag und Nacht zusammen war und alle Geheimnisse teilte. Wir verbrachten die Nachmittage fast immer bei mir zu Hause, weil unsere Wohnung in der Bahnhofstraße viel größer war als die ihrer Mutter in Wolfern. Außerdem gab es da zwei Schaumstoffkissen, die wir mit Polyesterdecken sattelten. Auf ihnen ritten wir wie Lex Parker und Pierre Brice durch den Wilden Westen. Und wenn wir es vor lauter Lachen nicht mehr aufs Klo schafften, konnten wir unserem unreinen Rauhhaarzwergdackel die Urinlachen anhängen. Im Sommer spielten wir im Garten hinter dem Haus, der auf einer Seite mit Thujen und Maschendraht abgegrenzt war. Dahinter lag der Märchengarten unserer Träume. Dort wuchsen Himbeersträucher, die wir trotz Gewissensbissen plünderten, unbekannte, exotisch anmutende Pflanzen, große Bäume, die zum Klettern einluden. Sogar einen kleinen Teich gab es. Der Garten gehörte der Frau Magister. Lange Zeit glaubte ich, der Familienname der Apothekerin vom Nebenhaus mit dem vornehmen Gehabe sei tatsächlich Magister, weil sie jedermann so ansprach: »Grüß Gott, Frau Magister.«

An den Wochenenden besuchte mich meine Freundin nie. In der Wohnung meines Vaters gab es keinen Hund, dem wir die Folgen unserer Lachkrämpfe andichten konnten. Im übrigen wurden sie im Laufe der Jahre immer seltener. Dafür vermehrten sich Anfälle von Heulkrämpfen. Liebeskummer und Regelschmerzen kosteten uns wahre Sturzbäche von Tränen. Außerdem hielten wir es für selbstverständlich, daß zum Heranwachsen der Genuß von Alkohol gehört. Nach übermäßigem Konsum gaben wir ihn wieder von uns. Diese Ausscheidungen hätte man unter Umständen zwar wieder dem Hund zuschieben können, aber wir waren uns einig, daß kaum jemand einem Zwergdackel derartig große, nach Cola-Rot stinkende Mengen zutrauen würde.

Den ersten Rausch und seine üblen Folgen hatte ich auf einer Klassenfeier der Handelsakademie, die wir zu Schulschluß an der Steyr veranstalteten. In Unterhimmel konnten wir von Anrainern ungestört unsere pubertären Bedürfnisse mit Bier, Wodka, lauter Musik und zaghaftem Schmusen befriedigen. An diesem Schotterstrand hatte ich schon im Volksschulalter und auch noch während der Unterstufe jeden Schönwettertag verbracht, denn meine Mutter war eine fanatische Anhängerin der Freikörperkultur und hielt es für wichtig, daß ihre Kinder keine falschen Schamgefühle aufbauten. Ihre Erziehungsmaßnahme schlug jedoch vollkommen fehl, weil ich mich nackt mit grellorangen Schwimmflügeln ausgesprochen unwohl fühlte. Allerdings durfte ich ohne Schwimmbehelf nicht ins Wasser, was mich in eine verzwickte Lage brachte. Lieber war ich ganz nackt. Aus diesem Grund lernte ich freilich nicht schwimmen, weswegen ich die verdammten Flügel überhaupt nicht los wurde. Erst als sich mein Körper zu verändern begann, wollte ich schwimmen lernen, um nicht durch die weithin sichtbare Signalfarbe auf meine geschwollene Brust aufmerksam zu machen. Trotzdem hatten die Ausflüge nach Unterhimmel auch ihre guten Seiten. Immerhin war es für uns mehr als spannend, allein oder zu zweit durch das dichte Unterholz zu streunen. Unsere Eltern wollten uns von diesen Mutproben abhalten, weil sich im Auwald oft geflohene Häftlinge versteckten. Wenn ein Hubschrauber zu hören oder zu sehen war, hieß es, schon wieder ist aus Garsten einer ausgekommen.

Nach einer Begegnung mit einem Exhibitionisten, der stöhnend in seinen Hosenschlitz griff, verlor ich das Interesse an der Umgebung unseres ehemaligen Badeplatzes. Nun gingen wir nur noch im Wehrgraben an die Steyr. Die »Balkanatmosphäre«, über die sich viele Einheimische das Maul zerrissen, genoß ich in vollen Zügen. Die gepflasterten Gassen neben dem plätschernden Wasser erinnerten mich ebenso an Urlaube auf Krk wie die Duftschwaden aus der Pizzeria Gabriel. Beinahe jeden Samstagabend kam es zu allgemeinen Besäufnissen. Manchmal übergaben wir uns direkt vor dem Café Treff am Ennskai, dessen Pächter regelmäßig lange Betriebspausen einlegen mußte, um die Spuren des fast jährlich wiederkehrenden Hochwassers zu beseitigen. Als Volksschulkind hatte ich oft die bis ins Jahr 1572 zurückreichenden Wasserstandsmarken in Zwischenbrücken bestaunt und mir dabei vorgestellt, wie bunte Fische durchs Wohnzimmer schwimmen. Als ich älter wurde, brachte ich für die Hochwasserkatastrophen keine Begeisterung mehr auf. Bei geringeren Niederschlägen blieben wenigstens die Lokale am Stadtplatz von Überschwemmungen verschont. Wir wechselten zwischen Café Arabia und Pitastand. Mit einer neuen, drei Jahre älteren Klassenkollegin versuchte ich die Wirkung von Musik, Alkohol und Verliebtheit mit Marihuana zu verstärken, aber dabei kam nicht viel raus, nur bereits verdaut Geglaubtes. Irgendwann gab ich es auf, mich mit Haschisch beflügeln zu wollen. Meine Freundin allerdings hatte sich offenbar Zugang zu härteren Drogen verschafft, in einer Steyrer Szene, die ich nie gefunden, aber auch nie wirklich gesucht habe. Gegen Ende meiner Schulzeit war ich, eigentlich viel zu spät, auf der Suche nach Holden Caulfields verrauchter Bar mit Klavier, die ich in Steyr aber nie finden sollte.

Antonia Rahofer

Das Y im Namen dieser Stadt

Ich bin jung und liebe die Stille. Wenn ich morgens aus dem Haus gehe, stecke ich mir gelbe Schaumstoffstückchen in die Ohren. Damit ich seh, ich seh, was du nicht siehst. Damit ich dich besser sehen kann.

Mein liebster Ort ist der zwischen den Brücken. Wenn ich morgens zur Schule gehe, verweile ich immer ein wenig unter dem Haus, das von ihnen eingeklammert wird. Eine kleine Treppe führt mich hinab zu jener Ecke, die sich dem Wasser zuwendet. Dort, auf dem kleinen Fleckchen Ufer, das den einen Fluss vom anderen trennt, ist mein Ort. Dort stehe ich und bin mit beiden Beinen dazwischen. Meine Ohren pochen. Ich spüre, wie sich die Kraft des Wassers in meinen Rücken stemmt und sehe, wie die Ströme im Nebel zusammenfließen. Der Stärkere gewinnt. Ich werfe einen Stein ins Wasser, geradewegs dorthin, wo sich das Braun mit dem Grün vermischt.

Vor mir liegen die Flüsse. Sie umschlingen mich wie die Schlange den Baumstamm im Paradies. Nur, dass ich einen Hinterausgang habe. Wenn ich die Arme ausstrecke, decken sie sich mit den Brücken, die mir dann erscheinen, als wären sie meine Flügel. Aus den hintersten Augenwinkeln kann ich die Menschen erkennen. Auf meinen Armen versuchen sie wie Flöhe, von einem Ende der Brücke zum anderen zu gelangen. Warum stürzen sie sich nicht gleich ins Wasser? Soll ich sie mit meinen Fingerspitzen wachkitzeln? Im Geheimen wollen sie doch nur schwimmen und den Kopf unter Wasser halten. So wie ich. Ich liebe die Stille und das behagliche Rieseln in meinem Kopf, wenn ich nach Kieselsteinen tauche.

Meine Zehen sind bleich und unter Wasser. Wenn ich sie aneinander reibe, steigen kleine Bläschen auf. Auf den trockenen Steinen laufen sie krebsrot an. Ich zwicke sie, um zu sehen, ob sie noch da sind.

Es ist Nacht. Entlang der Ufer spiegeln sich Lichtpunkte im Wasser, die aneinander gekettet sind wie die Zähne eines Gebisses. Wir stehen am Ufer zwischen den Flüssen, und ich höre nichts. Auch nicht, dass Eva mir zuruft: Spring. Ihre Bewegungen schlagen Wellen, und zwei silberne Arme zerschneiden nacheinander das Wasser. Ihr Körper leuchtet. Aus der Ferne streiche ich mit meinen Flügeln vorsichtig über ihn.

Wir liegen nebeneinander am Ufer. Eva versucht, sich warmzureiben. Hast du Feuer? Ich höre nichts, aber in mir glüht es. Wir liegen zwischen den Brücken und können den Weg über die Treppe und den ins Wasser nehmen. Wir können uns kitzeln und Luftblasen zerplatzen lassen. Wir können die Flöhe gewähren lassen und mit nackten Füßen auf Kieselsteine treten. Wir können das Y im Namen dieser Stadt auch weglassen. Das Wasser bleibt. Wir können springen oder nicht. Dorthin, wo sich das Braun mit dem Grün vermischt. Hörst du? Ich höre. Damit ich dich besser sehen kann.

Erwin Einzinger

Steyr und retour

Wie still das Wasser dahinzieht, dennoch rasch und nur knapp unterhalb des Straßenniveaus! Und es ist immer noch tiefgrün, selbst wenige hundert Meter vor der Mündung, obwohl leere Plastikflaschen und ähnliches Dreckszeug an den Enten vorbeitreiben, hinter einem grauen Gebäude, auf das jemand in großen schwarzen Lettern »Fußballmafia ÖFB« gesprüht hat. Ein Fiat, der eigentlich auf den Schrottplatz gehört, steht mit zwei platten Reifen knapp an eine Hausmauer geparkt. Über einem schmalen Streifen Wiese hängt ein tropfnasser Overall, leicht verwitterte Gartensessel mit klappbarem Brettersitz lehnen an der windschiefen Seitenwand einer winzigen Holzhütte, die hier am Wasser eher wie eine altmodische Badekabine aus dem Salzkammergut wirkt. Klowasser rauscht. Ein violetter Pantoffel liegt unter einer Hollerstaude, vielleicht vor Wochen von irgend jemand rabiat Gewordenem aus einem der Fenster in die Nacht hinausgeschleudert. »GASTHOF ZUR SONNE« steht hoch oben an der abgeblätterten Hausmauer, und gleich neben der Brücke liegen tatsächlich noch ein paar Mühlsteine herum. Verdämmern vielleicht in der einen oder anderen Kiste auf staubigen Dachböden noch uralte Arbeiterliederbücher mit stolzen Lobgesängen auf das Jahrhundert der Industrie? Aus einer offenen Haustür schleicht eine fette Katze zu den Klängen von »Mr. Pharmacist«. Keine zwanzig Meter weiter: Wild kämpfende Vögel, und tatsächlich weht auch schon Flaum über die Gasse. So viel Schönheit und Leben auf engstem Raum! Und das alles mitten in Steyr.

Fast hätte es mich gejuckt, die vorliegende kleine Betrachtung mit einem Satz etwa der Art zu eröffnen, daß es beispielsweise eine Zeit gegeben hat, da ich mich auf dem Friedhof von Glasgow besser ausgekannt hätte als in Steyr, einem der nächstgelegenen größeren Orte meiner unmittelbaren Heimat. Aber das wäre wohl doch eine Spur übertrieben gewesen. Weil es von unserem Haus hinüber ins Steyrtal zu Fuß aber gerade einmal eine halbe Stunde ist und in die gleichnamige Stadt mit dem Wagen nur unwesentlich länger, finde ich es jedenfalls einigermaßen seltsam, wie wenig ich mich in all den Jahren in Steyr aufgehalten habe, sodaß ich es in Wahrheit nur als recht seltener Besucher kenne – und vor allem vom Durchfahren in Richtung Niederösterreich und Wien. (Als vor zwei Jahren ein amerikanischer Germanist und Musikenner zu Besuch war und wir ihm auch Steyr zeigen wollten, blamierte ich mich ordentlich, als ich vom Schloß Lamberg aus die Altstadt und den Hauptplatz in der falschen Richtung vermutete.)

Dabei mag ich die Stadt, ihre einzigartige Lage, und vor allem natürlich die Gassen am Wehrgraben, die trotz Renovierung immer noch etwas verschlafen wirken. Daß es eines Schreibanlasses wie hier bedarf, damit ich mir endlich wieder ein wenig Zeit für einen Besuch in Steyr nehme, ist erstaunlich, vor allem, wenn ich mir etwa überlege, wie weit wir vor ein paar Jahren in den USA jeweils herumreisten, um uns Städte aus der Nähe anzuschauen, von denen die meisten dann wesentlich weniger beeindruckend waren als die alte Eisenstadt in meiner Heimat. Aber es ist ja bekannt, daß man für das Naheliegende zunächst keinen Blick hat.

Als ich letztens im renovierten ehemaligen Steyrer Handwerks- und frühen Industriegelände herumging, immer wieder das vom Flußkanal begrenzte Areal des Museums für Arbeitswelt aus einer anderen Perspektive im Blick, erinnerte ich mich auch an meine Steyrtaler Verwandten, die jahrzehntelang eine kleine Bäckerei betrieben und sich ihr ganzes Arbeitsleben lang bloß ein einziges Mal einen Urlaub gegönnt hatten, und auch das nur für ein paar Tage, nach denen sie überglücklich aus Tirol zurückkamen.

Meine Mutter wuchs im Steyrtal auf, der Vater an der Donau, und in beiden Flüssen bin ich als Kind geschwommen, in der selbst im Hochsommer eiskalten Steyr freilich nur ein paar Sekunden lang. In Sichtweite der Messerfabrik in Steinbach haben wir im seichten Uferwasser Koppen gefangen und nach möglichst flachen Steinen gesucht, mit denen wir einander im Platteln überbieten wollten.

Der Mann einer Halbschwester meiner Mutter hatte einst in den Steyr-Werken gearbeitet, war aber auch einige Zeit im nahen Gefängnis in Garsten gesessen, eine Tatsache, die verständlicherweise eher totgeschwiegen wurde in der Verwandtschaft. Und mein jüngerer Bruder kam im Krankenhaus Steyr zur Welt, ich erinnere mich aber nur noch an ein Zitroneneis, das ich damals bekommen habe, als der Taufpatenonkel aus dem Bäckereibetrieb, da meine Eltern nie ein Auto besessen haben, meine Mutter und den kleinen Bruder aus dem Krankenhaus abholte.

Als ich eineinhalb Jahrzehnte später selbst gerade einmal einen Sommer lang einen alten Wagen besaß, fuhr ich damit auch nach Steyr, weil es dort in irgendeiner Sporthalle ein Konzert mit etlichen Rockbands gab, deren einzige aus England angekündigte dann aber ohnehin nicht eintraf, sodaß ein paar langhaarige Schweizer, die sich »Krokodil« nannten, schließlich als die am weitesten angereiste Attraktion vorgestellt wurden. Soweit ich mich erinnere, war auch für mich die Fahrt – eine meiner ersten ganz allein und im ersten eigenen PKW – interessanter und aufregender als der ganze Konzerthokuspokus. Und ein andermal fuhr ich mit einem Mädchen aus meinem Heimatort, das in Steyr zur Schule ging – wir schrieben einander etwa ein Jahr lang Briefe –, zu einer sogenannten Rhythmusmesse in einer damals neuerbauten Steyrer Kirche, auch dies eine eher belächelnswerte Angelegenheit, bei der ich mich keine Sekunde lang wohlfühlte.

Die Eltern eines ehemaligen Kollegen aus dem sogenannten Kirchdorfer Schulzentrum, wo ich für mehr als zweieinhalb Jahrzehnte mein Geld verdiente, betrieben in der näheren Umgebung von Steyr eine große Schweinemast, und ein einziges Mal standen wir kurz vor der Fütterungszeit vor dem Stallgebäude, das – wäre da nicht das aus hunderten hungriger Schweinekehlen ertönende verzweifelte oder wütende Geschrei gewesen – so sauber und imposant in der Landschaft stand wie eine nagelneue Fabrik. (Aus dem Gebirgsdorf, hinter dem die Steyr entspringt, war unlängst übrigens zu erfahren, daß in einem dortigen Kleinbauernhof die Behörden eingreifen hatten müssen, weil die hygienischen Zustände auch für die Tiere völlig unzumutbar geworden waren: Sie lebten mit dem als Sonderling bekannten Bauern zusammen in dessen Wohnräumen, in denen man knöcheltief in Exkrementen und Abfällen waten mußte. Und meine älteste Tante, die in jungen Jahren hier einmal zu einer von den Nazis verbotenen heimlichen Tanzerei gegangen war und mich Anfang der sechziger Jahre zum Steyrer Kripperltheater mitgenommen hat, erzählte mir vor wenigen Monaten, daß sie von einem Hinterstoderer Obernazi damals allen Ernstes wegen verbotenen Tanzens angezeigt worden war.)

An sonnigen Herbsttagen sind auf der kurvenreichen Steyrtalbundesstraße mit Vorliebe die in bunte Lederkluft gewandeten Wochenendmotorradfahrer unterwegs, von denen jeder zweite anscheinend nichts lieber tut, als den rechten Fuß knapp über dem Asphalt dahinschleifen zu lassen, als könne er die Lust, den unter seiner Maschine vorbeifliegenden Straßenbelag mit den Fußsohlen sanft zu liebkosen, gerade noch unterdrücken. Nur knapp oberhalb verläuft am Hang entlang die einstige Trasse der Schmalspurbahn, schon seit Jahren umgebaut in eine vor allem wegen der landschaftlichen Schönheit beeindruckende Strecke für Radfahrertrupps und keuchende Stirnbandträger in atmungsaktiven Leuchttrikots, von denen viele mit ernstem Gesicht durch die Voralpenpracht hetzen. Dennoch haben die Leute auch hier offenbar das Bedürfnis, gelegentlich mit umso größerer Entschlossenheit darauf hinzuweisen, daß ihnen der Sinn für Humor keineswegs abhanden gekommen ist. Nicht zuletzt der immer beliebter werdende Brauch, anläßlich von »runden« Geburtstagen weiße Leintücher mit mehr oder weniger originellen Sprüchen zu bemalen und dann im Vorgarten zu präsentieren, könnte dafür Zeugnis sein. (»Lieber vierzig und würzig als zwanzig und ranzig« reimte kürzlich etwa einer anläßlich des

Geburtstags seiner Ehefrau und konnte wohl mit der Zustimmung der meisten Vorüberkommenden rechnen. Und auch derjenige, der zu Werbezwecken die Minibus-Hintertür des Wagens für die Ausrüstung und Instrumente einer Unterhaltungscombo namens »The Original Most Lois Revival Band« sorgfältig mit diesem etwas ungewöhnlichen Bandnamen beschriftet hatte, zeigte sowohl Hingabe als auch Sinn für Humor, wenngleich vermutlich Sie ebensowenig wie ich eine Ahnung haben werden, wer denn der Steyrtaler Hobbyunterhalter mit dem Künstlernamen Most-Lois eigentlich ist.

Weil freilich die eine Tür des Kleinbusses, als ich zum erstenmal daran vorbeikam, gerade offen war und deshalb nur »The Most Revival« zu lesen war, saß ich übrigens, was den Namen dieser im Steyrtal vielleicht durchaus bekannten ländlichen Unterhaltungsmusikformation betrifft, zunächst leider einem Irrtum auf, der es jedoch nicht wirklich wert ist, hier noch des langen und breiten erklärt zu werden.)

Obwohl Steyr nicht nur ein Ort der industriegeschichtlichen ebenso wie der kulturhistorischen Bedeutsamkeiten ist, sondern auch diejenige Stadt gewesen sein soll, in der es vor gut hundertzehn Jahren anläßlich einer großen Elektroausstellung die erste elektrische Straßenbeleuchtung Europas gab, fand ich es bei meinem letzten Besuch der Stadt gar nicht so leicht, eine mittlerweile offenbar schon wieder als überholt einzuschätzende technische Errungenschaft wie eine öffentliche Telefonzelle zu finden. Und als ich auf dem aus gutem Grund berühmten alten Hauptplatz deswegen einen Polizisten fragen wollte – an die Steyrer Einkaufs- und Flanierbevölkerung, von der ein nicht unbeträchtlicher Teil, so wie andernorts auch, munter telefonierend, gestikulierend und kichernd unterwegs war und sich vermutlich achselzuckend gewundert hätte, daß heutzutage noch jemand eine Telefonzelle benötigen könnte, wollte ich mich lieber nicht wenden –, wurde meine Geduld ordentlich auf die Probe gestellt. Denn der bestens gelaunte Wachmann war gerade damit beschäftigt, zwei Hubertusmantelfrauen mit einer immer wieder von neuem mit zusätzlichen Details angereicherten Auskunft zu unterhalten, auf welche die beiden Damen freilich ohnehin nur mehr mit halbem Ohr zu achten schienen, nachdem sich das ganze Gespräch in Wahrheit längst zu einem augenzwinkernden Austausch von Scherzen und gegenseitigen Komplimenten entwickelt hatte, dessen Gipfel dann die schmeichelhafte Aussage einer der beiden Frauen war, daß sie wohl, hätten sie bloß gewußt, daß in Oberösterreich die Polizisten derart nett seien, schon viel früher einmal nach Steyr gekommen wären.

Dermaßen fröhlich, glatt und freundlich scheint das Leben seine Bahnen zu ziehen, sodaß ein Gedanke wie der, daß unweit von hier die Tragödie der kleinen »Sidi« Adlersburg ihren Lauf nahm, deren Schicksal seit der Lektüre ihrer Lebensgeschichte fast jede meiner Fahrten nach oder durch Steyr an irgendeiner Stelle wie von fern berührt, nicht ganz zeitgemäß erscheinen mag.

Auf dem Weg zurück zum Wagen sah ich auf einem Parkplatz hinter einer Heckscheibe auch einen Zierpolster, bestickt mit der stolzen Verkündigung »Der Herr ist mein Hirte«. Aus einem Fenster im ersten Stock eines Hauses hing eine bunte Indianerdecke, und ein Kind, das hinter einer in die Unterhaltung mit einer anderen Jungmutter vertieften Frau in einer Kostümjacke mit weiten Keulenärmeln herzockelte, boxte mißmutig gegen den Außenspiegel eines Mazda, im Gesicht einen Ausdruck, der zugleich bockig und ratlos wirkte. Auf einem Fenstersims eine leergegessene Krabbencocktaildose, in der sich ein wenig Regenwasser oder auch Tau gesammelt haben mochte. Und dann, schon auf der Heimfahrt, an einer Ampel: Ein paar Schulkinder, die offensichtlich dabei waren, ihre schockfarbenen Winzigtelefone miteinander zu vergleichen.

Lebensdaten und Quellenverzeichnis

(Mit * versehene Titel stammen von den Herausgebern)

Katharina Marie Bergmayr
geb. 1979 in Reichraming (Oberösterreich). Handelsakademie in Steyr, dann Studium der Vergleichenden Literaturwissenschaft und der Germanistik in Wien, ab Oktober 2004 Universitätslehrgang »Library and Information Studies« an der Österreichischen Nationalbibliothek, seit Anfang 2005 Mitarbeiterin der Wiener Städtischen Büchereien. Lebt in Wien.
Im Wohnzimmer bunte Fische: Originalbeitrag.

Wladimir Maximowitsch Berimez
geb. 1923 in der Sowjetunion. Nach dem Überfall Nazideutschlands 1941 Arbeiter in einer Rüstungsfabrik. Nach Fluchtversuch Einweisung in ein Straflager. Im Juli 1942 als Zwangsarbeiter in das sogenannte Deutsche Reich verschleppt. Ab August 1943 Häftling in den Konzentrationslagern Groß-Rosen und Buchenwald, zuletzt im KZ Steyr-Münichholz. Dort am 5.5.1945 befreit. Rückreise in die UdSSR. Gestorben am 28.8.2004 in Talalajvka, Ukraine.
*Brief aus Talalajvka** wurde vom Autor für das Steyrer Mauthausen Komitee geschrieben, das ihn bei seinen Bemühungen um finanzielle Entschädigung für die erlittenen Qualen unterstützt hatte, und von Heinz Reitmayr aus dem Russischen übersetzt.

Fritz Brainin
geb. 1913 in Wien. Realschule Vereinsgasse. 1931/32 Studium der Philosophie. 1934–1937 Mitarbeiter der Kleinkunstbühnen »Die Stachelbeere« und »Literatur am Naschmarkt«. 1938 Flucht über Italien nach New York. 1939–1942 Kabelbote für deutsch-amerikanische Zeitungen. 1943 US-Army, Militärpolizei, Einsatz in Kriegsgefangenenlagern. Technischer Übersetzer und Redakteur. Gestorben am 30.4.1992 in New York.
Gedichtbände: »Alltag« (1929); »Die eherne Lyra« (1934); »Das siebte Wien« (1990).
Der Arbeitslose von Steyr aus: F. B., Die eherne Lyra. Gedichte. Europäischer Verlag, Wien und Leipzig 1934.

Bertolt Brecht
geb. 1898 in Augsburg. 1917 Beginn des Medizinstudiums in München. Theaterdramaturg in München und Berlin, ab 1924 freier Schriftsteller. 1933 Flucht aus Deutschland, Exil u.a. in Dänemark und in den USA. 1947 Rückkehr nach Europa, Schweiz, ab 1949 DDR. Gründer des Berliner Ensembles. Gestorben am 14.8.1956 in Berlin.
Brechts Werk, das Theaterstücke, Hörspiele, Gedichte, Romane und Kalendergeschichten umfaßt, liegt in einer Gesamtauflage von 75 Millionen Exemplaren vor und ist in 42 Sprachen übersetzt.
Singende Steyrwägen wurde 1928 als Werbegedicht für die Steyr-Werke geschrieben. Hier aus: B. B., Gesammelte Gedichte. Band 1. Suhrkamp Verlag, Frankfurt/Main 1978.

Ditha Brickwell
geb. 1941 in Wien. Studium der Architektur, des Städtebaus und der Bildungsökonomie in Wien, Berlin und New York. Leitet die Entwicklung von Wirtschaftsförderprogrammen und lebt in Berlin und Wien.
Romane und Essays: »Angstsommer« (1999); »Der Kinderdieb« (2001); »Vollendete Sicherheit« (2003); »Zahlen!« (2004).
Im Augenblick die Aufgabe. Erstdruck: Die Rampe (2/1989). Hier: überarbeitete Fassung.

Bert Ehgartner
geboren 1962 in Waidhofen/Ybbs. Studium der Publizistik, Politikwissenschaften und Informatik in Wien. Seit 1987 Journalist, Autor und Dokumentarfilmer. Sachbücher, zuletzt: »Das Medizinkartell« (mit Kurt Langbein, 2002); »Die Lebensformel« (2004).
Morgen gehts ins Gußwerk aus: Sibirischer Wahnsinn überlebt von Fossov und Schweißnhoog. Europäischer Verlag, Wien 1987.

Erwin Einzinger
geb. 1953 in Kirchdorf/Krems. Mittelschule in Linz. Studium der Anglistik und Germanistik in Salzburg, dann bis 2003 Gymnasiallehrer in Kirchdorf. Lebt als Schriftsteller und Übersetzer in Micheldorf (Oberösterreich).
Letzte Buchveröffentlichungen: »Kleiner Wink in die Richtung, in die jetzt auch das Messer zeigt« (1994); »Das wilde Brot« (1995); »Aus der Geschichte der Unterhaltungsmusik« (2005).
Steyr und retour: Originalbeitrag.

Walter Famler
geb. 1958 in Bad Hall, von 1968 bis 1977 Schüler am BRG Steyr, lebt in Wien. Herausgeber der Literaturzeitschrift »Wespennest« und Generalsekretär des Kunstvereins Alte Schmiede.
Doktor Y ist die überarbeitete Fassung eines Textes, der für den Katalog des Festivals der Regionen (»Die Kunst der Feindschaft«, Ottensheim 2003) verfaßt wurde.

Ernst Fischer
geb. 1899 in Komotau (Böhmen), aufgewachsen in Graz, ab 1920 Mitglied der Sozialdemokratischen Arbeiter-Partei, Redakteur und Schriftsteller, schloß sich nach dem Februaraufstand 1934 der KPÖ an, in der er bis zu seinem Ausschluß 1969 (wegen seiner Kritik am »Panzerkommunismus«) führende Positionen ausübte. 1939–1945 Exil in Moskau, nach seiner Rückkehr Staatssekretär im Rang eines Unterrichtsministers und bis 1959 Abgeordneter des Nationalrats. Zahlreiche Veröffentlichungen zur österreichischen Geschichte, Kunst und Literatur. Gestorben am 31.7.1972 in Deutschfeistritz (Steiermark).
Eine achtbändige Werkausgabe ist, herausgegeben von Karl-Markus Gauß und Ludwig Hartinger, zwischen 1984 und 1991 in Frankfurt/Main erschienen.
So stirbt eine Stadt! aus: Arbeiter-Zeitung (Wien), 1.1.1932.

Karin Fleischanderl
geb. 1960 in Steyr. Dolmetsch- und Romanistikstudium in Wien. Lebt dort als Übersetzerin italienischer Literatur, Publizistin und Mitherausgeberin der Literaturzeitschrift »Kolik«.
Essayband: »Des Kaisers neue Kleider. Schreiben in Zeiten der Postmoderne« (1995).
Meine Steyrer Verwandten: Originalbeitrag.

Harald Friedl
geb. 1958 in Steyr. Studium der Germanistik und Anglistik in Salzburg. Wissenschaftlicher Mitarbeiter am Institut für Alltagskultur, Salzburg. 1991–1993 Leiter des Literaturhauses Salzburg. Seit 1994 freischaffender Filmemacher, Schriftsteller und Musiker in Salzburg und Wien.
Veröffentlichungen: »Tarot Suite« (mit Margit Hahn, Heinz Janisch, Barbara Neuwirth und Norbert Silberbauer, 2001); »Belohlaveks Geheimnis« (2001).
Eiszeit: Originalbeitrag.

Gunther Alois Grasböck
geb. 1956 in Linz, aufgewachsen in Steyr. Studium der Germanistik und Geschichte in Graz. Pädagogische Akademie in Linz, Lehramtsprüfung für Volksschulen. Gestaltung und Moderation von Literatursendungen im Radio. Derzeit Akademielehrgang Interkulturelles Lernen. Unterrichtet in einer Sprachklasse Schüler aus fünf Nationen. Lebt in Steyr.
Nicht höher als Vierundfünfzig: Originalbeitrag.

Evelyn Grill
geb. 1942 in Garsten bei Steyr. Nach dem Besuch der Handelsakademie Studium der Rechtswissenschaften in Linz. Lebt seit 1986 in Deutschland, seit 1992 in Freiburg im Breisgau als freie Schriftstellerin.
Erzählungen und Romane: »Rahmenhandlungen« (1985); »Wilma« (1993); »Winterquartier« (1994); »Hinüber« (1999); »Ins Ohr« (2002); »Vanitas oder Hofstätters Begierden« (2005).
Kindheitshimmel: Originalbeitrag.

Fritz Grohs
geb. 1955 in Steyr. Studium der Rechtswissenschaften in Wien. Tätigkeiten in Anwaltskanzleien, Werbeagenturen und Kunstgalerien. Arbeiten im öffentlichen Raum, Video-, Radio- und Tonträgerprojekte. Gestorben 2000 in Berlin. Prosabände: »Die Spur. Fragment« (1986); »Alltag ist Pflicht« (1997).
*in meine heimat tädtchen** aus: F. G., Die Spur. Fragment. Galerie nächst St. Stephan, Wien 1986.

Stefan Großmann
geb. 1875 in Wien. Realschule kurz vor der Matura abgebrochen. Arbeit als Versicherungsmathematiker, in Berlin Mitarbeiter der Zeitschriften »Der Sozialist« und »Zukunft«. Wegen angeblicher anarchistischer Betätigung ausgewiesen, in Wien Mitarbeiter der »Arbeiter-Zeitung«. Mitbegründer des Vereins Freie Volksbühne. 1913 Übersiedlung nach Berlin. Theaterkritiker und Feuilletonredakteur der »Vossischen Zeitung«. 1919–1926 Herausgeber der Wochenschrift »Das Tage-Buch«. 1933 nach Machtübernahme der Nationalsozialisten Flucht nach Österreich. Gestorben am 3.1.1935 in Wien.
Reportagen und Romane, u.a.: »Österreichische Strafanstalten« (1905); »Die Partei« (1919); »Ich war begeistert« (1930).
Strafanstalt Garsten – nicht ohne Folterkammer. Erstdruck: Arbeiter-Zeitung (Wien), 19.10.1902. Auch in: Friedrich G. Kürbisch (Hrsg.): Der Arbeitsmann, er stirbt, verdirbt, wann steht er auf? Sozialreportagen 1880 bis 1918. Verlag J.H.W. Dietz Nachf., Berlin und Bonn 1982.

Tonja Grüner
geb. 1943 in Zwittau/Svitávy (Mähren), seit 1946 in Österreich. Textiltechnikerin. Bühnen- und Filmarbeiten, Hörspiele. Redakteurin der kulturpolitischen Zeitschrift »99«. Lebt mit ihrem Mann, dem Schriftsteller Walter Wippersberg, in Losenstein (Oberösterreich) und in Wien.
Losenstein – Steyr – retour. Originalbeitrag.

Harald Gsaller
ge. 1960 in Lienz. Studium der Physik und Chemie in Linz, dann Mittelschullehrer in Steyr, jetzt in Wien. Bild-Text-Projekte im Grenzbereich von Wissenschaft und Kunst. Buchveröffentlichungen, zuletzt: »Wiese, Einfälle und Ausfunde« (2000); »Ein Ding vorher. 104 Embleme« (2002).
Kanzlei Priester wurde am 3. 2. 1999 im Büro des Steyrer Steuer- und Wirtschaftsberatungsunternehmens Priester präsentiert. Hier erweiterte Fassung.

Fritz Habeck
geb. 1916 in Neulengbach (Niederösterreich). Studium der Rechtswissenschaften in Wien. Als Unteroffizier der Deutschen Wehrmacht 1940/41 in Steyr. Erzähler, Dramatiker, Jugendbuchautor, Übersetzer, Jurist. 1968–1977 Leiter der Literaturabteilung des ORF, 1978–1980 Präsident des Österreichischen PEN-Clubs. Gestorben am 16.2.1997 in Baden bei Wien.
Romane und Erzählungen, u.a.: »Das Boot kommt nach Mitternacht« (1951);

»Der Ritt auf dem Tiger« (1958); »Der Piber« (1965); »Der schwarze Mantel meines Vaters« (1976); »Der Gobelin« (1982); »Was soll's, 's ist Fasching« (1991).
Schönes Leben, wenig Dienst* aus Habecks Tagebuch aus dem Jahr 1940. Erstveröffentlichung.

Erich Hackl
geb. 1954 in Steyr. Schulbesuch hier, dann Studium der Germanistik und Hispanistik in Salzburg, Lektor und Lehrer in Madrid und Wien. Seit 1983 freier Schriftsteller und Übersetzer. Lebt in Wien.
Buchveröffentlichungen zuletzt: »Die Hochzeit von Auschwitz« (2002); »Anprobieren eines Vaters« (2004).
Kleine Stadt der Arbeitslosen aus: E.H., In fester Umarmung. Geschichten und Berichte. Diogenes Verlag, Zürich 1996.
Geschichte, die immer erst anfängt aus: Die Presse (Wien), Sonderausgabe »2000«, Dezember 1999.

Hermann Hakel
geb. 1911 in Wien. Real- und Kunstgewerbeschule. Ab 1934 freier Schriftsteller. Im Juni 1939 als rassistisch Verfolgter Flucht nach Italien, 1941–1943 in mehreren Lagern interniert. 1945 Palästina, Ende 1947 Rückkehr nach Wien. 1948–1951 und 1979–1986 Herausgeber der Literaturzeitschrift »Lynkeus«. Übersetzungen jiddischer Literatur. Gestorben am 24.12.1987 in Wien.
Postum sind erschienen: »Dürre Äste, welkes Gras. Begegnungen mit Literaten« (1991); »Der unheilbare Wahn. Denkprozesse« (1993); »Zu Fuß durchs Rote Meer. Impressionen und Träume« (1995).
Was Marlen Haushofer erzählt* aus Hermann Hakels Tagebüchern aus dem Jahr 1953. Erstveröffentlichung.

Klaus Hirtner
geb. 1958 in Steyr. Ab 1976 Studium der Soziologie und Politikwissenschaft in Wien. Freier Mitarbeiter der »Wiener Zeitung«, der »Volksstimme« und des Österreichischen Rundfunks. Gestorben am 9.1.1995 in Wien.
Buchveröffentlichungen, gemeinsam mit Beppo Beyerl und Gerald Jatzek: »Flucht. Reportagen aus subjektiver Sicht« (1991); »Wienerisch – das andere Deutsch« (1992).
Paradiesisch aus: K.H., Der Geräuschalchimist. Ein Lesebuch, herausgegeben von Birgit Schwaner, Beppo Beyerl und Gerald Jatzek. Löcker Verlag, Wien 1999.

Oscar Holub
geb. 1951 in Steyr. Nach der Matura Studium der Psychologie in Wien. Sozialarbeit in Linz. Mehrere Jahre lang als Mandatar der Grün-Alternativen Liste Mitglied des Steyrer Gemeinderats. Seit 1999 freischaffender Zeichner und Maler. Lebt in Steyr.
ssriien aus: Amtsblatt der Stadt Steyr 8a (Sonderausgabe 9/1995).

Franz Kain
geb. 1922 in Posern bei Goisern. Pflichtschule in einer katholischen Privatanstalt. 1936 Mitglied des illegalen Kommunistischen Jugendverbandes, wegen Verteilens von Flugblättern zwei Monate Haft. Zimmermannslehre, dann Holzknecht. 1941 neuerliche Verhaftung, im August 1942 wegen »Vorbereitung zum Hochverrat« und »Bestreben, die Ostmark vom Reiche loszureißen« zu drei Jahren Zuchthaus verurteilt. Ab November 1942 Strafdivision 999. Ab April 1943 US-amerikanische Kriegsgefangenschaft. Im März 1946 Rückkehr nach Österreich. Redakteur der »Neuen Zeit«, 1953–1956 Korrespondent der »Volksstimme« in Berlin. 1977–1986 als Vertreter der KPÖ im Linzer Gemeinderat. Gestorben am 27.10.1997 in Linz.
Romane und Erzählungen, u.a.: »Der Föhn bricht ein« (1962); »Das Ende der ewigen Ruh« (1978); »Auf dem Taubenmarkt« (1991); »In Grodek kam der Abendstern« (1994).
Asyl im Haus des Zimmermannes aus: F.K., Der Weg zum Ödensee. Geschichten. Globus Verlag, Wien 1974.
Zwei aus Steyr erschien anonym, mit dem Vermerk »Von einem Kriegsgefangenen«, in der Austro American Tribune, Oktober 1945.

Petra Magdalena Kammerer
geb. 1941 in München. Studium an den Akademien der Bildenden Künste in Wien und München, redaktionelle Mitarbeit an der Zeitschrift »Merkur« und im Carl Hanser Verlag, seit 1984 Einzelausstellungen in Deutschland, England, Italien und in den USA. Lebt in München.
Steyr wurde in den Literaturzeitschriften Kolik (21/2003) und Entwürfe (36/2004) veröffentlicht.

Barbara Kampas
geb. 1958 in Steyr. Matura an der Handelsakademie, danach viele Jahre in Salzburg. Studium der Publizistik und Psychologie. Ab 1985 im BMW Motorenwerk in Steyr beschäftigt, seit 1999 selbständige PR-Beraterin und Texterin in Steyr. Vorstandsmitglied von Friedensdorf International.
Das Arbeitswelt-Programm: Originalbeitrag.

Theodor Kramer
geb. 1897 in Niederhollabrunn (Niederösterreich). Realgymnasium Stockerau, dann Realschule und Exportakademie in Wien. 1915 Kriegsteilname als Einjährig-Freiwilliger, 1916 schwer verwundet. 1919–1921 Beamter der Deutsch-Österreichischen Kriegs-Getreide-Anstalt, ab 1921 Buchhändler und Buchvertreter in Wien. Nach schwerer Erkrankung ab 1931 freier Schriftsteller. 1939 Ausreise nach England, ab 1943 Bibliothekar am County Technical College in Guildford. 1957 Rückkehr aus dem britischen Exil. Gestorben am 3.4.1958 in Wien.
Gedichtbände u.a.: »Die Gaunerzinke« (1929); »Mit der Ziehharmonika« (1936); »Wien 1938 – Die grünen Kader« (1946).
Eiserne Vögel aus: Th.K., Gesammelte Gedichte. Band 2. Hrsg. von Erwin Chvojka. Europa Verlag, Wien 1985.

Beatrix M. Kramlovsky
geb. 1954 in Steyr. Sprachenstudium in Wien, 1987–1991 wohnhaft in Ostberlin, in der DDR mit Ausstellungs- und Veröffentlichungsverbot belegt. Seit der Rückkehr nach Wien in der Erwachsenenbildung tätig, Seminare an Universitäten in der Türkei und im Iran. Bildende Künstlerin. Lebt in Bisamberg bei Wien.
Erzählungen und Romane: »Das Chamäleon« (1991); »Eine unauffällige Frau« (1996); »Das Risiko« (1997); »Auslese« (2002).
Vertraute Himmel: Originalbeitrag.

Peter Landerl
geb. 1974 in Steyr. Studium der Germanistik und Geografie in Wien, lebt zur Zeit als Universitätslektor in Straßburg. Freier Mitarbeiter der »Wiener Zeitung«, Gründungsmitglied des Literaturportals www.die flut.at.
Buchveröffentlichungen: »Blaustern« (1998); Happy Together« (2003).
Heimkommen: Originalbeitrag.

Otto Leichter
geb. 1897 in Wien. Studium der Rechtswissenschaften, Mitglied der Sozialdemokratischen Arbeiter-Partei Österreichs. 1925–1934 Redakteur der »Arbeiter-Zeitung«. 1921 Ehe mit Käthe Pick, die im März 1942 auf dem Transport von Ravensbrück in ein anderes Konzentrationslager umkam. Nach dem Februaraufstand 1934 Flucht über Brünn nach Zürich. Rückkehr nach Österreich, Gründer der Wochenzeitung »Österreichischer Nachrichtendienst«. Funktionär der illegalen Freien Gewerkschaften Österreichs. 1938 Flucht über Brüssel nach Paris. Mitglied der Auslandsvertretung der österreichischen Sozialisten in Paris. 1940 Flucht in die USA. Mitarbeiter des Office of War Information. 1943 zweite Ehe mit Else Koheri. 1946 Wien, dort Mitarbeiter der Arbeiterkammer. 1948 Rückkehr nach New York. Korrespondent der »Arbeiter-Zeitung« und der Deutschen Presse-Agentur. Gestorben am 14.2.1973 in New York.
Buchveröffentlichungen u.a.: »Die Sprengung des Kapitalismus« (1932); »Österreich 1934. Die Geschichte einer Konterrevolution« (unter dem Pseudonym Pertinax, 1935); »Ein Staat stirbt. Österreich 1934–1938« (unter dem Pseudonym G. Wieser, 1938); »Amerika in der Weltpolitik« (1947); »Glanz und Elend der Ersten Republik« (1964); »Zwischen zwei Diktaturen. Österreichs Revolutionäre Sozialisten 1934–1938« (1968).
Amerika in Steyr aus: Arbeiter-Zeitung (Wien), 26.9.1929.

Eva Lubinger
geb. 1930 in Steyr. Nach der Matura am Gymnasium Michaelerplatz Studium der Germanistik, Anglistik und Kunstgeschichte in Innsbruck. Zahlreiche Reisen nach Großbritannien. Lebt in Innsbruck.
Prosa und Gedichte, u.a.: »Annas Fest« (1990); »Tag wird Abend, Nacht wird Traum« (1991); »Advent. Zeit der Verheißung« (1993); »Wege« (1993); »Der unzerstörbare Traum« (2002).
Der Krieg* aus: E.L., Eine Handvoll Lebenstage. Verlag Wort und Welt, Innsbruck 1995.

Till Mairhofer
geb. 1958 in Steyr. Studium an der Pädagogischen Akademie, Lehramt für Deutsch und Musikerziehung, sowie am Bruckner-Konservatorium in Linz. Hauptschullehrer in Bad Hall. Herausgeber der Werke Dora Dunkls, Veranstaltungen zu Leben und Werk Marlen Haushofers, Mitbegründer der »edition wehrgraben«, Obmann des Marlen-Haushofer-Literaturforums. Lebt in Steyr.
Buchveröffentlichungen zuletzt: »Der Bomber« (1998); »prae:positionen« (2004); »Caro und Karoline« (2005).
Brustschwimmen und *ramingsteg*: Originalbeiträge.

Manfred Maurer
geb. 1958 in Steyr. Nach dem Besuch der Handelsakademie diverse Brotberufe in Wien, ab 1981 freier Schriftsteller. Gestorben am 11.11.1998 in Wien.
Romane und Erzählungen, u.a.: »Sturm und Zwang« (1984); »Das wilde Schaf« (1989); »Furor« (1991), »Opus G.« (1996).
Steyr, Mischgehirn erschien erstmals in der Zeitschrift Die Rampe (»Extra Rampe Regional« 1998) und postum in: M.M., Die Touristenfarm. Löcker Verlag, Wien 2000.

Josef Mostbauer
geb. 1951 in Knittelfeld, aufgewachsen in Bad Hall und Sierning. Studium der Germanistik und Geschichte in Salzburg. Lehrer und Bibliothekar an einer HTL in Linz. Lebt in Gallneukirchen.
Erzählband: »Fräulein Kathi. Walpurgis« (1990).
Zwischen Brücken: Originalbeitrag.

Bertl Mütter
geb. 1965 in Steyr. Gymnasium, Musikschule, Blasmusik und Dixieland in Steyr. Ein Jahr Theologiestudium. Nach Präsenzdienst (Militärmusik) Jazzstudium in Graz. Lebt als freier Posaunist, Komponist, Schriftsteller und Improvisator in Wien. Bisher etwa 30 CDs, davon 12 auf dem eigenen Label ARBE, u.a. die Solo-CDs »Schubert:Winterreise:Mütter« (2001) und »parlando« (2004).
Schubert und das Mütterweckerl entstand für das Programmheft des Wiener Konzerthauses anläßlich der Uraufführung von »Schubert:Winterreise:Mütter«, wurde als Beitext der gleichnamigen CD veröffentlicht und für den Abdruck in diesem Buch vom Autor ergänzt.

Georg Neuhauser
geb. 1953 in Pettenbach (Oberösterreich). Studium der Biologie und Erdwissenschaften in Salzburg. Lehrer am BRG Traun, dann an der HAK Steyr. Arbeit in der Lehrerfortbildung, Schwerpunkt: neue Lernformen. Seit 1992 auch als Psychotherapeut tätig. Verheiratet mit Waltraud Neuhauser. Lebt in Steyr.
Buchveröffentlichung, zusammen mit Waltraud Neuhauser: »Fluchtspuren. Überlebensgeschichten aus einer österreichischen Stadt« (1998).
So wenig hat genügt: Originalbeitrag.

Waltraud Neuhauser
geb. 1954 in Ferschnitz (Niederösterreich). Studium der Geschichte und Romanistik. Auslandsaufenthalt in Frankreich. Lehrerin an der HBLA für wirtschaftliche Berufe in Steyr. Mitarbeit im Mauthausen Komitee Steyr.
Veröffentlichungen: »Vergessene Spuren. Die Geschichte der Juden in Steyr« (mit Karl Ramsmaier, 1993/1998) und »Fluchtspuren. Überlebensgeschichten aus einer österreichischen Stadt« (mit Georg Neuhauser, 1998).
So wenig hat genügt: Originalbeitrag.

Herbert Pauli
geb. 1952 in Baden bei Wien. Ausbildung zum Volksschullehrer. Experimentalfilme auf Super 8. Lebt und unterrichtet in St. Peter in der Au (Niederösterreich). Romane und Kurzprosa, u.a.: »Um uralt Recht und Herkommen« (1997); »Dingis« (2001); »Honig, Zimt, Kerzenduft« (2004).
Von drüben die Bauern: Originalbeitrag.

Josef Preyer
geboren 1948 in Steyr. Studium der Germanistik und Anglistik in Wien. Lehrtätigkeit in der Jugend- und Erwachsenenbildung. 1976 Lektor in Swansea (Wales). 1982 Initiator eines Marlen Haushofer-Gedenkabends, der durch die Teilnahme Hans Weigels die öffentliche Wiederentdeckung der Autorin beförderte. 1996 Gründung des Oerindur Verlags. Lebt in Steyr.
Buchveröffentlichungen: »Datura« (1996); »Die neun Häupter der Hydra« (2004).
Quis ut deus: Originalbeitrag.

Antonia Rahofer
geb. 1983 in Linz, aufgewachsen in Kronstorf (Oberösterreich). 2002 Matura am BRG Steyr, erste Veröffentlichung in der Anthologie »Zum Glück gibt's Österreich« (2003). 2002/2003 Aufenthalt in Zentralamerika. Studium der Komparatistik und Hispanistik in Innsbruck und Wien.
Das Y im Namen dieser Stadt: Originalbeitrag.

Karl Ramsmaier
geb. 1961 in Steyr. Matura in Ried/Innkreis. Studium der Theologie und Religionspädagogik in Linz. Pastoralassistent, Jugendleiter, seit 1996 Religionslehrer an der HTL Steyr. Vorsitzender des Mauthausen Komitees Steyr. Zahlreiche zeitgeschichtliche Forschungen, u.a. über das KZ Steyr-Münichholz, und Aktivitäten zur Erinnerung an die Opfer der Naziherrschaft in Steyr. Lebt in Garsten. Buchveröffentlichung, gemeinsam mit Waltraud Neuhauser-Pfeiffer: »Vergessene Spuren. Die Geschichte der Juden in Steyr« (1993/1998).
Hannas Familie: Originalbeitrag.

Elisabeth Vera Rathenböck
geb. 1966 in Linz. Studium der Publizistik und Anglistik in Wien sowie der Bildhauerei in Linz. Journalistin und freischaffende Schriftstellerin in Garsten und Wien.

Buchveröffentlichungen: »Memento Mori« (1999/2001); »Marathon« (2001); »Herbarium des Präsens« (2003); »Halbe Tage im Paradies« (2005).
Das Nichts zwischen den Tagen: Originalbeitrag.

Andreas Renoldner
geb. 1957 in Linz. Humanistisches Gymnasium in Linz, dann zehn Jahre Wien, Gastgewerbefachschule mit Abschluß Koch/Kellner, Pächter einer Betriebskantine. Seit 1988 freier Schriftsteller. Lebt in Garsten.
Romane und Erzählungen, u.a.: »Als ich von Hetzau in die Schindlau ging« (2000); »Eine einfache Geschichte« (2002); »Eisheilige« (2002), »Wartinger sucht das Paradies« (2003).
dambergrunde: Originalbeitrag.

Klemens Renoldner
geb. 1953 in Schärding/Inn. Schulen in Linz und Kremsmünster. Studium der Germanistik und Musikwissenschaft in Salzburg und Wien. Dramaturg an Theatern in Wien, Zürich, München und Bern, 1998–2002 Schauspieldirektor in Freiburg im Breisgau, seither freier Schriftsteller und Mitarbeiter am Österreichischen Kulturforum in Berlin.
Letzte Buchveröffentlichung: »Hagenwil-les-deux-Eglises. Ein Gespräch mit Niklaus Meienberg« (2003).
Professor Miezekatze: Originalbeitrag.

Hilde Schmölzer
geb. 1937 in Linz, aufgewachsen in Steyr. Nach der Matura Besuch der Bayerischen Staatslehranstalt für Photographie in München. Arbeit in einem Wiener Fotoatelier. Studium der Publizistik und Kunstgeschichte. 25 Jahre lang freiberufliche Journalistin. Seit 1990 ausschließlich als Autorin tätig, Schwerpunkt Frauengeschichte und Frauenbiographien. Lebt in Wien.
Veröffentlichte zuletzt die autobiographische Erzählung »Das Vaterhaus« (2000) und »Rosa Mayreder. Ein Leben zwischen Utopie und Wirklichkeit« (2002).
Spurensuche: Originalbeitrag.

Anna Seghers
geb. 1900 in Mainz als Netty Reiling. Studium der Kunstgeschichte in Köln und Heidelberg. 1928 Beitritt zur KPD. Mitarbeit im Bund proletarisch-revolutionärer Schriftsteller. 1933 Flucht nach Paris, 1940 Marseille, 1941 Mexiko. Präsidentin des Heinrich-Heine-Klubs und führendes Mitglied des Exilbündnisses Freies Deutschland. 1947 Rückkehr nach Deutschland. Mitglied der SED, ab 1950 Ostberlin. 1952–1978 Vorsitzende des Schriftstellerverbandes der DDR. Gestorben am 1.6.1983 in Berlin.
Romane und Erzählungen, u.a.: »Aufstand der Fischer von St. Barbara« (1928); »Das siebte Kreuz« (1942); »Die Toten bleiben jung« (1949); »Die Überfahrt« (1971); »Drei Frauen aus Haiti« (1980).
Kaputtgegangen* aus A.S., Der Weg durch den Februar. Roman. Luchterhand Verlag, Darmstadt und Neuwied 1980.

Brita Steinwendtner
Geb. 1942 in Wels. Aufgewachsen in Hinterstoder und Steyr. Studium der Geschichte, Germanistik und Philosophie in Wien und Paris. Zahlreiche Essays, Feuilletons, Features und Fernsehportraits. Leiterin der Rauriser Literaturtage. Lebt in Salzburg.
Werke: »Rote Lackn« (1999); »Die Steine des Pfirsichs. Marlen Haushofer zugedacht« (2003); »Im Bernstein« (2005).
Stelzhamerstraßenland: Originalbeitrag.

Max Winter
geb. 1870 in Tárnok bei Budapest. Ab 1873 in Wien, k.u.k. Staatsgymnasium im 3. Bezirk. 1886/87 kaufmännische Lehre. Mitglied der Sozialdemokratischen Arbeiter-Partei. 1895–1930 Redakteur der »Arbeiter-Zeitung«. Für die Recherchen zu seinen rund 1.500 Sozialreportagen nahm er verschiedene Identitäten an. 1911–1914 Reichstagsabgeordneter, 1919–1923 Vizebürgermeister von Wien. Gründer der Zeitschrift »Die Unzufriedene«, Mitbegründer der Kinderfreunde und des Verlags Jungbrunnen. 1934 in New York wegen seiner Kritik am austrofaschistischen Regime ausgebürgert. Gestorben am 10.7.1937 in Hollywood, in großer Armut.
Reportagen und Romane, u.a.: »Im dunkelsten Wien« (1904); »Höhlenbewohner in Wien« (1927); »Die lebende Mumie. Ein Blick in das Jahr 2025« (1929).
Vom Mannlichergewehr zum Waffenauto aus: Arbeiter-Zeitung (Wien), 21.5.1921.
Das Hohelied von Steyr aus: Arbeiter-Zeitung, 2.11.1932.

Hans Winterl
geb. 1900 in Wien. Hufschmied, Chormeister, dann Bankangestellter. Mitglied der Vereinigung sozialistischer Schriftsteller. Ab 1945 freier Autor. Gestorben am 16.1.1970 in Wien.
Gedichte, Stücke, Essays und Romane: »Unter Schornsteinen« (1924); »Daniel Hase« (1937); »Totentanz« (1937); »Umweg über Hellas« (1949); »Diesen Kuß der ganzen Welt« (1955).
Alte Stadt im Mittag aus: H.W., Der Schrei nach Scholle. Wien, Eigenverlag 1932.

Walter Wippersberg
geb. 1945 in Steyr. Studium der Theaterwissenschaften, Kunstgeschichte und Psychologie in Wien. 1965–1970 auch Bühnenbildner und Regisseur. Freier Schriftsteller, Filmemacher, Fotokünstler. Seit 1990 Leiter der Klasse Drehbuch und Dramaturgie an der Wiener Filmhochschule. Herausgeber der Zeitschrift »99«. Lebt in Losenstein und Wien und ist mit der Autorin Tonja Grüner verheiratet.
Veröffentlichte zuletzt eine Romantrilogie: »Die Irren und die Mörder« (1998); »Ein nützlicher Idiot« (1999); »Die Geschichte eines lächerlichen Mannes« (2000).
Einige Orte und einige Menschen meiner Kindheit und Jugend: Originalbeitrag.

Die Herausgeber und der Verlag Ennsthaler danken folgenden Rechteinhabern für die Abdruckgenehmigung:
Karl Ramsmaier, Garsten (Wladimir Maximowitsch Berimez); Suhrkamp Verlag, Frankfurt/Main (Bert Brecht); Marina Fischer-Kowalski, Wien (Ernst Fischer); Astrid Lipp-Grohs, Steyr (Fritz Grohs); Gwendolyn Schimetschek, Thomastal (Fritz Habeck); Diogenes Verlag, Zürich (Erich Hackl, »Kleine Stadt der Arbeitslosen«); Hermann Hakel Gesellschaft, Wien (Hermann Hakel); Löcker Verlag, Wien (Klaus Hirtner, Manfred Maurer); Verlag der Provinz, Weitra (Franz Kain, »Asyl im Haus des Zimmermannes«); Margit Kain, Linz (Franz Kain, »Zwei aus Steyr«); Zsolnay Verlag, Wien (Theodor Kramer); Aufbau Verlag, Berlin (Anna Seghers). In allen anderen Fällen liegen die Rechte bei den Autoren.
Honoraransprüche von Erben, deren Abdruckgenehmigung nicht eingeholt werden konnte, bleiben gewahrt.